Ayla Sommer

# Die Verletzung der ärztlichen Schweigepflicht im Zusammenhang mit Kindesmisshandlungen

# Studien zum Medizinstrafrecht

herausgegeben von

Prof. Dr. Dr. h.c. Martin Paul Waßmer
(Universität zu Köln)

Band 1

LIT

Ayla Sommer

# Die Verletzung der ärztlichen Schweigepflicht im Zusammenhang mit Kindesmisshandlungen

Eine Betrachtung der Rechtslage
in Deutschland, Österreich und der Schweiz

LIT

Gedruckt auf alterungsbeständigem Werkdruckpapier entsprechend
ANSI Z3948   DIN ISO 9706

**Bibliografische Information der Deutschen Nationalbibliothek**
Die Deutsche Nationalbibliothek verzeichnet diese Publikation in der
Deutschen Nationalbibliografie; detaillierte bibliografische Daten sind
im Internet über http://dnb.dnb.de abrufbar.

ISBN 978-3-643-14669-4 (gb.)
ISBN 978-3-643-34669-8 (PDF)
Zugl.: Köln, Univ., Diss., 2020

© LIT VERLAG Dr. W. Hopf  Berlin  2020
Verlagskontakt:
Fresnostr. 2   D-48159 Münster
Tel. +49 (0) 2 51-62 03 20
E-Mail: lit@lit-verlag.de   http://www.lit-verlag.de

**Auslieferung:**
Deutschland: LIT Verlag, Fresnostr. 2, D-48159 Münster
Tel. +49 (0) 2 51-620 32 22, E-Mail: vertrieb@lit-verlag.de

# Vorwort

„Man kann in Kinder nichts hineinprügeln, aber man kann vieles aus ihnen herausstreicheln" sagte einst die Kinderbuchautorin Astrid Lindgren. Damit findet sie meine uneingeschränkte Zustimmung. Gewalt gegen Kinder ist Gewalt gegen die Schwächsten und findet leider immer noch viel zu oft statt. Es gibt Eltern, die ihre erzieherische Inkompetenz durch Gewalt an ihren Kindern zu kompensieren versuchen, manchmal bewusst, manchmal unbewusst. Diese Kinder brauchen unseren Schutz und auch den Staat trifft hier eine Verantwortung. 2012 ist Deutschland dieser Verantwortung nachgekommen und hat das neue Kinderschutzkooperationsgesetz auf den Weg gebracht. Insbesondere dem § 4 Kinderschutzkooperationsgesetz widmet sich diese Arbeit. Die Norm wurde im zweiten Teil der Arbeit einem Rechtsvergleich mit den entsprechenden Normen in Österreich und der Schweiz unterzogen. Abschließend wurden Verbesserungsvorschläge für das deutsche Recht unterbreitet.

Die vorliegende Arbeit wurde im Wintersemester 2020 von der Universität zu Köln als Dissertation angenommen. Die mündliche Prüfung fand am 25.03.2020 statt.

Mein erster Dank gilt meinem Doktorvater Professor Dr. Dr. h.c. Martin Waßmer, der mich während der gesamten Zeit nicht nur fachlich, sondern auch darüber hinaus immer unterstützt hat. Ohne ihn wäre diese Arbeit nicht möglich gewesen. Besonders glücklich und stolz macht mich, dass er meine Arbeit als ersten Band dieser Schriftenreihe vorgeschlagen hat.

Ein ebenso großer Dank gilt meiner Zweitgutachterin Frau Professor Dr. iur. utr. Brigitte Tag. Sie und ihr Team vom Lehrstuhl für Strafrecht, Strafprozessrecht und Medizinrecht an der Universität Zürich haben mir einen unvergesslichen Forschungsaufenthalt ermöglicht, an den ich sehr gerne zurück denke.

Besonderer Dank gilt auch Herrn Professor Dr. Dr. med. Peter Bartmann vom Universitätsklinikum Bonn für die fachübergreifende Betreuung und die regelmäßigen aufbauenden Worte.

Danke auch an Herrn Professor Dr. Peter Schick von der Universität Graz sowie meinen Kolleginnen von der Universität Wien, die mir bei meiner Recherche in Österreich behilflich waren.

Mein Dank gebührt schließlich meinen Eltern, meiner Schwester und meinem Mann für ihre Geduld und ihre stetige Unterstützung.

Bedanken möchte ich mich auch bei meinen Freunden und meinen Kollegen vom Lehrstuhl an der Universität zu Köln für die kritische Durchsicht und die vielen Anregungen. Ihr habt mir unheimlich geholfen. Und schließlich danke ich allen weiteren Personen, die mir während dieser Zeit mit fachlichem und menschlichem Rat zur Seite standen.

Gewidmet ist diese Arbeit meiner Großmutter, die die Veröffentlichung der Arbeit leider nicht mehr miterleben konnte.

München, im Mai 2020                                          Ayla R. Sommer

# INHALTSVERZEICHNIS

A. Einleitung .................................................................................. 1
B. Gang der Untersuchung ............................................................ 7
C. Die Kindesmisshandlung .......................................................... 9
   I. Die Kindesmisshandlung aus medizinischer Sicht ............. 9
      1. Körperliche Misshandlung ........................................... 10
      2. Seelische Misshandlung .............................................. 11
      3. Sexuelle Misshandlung ............................................... 12
      4. Vernachlässigung ........................................................ 12
   II. Die Kindesmisshandlung aus juristischer Sicht ............... 14
D. Die Rechtslage in Deutschland ............................................... 19
   I. Konsequenzen für den Arzt ............................................... 19
      1. Situation: Der Arzt schweigt ....................................... 19
         a) Strafbarkeit durch Unterlassen (§§ 223, 224, 13 StGB) ........ 19
         b) Der Arzt als Gehilfe ............................................... 29
         c) Strafbarkeit gem. § 323c Abs. 1 StGB: unterlassene Hilfeleistung ................................................. 30
         d) Strafbarkeit gem. §§ 138, 139 StGB ...................... 35
         e) Zwischenergebnis ................................................... 37
      2. Situation: Der Arzt bricht seine Schweigepflicht ........ 37
         a) Die ärztliche Schweigepflicht – ein Überblick ...... 37
         b) Zusammenfassung ................................................. 54
         c) Die Verletzung der ärztlichen Schweigepflicht .... 54
         d) Zwischenergebnis ................................................. 105
   II. § 4 KKG: Beratung und Übermittlung von Informationen durch Geheimnisträger bei Kindeswohlgefährdung ................ 106
      1. Die Entstehungsgeschichte des § 4 KKG ................... 106
      2. Die Vorschrift im Überblick ...................................... 108
      3. Die Stufen im Einzelnen ............................................ 117
      4. Begrifflichkeiten ........................................................ 123
         a) Absatz 1: „gewichtige Anhaltspunkte" ................. 123
         b) Absatz 1: „bekannt geworden in Ausübung ihrer beruflichen Tätigkeit" ............................................................ 124
         c) Absatz 2: „durch eine insoweit erfahrene Fachkraft" ........ 124
         d) Absatz 2: „Pseudonymisieren" ............................. 125

e) Absatz 3: „Hinweise an die Betroffenen über die Informierung des Jugendamtes" ................................................................. 125
5. Die systematische Einordnung der Norm ................................... 126
   a) Hintergrund ........................................................................ 126
   b) Stellungnahme .................................................................... 127
6. Garantenpflicht aus § 4 KKG ...................................................... 129
   a) Garantenstellung aus § 4 Abs. 1 KKG ............................... 130
   b) Garantenpflicht aus § 4 Abs. 3 KKG .................................. 131
   c) Eigene Stellungnahme ......................................................... 131
7. Kritische Betrachtung des § 4 KKG ............................................ 133
   a) Der Adressatenkreis ............................................................ 134
   b) Gesetzessystematik ............................................................. 141
   c) Verfassungsrechtliche Bedenken ......................................... 143
   d) Gesetzgebungskompetenz ................................................... 146
   e) Fehlende Trennschärfe ........................................................ 148
   f) Inhaltliche Regelung ........................................................... 151
8. Ergebnisse Evaluation BMFSJ ..................................................... 158
9. Fazit ............................................................................................. 160
10. Ausblick in die Zukunft ............................................................... 162

E. Die Rechtslage in Österreich ................................................................ 165
   I. Einleitung ........................................................................................... 165
   II. Die Kindesmisshandlung aus strafrechtlicher Sicht ......................... 165
   III. Die ärztliche Verschwiegenheitspflicht in Österreich ..................... 170
      1. Einleitung .................................................................................... 170
      2. Das ärztliche Berufsgeheimnis im österreichischen Medizinrecht .................................................................................. 172
         a) Die Rechtsgrundlage § 54 AerzteG ..................................... 172
         b) Die Rechtsgrundlage § 9 KAKuG ....................................... 176
         c) Sanktionen bei Verletzung des Berufsgeheimnisses ........... 177
      3. Das ärztliche Berufsgeheimnis im österreichischen Strafrecht .. 178
         a) § 121 Abs. 1 öStGB ............................................................. 178
         b) Der Vergleich zu § 203 Abs. 1 StGB .................................. 185
      4. Die Möglichkeiten der Offenbarung bei Kindesmisshandlungen .................................................................................................. 187
         a) § 54 Abs. 4 und 5 AerzteG .................................................. 188
         b) § 37 B-KJHG ....................................................................... 193

|  |  | c) | Offenbarungsbefugnis im Strafrecht, § 121 Abs. 5 öStGB . 199 |
|---|---|---|---|

IV. Abschlussbetrachtung und Fazit ..................................................... 199
F. Die Rechtslage in der Schweiz ............................................................. 203
   I. Einleitung ............................................................................................ 203
   II. Die Kindesmisshandlung im schweizerischen Strafrecht ............... 204
   III. Die ärztliche Schweigepflicht in der Schweiz ................................. 206
      1. Hintergrund ................................................................................. 206
      2. Die Verankerung der ärztlichen Schweigepflicht im Gesetz ...... 207
         a) Art. 40 lit. f. Medizinalberufegesetz ..................................... 207
         b) Art. 11 Standesordnung FMH ............................................... 209
         c) § 15 Gesundheitsgesetz Zürich ............................................. 209
         d) Die ärztliche Schweigepflicht im Strafrecht ........................ 210
         e) Art. 52 Schweizer Datenschutzgesetz .................................. 215
      3. Zusammenfassung und Rechtsvergleich .................................... 216
   IV. Die Offenbarungsmöglichkeiten im Hinblick auf Kindesmisshandlungen ............................................................... 216
      1. Art. 321 Abs. 2 chStGB ............................................................. 218
         a) Die Einwilligung durch den Betroffenen ............................. 218
         b) Die Bewilligung durch die vorgesetzte Behörde ................. 218
      2. Rechtfertigender Notstand Art. 17 chStGB ............................... 220
      3. Art. 301 chStPO ......................................................................... 221
      4. Die Reform des ZGB .................................................................. 222
         a) Art. 314c – 314e ZGB ............................................................ 222
         b) Art. 448 ZGB .......................................................................... 226
      5. Gesundheitsgesetz Zürich .......................................................... 227
   V. Rechtsvergleich und abschließende Betrachtung ............................ 229
G. Fazit und Verbesserungsvorschläge ................................................... 233
   I. Fazit ..................................................................................................... 233
   II. Änderungsvorschläge ......................................................................... 234
      1. Bundesrecht oder Landesrecht ................................................... 234
      2. Pflicht oder Recht ....................................................................... 235
      3. Interkollegialer Austausch .......................................................... 236
   III. Ansatz für eine neue Norm – Konkrete Vorschläge ....................... 239
      1. Ergänzung des § 203 StGB ......................................................... 239
      2. Änderung des § 4 KKG .............................................................. 240
      3. Änderung der MBO-Ä ................................................................ 244

|  |  | 4. Fazit | 245 |
|---|---|---|---|
| H. |  | Abschlussbetrachtung | 249 |
| I. |  | Literaturverzeichnis | 251 |
| J. |  | Anhang | 277 |
|  | I. | Österreich | 277 |
|  | II. | Schweiz | 301 |

## Abkürzungsverzeichnis

| | |
|---|---|
| a.A. | andere(r) Ansicht |
| a.F. | alte Fassung |
| ABGB | Österreichisches Bürgerliches Gesetzbuch |
| Abs. | Absatz |
| AerzteG | Ärztegesetz |
| ARSP | Archiv für Rechts- und Sozialphilosophie |
| Art. | Artikel |
| AWMF | Arbeitsgemeinschaft der Wissenschaftlichen Medizinischen Fachgesellschaften |
| BÄO | Bundesärzteordnung |
| BayGDVG | Bayerischen Gesetzes über den öffentlichen Gesundheits- und Veterinärdienst, die Ernährung und den Verbraucherschutz sowie die Lebensmittelüberwachung |
| BayVerfGH | Bayerischer Verfassungsgerichtshof |
| BeckOGK | Beck'scher Online-Großkommentar |
| BeckOK | Beck'scher Online-Kommentar |
| BeckRS | Beck'sche Online-Rechtsprechung |
| Begr. | Begründer |
| Beschl. | Beschluss |
| BGB | Bürgerliches Gesetzbuch |
| BGH | Bundesgerichtshof |
| B-KJHG | Bundes-Kinder-und Jugendhilfegesetz |
| BMFSFJ | Bundesministerium für Familie. Senioren, Frauen und Jugend |
| BMWFJ | Bundesministerium für Wirtschaft, Familie und Jugend (Österreich) |
| BRAO | Bundesrechtsanwaltsordnung |
| BT-Drs. | Bundestagsdrucksache |
| BV | Bundesverfassung Schweiz |
| BVKJ | Bundesverband Kinder- und Jugendhilfe |
| bzw. | beziehungsweise |
| chDSG | Schweizer Datenschutzgesetz |
| chStGB | Schweizerisches Strafgesetzbuch |
| CIC | corpus iuris canonici |
| DÄB | Deutsches Ärzteblatt |
| DGSPJ | Deutsche Gesellschaft für Sozialpädiatrie und Jugendmedizin |

| | |
|---|---|
| DIJuF | Deutsches Institut für Jugendhilfe und Familienrecht e.V. |
| Diss. | Dissertation |
| DRiZ | Deutsche Richterzeitung |
| DS-GVO | Datenschutz-Grundverordnung |
| EMRK/MRK | Europäische Menschenrechtskonvention |
| Entsch. | Entscheidung |
| FAZ | Frankfurter Allgemeine Zeitung |
| FMH | Foederatio Medicorum Helveticorum |
| FPR | Familie Partnerschaft Recht |
| FuR | Familie und Recht |
| gem. | gemäß |
| GesG ZH | Gesundheitsgesetz des Kantons Zürich |
| GG | Grundgesetz |
| ggf. | gegebenenfalls |
| h.M. | herrschende Meinung |
| Habil. | Habilitationsschrift |
| HeilBerG NRW | Heilberufsgesetz Nordrhein-Westfalen |
| Hrsg. | Herausgeber |
| i.S.d. | im Sinne des/der |
| i.V.m. | in Verbindung mit |
| JBl. | Juristische Blätter |
| jurisPK | Juris Praxiskommentar |
| JWG | Jugendwohlfahrtsgesetz |
| JZ | Juristenzeitung |
| KAKuG | Krankenanstalten- und Kuranstaltengesetz |
| KÄV | Kassenärztliche Vereinigung |
| KESB | Kinder- und Erwachsenenschutzbehörde |
| KiSchZusG | Kinderschutzzusatzgesetz |
| KKG | Kinderschutzkooperationsgesetz |
| lit. | litera |
| LK | Leipziger Kommentar |
| LKindSchuG RP | Landeskinderschutzgesetz Rheinland-Pfalz |
| LMRR | Lebensmittelrecht Rechtsprechung |
| m.w.N. | mit weiteren Nachweisen |
| MBO-Ä | Musterberufsordnung der Ärzte |
| MedBG | Medizinalberufegesetz |
| mind. | Mindestens |
| Monatsschr. | Monatsschrift |
| NJW | Neue Juristische Wochenschrift |

| | |
|---|---|
| NK | Nomos-Kommentar |
| NStZ | Neue Zeitschrift für Strafrecht |
| NVwZ-RR | Neue Zeitschrift für Veraltungsrecht Rechtsprechungs-Report |
| NZS | Neue Zeitschrift für Sozialrecht |
| ÖÄZ | Österreichische Ärztezeitung |
| ÖGDG-MV | Gesetz über den Öffentlichen Gesundheitsdienst im Land Mecklenburg-Vorpommern |
| OGH | Oberster Gerichtshof |
| ÖGU | Österreichische Gesellschaft für Unfallchirurgie |
| OLG | Oberlandesgericht |
| öStGB | Österreichisches Strafgesetzbuch |
| öStPO | Österreichische Strafprozessordnung |
| PKS | Polizeiliche Kriminalstatistik |
| RDG | Rechtsdepesche für das Gesundheitswesen |
| RdM | Recht der Medizin |
| Rn. | Randnummer |
| SchwZStr | Schweizer Zeitschrift für Strafrecht |
| SGB | Sozialgesetzbuch |
| SRa | Sozialrecht aktuell |
| StGB | Strafgesetzbuch |
| Urt. | Urteil |
| VDB | Vergleichende Darstellung des deutschen und ausländischen Strafrechts |
| VerpflG | Verpflichtungsgesetz |
| VersMed | Versorgungsmedizin |
| VerwRS | Verwaltungsrechtsprechung |
| Vorb. | Vorbemerkung(en) |
| VRS | Verkehrsrechtssammlung |
| wistra | Zeitschrift für Wirtschafts- und Steuerstrafrecht |
| WRV | Weimarer Reichsverfassung |
| z.B. | zum Beispiel |
| ZGB | Zivilgesetzbuch |
| Ziff. | Ziffer |
| ZRP | Zeitschrift für Rechtspolitik |
| ZStR | Schweizerische Zeitschrift für Strafrecht |
| ZStW | Zeitschrift für die gesamte Strafrechtswissenschaft |
| zust. | zustimmend |

„Seien Sie gut zu den Kindern –
wir haben nichts Besseres!"
Otfried Preußler

## A. EINLEITUNG

Kindesmisshandlung ist ein Thema, welches nie an Brisanz verloren hat. Im März 2015 sorgte Papst Franziskus mit einer Aussage über das „würdevolle Schlagen" von Kindern zu Erziehungszwecken für Aufsehen.[1]
Regelmäßig erscheinen Artikel, unter anderem in ärztlichen Fachzeitschriften, die auf dieses Problem hinweisen. Im November 2014 prangte auf der Titelseite des Hamburger Ärzteblattes die Frage: „Wie können wir Kinder besser schützen?". Der Artikel beginnt mit der Schilderung des Falles der 3-jährigen *Yagmur*.[2] Ihre Mutter wurde von der Staatsanwaltschaft angeklagt, ihre Tochter aus Hass immer wieder misshandelt und schließlich getötet zu haben. Die Leidensgeschichte des jungen Mädchens erstreckte sich über Jahre. Obwohl das Kind mehrfach in kürzeren Abständen aufgrund von Verletzungen in einer Kinderklinik behandelt und nach einer rechtsmedizinischen Konsiliaruntersuchung Strafanzeige bei der Staatsanwaltschaft gestellt wurde, endeten die Misshandlungen nicht. Mehrere staatliche Stellen, wie das Jugendamt, das Familiengericht und die Polizei waren mit dem Fall betraut und konnten dem Kind nicht ausreichend Schutz gewähren. Nachdem das Mädchen sechs Monate in einem Kinderschutzhaus untergebracht war, wurde es den Eltern zurückgegeben. Die Eltern zogen in einen anderen Stadtteil, ein anderes Amt war nun zuständig. Einzige Kontrolle sollte der Besuch einer Kita sein, aus der die Eltern Yagmur aber nach zwei Wochen herausnahmen. Kurze Zeit später stellte auch die Staatsanwaltschaft das Verfahren gegen die Eltern ein, da der Täter der Misshandlungen nicht zu ermitteln war. Kurz vor Weihnachten 2013 starb das kleine Mädchen an einem Polytrauma mit zahlreichen, unterschiedlich alten Knochen-, Weichteil- und Organverletzungen, insbesondere in Folge rezidivierender[3] Leberrupturen.[4] Bei der Obduktion wurde festgestellt,

---

[1] Näheres dazu u.a. in FAZ online vom 06.02.2015 unter http://www.faz.net/aktuell/politik/ausland/europa/billigt-papst-franziskus-das-schlagen-von-kindern-13413164.html (zuletzt abgerufen am 26.08.2019).
[2] *Püschel/Kröger/Schröder* Hamburger Ärzteblatt 2014, 14 (15 ff.).
[3] Wiederkehrend.
[4] Ruptur = Riss oder Zerreißung eines inneren Organs.

dass das Kind wiederholt heftig in der Bauch-Brust-Region und auf den Kopf geschlagen worden war.[5]
Durch die Presse gingen noch andere, ebenfalls tödlich verlaufene Fälle, die mit den Namen *Kevin*[6], *Jessica*[7] und *Lea-Sophie*[8] verbunden sind. Kevin wurde von den Polizeibeamten tot in einem Kühlschrank gefunden. Er hatte zu Lebzeiten multiple Knochenbrüche erlitten. Jessica wurde in einem Verlies gefangen gehalten und starb mit sieben Jahren an den Folgen ihrer Isolation und Unterernährung. Lea-Sophie wurde von dem 23-jährigen Freund ihrer Mutter zu Tode geprügelt, weil sie schrie.

Ob zu Tode gehungert oder gewaltsam zu Tode geprügelt: Nicht selten ist in solchen Fällen von einem Versäumnis der Mitarbeiter des Jugendamtes die Rede.[9] Aber auch Polizei und Ärzten wird häufig vorgeworfen, einfach wegzusehen. Es stellt sich zunehmend die Frage, ob diese Fälle bei einer früheren Weitergabe an die zutreffenden Stellen hätten verhindert werden können.[10] Kindesmisshandlung ist ein Problem, das sich sowohl auf gesellschaftlich-sozialem Gebiet als auch auf gesundheitspolitischem Terrain abspielt.[11] Auch ist es kein Problem der westlichen Welt oder der heutigen Zeit, denn Tötung und Vernachlässigung hat es schon immer und überall gegeben.[12] Zur Risikogruppe gehören vor allem Kleinkinder, Säuglinge und Kinder im Vorschulalter.[13] Sie sind aufgrund ihrer Abhängigkeit und ihres körperlichen und geistigen Entwicklungsstandes besonders gefährdet, da sie sich gegen die Misshandlungen kaum zur Wehr setzen können.[14]

---

[5] Zum Fall *Püschel/Kröger/Schröder* Hamburger Ärzteblatt 2014, 14 (15 ff.).
[6] www.welt.de/vermischtes/article2069245/Die-toedliche-Ignoranz-im-Fall-Kevin.html (zuletzt abgerufen am 13.04.2020).
[7] www.zeit.de/2005/41/Jessica_41; www.spiegel.de/panorama/verhungerte-jessica-das-maedchen-das-nie-existierte-a-344458.html (beide zuletzt abgerufen am 13.04.2020).
[8] www.faz.net/aktuell/gesellschaft/kriminalitaet/urteil-im-fall-lea-sophie-stueck-fuer-stueck-gestorben-12194115.html (zuletzt abgerufen am 13.04.2020).
[9] *Maywald* FPR 2012, 199 (199).
[10] So auch *Jox* in BeckOGK-KKG § 4 Rn. 2.
[11] *Landgraf/Zahner u.a.* Monatsschr. Kinderheilkunde 2010, 149 (155).
[12] Trube-Becker, Gewalt gegen das Kind S. 1; *Thyen* in Kindesmißhandlung und sexueller Mißbrauch S. 11.
[13] *Beutler* Pädiatrie 2012, 49 (49); Kaiser, Kriminologie³ § 48 Rn. 5; *Banaschak/Madea* in Madea Praxis Rechtsmedizin S. 266.
[14] Vorwort Achtes Zürcher Präventionsforum S. 3.

Aufgrund der Herausbildung entscheidender Erfahrungen und Persönlichkeitsmerkmale bereits im frühkindlichen Stadium, ist das Ausmaß der Schädigung umso größer, je früher eine Misshandlung eintritt.[15]

Statistisch gesehen gehen die Fälle von Misshandlungen von Kindern seit 2016 zwar geringfügig zurück,[16] jedoch sind Körperverletzungsdelikte nach wie vor die Delikte, die am häufigsten gegen Kinder begangen werden. Im Jahr 2018 waren 6,8 Prozent der Opfer von Körperverletzungen Kinder[17], Im Jahr 2017 waren es 6,6 Prozent[18] und 2016 6,4 Prozent[19]. Die Anzahl der Tötungen von Kindern ist ebenfalls leicht angestiegen: 2016 waren 4,5 Prozent der Opfer von Tötungsdelikten und ihrer Versuche Kinder[20], 2017 waren es schon 4,9 Prozent[21] und 2018 5,2 Prozent[22]. Das Dunkelfeld bleibt hierbei unberücksichtigt, sodass diese Zahlen lediglich ein ungefähres Abbild der Situation darstellen. Teilweise werden diese Werte aufgrund der hohen Dunkelziffer sogar als „wertlos" bezeichnet[23]. Erwähnenswert ist noch, dass bei Misshandlungen von Kindern mehr als 40 Prozent der Tatverdächtigen Frauen waren, wohingegen bei den übrigen Körperverletzungen mehr als acht von zehn Tatverdächtigen Männer waren.[24] Kinder im Rahmen der Polizeilichen Kriminalstatistik sind dabei Personen unter 14 Jahren.

In Deutschland ist seit dem Jahr 2000 das Recht der Kinder auf gewaltfreie Erziehung in § 1631 Abs. 2 BGB gesetzlich normiert.[25] Trotzdem erleben vier Millionen Kinder Gewalt als normale Art der Erziehung.[26] Die Dunkelziffer

---

[15] *Thyen* in Kindesmißhandlung und sexueller Mißbrauch S. 18.
[16] 2016 wurden 3621 Fälle von Misshandlungen gegen Kinder registriert, 2017 3542 Fälle und 2018 noch 3487, Quelle: PKS der Jahre 2016, 2017 und 2018.
[17] PKS 2018 Bd. 2 S. 18.
[18] PKS 2017 Bd. 2 S. 17.
[19] PKS 2016 Bd. 2 S. 16.
[20] PKS 2016 Bd. 2 S. 16.
[21] PKS 2017 Bd. 2 S. 17.
[22] PKS 2018 Bd. 2 S. 18.
[23] Eisenberg/Kölbel, Kriminologie § 45 Rn. 43.
[24] PKS 2018 Bd. 4 S. 45 (44,7 %), PKS 2017 Bd. 4 S. 39 (44,8 %), PKS 2016 Bd. 4 S. 34 (43,9 %).
[25] *Huber* in MüKo-BGB IX § 1631 Rn. 13.
[26] Institut Forsa Umfrage „Gewalt gegen Kinder" März 2012, abrufbar unter: www.eltern.de/kleinkind/erziehung/ohrfeige-oder-klaps-tabu-oder-nicht-so-schlimm (zuletzt abgerufen am 13.04.2020).

dürfte deutlich höher sein: Vermutet wird ein Dunkelfeld von 95 Prozent.[27] Denn die familieninternen Gewaltanwendungen dringen selten nach außen. Die kindlichen Opfer sind entweder zu jung oder zu eingeschüchtert, um begangene Misshandlungen anzuzeigen. Vorliegend geht es aber nicht nur um Eltern, die ihre Kinder einmal mit einem sogenannten „Klaps auf den Po" züchtigen, sondern auch um viel schlimmere Taten: Physische und psychische Grausamkeiten, die Erwachsene Kindern antun – sei es aus Überforderung, Bestrafungsgedanken oder einfach aus Frust. Dabei wird unter Gewalt nicht ausschließlich der Einsatz körperlicher Kraft zur Überwindung eines tatsächlichen oder zu erwartenden Widerstandes[28] verstanden, so wie es juristisch definiert ist. Gewalt gegen Kinder und Jugendliche geht deutlich weiter, körperliche Kraftaufwendung ist nicht zwingend notwendig. Auch Beleidigungen oder das Unterlassen notwendiger Versorgungsmaßnahmen können Gewalt darstellen. Auch kann man bei einem Kleinkind nicht ernsthaft von einem tatsächlichen oder zu erwartenden Widerstand ausgehen, welcher überwunden werden müsste. Risikofaktoren aus elterlicher Sicht sind vor allem Partnerschaftsprobleme, Scheidung oder Trennung, Suchtprobleme, unangemessene Erwartungen an das Kind, aber auch selbst erlebte Misshandlungen oder ein Mangel an erzieherischer Kompetenz.[29] Dabei ist zu beachten, dass es sich bei Misshandlungen um Ereignisse handelt, die selten einmalige Ausrutscher sind. Vielmehr kommen sie meistens wiederholt und über einen längeren Zeitraum vor.[30]

Oftmals bereuen Eltern ihre Taten und suchen mit ihren misshandelten Kindern einen Arzt auf.[31] Aus Angst vor Entdeckung erfinden sie Situationen, aus denen die Verletzungen der Kinder angeblich stammen. Schöpft ein Mediziner Verdacht, gerät er in eine Zwickmühle – sollte er das Thema ansprechen? Und wenn ja, wen sollte er ansprechen? Etwa die Eltern? Diese werden selten einsichtig sein, ihre Taten kaum zugeben und stattdessen versichern, dass es nicht mehr zu solchen Verfehlungen kommen wird. Im schlimmsten Fall wechseln sie den Kinderarzt, und wenn dieser die Eltern mit ähnlichen Bemerkungen

---

[27] Eisenberg, Kriminologie[5] § 45 Rn. 27.
[28] OLG Celle, Urt. v. 24.04.1959 – 2 Ss 91/59 NJW 1959, 1597 (1597).
[29] *Beutler* Pädiatrie 2012, 49 (50) Tabelle 2.
[30] *Barz* Notfall & Rettungsmedizin 1998, 13 (13).
[31] Aus Gründen der besseren Lesbarkeit wird auf geschlechtsspezifische Unterscheidungen in dieser Arbeit verzichtet. Es sind aber selbstverständlich alle Geschlechter gemeint.

konfrontiert, wechseln sie erneut: Es entsteht das Phänomen des sogenannten „Doctor-Hoppings".[32]

Um diesem entgegenzuwirken, könnte der Arzt zunächst mit Kollegen oder direkt mit dem Jugendamt oder der Polizei sprechen. In diesem Fall steht ihm allerdings seine ärztliche Schweigepflicht entgegen. Grundsätzlich ist der Arzt an seine Schweigepflicht gebunden. Ohne Einwilligung ist es ihm nicht erlaubt, Details aus dem Behandlungsverhältnis zu offenbaren. Wie ist es aber, wenn der Arzt Symptome einer Misshandlung an seinem kindlichen Patienten entdeckt? Häufig sind Kinderärzte die einzigen Fachpersonen, die regelmäßig Kontakt zu Säuglingen oder Kleinkindern haben, die weder Krippe noch Kindergarten besuchen. Daher sind sie oft die Ersten, die auf Hinweise stoßen, welche auf Misshandlung, Vernachlässigung oder Missbrauch hindeuten[33]. Das Gesundheitswesen, insbesondere die Ärzteschaft, spielt somit eine wichtige Rolle bei der Aufdeckung von Gefährdungslagen, insbesondere bei Säuglingen.[34] Aus juristischer Sicht befinden sich die Rechte und Pflichten von Ärzten bei dem Verdachtsfall von Kindesmisshandlung allerdings in einem „schwer zu überblickenden Normgeflecht mit Bezügen zum Vertrags-, Familien,- Medizin-, Datenschutz, Straf- und Verfassungsrecht sowie zum ärztlichen Standesrecht".[35] Dies macht es ihnen schwer, schnell eine Lösung für dieses Dilemma zu finden.

Drei Punkte sind bei der Bekämpfung von Kindesmisshandlung essenziell: 1. Interdisziplinarität, 2. Schutz des Kindes vor weiteren Misshandlungen und 3. gemeinsames Handeln mit den Kinder- und Jugendhilfeträgern.[36]

---

[32] *Trenk-Hinterberger* in Spickhoff Medizinrecht[2] § 15 SGB V Rn. 12, der Begriff wird auch für die unkontrollierte Mehrinanspruchnahme von Ärzten im Zusammenhang mit dem Missbrauch der Krankenkassenkarte gebraucht; *Banaschak/Madea* in Madea Praxis Rechtsmedizin S. 266; hierzu auch vertiefend *Schiefer* FuR 2018, 514 (516).

[33] BMWFJ Leitfaden Gewalt gegen Kinder und Jugendliche S. 4; Däppen-Müller, Diss. 1998 S. 121 f.; Lips, Leitfaden S. 33; Kaiser, Kriminologie[3] § 61 Rn. 8 spricht von Kindesmisshandlung als einem „ärztlichen Problem"; BT-Drs. 18/7100 S. 10.

[34] BT-Drs. 18/7100 S. 4; *Schwarzenegger/Fuchs/Ege* Rechtliche Rahmenbedingungen in Siebtes Zürcher Präventionsforum S. 239.

[35] *Schiefer* FuR 2018, 514 (514).

[36] So auch *Scheer* psychopraxis. neuropraxis 2018, 96 (96).

Kinderärzte haben eine „Schlüsselrolle"[37], wenn es um das Erkennen und Bekämpfen von Kindesmisshandlungen geht. Einerseits liegt hier ein großes Potential der Früherkennung, dennoch trifft Ärzte aber auch eine große Verantwortung.[38] Sie befinden sich in einer Zwickmühle zwischen Geheimhaltungspflicht und dem Interesse des potenziell misshandelten Kindes.
Im Rahmen der Verletzung der ärztlichen Schweigepflicht sorgen dogmatische und auslegungsbezogene Schwierigkeiten dafür, dass sich Ärzte nie sicher sein können, wann eine Offenbarung „erwartet, toleriert oder aber strafrechtlich geahndet wird".[39] Angesichts späterer Konsequenzen fällt es vielen Ärzten schwer, die Diagnose „Misshandlung" als Differentialdiagnose aufzunehmen.[40] Gerade aufgrund dieser Unsicherheiten, die mit dem Verdacht einer Kindeswohlgefährdung einhergehen, ist es wichtig, dass Klarheit geschaffen wird bezüglich des genauen Umfangs der ärztlichen Schweigepflicht.
Die Schwierigkeiten, die sich aus dem Konflikt zwischen Kindesmisshandlung und ärztlicher Schweigepflicht ergeben, sind Gegenstand dieser Arbeit. Ziel ist es, die existierenden Rechtsgrundlagen zur Offenbarung bei dem Verdacht auf Kindesmisshandlung dieser Länder anhand eines Analysegerüstes darzustellen sowie sie einem Rechtsvergleich zu unterziehen. Die ausländischen Rechtsnormen dienen gleichzeitig als Orientierung und Inspiration für Änderungs- oder Erweiterungsvorschläge für das deutsche Recht, die im Anschluss erarbeitet werden.

---

[37] Kaiser, Kriminologie³ § 61 Rn. 8.
[38] Lips, Leitfaden S. 33; Kaiser, Kriminologie³ § 61 Rn. 8.
[39] *Michalowski* ZStW 1997, 519 (544).
[40] AWMF Leitlinie Kinderschutz 2019 S. 239, hier für den Fall des Schädelhirntraumas.

## B.  GANG DER UNTERSUCHUNG

An einem konkreten Fall wird in diesem Abschnitt verdeutlicht, von welcher Situationen ausgegangen wird, wenn von der Konfliktsituation des Arztes gesprochen wird. Dieser Fall bildet den Hintergrund für die Untersuchung.

Namentlich geht es um folgende Situation:
Eltern werden mit einem bereits misshandelten Kind bei einem (Kinder-)Arzt vorstellig. Der Grund der Konsultation ist hierbei irrelevant. Der Arzt entdeckt bei der Untersuchung Symptome, physischer oder psychischer Art, die eine vergangene Misshandlung vermuten lassen. Beispielsweise bemerkt er untypische Verletzungsmuster, wie Hämatome an für Kinder untypischen Stellen oder aber nicht erklärbare Verhaltensauffälligkeiten, die für eine psychische Misshandlung sprechen könnten. Aber auch Verbrennungsspuren an atypischen Stellen, wie der Handinnenfläche statt der Fingerkuppen, lassen auf eine Misshandlung schließen. Aufgrund dieser Befunde vermutet der Arzt, dass es auch in Zukunft zu weiteren Misshandlungen kommen wird. Denn nachweislich sind Kindesmisshandlungen keine einmaligen Ausrutscher, sondern kommen in den meisten Fällen regelmäßig vor.[41]

Für den Arzt stellt sich jetzt folgendes Problem: Sollte er über die gemachten Beobachtungen mit einem Kollegen, dem Jugendamt oder der Polizei sprechen? Seine Schweigepflicht verbietet dies, solange er von dieser nicht entbunden wurde. Ist das Kind noch zu klein - und das dürfte der Regelfall sein - um einsichtsfähig zu sein und den Arzt selbst von der Schweigepflicht zu entbinden, müssten die Eltern stellvertretend diese Erklärung abgeben. Und gerade hier entsteht das Dilemma: Misshandelnde Eltern werden keine Erklärung abgeben, dass sich der Arzt mit anderen Personen über die Verletzungen ihres Kindes austauschen darf. Die Gefahr der Entdeckung der eigentlichen Ursache wiegt viel zu schwer. Und auch die Angst der Eltern, man würde ihnen möglicherweise umgehend das Kind entziehen, spielt eine Rolle.

Die ärztliche Schweigepflicht verbietet es dem Arzt, über die Befunde, die Verletzungsmale und seine Beobachtungen zu sprechen. Jedoch könnte auch sein Schweigen Konsequenzen für die körperliche Unversehrtheit des Kindes haben. Nämlich dann, wenn sein Nichtstun dazu führt, dass es zu weiteren massiven Übergriffen auf das Kind kommt oder die Misshandlungen sogar zum Tode führen. In diesem Fall wäre sein Schweigen kausal für die weiteren

---

[41] *Barz* Notfall & Rettungsmedizin 1998, 13 (13).

Misshandlungen. Zur Lösung und Verhinderung der oben dargestellten Konfliktsituation wurden in Deutschland, Österreich und der Schweiz verschiedene Rechtsgrundlagen erlassen. Bei der Betrachtung Deutschlands wird besonders auf den § 4 Abs. 3 Kinderschutzkooperationsgesetz (KKG) eingegangen und es werden die Stärken und Schwächen dieser Norm aufgezeigt.

Der erste Teil der Arbeit beschäftigt sich mit der Kindesmisshandlung. Es wird erarbeitet, was hierunter aus medizinischer Sicht verstanden wird und welche Normen aus strafrechtlicher Sicht jeweils einschlägig sind.

Es werden für die deutsche Rechtslage zwei Szenarien untersucht: Welche Konsequenzen hat es für den Arzt, wenn er in der oben beschriebenen Situation schweigt und welche, wenn er sich offenbart?

Im Rahmen der Frage, wie sich ein Offenbaren für den Arzt auswirkt, wird etwas ausführlicher auf die Bedeutung und Herkunft der ärztlichen Schweigepflicht eingegangen und sodann die Strafnorm des § 203 StGB untersucht. Im Kontext einer möglichen Rechtfertigung des Arztes wird zunächst § 34 StGB und daraufhin § 4 KKG untersucht. Letzterer wird im Folgenden ausführlich dargestellt und kritisch betrachtet.

Im zweiten Teil der Untersuchung werden die Kindesmisshandlung sowie die ärztliche Schweigepflicht auf Grundlage der österreichischen Rechtslage dargestellt. Schließlich werden die Offenbarungsbefugnisse der dortigen Rechtsordnung bei Kindesmisshandlungen vorgestellt.

Im dritten Teil wird eine Untersuchung des schweizerischen Rechts vorgenommen. Auch hier werden die relevanten Normen vorgestellt und einem direkten Vergleich mit der deutschen Gesetzeslage unterzogen.

Ein Vergleich mit Österreich und der Schweiz liegt aus folgenden Gründen nahe: Zunächst liegt allen drei Ländern derselbe Kulturkreis zugrunde, und auch die Rechtsordnungen weisen zahlreiche Ähnlichkeiten auf. Der Schutz des Patienten vor unbefugter Offenbarung wird in allen drei Ländern aus der Verfassung, insbesondere dem Schutz auf informationelle Selbstbestimmung abgeleitet.

Schließlich – und das ist der wichtigste Grund – verfügen alle drei Länger über Rechtsnormen, welche der Situation des Verdachts auf Kindesmisshandlung und die Konsequenzen für die ärztliche Schweigepflicht beggnen.

Dies geschieht allerdings in jedem Land auf unterschiedliche Weise, sodass hier ein Vergleich auf der Hand liegt.

Die Untersuchung schließt mit einem Fazit, anhand dessen eine neue Regelung für Deutschland entworfen wird.

## C. DIE KINDESMISSHANDLUNG

Im Folgenden wird zunächst dargestellt, was unter Kindesmisshandlung im medizinischen und im juristischen Sinn zu verstehen ist.

### I. Die Kindesmisshandlung aus medizinischer Sicht

Was unter einer Kindesmisshandlung zu verstehen ist, definierte der Deutsche Bundestag 1986. Hiernach ist eine Misshandlung „die nicht zufällige bewusste oder unbewusste gewaltsame körperliche und/oder seelische Schädigung, die in Familien oder Institutionen geschieht, also in einem Zusammenlebenssystem, und die zu Verletzungen und/oder Entwicklungshemmungen oder sogar zum Tode führt und somit das Wohl und die Rechte eines Kindes beeinträchtigt oder bedroht".[42] Verkürzt wird beschrieben: „Der Begriff Kindesmisshandlung beschreibt die nicht unfallbedingte körperliche oder seelische Verletzung eines Kindes oder eines Jugendlichen durch einen Elternteil oder eine Betreuungsperson"[43].

Im Kinderspital Zürich wird die Kindesmisshandlung wie folgt definiert: „Kindesmisshandlung ist die nicht zufällige, bewusste oder unbewusste körperliche und/oder seelische Schädigung (durch aktives Tun oder durch Unterlassen) durch Personen (Eltern, andere Erziehungsberechtigte, Dritte), Institutionen und gesellschaftliche Strukturen, die zu Entwicklungshemmungen, Verletzungen oder zum Tode des Kindes führt, eingeschlossen die Vernachlässigung kindlicher Bedürfnisse"[44]. In der Medizin werden verschiedene Arten der Kindesmisshandlung unterschieden, da Misshandlungen auf vielfältige Weise erfolgen können. Man unterscheidet die körperliche Misshandlung

---

[42] BT-Drs. 10/5460 S. 3.
[43] So auch BT-Drs. 10/5460 S. 3 f.; LÄK BW „Gewalt gegen Kinder" S. 8.
[44] *Staubli* Kinderschutz in der medizinischen Praxis in Achtes Zürcher Präventionsforum S. 73; *Wopmann* Kindesmisshandlung in Siebtes Zürcher Präventionsforum S. 228.

(auch mit Todesfolge), den sexuellen Missbrauch, die Misshandlung durch Vernachlässigung und die psychische bzw. emotionale Misshandlung.[45]

Häufig treten verschiedenen Arten der Misshandlungen in Kombination auf.[46] Grob unterteilt wird in körperliche und seelische Misshandlungen. Die häufigste Art der Kindesmisshandlung ist wahrscheinlich die körperliche Misshandlung sowie die emotionale Vernachlässigung.[47]

## 1. Körperliche Misshandlung

Unter körperlicher Misshandlung im Zusammenhang mit Kindesmisshandlungen werden Gewalteinwirkungen von außen, wie beispielsweise Schläge, Stöße, Stiche, Verbrennungen, Verbrühungen und nicht-akzidentielle[48] Vergiftungen verstanden.[49] Bekannte Erscheinungsformen von körperlichen Misshandlungen bei Kindern sind insbesondere das „Shaken-Baby-Syndrome" (Schütteltrauma eines Säuglings[50]) und das „Münchhausen-by-proxy-syndrome"[51] (das künstliche Hervorrufen von Krankheitssymptomen durch die Eltern). Beim Schütteltrauma werden die Kinder, zumeist Säuglinge, an den Schultern, den Armen oder dem Brustkorb gefasst und kräftig hin und her geschüttelt. Hierdurch kommt es zu massiven Verletzungen im Hirnbereich, da die noch nicht ausreichend ausgebildete Halsmuskulatur des Säuglings den

---

[45] Pschyrembel online Stichwort *„Kindesmisshandlung"* https://www.pschyrembel.de/Kindesmisshandlung/K0BP4/doc/ (zuletzt abgerufen am 18.08.2019); ausführlich dazu Trube-Becker, Gewalt gegen das Kind S. 20ff., 30 ff., 80 ff., 104 ff.; *Staubli* Kinderschutz in der medizinischen Praxis in Achtes Zürcher Präventionsforum S. 73; Bundesärztekammer Konzept Kindesmisshandlung 1998 S. 8; *Kruse/Oehmichen* in Kindesmißhandlung und sexueller Mißbrauch S. 5.

[46] *Wopmann* Kindesmisshandlung in Siebtes Zürcher Präventionsforum S. 228; Däppen-Müller, Diss. 1998 S. 24.

[47] *Landgraf/Zahner u.a.* Monatsschr. Kinderheilkunde 2010, 149 (149); auch *Renz* Hamburger Ärzteblatt 2014, 17 (17) hält Vernachlässigung mit 60 bis 70 Prozent für die häufigste Misshandlungsart.

[48] Nicht zufällige.

[49] AWMF Leitlinie Kinderschutz 2019 S. 219.

[50] Typische Verletzungskombination aus subduralem Hämatom und retinalen Einblutungen nach grobem Schütteln des Kindes, vgl. *Banaschak/Madea* in Madea Praxis Rechtsmedizin S. 269.

[51] *Banaschak/Madea* in Madea Praxis Rechtsmedizin S. 274.

Kopf noch nicht halten kann. Die körperlichen Folgen sind Zerrungen der Brückenvenen und/oder der Gefäße der Hirnhaut, was zu Hirnblutungen führt.[52] Das Münchhausen-by-proxy-syndrome hat seinen Ursprung in einem Aufmerksamkeitsbedürfnis der Täter. Häufig sind dies Mütter, die bei ihren Kindern durch das Verabreichen von Medikamenten oder das Provozieren lebensbedrohlicher Situationen („Anersticken") Krankheitssymptome hervorrufen,[53] um diese dann bei einem Arzt vorstellen zu können.

Ärzte können besonders bei der Aufklärung von körperlichen Misshandlungen behilflich sein, da diese sich häufig an äußeren Merkmalen erkennen lassen. Sie hinterlassen typische Verletzungsmuster.[54] Der Konflikt des Arztes zwischen Verschwiegenheit und Offenbaren möglicher Misshandlungen ist im Bereich der körperlichen Misshandlung somit besonders präsent.

2. Seelische Misshandlung

Seelische Misshandlungen lassen sich nicht eindeutig definieren. Einen Anhaltspunkt liefert die Definition der American Professional Society on the Abuse of Children (APSAC): „Psychische Misshandlung eines Kindes betrifft das wiederholte Auftreten oder die extreme Ausprägung von Verhaltensweisen einer Pflegeperson, die dem Kind zu verstehen geben, es sei wertlos, mit Fehlern behaftet, ungeliebt, ungewollt, gefährlich oder nur dazu nütze, die Bedürfnisse eines Menschen zu erfüllen"[55].

Die Leitlinie des Kinderschutzleitlinienbüros der Universitätskinderklinik Bonn beschreibt seelische oder auch emotionale Misshandlungen als alle Handlungen oder aktive Unterlassungen, die Kinder ängstigen, überfordern, ihnen ein Gefühl von Wertlosigkeit geben und sie in ihrer eigenen seelischen Entwicklung beeinträchtigen können.[56] Inhaltlich sind also im Wesentlichen Übereinstimmungen der Interpretationsversuche zu finden. Teilweise können

---

[52] *Banaschak/Madea* in Madea Praxis Rechtsmedizin S. 269.
[53] *Banaschak/Madea* in Madea Praxis Rechtsmedizin S. 274.
[54] Abbildungen zu typischen Verletzungsmustern finden sich z.B. bei *Beutler* Pädiatrie 2012, 49 (50 f.); Tabelle zu Misshandlungsverdächtige Befunde bei *Beutler* Pädiatrie 2012, 49 (50) Tabelle 3; ausführlich Bundesärztekammer Konzept Kindesmisshandlung 1998 S. 16 ff.
[55] American Professional Society on the Abuse of Children, Guidelines for the Psychosocial Evaluation of Suspected Psychological Maltreatment in Children and Adolescents, Chicago: APSAC 1995.
[56] AWMF Leitlinie Kinderschutz 2019 S. 116.

die seelischen Misshandlungen sogar zu messbaren und erkennbaren pathologischen Zuständen (z.B. Angstattacken, Zittern etc.) führen.

3. Sexuelle Misshandlung

Unter Sexueller Misshandlung wird das Ausnutzen von Abhängigkeit und Unterlegenheit von Kindern und Jugendlichen, welche aufgrund ihres Entwicklungsstandes noch nicht zustimmen oder sich wehren können, zur Beteiligung an sexuellen Aktivitäten zur Befriedigung der Bedürfnisse Erwachsener verstanden.[57] Diese Aktivitäten können sowohl seelische als auch körperliche Misshandlungen darstellen.[58]

4. Vernachlässigung

Vernachlässigungen können ebenfalls sowohl körperlicher als auch seelischer Natur sein. Es ist nicht untypisch, dass beide Formen, gerade bei kleineren Kindern, gemeinsam auftreten. Vernachlässigungen liegen immer dann vor, wenn grundlegende Bedürfnisse von Kindern missachtet werden: Unterernährung, mangelnde Pflege und Förderung, kein Schutz vor Gefahren, fehlende Beaufsichtigung oder unzureichende emotionale Zuwendung stellen einige Beispiele dar.[59] Vernachlässigung kann demnach als „das Nichterfüllen der kindlichen Bedürfnisse" definiert werden.[60] Aus medizinischer Sicht sind Symptome hierfür Verschmutzung von Kindern, Unterernährung, unzureichende Bekleidung, Entwicklungsrückstand, Hautausschläge und Verlausung.[61]

Seelische Vernachlässigungen liegen vor, wenn Eltern ihrem Kind nicht die notwendige Beachtung schenken und das Bedürfnis nach sozialer Bindung und Verbundenheit missachten.[62] Sie entziehen ihrem Kind auf diese Weise Geborgenheit und liebevolle Beziehungen.[63] Allerdings ist es umstritten, wo die Grenze zur Vernachlässigung liegt. Welche Fürsorge für ein Kind ausreichend ist, hängt von gesellschaftlichen Normen ab und diese wandeln sich im

---

[57] AWMF Leitlinie Kinderschutz 2019 S. 43 f.; Bundesärztekammer Konzept Kindesmisshandlung 1998 S. 9.
[58] Warnsymptome finden sich bei *Beutler* Pädiatrie 3/12 S. 52 Tabelle 4.
[59] AWMF Leitlinie Kinderschutz 2019 S. 40, 116; Bundesärztekammer Konzept Kindesmisshandlung 1998 S. 9.
[60] So *Wopmann* Kindesmisshandlung in Siebtes Zürcher Präventionsforum S. 28.
[61] Wahl, Diss. 2011 S. 10.
[62] Herrmann/Dettmeyer/Banaschak/Thyen, Kindesmisshandlung S. 179.
[63] *Renz* Hamburger Ärzteblatt 2014, 17 (17).

Laufe der Zeit.[64] Auch ist es grundsätzlich Sache der Eltern, wie sie ihr Kind erziehen, der Staat hat insofern nur ein begrenztes Eingriffsrecht. Gemäß Art. 6 Abs. 2 S. 2 GG wacht die staatliche Gemeinschaft über das Erziehungs- und Pflegerecht der Eltern. Im Falle einer schwerwiegenden Beeinträchtigung des Kindeswohls steht dieses Recht unter der, verhältnismäßigen, staatlichen Intervention.[65] Für einen staatlichen Eingriff ist das Kindeswohl somit gleichzeitig Legitimation und Richtschnur; nicht die Bestrafung der Eltern, sondern allein das Kindeswohl steht im Vordergrund.[66]
Erschwerend kommt hinzu, dass insbesondere die seelische Vernachlässigung nur schwer nachweisbar ist. Nicht jeder Kinderarzt wird die Anzeichen direkt erkennen können. Nur weil ein Kind schüchtern und zurückhaltend auftritt, muss es nicht zwangsläufig vernachlässigt worden sein. Hier ist besondere Vorsicht geboten, wenn es darum geht, von einer Verhaltensauffälligkeit auf eine Misshandlung zu schließen. Fällt dem Arzt allerdings auf, dass die Eltern sehr grob und wenig liebevoll mit dem Kind umgehen, sollte er genauer hinschauen und sich vergewissern, woher die Abneigung oder das Verhalten der Eltern stammt. Hier bedarf es eines besonderen Gespürs auf Seiten des Arztes. Gegebenenfalls kann sich ein Verdacht auch erst nach wiederholtem Kontakt mit den Eltern erhärten oder aber als unbegründet erweisen.

Die körperliche Vernachlässigung, die sich z.B. in der mangelnden Ernährung oder gesundheitlicher Fürsorge zeigt, ist deutlich leichter zu klassifizieren: Gerade kleine Kinder neigen aufgrund von körperlicher Vernachlässigung zu Mangelerscheinungen oder dem häufigen Auftreten vermeidbarer Krankheiten wie Rachitis, eine Störung des Knochenstoffwechsels,[67] oder Infektionskrankheiten durch versäumte Impfungen.[68] Auch die Anzeichen einer Unterernährung sind häufig leicht erkennbar.
Allgemeinsymptome bei Kindesmisshandlungen sind demnach ein reduzierter Allgemeinzustand, mangelhafte Pflege, Untergewicht und Minderwuchs.[69] Die Bezeichnung „reduzierter Allgemeinzustand" beschreibt den Zustand eines Patienten nach Befunden und der subjektiven Einschätzung des

---

[64] Herrmann/Dettmeyer/Banaschak/Thyen, Kindesmisshandlung S. 179.
[65] *Uhle* in BeckOK-GG Art. 6 vor Rn. 1.
[66] *Uhle* in BeckOK-GG Art. 6 Rn. 60.
[67] Doccheck Flexikon, Stichwort „Rachitis" http://flexikon.doccheck.com/de/Rachitis (zuletzt abgerufen am 13.04.2020).
[68] Herrmann/Dettmeyer/Banaschak/Thyen, Kindesmisshandlung S. 179.
[69] Vgl. *Banaschak/Madea* in Madea Praxis Rechtsmedizin S. 266 „Infobox".

Untersuchenden. Man unterscheidet: guten Allgemeinzustand, leicht reduzierten Allgemeinzustand, reduzierten Allgemeinzustand und stark reduzierten Allgemeinzustand.[70]

## II. Die Kindesmisshandlung aus juristischer Sicht

Strafrechtlich fallen die oben beschriebenen Misshandlungsarten unter mehrere Tatbestände des StGB. Allen voran steht § 225 StGB, der die „Misshandlung von Schutzbefohlenen" unter Strafe stellt. Bestraft wird demnach, wer eine Person unter 18 Jahren quält oder roh misshandelt, oder wer durch böswillige Vernachlässigung seiner Pflicht, für sie zu sorgen, sie an der Gesundheit schädigt. Es handelt sich hierbei um eine Qualifikation zur einfachen Körperverletzung, wobei der Erschwerungsgrund in der Missachtung der Schutzpflicht zu sehen ist.[71] Geschützt sind Personen unter 18 Jahren und Wehrlose, was bei einem Kleinkind unproblematisch zu bejahen ist. Der Täter muss eine besondere Schutzpflicht gegenüber dem Opfer haben. Gemäß § 225 Abs. 1 Nr. 1 StGB muss diese auf einem Fürsorge- oder Obhutsverhältnis beruhen. Ein Fürsorgeverhältnis liegt beispielsweise bei Eltern vor. Ihre Fürsorgepflicht ist in § 1626 BGB als elterliche Sorge verankert. Ein Obhutsverhältnis liegt vor, wenn nur eine vorübergehende körperliche Beaufsichtigung vereinbart ist, z.B. bei einem Babysitter.[72]

Der Taterfolg muss eine hierdurch verursachte Gesundheitsschädigung (i.S.d § 223 StGB) sein, sodass die Verwahrlosung eines Kindes nur dann zu einer Strafbarkeit führt, wenn diese mit einer Gesundheitsschädigung einhergeht.[73] Eine rohe Misshandlung wird begangen, wenn der Täter aus einer gefühllosen, gegen das Leiden des Opfers gleichgültigen Gesinnung heraus agiert.[74] Von einer gefühllosen Gesinnung spricht man, wenn der Täter bei der Misshandlung das – notwendig als Hemmung wirkende – Gefühl für das Leiden des Menschen verloren hat, das sich bei jedem menschlich und verständig

---

[70] Doccheck Flexikon, Stichwort „Allgemeinzustand" http://flexikon.doccheck.com/de/Allgemeinzustand (zuletzt abgerufen am 13.04.2020).
[71] *Dölling* in HK-GS § 225 Rn. 1.
[72] *Sternberg-Lieben* in Schönke/Schröder § 225 Rn. 7; *Dölling* in HK-GS § 225 Rn. 3.
[73] Fischer § 225 Rn. 10.
[74] BGH Urt. v. 03.07.2003 – 4 StR 190/03 NStZ 2004, 94 (94); BGH Beschl. v. 28.02.2007 – 5 StR 44/07 NStZ 2007, 405 (405) zum Schütteln eines Kleinkindes als rohe Misshandlung.

Denkenden eingestellt haben würde.[75] Eine solche liegt unter anderem bei massiven Faustschlägen gegen Kopf und Körper eines Kindes, Fußtritten, Reißen an den Haaren und Vollstopfen des Mundes mit trockenem Brot[76] sowie beim starken, Hirnschäden verursachenden Schütteln eines Kleinkindes[77] vor, sofern dies aus gefühlloser Gesinnung geschieht.

Tathandlung könnte in den oben genannten Misshandlungsfällen auch ein Quälen i.S.d. § 225 Abs. 1 Nr. 1 Var. 1 StGB, also das Zufügen länger andauernder oder sich wiederholender erheblicher Schmerzen oder Leiden,[78] sein. Wiederholt der Täter die Verabreichung von Medikamenten oder Giftstoffen und verursacht hiermit regelmäßig Schmerzen bei dem Kind, kann ein Quälen vorliegen, denn auch mehrere Körperverletzungen, die für sich den Tatbestand des § 225 StGB noch nicht erfüllen, können ein Quälen darstellen, wenn sie durch die Wiederholung den Unrechtsgehalt des § 255 StGB begründen.[79] Muss sich das Kind beispielsweise durch die ungerechtfertigte Gabe von Medikamenten regelmäßig übergeben oder leidet es hierdurch an schlimmen Magenkrämpfen, dürfte ein Quälen i.S.d. § 225 StGB zu bejahen sein.

Ein weiteres spezielles Delikt stellt § 171 StGB, die Verletzung der Fürsorge- und Erziehungspflicht, dar. Mit Freiheitsstrafe bis zu 3 Jahren oder Geldstrafe wird bestraft, wer seine Fürsorge- oder Erziehungspflicht gegenüber Personen unter 16 Jahren gröblich verletzt und dadurch den Schutzbefohlenen in die Gefahr bringt, in seiner körperlichen oder psychischen Entwicklung erheblich geschädigt zu werden, einen kriminellen Lebenswandel zu führen oder der Prostitution nachzugehen.[80]

Eine Verletzung der Fürsorgepflicht liegt vor, wenn die Schutzpflicht, das Kind vor Schäden zu bewahren, missachtet wird, während die Erziehungspflicht eine Anleitung in der Lebensführung beinhaltet und entweder auf Gesetz beruht (so z.B. gem. § 1666 BGB), auf Vertrag oder tatsächlicher Übernahme (z.B. Pflegeeltern) bzw. aus einem öffentlich-rechtlichen Aufgabenbereich (z.B. Sozialarbeiter des Jugendamtes) folgt.[81] Schutzgut ist die gesunde

---

[75] *Sternberg-Lieben* in Schönke/Schröder § 225 Rn. 13.
[76] BGH Beschl. v. 07.12. 2006 – 2 StR 470/06; *Sternberg-Lieben* in Schönke/Schröder § 225 Rn. 13.
[77] BGH Beschl. v. 28.02.2007 – 5 StR 44/07.
[78] BGH Urt. v. 30.03.95 – 4 StR 768/94 NJW 1995, 2045 (2045); BGH Beschl. v. 19.01.2016 – 4 StR 511/15 NStZ 2016, 472 (472).
[79] Fischer § 225 Rn. 8a.
[80] *Bosch/Schittenhelm* in Schönke/Schröder § 171 Rn. 9.
[81] *Frommel* in NK-StGB § 171 Rn. 7.

körperliche und psychische Gesundheit von Kindern und Jugendlichen, solange sie noch unter 16 Jahren sind.[82]

Die Pflichten können sowohl durch ein Tun als auch durch ein Unterlassen verletzt werden. Ein Unterlassen stellt es beispielsweise dar, wenn die Eltern einem kranken Kind oder Jugendlichen die ärztliche Behandlung vorenthalten.[83]

Von Gröblichkeit wird in der Regel erst bei wiederholten oder dauerhaften, als solchen offensichtlichen Pflichtverstößen gesprochen.[84] Dass die Erziehungsmethoden den Ansprüchen moderner Sozialpädagogik nicht genügen, reicht hingegen nicht aus.[85] Subjektiv muss ein erhöhtes Maß an Verantwortungslosigkeit erkennbar sein.[86]

Vor allem die Vernachlässigung berührt den Bereich des § 171 StGB. Wird ein Kind durch die Verletzung der Fürsorge- oder Erziehungspflicht gröblich, also wiederholt und massiv, vernachlässigt und kommt es hierdurch in der körperlichen oder psychischen Entwicklung zu Schäden, ist der Tatbestand des § 171 StGB erfüllt.

Weitere speziell auf Kinder und Jugendliche bezogene Delikte sind § 176 StGB (Sexueller Missbrauch von Kindern), § 176a StGB (schwerer Sexueller Missbrauch von Kindern), § 176b StGB (Sexueller Missbrauch von Kindern mit Todesfolge) und § 182 StGB (Sexueller Missbrauch von Jugendlichen). Die §§ 176 – 176b StGB sollen das noch nicht 14-jährige Kind vor verfrühten sexuellen Erlebnissen freihalten[87], um so eine geschützte geschlechtliche Entwicklung zu gewährleisten.[88]

Zu den speziellen Delikten können zudem als Auffangtatbestände noch die Körperverletzungsdelikte gem. §§ 223 ff. StGB sowie die Bedrohung gem. § 241 StGB und die Nötigung gem. § 240 StGB herangezogen werden. Dabei dürften insbesondere die Körperverletzungsdelikte einschlägig sein, wenn die Schwelle des § 225 StGB (Quälen oder rohes Misshandeln) aufgrund der Intensität des Eingriffs noch nicht gegeben ist.

---

[82] *Frommel* in NK-StGB § 171 Rn. 5.
[83] *Frommel* in NK-StGB § 171 Rn. 7.
[84] Fischer § 171 Rn. 5; *Frommel* in NK-StGB § 171 Rn. 7.
[85] Fischer § 171 Rn. 5.
[86] *Bosch/Schittenhelm* in Schönke/Schröder § 171 Rn. 4.
[87] BGH Beschl. v. 21.09.2000 – 3 StR 323/00 NJW 2000, 3726 (3726).
[88] BT-Drs. VI/3521 S. 34.

Setzt der Täter Medikamente ein, wie bei dem oben geschilderten Münchhausen-by-proxy-syndrome, um bei dem Kind eine Krankheit vorzutäuschen, handelt es sich um den Einsatz eines Giftes i.S.d § 224 Abs. 1 Nr. 1 1. Alt. StGB. Dabei ist Gift jeder organische oder anorganische Stoff, der unter bestimmten Bedingungen (z.b. Einatmen oder Schlucken) durch chemische oder chemisch-physikalische Wirkung nach seiner Art und der vom Täter eingesetzten Menge generell (str.)[89] geeignet ist, ernsthafte gesundheitliche Schäden zu verursachen.[90] Dies kann auf jeden Fall auch für die Verabreichung von Medikamenten gelten, denn sie sind nicht nur geeignet, Gesundheitsschäden zu verursachen, sie rufen zudem konkrete Gesundheitsschäden hervor.

Auch die Aussetzung gem. § 221 StGB kommt in Betracht, wenn ein Kind in eine hilflose Lage versetzt oder im Stich gelassen wird und dadurch der Gefahr des Todes oder der Gesundheitsschädigung ausgesetzt wird, wobei dies regelmäßig auch einen Verstoß gegen die Fürsorgepflichten gem. § 171 StGB darstellen dürfte.

Zu denken wäre hier an Situationen, aus denen insbesondere kleine Kinder nicht ohne fremde Hilfe herausfinden, wie das Stehenlassen eines Kinderwagens draußen bei kalten Temperaturen oder das Zurücklassen eines Kindes in einer ihm unbekannten Umgebung, aus der es nicht mehr zurückfindet. Kommt es durch die Misshandlungen schließlich sogar zum Tod des Kindes, kommen ferner die Tötungsdelikte § 212 StGB (Totschlag, bei entsprechendem Vorsatz), § 222 StGB (fahrlässige Tötung) oder § 227 StGB (Körperverletzung mit Todesfolge) in Betracht.

Für das Thema der Dissertation sind insbesondere die Misshandlung von Schutzbefohlenen, die (schwere und gefährliche) Körperverletzung sowie die Verletzung der Fürsorge- und Erziehungspflicht relevant. Denn es sind diese Formen der Misshandlung, die der Arzt bemerken kann. Unterernährung durch Vernachlässigungen, Verletzungen durch Züchtigungen oder Entwicklungsstörungen, die offensichtlich keinen pathologischen Ursprung haben, sind die wesentlichen Beobachtungen, bei denen es zur Kollision von Schweigeverpflichtung und Hilfe für das Kind durch Meldung kommen kann. Auf diese Kollisionslage wird im Folgenden noch ausführlich eingegangen.

---

[89] Rspr. und hM verlangen „im konkreten Fall".
[90] Fischer § 224 Rn. 4.

## D. Die Rechtslage in Deutschland

Unter Bezugnahme auf den oben genannten Fall wird im Folgenden dargestellt, welche Konsequenzen sich jeweils für den Arzt nach deutschem Recht ergeben, wenn er entweder zugunsten des Kindes seine Schweigepflicht bricht oder zugunsten seiner Schweigepflicht nichts unternimmt.

### I. Konsequenzen für den Arzt

1. Situation: Der Arzt schweigt

Anknüpfend an die oben geschilderte Konfliktsituation des Arztes soll zunächst untersucht werden, welche juristischen Konsequenzen es für den Arzt hätte, wenn dieser seine Beobachtungen verschweigt und es zu weiteren, teils massiven Misshandlungen des Kindes kommt.

Zu überlegen wäre, ob nicht möglicherweise eine Garantenstellung des Arztes gegenüber seinem Patienten – in diesem Fall dem Kind – besteht, wodurch er bei entsprechendem Verdacht zum Handeln gezwungen ist.[91] Zu denken wären hier an eine Strafbarkeit durch eine (gefährliche) Körperverletzung durch Unterlassen, eine Beihilfe zur Misshandlung durch die Eltern oder eine Strafbarkeit wegen unterlassener Hilfeleistung. In Betracht käme außerdem eine Verletzung der §§ 138, 139 StGB.

a) Strafbarkeit durch Unterlassen (§§ 223, 224, 13 StGB)

Je nach verwirklichter Misshandlung könnte der Arzt sich strafbar gemacht haben, indem er den Erfolg, z.B. der Körperverletzung, durch Unterlassen herbeigeführt hat. Um wegen eines Unterlassens strafbar zu sein, bedarf es einer Einstandspflicht des Täters für das Opfer, einer sogenannten Garantenpflicht. Diese kann sich aus verschiedenen rechtlichen Gesichtspunkten ergeben und wird im Folgenden für den Kinderarzt untersucht.

aa) Die Garantenstellung des Arztes

Zu Beginn gilt es zu differenzieren. Auf formeller Ebene unterscheidet man nach der Herkunft der Garantenstellung: aus gesetzlicher Verpflichtung, aus freiwilliger oder tatsächlicher Übernahme, aus enger Verbundenheit (Familie, Näheverhältnis oder Gefahrgemeinschaft) oder aus einem gefährlichen Vorverhalten.[92] Funktionell wird nach Art und Inhalt der Garantenpflichten

---

[91] Ausführlicher zur Garantenstellung des Arztes, S. 19.
[92] BGH Urt. v. 12.02.1952 – 1 StR 59/50 NJW 1952, 552 (553).

unterschieden: Man spricht von Überwachergaranten, welche für die Überwachung einer bestimmten Gefahrenquelle verantwortlich sind und von Beschützergaranten, denen der Schutz eines Rechtsgutes vor drohenden Gefahren auferlegt ist.[93]

(1) Aus dem Behandlungsvertrag und tatsächlicher Übernahme

Es ließe sich die Überlegung anstellen, ob sich für den Arzt nicht aus der tatsächlichen Übernahme der Behandlung eine Garantenstellung ergeben könnte, wobei es auf die zivilrechtliche Wirksamkeit eines Behandlungsvertrages nicht ankommt, sondern auf die tatsächliche Übernahme einer Schutzfunktion oder auf die Inanspruchnahme von Vertrauen.[94] Die Übernahme macht den Arzt „zum Garanten dafür, dass in Richtung der Erfolgsabwendung alles nach Lage des Falles Sachgemäße und Erforderliche geschieht"[95].

Um eine Garantenstellung abzuleiten, müssen Grenzen und Inhalt der ärztlichen Einstandspflicht abgesteckt werden.[96] Mit der Übernahme des ärztlichen Dienstes entsteht für den Arzt die Pflicht, seinen Aufgaben im Rahmen seines Tätigkeitsbereichs nachzukommen und den Patienten vor Schäden zu bewahren, die er im Stande ist, zu verhindern.[97]

Ob sich aus dem Behandlungsvertrag auch die Pflicht des Arztes ergibt, seine Schweigepflicht zugunsten des Kindeswohls zu brechen, ist nicht geklärt. § 630a BGB etabliert den Behandlungsvertrag als eigenen Vertragstypus im BGB[98] und bietet somit die gesetzliche Grundlage für das Arzt-Patienten-Verhältnis.

---

[93] *Tag* in HK-GS § 13 Rn. 15; *Bosch* in Schönke/Schröder § 13 Rn. 10.
[94] OLG Düsseldorf Beschl. v. 24.06.1991 – 5 Ss 206/91 NJW 1991, 2979 (2980) m.w.N.; *Ulsenheimer* in Laufs/Kern/Rehborn Handbuch § 150 Rn. 14.
[95] Eb. Schmidt, Der Arzt im Strafrecht S. 163.
[96] Vitkas, Diss. 2014 S. 151.
[97] So *Knauer/Brose* in Spickhoff Medizinrecht §§ 211, 212 StGB Rn. 7.
[98] *Bergmann/Middendorf* in NK-MedR § 630a BGB Rn. 1. Zur tatsächlichen Übernahme siehe S. 20.

In einer Dissertation zur Schweigepflicht und Kindesmisshandlung[99] wird eine Parallele zu dem sogenannten „AIDS-Fall"[100] gezogen, in dem es darum ging, ob ein Arzt seine Schweigepflicht zum Wohle Dritter durchbrechen darf oder muss, wenn er von der HIV-Infektion eines Patienten erfährt und eine Ansteckungsgefahr für Dritte besteht, die auch zu den Patienten des behandelnden Arztes gehören.

In dem konkreten Fall klagte die Lebensgefährtin eines mittlerweile verstorbenen Mannes gegen ihren gemeinsamen Hausarzt. Der Hausarzt hatte bei dem Lebensgefährten der Klägerin im Zusammenhang mit einem Lymphknotenkrebs HIV diagnostiziert. Der Lebensgefährte untersagte dem Beklagten jede Auskunftserteilung über seine HIV-Erkrankung. Nachdem der Erkrankte verstorben war, informierte der Arzt die Lebensgefährtin und setzte sie über die Todesursache in Kenntnis. Zudem veranlasste er einen Bluttest, der bei der Klägerin das Ergebnis „HIV positiv" ergab. Die Klägerin ist der Ansicht, dass der Arzt seine Schweigepflicht gegenüber ihrem kranken Lebensgefährten hätte brechen müssen, um sie vor einer Ansteckung zu schützen.

Der Autor untersucht, ob dieser in der Rechtsprechung entschiedene Fall auf den oben beschriebenen Fall der Kindesmisshandlung anwendbar ist.
Im „AIDS-Fall"[101] ging die Rechtsprechung nicht nur von einem Offenbarungs*recht* des Arztes gegenüber der gefährdeten Patientin aus, es nahm sogar eine Offenbarungs*pflicht* zum Wohle der Lebensgefährtin bzw. Klägerin an. Abgeleitet wurde diese Pflicht aus § 34 StGB: Das Leben und die Gesundheit der konkret gefährdeten Person überwiegen die Interessen des Infizierten an der Geheimhaltung, und so darf der Arzt nicht nur die Schweigepflicht brechen, er muss.[102]

---

[99] Vitkas, Diss. 2014 S. 152-157.
[100] Als „AIDS-Fall" bekannt wurde ein Urteil des OLG Frankfurt a.M., Urt. v. 05.10.1999 - 8 U 67/99 sowie in diesem Zusammenhang ein Beschluss des OLG Frankfurt/M., OLG Frankfurt a.M. Beschl. v. 08.07.1999 - 8 U 67/99 m. Anm. *Wolflast* NStZ 2001, 150 (150 ff.); OLG Frankfurt Urt. v. 05.10.1999 – 8 U 67/99 m. Anm. *Kremer* MedR 2000, 196 (197 f.); ausführlich auch *Spickhoff* NJW 2000, 848 (848 f.); *Parzeller/Bratzke* DÄB 2000, 2364 (2364).
[101] OLG Frankfurt a.M. Urt. v. 05.10.1999 – 8 U 67/99; OLG Frankfurt a.M. Beschl. v. 08.07.1999 – 8 U 67/99 m. Anm. *Wolflast* NStZ 2001, 150 (150 ff.).
[102] OLG Frankfurt Urt. v. 05.10.1999 – 8 U 67/99 m. Anm. *Kremer* MedR 2000, 196 (197 f.).

In der Literatur ist diese Ansicht geteilt aufgenommen worden. Teilweise befürwortet man die Ansicht der Rechtsprechung und leitet die Pflicht, den ansteckungsgefährdeten Dritten zu informieren, aus einer Nebenpflicht des Behandlungsvertrages ab.[103] Ist der Dritte nicht Patient des Arztes, entfällt diese Pflicht freilich mangels Vertragsgrundlage und damit verbundener fehlender Garantenstellung.[104] Diese Ansicht in der Literatur löst das Problem über die Anwendung des § 34 StGB: Bei Vorliegen der Voraussetzungen des rechtfertigenden Notstandes stünde die Schweigepflicht des Arztes gegenüber dem infizierten Patienten der Nebenpflicht nicht entgegen.[105]
Ein anderer Teil der Literatur verneint die aus dem Behandlungsverhältnis abgeleitete zivilrechtliche Offenbarungspflicht.[106] Die Pflicht des Arztes, Gesundheitsgefahren und -schädigungen von dem Patienten abzuwehren, beschränke sich auf solche, die unmittelbar mit der Behandlung im Zusammenhang stehen. Gefahren, die außerhalb des Kerns der Behandlung liegen, begründeten keine Einstandspflicht für den Arzt.[107] Folglich wäre der Arzt nicht handlungspflichtig, wenn es um die Gesundheit des Kindes außerhalb der unmittelbaren Behandlung ginge.

Wie bereits oben erwähnt, erwächst dem Arzt eine Pflicht nicht allein dadurch, dass ein Behandlungsvertrag geschlossen wird. Vielmehr bedarf es einer tatsächlichen Übernahme, durch die der Verpflichtete zum Ausdruck bringt, für den Schutz des Rechtsguts einstehen zu wollen.[108] Eine solche Verpflichtung wird u.a. von *Kemper* gesehen, die annimmt, die Garantenstellung ergäbe sich

---

[103] *Deutsch* VersR 2001, 1471 (1474); OLG Frankfurt Urt. v. 05.10.1999 – 8 U 67/99-59 m. Anm. *Schlund* JR 2000, 375 (376); *Spickhoff* NJW 2000, 848 (848).

[104] OLG Frankfurt Urt. v. 05.10.1999 – 8 U 67/99-59 m. Anm. *Schlund* JR 2000, 375 (376).

[105] *Spickhoff* NJW 2000, 848 (848).

[106] OLG Frankfurt Urt. v. 05.10.1999 – 8 U 67/99 m. Anm. *Engländer* MedR 2001, 143 (144); *Parzeller/Bratzke* DÄB 2000, 2364 (2365); OLG Frankfurt a.M. Beschl. v. 8.07.1999 – 8 U 67/99 m. Anm. *Wolflast* NStZ 2001, 150 (151).

[107] OLG Frankfurt a.M. Beschl. v. 8.07.1999 – 8 U 67/99 m. Anm. *Wolflast* NStZ 2001, 150 (151).

[108] Celle Urt. v. 04.05.1961 – 1 Ss 12/61 NJW 1961, 1939 (1939); vgl. auch BGH Urt. v. 08.02.2000 – VI ZR 325/98 m. Anm. *Kern* MedR 2001, 310 (311).

durch die tatsächliche Aufnahme der ärztlichen Behandlung.[109] Eine vertragliche Grundlage sei nicht zwingend. Relevant sei, dass der Garant faktisch für den Schützling die Aufgabe der Gefahrenabwehr übernähme.[110] Die tatsächliche Übernahme ist in der Aufnahme des Arzt-Patienten-Verhältnisses zu sehen, weist der Arzt den Patienten hingegen ab, entsteht folglich keine Garantenpflicht.[111] Hier ist allerdings zu beachten, dass die Begriffe Behandlungsvertrag und Arzt-Patienten-Verhältnis nicht gleichzusetzen sind. Das Arzt-Patienten-Verhältnis ist eine Beziehung zwischen zwei Individuen, es ist soziale Interaktion zwischen dem Patienten und dem Behandelnden.[112] Das Arzt-Patienten-Verhältnis geht weiter als der Behandlungsvertrag und ist gesellschaftlichen Veränderungen unterworfen. Beispielsweise war das Arzt-Patienten-Verhältnis früher eher paternalistisch-fürsorglich geprägt, wohingegen das Verhältnis heute eher als partnerschaftlich angesehen wird.[113] Hingegen konkretisiert der Behandlungsvertrag das Arzt-Patientenverhältnis und schafft die rechtlichen Rahmenbedingungen für eine Behandlung.

Für eine Einstandspflicht aus faktischer Übernahme kommt es ferner darauf an, ob der Garant das Geschehen aktuell kontrollieren kann, er also irgendeine Einwirkungsmöglichkeit auf das gefährdete Rechtsgut hat.[114]
*Vitkas*[115] zieht Parallelen zu Berufsgruppen, die Schutzpflichten gegenüber Kindern haben, namentlich Mitarbeitern des Jugendamtes und Polizeibeamten. Er kommt, richtigerweise, zu dem Ergebnis, dass eine Offenbarungspflicht für Ärzte aus dem Vergleich mit den Mitarbeitern der Kinder- und Jugendhilfe bzw. der Polizei nicht abgeleitet werden kann.[116] Beide Institutionen haben ihnen zugewiesenen Aufgaben und die notwendigen rechtlichen Instrumente zur Verfügung, um wirksam gegen Kindesmisshandlung vorzugehen.

---

[109] *Kemper/Kölch/Fangerau/Fegert* Ethik in der Medizin 2010, 33 (36), die Autoren sprechen davon, dass diese Garantenstellung „in der Regel" angenommen wird, allerdings ohne Belege dafür zu liefern.
[110] *Valerius* in BeckOK-OWiG § 8 Rn. 14; *Weigend* in LK-StGB § 13 Rn. 4.
[111] Roxin, Strafrecht AT II § 32 Rn. 70 f.
[112] *Helmchen* DÄB online 2005, S. 1; Doccheck Flexikon, Stichwort „Arzt-Patient-Beziehung" https://flexikon.doccheck.com/de/Arzt-Patienten-Beziehung (zuletzt abgerufen am 13.04.2020).
[113] *Helmchen* DÄB online 2005, S. 2.
[114] *Mörsberger/Wiesner* in Wiesner SGB VIII Anhang 1 Kinderschutz 1.9.2. Strafrecht Rn. 46a.
[115] Vitkas, Diss. 2014 S. 155-157.
[116] Vitkas, Diss. 2014 S. 157.

Für die Mitarbeiter des Jugendamtes ist es originäre Aufgabe, für das Wohl des Kindes einzustehen – dies ergibt sich aus dem verfassungsrechtlich verankerten staatlichen Wächteramt,[117] welches es dem Staat gebietet, bei Kindeswohlgefährdung aktiv zu werden.[118] Normiert sind diese Befugnisse des Jugendamtes in §§ 8a Abs. 3, 42 SGB VIII. Solche Befugnisse hat der (Kinder-)Arzt nicht, was nicht verwunderlich ist, denn sein primäres Tätigkeitsfeld liegt in der Behandlung Kranker. Ebenso wenig geeignet ist der Vergleich mit Polizeibeamten. Kinder sind, ebenso wie jeder Erwachsene, Träger subjektiver Rechte und haben ein Recht auf den Schutz vor Straftaten durch die Polizei, welche eine öffentlich-rechtliche Pflichtenstellung innehat.[119] Außerdem verpflichtet sie das Legalitätsprinzip, bei Kenntnis von Straftaten Ermittlungen anzustellen, um eine beweiskräftige Strafverfolgung zu gewährleisten.[120] Auch hier ist die Vergleichsgruppe im Gegensatz zur Ärzteschaft rechtlich verpflichtet und berechtigt, einzugreifen. In Ermangelung rechtlicher Instrumente, wie sie Jugendamtsmitarbeitern und Polizisten vom Staat verliehen wurden, lässt sich dagegen keine Garantenpflicht für Ärzte aus diesem Vergleich ableiten.[121] Auch bleibt fraglich, worin die originäre Übernahme zur Gefahrenabwehr bei einem Kinderarzt zu sehen ist.

Wie bereits festgestellt, steht außer Frage, dass er im Rahmen der Behandlung für das gesundheitliche Wohl seines Patienten einstehen muss. Der Arzt übernimmt aber weder ausdrücklich noch stillschweigend eine Verantwortung für Gefahren, die dem Kind außerhalb der Arztpraxis (etwa durch seine Eltern) drohen – auch nicht für die körperliche Unversehrtheit des Kindes, denn das ist primär Aufgabe der Eltern. Ansonsten könnte man den Arzt für jeden Schaden, der dem Kind durch Unachtsamkeit seiner Eltern zustößt, zur Verantwortung ziehen. Es fehlt ihm, sobald das Kind mit seinen Eltern die Praxis verlassen hat, schlichtweg an der geforderten Nähe und Eingriffsmöglichkeit, also an der „Sachherrschaft über den Gefahrenherd"[122]. Der Arzt bekommt nicht mit, wenn die Eltern ihr Kind im Winter nicht warm genug anziehen oder ihm zu wenig zu essen geben, oder eben, wenn sie es misshandeln. Zwar könnte er

---

[117] Von „Wächterauftrag" spricht auch Heghmanns, *Heghmanns* JAmt 6/2018, 230 (231).
[118] Vitkas, Diss. 2014 S. 156; *Wiesner* in Wiesner SGB VIII § 1 SGB VIII Rn. 23.
[119] Die Aufgaben der Polizei für Nordrhein-Westfalen sind in § 1 Abs. 1 PolG NRW festgelegt.
[120] *Müller* FPR 2009, 561 (561).
[121] Ebenso Vitkas, Diss. 2014 S. 157.
[122] *Mörsberger/Wiesner* in Wiesner SGB VIII Anhang 1 Kinderschutz 1.9.2. Strafrecht Rn. 46a.

auf Verdacht das Jugendamt informieren, doch gerade hier stellt sich wieder die Frage, ob er dies aufgrund seiner Schweigepflicht überhaupt darf. Auch erscheint es verfehlt, dem Arzt, dessen teilweise hektischer Alltag im Krankenhaus oder einer Praxis mit der Heilung kindlicher Patienten ganz ausgefüllt ist, zusätzlich eine Verantwortung für das Wohlergehen des Kindes außerhalb der ärztlichen Räumlichkeiten aufzuerlegen. Auch der Gesetzgeber hat bislang darauf verzichtet, Ärzten gesetzliche Handlungspflichten bei dem Verdacht auf Kindesmisshandlungen aufzuerlegen, was ebenfalls gegen die Annahme einer Einstandspflicht des Arztes spricht.[123]

Zudem soll das Resultat der Übernahme einer Beschützerfunktion sein, dass der Beschützte sich sicherer fühlt, Vertrauen entwickelt und vielleicht sogar ein größeres Risiko eingeht.[124] Auch dies ist nicht der Fall bei der Übernahme eines kindlichen Patienten. Das Kind wird sich durch den Arzt nicht beschützt oder behütet im Sinne eines Beschützergaranten-Verhältnisses fühlen. Der Arzt vermittelt dem kranken Kind vielmehr das Gefühl, ihm bei der Genesung zu helfen und nimmt ihm die Angst vor Schmerzen. Gegen die zu weite Ausdehnung der Garantenpflicht wird ferner als Argument angeführt, dass es dadurch zu „Absicherungsstrategien" zur Verminderung der strafrechtlichen Verantwortlichkeit kommen könne und so zusätzlich der Zugang zu sogenannten „Problemfamilien" erschwert würde.[125] Dem ist allerdings zu widersprechen. Die Garantenpflicht verlagert die Verantwortlichkeit für einen tatbestandsmäßigen Erfolg auf jemanden mit einer gewissen Nähe zum Rechtsgut. Diese Nähe ist etwas Tatsächliches und sie kann nicht zugunsten des Kinderschutzes ausgedehnt werden. Darin wäre ein klarer Verstoß gegen das Gesetzlichkeitsprinzip sowie gegen das Analogieverbot zulasten des Täters zu sehen.

(2) Aus Ingerenz

Eine Garantenpflicht aus gefahrschaffendem Vorverhalten (Ingerenz) scheidet im vorliegenden Fall aus. Nicht der Arzt schafft die Situation, die sein Handeln erfordert, sondern die Eltern, die das Kind misshandeln. Der Arzt selbst findet das Kind vor, wenn es bereits misshandelt worden ist. Diesen Zustand hat er aber nicht durch ein bestimmtes Verhalten herbeigeführt. Zu überlegen wäre, ob das Unterlassen des Eingreifens ein gefahrschaffendes Vorverhalten darstellt, dass dazu führt, dass die Eltern ungehindert das Kind erneut

---

[123] *Schiefer* FuR 2018, 514 (517).
[124] *Weigend* in LK-StGB § 13 Rn. 34, allerdings sind dies nur Indizien für das Vorliegen einer Garantenpflicht.
[125] *Mörsberger/Wiesner* in Wiesner SGB VIII Anhang 1 Kinderschutz 1.9.2. Strafrecht Rn. 46a.

misshandeln können. Dann müsste der Arzt allerdings eine Pflicht zum Eingreifen gehabt haben und ob diese vorliegt ist gerade Gegenstand dieser Untersuchung.

(3) Aus der Berufspflicht des Arztes

Weder aus dem hippokratischen Eid noch aus der Approbation kann eine Garantenpflicht abgeleitet werden. Es fehlt beiden die Konkretisierung einer bestimmten Verantwortung für eine konkrete Gefahrenquelle oder eines bestimmten Rechtsguts einer konkreten Person.[126] Der hippokratische Eid stellt vielmehr eine moralische Verpflichtung, einen übergesetzlichen Leitfaden ordnungsgemäßen Verhaltens dar. Eine Verantwortung für eine konkrete Gefahrenquelle oder ein bestimmtes Rechtsgut enthält er nicht. Vielmehr wird dem Arzt die lebenslange moralische Verpflichtung auferlegt, Menschen zu helfen und somit die Gesundheit der Allgemeinheit zu fördern. Garanten für eine generelle Gesundheit gibt es aber nicht.[127]

Auch aus der Approbation ist eine Garantenstellung nicht ableitbar. Die Approbation ist zwingende Voraussetzung für das Führen der Berufsbezeichnung „Arzt" oder „Ärztin", vgl. § 2a Bundesärzteordnung (BÄO). Die Voraussetzungen für die Erteilung der Approbation regeln die §§ 3 ff. BÄO. Bei der Approbation handelt es sich damit aber lediglich um eine Berufsausübungsvoraussetzung, die in Form eines begünstigenden, statusbegründenden Verwaltungsaktes ergeht.[128]

(4) Stellungnahme

Aus dem Behandlungsvertrag kann richtigerweise keine Pflicht für den Arzt abgeleitet werden, in einem Fall kollidierender Patienteninteressen seine Schweigepflicht zu brechen.[129] Soweit diese Pflicht aus § 34 StGB abgeleitet wird, muss festgehalten werden, dass § 34 StGB im Strafrecht nur ein *Recht* zum Handeln, aber keine Pflicht zum Handeln statuiert.[130] Es ist nicht vertretbar, aus einer strafrechtlichen Rechtfertigungsbefugnis, wie z.B. § 34 StGB,

---

[126] *Schuhr* in Spickhoff Medizinrecht § 323c StGB Rn. 6.
[127] *Schuhr* in Spickhoff Medizinrecht § 323c StGB Rn. 6.
[128] *Eichelberger* in Spickhoff Medizinrecht § 2 ZHG Rn. 2.
[129] So auch vertreten von Vitkas, Diss. 2014 S. 155; OLG Frankfurt Urt. v. 05.10.1999 – 8 U 67/99 m. Anm. *Engländer* MedR 2001, 143 (143 f.); OLG Frankfurt a.M. Beschl. v. 08.07.1999 – 8 U 67/99 m. Anm. *Wolflast* NStZ 2001, 150 (151).
[130] OLG Frankfurt Urt. v. 05.10.1999 – 8 U 67/99 m. Anm. *Engländer* MedR 2001, 143 (143 f.); *Gaidzik* in NK-MedR § 205 StGB Rn. 13.

eine Handlungspflicht zu konstruieren.[131] Der Arzt hat in erster Linie die Leiden seines Patienten zu behandeln, er soll seine professionellen Aufgaben wahrnehmen und sich um die akuten Beschwerden des Patienten im Rahmen seines Behandlungsverhältnisses kümmern.[132] Bezogen auf diese Pflichten ist der Arzt Garant für das Wohl seines Patienten. Nicht darüber hinaus. Ihm aus § 34 StGB eine *Pflicht* aufzuerlegen, seine Schweigepflicht bei erhöhter Gefahr zu brechen, erscheint schlichtweg unvertretbar. § 1 Abs. 2 der Musterberufsordnung der Ärzte (MBO-Ä) statuiert für Ärzte die Pflicht, „(...) *Leben zu erhalten, die Gesundheit zu schützen und wiederherzustellen, Leiden zu lindern und Sterbenden Beistand zu leisten (...)*". Natürlich kann man darüber streiten, ob das Verhüten weiterer Misshandlungen durch die Eltern nicht auch zur Gesundheitserhaltungspflicht des Arztes gegenüber dem Kind gehört. Allerdings wird es dann schwierig, eine klare Grenze zu ziehen, wie weit diese Pflicht gehen soll. Wie weit soll der Arzt sich einmischen dürfen? Nach der hier vertretenen Ansicht kann die Pflicht nur so weit gehen, wie sie mit der konkreten Behandlung im Zusammenhang steht. Eine weitergehende Pflicht, die auch die nicht behandlungsbedingte Gesundheitserhaltung betrifft, würde völlig ausufern. Es bestünde die Gefahr, dass der Arzt seine eigentlichen Pflichten vernachlässigt, weil er mit der Erforschung möglicher Misshandlungen beschäftigt ist. Dass aus einem Arzt eine Art Detektiv wird, kann nicht gewollt sein. Auch das Kammergericht Berlin urteilte, dass ein Arzt die Anhaltspunkte für eine Kindesmisshandlung nicht „auszuermitteln" habe – ein begründeter Verdacht für das Vorliegen einer Kindesmisshandlung genüge, ein „hinreichender Tatverdacht" ist hingegen nicht notwendig.[133]

Vor diesem Hintergrund scheint es vertretbar, die Pflichten der Ärzte aus § 1 MBO-Ä auf den Kern der Behandlung zu begrenzen und nicht künstlich zu erweitern. Die ärztliche Garantenpflicht ist damit nur auf Abwendung von Gesundheitsrisiken beschränkt, für Gefahren, die von Dritten ausgehen, ist er nicht verantwortlich.[134]
Ganz abgesehen davon stellen sich auch Zweifel ein, ob der „AIDS-Fall" wirklich mit der Situation eines misshandelten Kindes verglichen werden

---

[131] So auch *Gaidzik* in NK-MedR § 205 StGB Rn. 13; siehe unten ausführlich zu dieser Problematik S. 98.
[132] So auch Vitkas, Diss. 2014 S. 155; OLG Frankfurt Urt. v. 05.10.1999 – 8 U 67/99 m. Anm. *Engländer* MedR 2001, 143 (144).
[133] KG Berlin Urt. v. 27.06.2013 – 20 U 19/12 MedR 2013, 787 (787 ff.); 791 (791 ff.); *Schiefer* FuR 2018, 514 (516).
[134] *Merkel* in Roxin/Schroth Medizinstrafrecht S. 326.

kann. Die Situation zweier Erwachsener, in der man möglicherweise noch intervenieren kann, stellt sich anders dar, als die Situation zwischen einem (kleinen) Kind und seinen (potenziell gewalttätigen) Eltern.

Eine Garantenstellung ergibt sich damit nur für den Rahmen der jeweiligen Behandlung des Patienten.[135] Eine Garantenpflicht für eine gewaltfreie Erziehung und das Kindeswohl über das normale Patientenverhältnis hinaus ist abzulehnen. *Merkel* sieht sogar keinerlei Interventionspflicht, wenn ein Pädiater nach der Behandlung eines Kindes vor der Praxis sieht, wie die Mutter das Kind misshandelt.[136] In diesem Fall käme allerdings eine Strafbarkeit aus unterlassener Hilfeleistung gem. § 323c Abs. 1 StGB in Betracht.

Für den Fall, dass die Eltern den Arzt gerade wegen einer durch eine Misshandlung zugefügten Verletzung aufsuchen, ließe sich die Überlegung anstellen, ob der Arzt Garant dafür ist, dass es zur Heilung der Verletzungen und in diesem Zusammenhang nicht zu weiteren Misshandlungen kommt. Allerdings ist auch dies mit der selben Begründung wie oben abzulehnen, denn auch hier ginge der Verantwortungsbereich viel zu weit. Der Arzt ist für die von ihm durchgeführte konkrete Behandlung verantwortlich, also für die Heilung von Krankheiten. Er ist ebenso wenig Garant dafür, dass die Eltern das Kind nicht mehr schlagen, wie dafür, dass die Eltern dem Kind ein Medikament verabreichen oder es bei einer Erkältung warm genug kleiden.

bb) Ergebnis und Konsequenz

Die vorangegangene Untersuchung kommt zu dem Ergebnis, dass bei keinem der genannten Aspekte eine Handlungspflicht für den Arzt vorliegt. Es lässt sich keine Garantenpflicht ableiten, was wiederum bedeutet, dass eine Strafbarkeit wegen Unterlassens für den Arzt nicht in Frage kommt, wenn er bei vermuteter Kindeswohlgefährdung schweigt und es zu weiteren Vorfällen kommt. Dennoch soll hier nicht verschwiegen werden, dass, insbesondere in der Ärzteschaft eine weit verbreitete Ansicht existiert, die davon ausgeht, Kinderärzte seien umfassend Garanten für ihre Patienten. So heißt es beispielsweise: „Zwischen Arzt und Patient wird in der Regel eine „Beschützergarantenstellung" angenommen, die sich allein durch die tatsächliche Übernahme

---

[135] So auch *Schuhr* in Spickhoff Medizinrecht § 323c StGB Rn. 5.
[136] *Merkel* in Roxin/Schroth Medizinstrafrecht S. 326.

der ärztlichen Behandlung begründet"¹³⁷. Und auch *Ulsenheimer* leitet aus dem Offenbarungsrecht eine Informationspflicht zum Schutz des Kindes ab, da dessen Behandlung eine Garantenschutzposition begründe, die zum helfenden Eingreifen verpflichte.¹³⁸ Rechtlich sind diese Ausführungen allerdings nicht haltbar und werden deshalb aus den oben genannten Gründen abgelehnt.

b)   Der Arzt als Gehilfe

Zu denken wäre aber daran, ob der Arzt sich nicht als Gehilfe einer Kindesmisshandlung (z.B. einer gefährlichen oder schweren Körperverletzung) strafbar machen würde, wenn er seinen Verdacht oder seine Kenntnis verschweigt. In der Nicht-Mitteilung des Verdachts könnte ein Hilfeleisten liegen, das den Eltern die nächste Misshandlung ermöglicht.

Die Beihilfe ist in § 27 StGB geregelt und bestraft ein Hilfeleisten an einer durch einen anderen vorsätzlich begangenen rechtswidrigen Haupttat. Dazu ist es erforderlich, dass der Haupttäter sowohl den objektiven als auch den subjektiven Tatbestand einer Strafnorm verwirklicht hat.¹³⁹

Unter Hilfeleisten i.S.d. § 27 StGB wird nach h.M. eine wie auch immer geartete vorsätzliche Förderung der Haupttat verstanden.¹⁴⁰ Man unterscheidet vier Ausführungsformen: Das Ermöglichen, das Erleichtern, das Intensivieren und das Absichern.¹⁴¹ Fraglich ist, ob der Arzt durch sein Schweigen erneute Misshandlungen ermöglicht.
Denn dadurch, dass er untätig bleibt, also niemanden informiert und auch selbst keine Schritte zur Rettung des Kindes einleitet, wird niemand auf die

---

[137] So z.B. *Kemper/Kölch/Fangerau/Fegert* Ethik in der Medizin 2010, 33 (36), Belege hierfür fehlen allerdings; so auch Leitfaden für Ärztinnen und Ärzte vom Bayerischen Staatsministerium für Arbeit und Sozialordnung, Familie und Frauen „Gewalt gegen Kinder und Jugendliche – Erkennen und Handeln" S. 47.
[138] Ulsenheimer, Arztstrafrecht in der Praxis Rn. 897; *Banaschak/Madea* in Madea Praxis Rechtsmedizin S. 267; ebenfalls *Oehmichen/Meißner* Monatsschr. Kinderheilkunde 1999, 363 (363).
[139] *Schünemann* in LK-StGB Vor. § 26 Rn. 19; *Jocks* in MüKo-StGB § 27 Rn. 4.
[140] BGH Beschl. v. 07.04.1983 1 – StR 207/83 NStZ 1983, S. 462 (462); *Jocks* in MüKo-StGB § 27 Rn. 6; Kühl in Lackner/Kühl § 27 Rn. 2.
[141] *Schild* in NK-StGB § 27 Rn. 9; Kühl in Lackner/Kühl § 27 Rn. 2; *Hoyer* in SK-StGB I § 27 Rn. 4; *Heine/Weißer* in Schönke/Schröder § 27 Rn. 14.

Misshandlungen aufmerksam gemacht und schreitet ein, um weitere Misshandlungen zu verhindern. Es ließe sich also durchaus annehmen, dass der Arzt durch sein Schweigen den Eltern „den Rücken freihält" und somit weitere Misshandlungen ermöglicht. Die Nichtmeldung des Arztes, das „Geschehen lassen" weiterer Misshandlungen, ist hier allerdings nicht als aktives Tun zu qualifizieren. Der Schwerpunkt des Nichtmeldens stellt ein Unterlassen dar, denn abgestellt wird nicht auf die vorherige Behandlung des Kindes (dann läge ein aktives Tun vor), sondern auf das anschließende Nichtstun. Grundsätzlich ist eine Beihilfe auch durch Unterlassen möglich. Dies setzt aber voraus, dass eine Rechtspflicht zum Handeln, also eine Garantenpflicht des Arztes, bestand.[142]

Eine Garantenstellung bzw. eine -pflicht wurde aber bereits abgelehnt,[143] sodass eine Strafbarkeit wegen Beihilfe durch Unterlassen aufgrund der fehlenden Garantenpflicht des Arztes ausscheidet.

c) Strafbarkeit gem. § 323c Abs. 1 StGB: unterlassene Hilfeleistung

aa) Objektiver Tatbestand

Zu denken wäre an eine Strafbarkeit aus unterlassener Hilfeleistung. Da es sich um ein sogenanntes echtes Unterlassungsdelikt handelt, ist hier keine Garantenpflicht notwendig; die Pflicht einzugreifen kann jeden treffen. Sanktioniert wird nicht das Nichtabwenden des Erfolgs, sondern das Unterlassen der Hilfsleistung.[144]

Aus der Eigenschaft als Arzt ergibt sich nicht zwingend eine besondere Eingriffspflicht[145] – ein Arzt ist, ebenso wie jeder andere Mensch, bei dem Vorliegen einer tatbestandlichen Situation hilfeleistungspflichtig. Eine besondere Eingriffspflicht trifft ihn nur, wenn er aufgrund seiner Kenntnisse in der Lage ist, besser und wirkungsvoller helfen zu können, als die anderen Anwesenden.[146]

---

[142] *Joecks* in MüKo-StGB § 27 Rn. 107; *Seher* JuS 2009, 793 (797); *Heine/Weißer* in Schönke/Schröder § 27 Rn. 19.

[143] Vgl. oben S. 28.

[144] Frister/Lindemann/Peters, Arztstrafrecht Kap. 1 Rn. 166; *Gaede* in NK-StGB § 323c Rn. 2; *Lempp* in Haus/Krumm/Quarch Gesamtes Verkehrsrecht § 323c Rn. 1.

[145] BGH Urt. v. 22.04.1952 – 1 StR 516/51 NJW 1952, 713 (713); *Freund* in MüKo-StGB § 323c Rn. 83; *Hecker* in Schönke/Schröder § 323c Rn. 23 m.w.N.

[146] Roxin, Strafrecht AT II § 32 Rn. 71.

Als tatbestandliche Situation gilt jede gemeine Gefahr, gemeine Not oder ein Unglücksfall. Unter einer gemeinen Gefahr wird eine konkrete Gefährdung für eine unbestimmte Anzahl an Menschen oder bedeutenden Sachwerten sowie Gütern der Allgemeinheit[147] verstanden. Diese liegt bei dem eingangs geschilderten Fall nicht vor. Weder ist eine bestimmte Anzahl an Menschen noch sind Sachwerte von bedeutendem Wert betroffen. In Gefahr ist allein das kleine Kind. Unter einer gemeinen Not versteht man eine Notlage der Allgemeinheit,[148] welche hier aber ebenfalls nicht einschlägig ist. Jedoch könnte ein Unglücksfall vorliegen.

Als Unglücksfall wird eine plötzliche Situation bezeichnet, die eine erhebliche Gefahr für Personen oder Sachen mit sich bringt.[149] Als ein solches Ereignis kommen auch drohende Straftaten Dritter in Betracht.[150] Auch ein drohender Schaden ist ausreichend.[151] Umfasst sind zudem über den Katalog des § 138 StGB hinaus noch abwendbare, bevorstehende Gewalttaten.[152]

Problematisch könnte allein das Merkmal „plötzlich eintretendes Ereignis" sein, denn die bereits festgestellten Verletzungen zeugen von einer vorausgegangenen Misshandlung, und Ereignisse aus der Vergangenheit können nicht als plötzliche Ereignisse gewertet werden.[153] Allerdings soll dem Merkmal „plötzlich" keine gesteigerte Bedeutung zukommen,[154] sodass dies nicht zu eng verstanden werden darf. Nicht notwendig ist, dass der Unglücksfall mit einem Moment der totalen Überraschung für Opfer oder Täter verknüpft ist.[155] Ausreichend kann bereits eine bestehende Wiederholungsgefahr sein, um das Merkmal „plötzlich eintretendes Ereignis" zu erfüllen, da es für den

---

[147] *Hecker* in Schönke/Schröder § 323c Rn. 9.
[148] *Freund* in MüKo-StGB § 323c Rn. 73; *Hecker* in Schönke/Schröder § 323c Rn. 10; *Spendel* in LK-StGB § 323c Rn. 70 ff.
[149] *Kühl* in Lackner/Kühl § 323c Rn. 2; BGH Urt. v. 10.06.1952 – 2 StR 180/52 NJW 1952, 1062 (1062); Ulsenheimer, Arztstrafrecht in der Praxis Rn. 626; *Lempp* in Haus/Krumm/Quarch Gesamtes Verkehrsrecht § 323c Rn. 2.
[150] BGH Urt. v. 24.02.1982 – 3 StR 34/82 NJW 1982, 1235 (1235); *Gaede* in NK-StGB § 323c Rn. 4; *Freund* in MüKo-StGB § 323c Rn. 65.
[151] Ulsenheimer, Arztstrafrecht in der Praxis Rn. 626; *Freund* in MüKo-StGB § 323c Rn. 20.
[152] *Gaede* in NK-StGB § 323c Rn. 4; BGH Urt. v. 20.10.2011 – 4 StR 71/11 m. Anm. *Jäger* JA 2012, 392 (393).
[153] Vitkas, Diss. 2014 S. 163 f.; *Freund* in MüKo-StGB § 323c Rn. 19.
[154] BGH Beschl. v. 10.03.1954 – GSSt 4/53 NJW 1954, 1049 (1049).
[155] *Freund* in MüKo-StGB § 323c Rn. 23.

Tatbestand der unterlassenen Hilfeleistung auf die noch bestehenden Schadensabwendungsmöglichkeiten ankommt.[156]
Misshandlungen von Kindern stellen im Grunde nie Einzelfälle dar, sodass es möglich ist, dass es jederzeit wieder zu einem Angriff gegen das Kind kommen kann.[157] Eine Wiederholungsgefahr wird teilweise bereits dann angenommen, wenn typische Verletzungen eines Schütteltraumas vorliegen und diese lebensbedrohlich sind.[158] Für die Wiederholungsgefahr kann allerdings die Lebensgefahr nicht das ausschlaggebende Kriterium sein. Vielmehr beruht die Wiederholungsgefahr auf einer möglichen generellen Überforderung der Eltern. Daher liegt es nahe, dass bei einer erneuten Überlastung der Eltern diese die Geduld erneut verlieren und das Kind misshandeln. Ob das Kind dabei tatsächlich lebensgefährlich verletzt wird oder nicht, ist für die Annahme der Wiederholungsgefahr unbeachtlich.

Auf dieser Grundlage lässt sich die Überlegung anstellen, ob nicht eine Hilfeleistungspflicht zugunsten des misshandelten Kindes aufgrund der existierenden Wiederholungsgefahr besteht.[159] Der BGH legt, wie bereits festgestellt, den Begriff bezogen auf das Plötzliche und Unerwartete nicht zu eng aus.[160] Auch Ereignisse, deren Verwirklichung jederzeit eintreten kann, können folglich eine Hilfspflicht nach § 323c Abs. 1 StGB begründen.[161] Es kommt darauf an, ob ein sofortiges Eingreifen zur Abwendung der drohenden Gefahr erforderlich ist.[162] Betrachtet man den Umstand, dass Kindesmisshandlungen wiederholt vorkommen und eine Art „Dauergefahr" für das Kind darstellen, so ließe sich in dem Beispielsfall von einem Unglücksfall im Sinne des § 323c Abs. 1 StGB sprechen. Denn ein sofortiges Eingreifen kann die nächste Misshandlung, also die drohende Gefahr für die Gesundheit des Kindes, noch abwenden.[163] Auch das Ausgeliefertsein des Kindes dürfte bei der Bewertung

---

[156] *Freund* in MüKo-StGB § 323c Rn. 20.
[157] *Müller* FPR 2009, 561 (562); BT-Drs. 14/5429, S. 28; Eichelbrönner, Diss. 2001 S. 181 f; *Wille/Rönnau* in Forster Rechtsmedizin S. 488; *Kargl* in NK-StGB § 203 Rn. 66 m.w.N.; *Schünemann* in LK-StGB § 203 Rn. 140 m.w.N.
[158] *Ulsenheimer* in Laufs/Kern/Rehborn Handbuch § 141 Rn. 16.
[159] Vitkas, Diss. 2014 S. 164; ablehnend *Schiefer* FuR 2018, 514 (517).
[160] BGH Beschl. v. 10.03.1954 – GSSt 4/53 NJW 1954, 1049 (1049).
[161] *Freund* in MüKo-StGB § 323c Rn. 23.
[162] *Freund* in MüKo-StGB § 323c Rn. 23.
[163] Ebenso *Jox* in BeckOGK-KKG § 4 Rn. 64, der in dem Fall einer Kindeswohlgefährdung einen Unglücksfall im Sinne des § 323c Abs. 1 StGB sieht.

eine Rolle spielen. Gerade, wenn das Kind allein mit seinen Eltern zusammenlebt und niemand vor Ort ist, der bei Misshandlungen einschreiten könnte, wie beispielsweise andere erwachsene Familienmitglieder, ist die Gefahr weiterer Übergriffe groß. Geschwister, die mit in dem Haushalt leben, dürften dagegen regelmäßig keine Hilfe darstellen, da sie häufig selbst Opfer von Misshandlungen sind und dadurch eingeschüchtert und zu verängstigt sind, um gegen das Handeln der Eltern vorzugehen.

Als ausreichende Hilfeleistung für den Arzt dürfte bereits die Information an das Jugendamt sein, das sich daraufhin mit der Familie beschäftigen und diese gegebenenfalls beobachten muss.

Die Hilfe, die der Arzt dem Kind zukommen lassen muss, muss außerdem möglich, erforderlich und zumutbar sein. Die tatsächliche Möglichkeit des Arztes zum Einschreiten ist gegeben. Die Erforderlichkeit zeichnet sich dadurch aus, dass die Hilfe geeignet sein muss, die Notlage zu beheben oder zumindest abzumildern.[164] Die Meldung an sich ist noch keine erforderliche Handlung, denn sie ändert unmittelbar für das betroffene Kind nichts. Dennoch ist das dadurch in Gang gesetzte Verfahren, z.B. beim Jugendamt, durchaus geeignet, weitere Verletzungen des Kindes zu verhüten. Denn meldet ein Arzt unmittelbar nach Entdecken der Misshandlungsspuren seine Beobachtungen dem zuständigen Jugendamt oder der Polizei, können diese im Rahmen ihrer Befugnisse eingreifen und das Kind, im schlimmsten Fall durch in Inobhutnahme, vor weiteren Misshandlungen bewahren.

Die Hilfeleistung muss für den Arzt aber auch zumutbar sein. Bei der Zumutbarkeit spielt unter anderem die Abwägung kollidierender Interessen eine Rolle, wobei insbesondere der Grad der Gefährdung für den Verunglückten und den potentiellen Helfer, der Umfang des drohenden Schadens, die Chancen des Rettungserfolgs und die Verantwortlichkeit für den Schadenseintritt Berücksichtigung finden sollen.[165] Relevant ist auch der Fall, in dem sich der potenziell Helfende der Gefahr einer Strafverfolgung aussetzt, wenn er hilft. Der Arzt, der seinen kindlichen Patienten unter Nennung seines Namens und der Diagnose dem Jugendamt meldet, verstößt gegen seine Schweigepflicht und macht sich gem. § 203 Abs. 1 Nr. 1 StGB strafbar.

Steht die Strafverfolgung nicht in unmittelbarem Zusammenhang mit der Unglückssituation (also ist der Hilfspflichtige nicht für den Unglücksfall verantwortlich) ist ein Hilfeleisten nur dann zumutbar, wenn im Falle von Lebens- oder schwerer Leibesgefahr für den Hilfsbedürftigen für den Helfenden nur

---

[164] *Freund* in MüKo-StGB § 323c Rn. 75.
[165] *Gaede* in NK-StGB § 323c Rn. 11.

eine geringe Strafe droht.[166] Hiervon dürfte im Fall des Kinderarztes auszugehen sein. Eine Bestrafung wegen Verletzung seiner Schweigepflicht gem. § 203 Abs. 1 Nr. 1 StGB dürfte für den Arzt, soweit er keine weiteren einschlägigen Vorstrafen hat, relativ milde ausfallen. Der Strafrahmen sieht maximal ein Jahr Freiheitsstrafe und ansonsten eine Geldstrafe vor. Der Arzt hätte somit keine schwerwiegenden Konsequenzen zu befürchten, sodass die drohende Leibesgefahr für das Kind durch die Eltern schwerer wiegt als das strafrechtliche Verfolgungsrisiko für den Arzt. Die Gefahr für das Kind ist insbesondere deshalb so groß, weil der kindliche Körper auf Misshandlungen anders reagiert als ein erwachsener. Das Kind kann sich nicht wehren und die Verletzungen können bei einem kleinen Körper deutlich größere und mitunter lebensbedrohliche Schäden anrichten, als es bei einem Erwachsenen der Fall wäre. Auch kann sich ein Kind bei Schmerzen nicht so äußern, wie es ein Erwachsener tun würde, sodass innere Verletzungen öfter unerkannt bleiben. Nicht zuletzt steht dem Arzt auch die Möglichkeit offen, sich anonym an das Jugendamt oder die Polizei zu wenden, um somit ein Einschreiten der Behörden zu veranlassen.

Zusammengefasst bedeutet dies, dass eine Hilfeleistung für den Arzt im Beispielsfall sowohl möglich als auch erforderlich und zumutbar wäre und somit der objektive Tatbestand erfüllt wäre.

bb)   Vorsatz

Der Vorsatz - dolus eventualis genügt[167] - muss sich auf den gesamten objektiven Tatbestand beziehen. Der Hilfspflichtige muss die Situation, die Hilfsmöglichkeit und die Zumutbarkeit kennen und trotzdem willentlich nicht handeln.[168] Weiß der Arzt also, oder hält er es zumindest für möglich, dass es für das Kind zu weiteren Misshandlungen kommen kann, hilft er aber nicht, macht er sich wegen unterlassener Hilfeleistung strafbar. Zumindest in dem Fall, in dem das Kind schon mehr als einmal mit verdächtigen Verletzungen in der Praxis vorstellig geworden ist, dürfte für den Arzt offensichtlich sein, dass es

---

[166] Vgl. BGH Urt. v. 01.12.1955 – 4 StR 420/55 GA 1956, 120 (121); zust. auch *Verrel* in HK-GS § 323c StGB Rn. 10, der zumindest eine anonyme Benachrichtigung Dritter für zumutbar hält; *Hecker* in Schönke/Schröder § 323c Rn. 20.
[167] *Dallinger* MDR 1968, 550 (552); *Hecker* in Schönke/Schröder § 323c Rn. 25.
[168] *Freund* in MüKo-StGB § 323c Rn. 109; OLG Köln Beschl. v. 19.07.1990 – 2 Zs 126/89 (31) – NJW 1991, 764 (764).

regelmäßig zu neuen Misshandlungen des Kindes durch die Eltern kommt. Hier kommt es im Ergebnis stark auf die Umstände des Einzelfalls an und darauf, was der Arzt erkennen konnte oder musste. Bei wiederholten Auffälligkeiten kann allerdings von einem „Wegschauen zulasten des Kindes" ausgegangen und ein bedingter Vorsatz angenommen werden.

Bei einem Irrtum über eines dieser Merkmale, wenn der Arzt also nicht glaubt, dass es zu weiteren Misshandlungen kommen wird, liegt ein Tatbestandsirrtum gem. § 16 StGB vor, der den Vorsatz entfallen lässt. Mangels Fahrlässigkeitsstrafbarkeit wäre der Arzt in diesem Fall straffrei. Irrt er hingegen über die Pflicht helfen zu müssen, kommt ein Verbotsirrtum gem. § 17 StGB in Betracht,[169] bei dem es dann auf die Vermeidbarkeit dieses Irrtums ankommt. Da eine Vermeidbarkeit allerdings nur in seltenen Fällen angenommen wird, befände sich der Arzt regelmäßig in einem Verbotsirrtum. Allerdings sieht § 17 S. 2 StGB einen fakultativen besonderen gesetzlichen Milderungsgrund i.S.d. § 49 Abs. 1 StGB vor.[170] Bei tatsächlicher Unvermeidbarkeit des Irrtums entfiele hingegen die Schuld des Arztes, vgl. § 17 S. 1 StGB.

cc) Rechtswidrigkeit und Schuld

Rechtfertigungsgründe sowie Schuldmilderungs- bzw. -ausschließungsgründe für den Arzt, abgesehen von einem möglichen Irrtum nach § 17 StGB sind nicht ersichtlich.

dd) Ergebnis

Somit macht sich ein Arzt, der wiederholte Misshandlungsspuren seines kindlichen Patienten nicht meldet und es dadurch zu weiteren Misshandlungen kommt, einer unterlassenen Hilfeleistung gem. § 323c Abs. 1 StGB strafbar. Handelt es sich hingegen um erstmalige Auffälligkeiten, die der Arzt nicht richtig einzuordnen weiß, dürfte eine Strafbarkeit mangels Vorsatzes ausscheiden.

d) Strafbarkeit gem. §§ 138, 139 StGB

Dass aus dem Tatbestand des § 138 StGB (Nichtanzeige geplanter Straftaten) und der dort verankerten gesetzlichen Anzeigepflicht automatisch eine Anzeigepflicht für Kinderschutzfälle abgeleitet werden kann, ist ein verbreiteter

---

[169] LG Mannheim, Urt. v. 03.05.1990 – (12) 2 Ns 70/89 NJW 1990, 2212 (2213); *v. Heintschel-Heinegg* in BeckOK-StGB § 323c Rn. 26, *Freund* in MüKo-StGB § 323c Rn. 111; *Hecker* in Schönke/Schröder § 323c Rn. 25.
[170] *Kühl* in Lackner/Kühl § 17 Rn. 8.

„Mythos"[171]. Eine Anzeigepflicht geplanter Straftaten besteht nur für die in Absatz 1 genannten Delikte.[172] Weder die Misshandlung Schutzbefohlener (§ 255 StGB) noch die Vorschriften über den sexuellen Missbrauch von Schutzbefohlenen (§§ 174, 176a, 176b StGB) sind in diesem Katalog enthalten. Dies hat in der Vergangenheit zu einer Debatte geführt, in deren Verlauf im Januar 2003 ein Gesetzesentwurf vorgelegt wurde, der die Aufnahme zumindest des sexuellen Missbrauchs von Kindern in bestimmten Fällen in den Katalog des § 138 StGB vorsah.[173] Nach einer Anhörung mit Sachverständigen aus der Praxis empfahl der Ausschuss allerdings, von dem geplanten Gesetzesvorhaben Abstand zu nehmen.[174] Die Praktiker hatten sich damit gegen den Entwurf ausgesprochen. Da es somit an der Unterstützung derer fehlte, die diese Norm in der Praxis anzuwenden und umzusetzen hätten, wurde es als zweifelhaft angesehen, ob eine Erweiterung des Tatbestandes des § 138 StGB der richtige Weg zu einem besseren Kinderschutz sei.[175] Eine Aufnahme der §§ 174 ff. StGB fand somit im Ergebnis keine Mehrheit.

In der Tat kann man sich fragen, ob eine Aufnahme dieser kinderschützenden Normen in § 138 StGB wirklich der richtige Weg ist, oder ob es sich hierbei um reinen Aktionismus handelt. Denn für § 138 StGB ist es notwendig, dass der Nichtanzeigende von der Tat „glaubhaft erfährt", was bedeutet, die Tat muss bereits tatsächlich geplant sein oder sich in der Ausführung befinden.[176] Die Anzeigepflicht leitet sich gerade von der Kenntnis über das Bevorstehen der Tat ab.[177] Wie häufig aber kommt es vor, dass jemand gesicherte Kenntnis von einer solchen Tat hat? Insbesondere die Misshandlung Schutzbefohlener, die zu Recht gar nicht erst diskutiert wurde, ist keine Tat, die ausführlich geplant wird. Gewalt gegen Kinder entsteht häufig aus einer Kurzschlusssituation heraus, aus einer vom Täter empfundenen Provokation, beispielsweise, weil das Kind seit Stunden schreit. Die Tatsache, dass Eltern ihre misshandelten Kinder häufig danach zum Arzt bringen, zeigt, dass sie diese Taten sogar bereuen und es ihnen im Nachhinein unangenehm ist, dass es zu einer solchen Misshandlung gekommen ist. Wenn es zu erneuten Übergriffen auf das Kind kommt, geht dem in den seltensten Fällen eine detaillierte Planung voraus.

---

[171] *Kemper/Kölch/Fangerau/Fegert* Ethik in der Medizin 2010, 33 (37).
[172] *Heuchemer* in BeckOK-StGB § 138 Rn. 4.
[173] BT-Drs. 15/350 S. 2.
[174] BT-Drs. 15/1311 S. 23.
[175] BT-Drs. 15/1311 S. 23.
[176] *Hohmann* in MüKo-StGB § 138 Rn. 11; *Kühl* in Lackner/Kühl § 138 Rn. 3 f.
[177] *Sternberg-Lieben* in Schönke/Schröder § 138 Rn. 8.

Vielmehr geschehen diese Taten im Affekt, denn häufig sind Überforderung und ein Mangel an erzieherischer Kompetenz die Ursache für diese Misshandlungen und eben keine schädliche Gesinnung der Eltern. Sollte die unwahrscheinliche Situation eintreten, dass eine Person von einer geplanten Kindesmisshandlung oder einem geplanten sexuellen Missbrauch erfährt und nicht handelt, käme immerhin noch eine Strafbarkeit aus unterlassener Hilfeleistung[178] in Betracht.

e) Zwischenergebnis

Die vorangegangene Prüfung hat gezeigt, dass sich der Arzt in dem Beispielsfall gegebenenfalls durch unterlassene Hilfeleistung gem. § 323c Abs. 1 StGB strafbar macht, wenn er bei wiederholt entdeckten Misshandlungsspuren an einem Kind untätig bleibt und es deswegen durch die Eltern zu weiteren Misshandlungen kommt.

Somit kommt eine Strafbarkeit nach hier vertretener Ansicht nur dann in Betracht, wenn für den Arzt tatsächlich erkennbar war, dass es zu Misshandlungen gekommen ist und es wieder zu solchen kommen wird. Dabei sind die Umstände eines jeden Einzelfalls genau zu untersuchen und zu berücksichtigen.

Im Folgenden soll nun untersucht werden, ob auch eine Strafbarkeit vorliegt, wenn der Arzt entgegen seiner Schweigepflicht Details des konkreten Patientenverhältnisses, wie Namen und Anamnese des potenziell misshandelten Kindes, an Dritte weitergibt. Der Schwerpunkt des Vorwurfs liegt somit diesmal auf einem aktiven Tun und nicht mehr auf einem Unterlassen.

2. Situation: Der Arzt bricht seine Schweigepflicht

Wie bereits angesprochen, könnte der Veröffentlichung persönlicher Patientendaten die ärztliche Schweigepflicht entgegenstehen. Bevor auf die Strafbarkeit des Arztes durch die Offenbarung eingegangen wird, wird zunächst ein Überblick über die ärztliche Schweigepflicht und ihre Bedeutung für den Arzt und die Allgemeinheit gegeben.

a) Die ärztliche Schweigepflicht – ein Überblick

aa) Hintergrund

„Was ich etwa sehe oder höre im Laufe der Behandlung oder auch außerhalb der Behandlung über das Leben von Menschen, was man auf keinen Fall

---

[178] Siehe oben S. 30.

verbreiten darf, will ich für mich behalten, in der Überzeugung, dass es schändlich ist, über solche Dinge zu sprechen"[179] – diese Zeilen des sogenannten Eid des Hippokrates stellen den historischen Ursprung der ärztlichen Schweigepflicht dar.[180] Ihre Grundzüge finden sich also bereits in der Antike. Und schon im Hippokratischen Eid wird die Verschwiegenheit nicht als Vorsichtsmaßnahme, sondern als Pflicht formuliert, indem von dem „Schweigen darüber, was auf keinen Fall verbreitet werden darf" geschrieben wird.[181] Diese scharfe Wortwahl unterstreicht die Wichtigkeit dieser Pflicht. Im alten Rom wurde die ärztliche Kunst als „ars muta"[182] (lat. stumme Kunst) bezeichnet, was den hohen Stellenwert zumindest der moralischen Schweigepflicht römischer Ärzte verdeutlicht.[183]

Auch im Ayur-Veda des Charaka, einem der ältesten medizinischen Sanskritwerke von ca. 800 v. Chr., finden sich Hinweise auf die Pflicht zur Verschwiegenheit: „Die Vorgänge aus dem Haus dürfen nicht ausgeplaudert, auch darf von dem einem Kranken etwa drohenden frühen Ende nichts mitgeteilt werden, so es dem Kranken oder sonst jemandem Nachteil bringen kann."[184] Eine rechtliche Verankerung erfuhr die Schweigepflicht erst im 18. Jahrhundert. Im Preußischen Allgemeinen Landrecht (ALR) von 1794, wurde der Bruch der Verschwiegenheit durch Medizinalpersonen unter Strafe gestellt.[185] In § 505 des Zweiten Teils im 20. Abschnitt des Preußischen ALR heißt es:

*„Aerzte, Wundaerzte, und Hebammen, sollen die ihnen bekannt gewordenen Gebrechen und Familiengeheimnisse, in so fern es nicht Verbrechen sind, bey Vermeidung einer nach den Umständen zu bestimmenden Geldbuße von fünf bis fünfzig Thalern, niemanden offenbaren"*[186].

---

[179] Edelstein, Der hippokratische Eid S. 8 Vers 25.
[180] *Ulsenheimer* in Laufs/Kern/Rehborn Handbuch § 139 Rn. 1.
[181] Edelstein, Der hippokratische Eid S. 35.
[182] Wiebel, Das Berufsgeheimnis in den freien Berufen S. 53, mit Verweis auf Vergil, Aeneis Buch XII Vers 397; Zur Geschichte des Berufsgeheimnisses ausführlich Wiebel Das Berufsgeheimnis in den freien Berufen S. 47 ff.; Deutsch/Spickhoff, Medizinrecht Rn. 934.
[183] *Tag* ZstR 2004, 1 (2) Fn. 3.
[184] *Tag* ZStrR 2004, 1 (1).
[185] *Tag* in HK-GS § 203 Rn. 2; *Cierniak/Niehaus* in MüKo-StGB § 203 Rn. 1.
[186] Preußisches ALR abrufbar unter: http://opinioiuris.de/quelle/1623#Achter_Abschnitt._Von_den_Verbrechen_der_Diener_des_Staats (Zuletzt abgerufen am 13.04.2020).

Eine moderne Fassung des Hippokratischen Eides enthält das Genfer Ärztegelöbnis von 1948, welches seit 1983 folgende englische Zeile beinhaltet[187]:

„*I will respect the secrets that are confided in me, even after the patient has died*"[188].

Schließlich ist folgender Passus Bestandteil des Gelöbnisses der deutschen Ärztinnen und Ärzte:

„*Ich werde alle mir anvertrauten Geheimnisse auch über den Tod der Patientin oder des Patienten hinaus wahren*"[189].

Als eine der wichtigsten und bei Missachtung unter Strafe stehenden Berufspflichten der Ärzte kann man die ärztliche Schweigepflicht als eines der „ältesten Datenschutzgesetze der Welt" bezeichnen.[190] Auf ärztlicher Seite führen die grundlegenden Fragen der ärztlichen Schweigepflicht eher ein Schattendasein.[191] Doch dies ist fatal, denn die Verletzung der Schweigepflicht ist eines der häufigsten Vergehen, das ein Arzt in seinem Berufsleben begeht. Ärztliche Schweigepflichtverletzungen gehören im Betrieb von Gesundheitseinrichtungen quasi zur Tagesordnung.[192]

Der Grund liegt unter anderem darin, dass die Strenge der Schweigepflicht oft nicht bekannt ist, die Befugnis zur Offenbarung überschätzt wird,[193] oder schlicht aus Nachlässigkeit. Zum Beispiel werden häufig im Empfangsbereich von Arztpraxen oder Krankenhausstationen patientenbezogene Informationen in einer Weise kommuniziert, durch die auch unbeteiligte Anwesende ohne Schwierigkeiten sensible Daten über Patienten erfahren können. Sei es das Mithören von Telefonaten, in denen oft sowohl Name als auch medizinische Indikation benannt werden, oder das Liegenlassen von Patientenakten an Orten, an denen auch Unbefugten die Möglichkeit der Einsicht in die Akten eröffnet wird. Angehörigen wird vielfach problemlos Auskunft über Krankendaten erteilt, ohne vorherige Rücksprache mit dem betroffenen Patienten. Auch in Krankenhäusern, gerade in Mehrbettzimmern, kommt es

---

[187] *Ulsenheimer* in Laufs/Kern/Rehborn Handbuch § 139 Rn. 4.
[188] Abrufbar unter www.wma.net/policies-post/wma-declaration-of-geneva/ (zuletzt abgerufen am 13.04.2020).
[189] Gelöbnis in der Fassung vom 24.11.2006 abgedruckt vor der Präambel der Muster-Berufsordnung für die deutschen Ärztinnen und Ärzte.
[190] *Sodan* in Wenzel Handbuch S. 20 Rn. 53.
[191] Ries u.a. Arztrecht Praxishandbuch S. 11; *Klein* RDG 2010, 172 (172).
[192] *Klein* RDG 2010, 172 (172).
[193] *Klein* RDG 2010, 172 (172).

zwangsläufig häufig dazu, dass Besucher oder die anderen Patienten Kenntnis von der Krankengeschichte ihrer Bettnachbarn erlangen.[194]

Zudem ist in der Ärzteschaft oftmals unbekannt, dass die Schweigepflicht auch zwischen den Schweigepflichtigen selbst, also unter Kollegen, besteht[195]. Und nicht zuletzt bringt es der technische Fortschritt mit sich, dass sich das Arztgeheimnis mit neuen Herausforderungen konfrontiert sieht,[196] so z.B. durch die zunehmende digitale Erfassung von Patientendaten.

Dies mag irritieren, ist die Schweigepflicht doch zentraler Bestandteil der ärztlichen Berufspflichten[197] und unabdingbare Grundvoraussetzung für ein funktionierendes Verhältnis zwischen Arzt und Patient, welches maßgeblich vom Vertrauen beider Parteien geprägt ist.[198]
Der Arzt trägt auch psychologisch durch seine Persönlichkeit einen Teil zum Erfolg der Behandlung bei.[199] Fühlt sich der Patient bei dem Arzt nicht gut aufgehoben oder vertraut er ihm nicht, wird er sich im Zweifel auch nicht auf weitere Behandlungen einlassen oder seinen Anweisungen im Rahmen einer Therapie Folge leisten. Der Patient muss für eine erfolgreiche medizinische Behandlung zum Teil höchst intime Details mit seinem Arzt teilen, was er in der Regel nur aufgrund seines Vertrauens in die Verschwiegenheit des Arztes tun wird.[200] Andernfalls würde der Patient Informationen für sich behalten oder ganz von der Konsultierung eines Arztes absehen.[201]
Durch das Arzt-Patienten-Gespräch erhält der Mediziner Einsicht in das Leben und die Lebensverhältnisse des Patienten sowie in dessen Familien- und Freundeskreise.[202] Er ist teilweise eine Art „Beichtvater" des Patienten, wenn

---

[194] So auch *Tag* ZstR 2004, 1 (4).
[195] *Eser* in Eser Recht und Medizin S. 382; *Broglie/Wartensleben* Der Arzt und sein Recht 1993, 5 (8); *Dieckhöfer/Riemer* VersMed 2011 S. 97 sprechen davon, dass manche Ärzte unter der Fehlvorstellung leiden, es existiere eine „gelockerte" Schweigepflicht unter ärztlichen Kollegen.
[196] *Tag* ZstR 2004, 1 (4).
[197] *Lippert* in Ratzel/Lippert § 9 Rn. 1; *Wollersheim* in MAH MedR § 6 Rn. 151; *Schlund* JR 1977, 265 (265).
[198] *Sodan* in Wenzel Handbuch S. 20 Rn. 52; *Tag* in Kuhn/Poledna S. 744; *Katzenmeier* in Laufs/Katzenmeier/Lipp Arztrecht Kap. IX Rn. 3.
[199] *Grömig* NJW 1970, 1209 (1210).
[200] *Quaas* in Quaas/Zuck/Clemens Medizinrecht § 13 Rn. 61; *Katzenmeier* in Laufs/Katzenmeier/Lipp Arztrecht Kap. IX Rn. 6.
[201] *Scholz* in Spickhoff Medizinrecht § 9 MBO Rn. 1.
[202] *Tag* in Kuhn/Poledna S. 744.

dieser, medizinisch oft nur mittelbar relevante, Details aus seinem Leben preisgibt, wie erlittene Fehlgeburten, Depressionen, Suizidversuche oder etwa eine strafrechtliche Verfehlung.[203] Je sicherer sich der Patient in der Gegenwart des Arztes fühlt, desto mehr offenbart er mit der Zeit.
Der Arzt hat also auch selbst ein (berufliches) Interesse an der Schweigepflicht: Ohne das Vertrauen des Patienten wird er nur selten mit seiner Behandlung Erfolg haben.[204] Ihn trifft damit eine besondere Sorgfaltspflicht im Umgang mit dem Patienten: Jede Fahrlässigkeit im Umgang mit dessen Vertrauen kann hier zum Vertrauensverlust und damit zur Störung des Arzt-Patienten-Verhältnisses führen.[205]

Schon im Jahr 1972 entschied das Bundesverfassungsgericht, dass die Verletzung der ärztlichen Schweigepflicht den Schutzbereich des Art. 2 Abs. 1 i.V.m. Art. 1 Abs. 1 GG des Patienten verletze.[206] In dem dort vorgelegten Fall ging es um die Beschlagnahme einer Karteikarte des Patienten aus dem Gewahrsam des Praxisnachfolgers.
Auch 2006 erging ein ähnlicher Beschluss[207] des Bundesverfassungsgerichts mit dem Inhalt, dass das Recht des Patienten auf Verschwiegenheit seines Arztes bezüglich Anamnese, Diagnose und Therapie Ausdruck seines durch Art. 2 Abs. 1 i.V.m. Art. 1 Abs. 1 GG geschützten Allgemeinen Persönlichkeitsrechts, und damit seiner Menschenwürde ist.[208] Dieses Recht ist auch durch Art. 8 der Europäischen Menschenrechtskonvention (MRK) gewährt.

Strafrechtlich sanktioniert wird die Verletzung der ärztlichen Schweigepflicht in § 203 Abs. 1 Nr. 1 StGB, berufsrechtlich ist die Pflicht zur Verschwiegenheit in § 9 MBO-Ä geregelt. Bei § 203 StGB handelt es sich im Kern um konkretisiertes Verfassungsrecht, da die Strafandrohung durch das Grundgesetz geboten ist.[209]
Schließlich sollte beachtet werden, dass bei Verletzung der Schweigepflicht nicht nur die Persönlichkeitssphäre des Patienten tangiert wird, sondern immer auch eine Verletzung auf sozialer Ebene stattfindet. Durch Indiskretion verbreitete sensible Informationen können nicht unwesentliche wirtschaftliche

---

[203] *Grömig* NJW 1970, 1209 (1211).
[204] *Grömig* NJW 1970, 1209 (1210).
[205] *Grömig* NJW 1970, 1209 (1210).
[206] BVerfG Beschl. v. 08.03.1972 – 2 BvR 28/71 NJW 1972, 1123 (1123 ff.).
[207] BVerfG Beschl. v. 06.06.2006 2 BvR 1349/05.
[208] *Giring* in Ratzel/Luxenburger Kap. 15 Rn. 116.
[209] *Kühne* NJW 1977, 1478 (1481).

oder soziale Folgen für den Betroffenen haben, welche sich oft nur schwer oder gar nicht rückgängig machen lassen.[210] Diese Problematik verdeutlicht noch einmal die Bedeutsamkeit und die Notwendigkeit einer Sensibilisierung aller Betroffenen für dieses Thema.

bb) Gesetzliche Verankerung der Schweigepflicht in Deutschland

Die ärztliche Schweigepflicht findet sich in verschiedenen Gesetzen wieder. Zunächst wird auf das Berufs- und Zivilrecht Bezug genommen.

(1) Berufsrecht

Im Berufsrecht ist die Pflicht zur Verschwiegenheit in § 9 MBO-Ä normiert. Sie ist von zentraler Bedeutung für das ärztliche Berufsrecht.[211] Die Musterberufsordnung wird von der Bundesärztekammer erstellt und soll eine möglichst einheitliche Regelung der ärztlichen Berufspflichten durch die Landesärztekammern sichern.[212] Sie hat als solche allerdings keinen Rechtsnormcharakter,[213] sondern stellt eine unverbindliche Leitlinie, bzw. eine Empfehlung[214] für die Landesärztekammern dar.[215] Sie ist weitestgehend akzeptiert und umgesetzt. Änderungen der Musterberufsordnung werden durch den Deutschen Ärztetag beschlossen.[216]

Wörtlich lautet § 9 MBO-Ä

*(1) ¹Ärztinnen und Ärzte haben über das, was ihnen in ihrer Eigenschaft als Ärztin oder Arzt anvertraut oder bekannt geworden ist - auch über den Tod der Patientin oder des Patienten hinaus - zu schweigen. ²Dazu gehören auch schriftliche Mitteilungen der Patientin oder des Patienten, Aufzeichnungen über Patientinnen und Patienten, Röntgenaufnahmen und sonstige Untersuchungsbefunde.*
*(2) ¹Ärztinnen und Ärzte sind zur Offenbarung befugt, soweit sie von der Schweigepflicht entbunden worden sind oder soweit die Offenbarung zum Schutze eines höherwertigen Rechtsgutes erforderlich ist. ²Gesetzliche Aussage- und Anzeigepflichten bleiben unberührt. ³Soweit gesetzliche Vorschriften die Schweigepflicht der Ärztin oder des Arztes einschränken, soll die Ärztin oder der Arzt die Patientin oder den Patienten darüber unterrichten.*

---

[210] *Grömig* NJW 1970, 1209 (1209).
[211] *Lippert* in Ratzel/Lippert § 9 Rn. 1.
[212] *Scholz* in Spickhoff Medizinrecht MBO Vorb. Rn. 1.
[213] *Scholz* in Spickhoff Medizinrecht MBO Präambel Rn. 1.
[214] *Scholz* in Spickhoff Medizinrecht MBO Vorb. Rn. 1.
[215] *Sobotta* in NK-MedR Präambel MBO Rn. 1.
[216] *Sobotta* in NK-MedR Präambel MBO Rn. 1.

*(3) Ärztinnen und Ärzte haben ihre Mitarbeiterinnen und Mitarbeiter und die Personen, die zur Vorbereitung auf den Beruf an der ärztlichen Tätigkeit teilnehmen, über die gesetzliche Pflicht zur Verschwiegenheit zu belehren und dies schriftlich festzuhalten.*
*(4) Wenn mehrere Ärztinnen und Ärzte gleichzeitig oder nacheinander dieselbe Patientin oder denselben Patienten untersuchen oder behandeln, so sind sie untereinander von der Schweigepflicht insoweit befreit, als das Einverständnis der Patientin oder des Patienten vorliegt oder anzunehmen ist.*

In § 9 Abs. 1 MBO-Ä sind Inhalt und Umfang der Schweigepflicht normiert. Die Offenbarungsbefugnis und die Möglichkeit, eine Ausnahme von der strengen Verschwiegenheit hinsichtlich Patienteninformationen sind in § 9 Abs. 2 MBO-Ä geregelt. In § 9 Abs. 3 MBO-Ä ist festgelegt, dass die Schweigepflicht ebenso für das medizinische Personal eines Arztes gilt, welches ebenfalls zwangsläufig mit vertraulichen Patientendaten in Berührung kommt. Die Belehrung des Personals bezüglich seiner Verschwiegenheitspflicht hat der Arzt schriftlich festzuhalten.
In § 9 Abs. 4 MBO-Ä wird auf den interkollegialen Austausch Bezug genommen: Sind mehrere Ärzte nacheinander mit der Behandlung eines Patienten betraut, sind sie untereinander von der Schweigepflicht befreit, soweit ein Einverständnis auf Patientenseite vorliegt oder anzunehmen ist.

(a)    Schutzgut

Geschützt ist alles, was der Patient dem Arzt in seiner Eigenschaft als Arzt anvertraut oder was der Arzt auf sonstige Weise erfahren hat.[217] Ausdrücklich davon umfasst sind schriftliche Mitteilungen des Patienten, Aufzeichnungen über Patienten, Röntgenaufnahmen und sonstige Untersuchungsbefunde, § 9 Abs. 1 S. 2 MBO-Ä. Diese Aufzählung ist aber nicht abschließend, wie das Wort „auch" vor der Aufzählung zeigt. Der Umfang der Schweigepflicht ist weit gefasst und nirgendwo ausdrücklich begrenzt. Dazu gehören im Wesentlichen behandlungsbezogene Tatsachen, wie die Identität des Patienten, die Tatsache der Behandlung,[218] die Anamnese, die Diagnose, Therapiemaßnahmen und Prognose, behandlungsbezogene Unterlagen wie die Patientenakte, Untersuchungsmaterialien und Befunde, aber auch anamnestische Zusatzinformationen wie die persönlichen Umstände sowie private Angaben über den

---

[217] Vgl. § 9 Abs. 1 S. 1 MBO-Ä.
[218] BayObLG Beschl. v. 08.11.1994 – 2 St RR 157/94 m. Anm. *Gropp* JR 1996, 476 (478).

Patienten.[219] Nicht umfasst sind Informationen, die der Arzt privat oder durch eine berufsfremde Nebentätigkeit erhält.[220]

(b) Personeller Geltungsbereich

Im Grundsatz lässt sich festhalten, dass die Schweigepflicht uneingeschränkt gegenüber all denjenigen gilt, die nicht Teil des konkreten Arzt-Patienten-Verhältnisses sind[221].

Einige besonders relevante Fallgruppen, die häufig im Zusammenhang mit Schweigepflichtverletzungen stehen, werden im Folgenden vorgestellt. Dabei soll der Kreis derer, denen ein Berufsgeheimnisträger nach § 203 Abs. 1 Nr. 1 StGB zur Verschwiegenheit verpflichtet ist, als Orientierung dienen. Zur Auslegung des § 9 MBO-Ä bezüglich des Inhalts der ärztlichen Schweigepflicht kann § 203 StGB und der damit verbundene Geheimnisbegriff[222] ebenfalls herangezogen werden.[223] § 9 MBO-Ä stellt gewissermaßen die Kehrseite zum § 203 Abs. 1 Nr. 1 StGB dar,[224] eine Überlappung der „Tatbestände" ist somit nicht verwunderlich und eine Vermischung der Anwendungsbereiche gerechtfertigt. Beide Normen sind in untrennbarer Weise miteinander verknüpft.[225]

(aa) Angehörige

Zum Kreis derer, denen gegenüber die Schweigepflicht gilt, gehören zunächst die Angehörigen des Patienten.[226] Nur weil ein Angehöriger den Patienten zum Arzt begleitet, bedeutet dies nicht, dass der Patient automatisch mit der Weitergabe der ihn betreffenden Informationen hinsichtlich der ärztlichen Behandlung einverstanden ist.[227] Selbst wenn der Patient im Beisein des Angehörigen seine Beschwerden schildert, so ist doch nicht daraus ableitbar, dass er die tatsächliche Diagnose – die vielleicht eine völlig andere und gegebenenfalls „unangenehmere" ist, als erwartet – wirklich uneingeschränkt mit der

---

[219] *Parzeller/Wenk/Rothschild* DÄB 2005, 289 (290) (Kasten 3); BVerfG Beschl. v. 06.06.2006 (2 BvR 1349/05); *Schlund* JR 1977, 265 (265); *Ulsenheimer* in Laufs/Kern/Rehborn Handbuch § 140 Rn. 2; *Eicher* in Heberer Arzt und Recht S. 209.
[220] BVerfG Beschl. v. 12.01.2016 – 1 BvL 6/13 NJW 2016, 700 (703).
[221] *Lippert* in Ratzel/Lippert § 9 Rn. 7.
[222] Hierzu im Folgenden mehr, siehe S. 54 ff.
[223] *Lippert* in Ratzel/Lippert § 9 Rn. 5.
[224] *Sobotta* in NK-MedR § 9 MBO Rn. 1.
[225] Dazu mehr im Kapitel zu § 203 StGB ab S. 54.
[226] *Giring* in Ratzel/Luxenburger Kap. 15 Rn. 122; *Broglie/Wartensleben* Der Arzt und sein Recht 1993, 5 (13).
[227] *Lippert* in Ratzel/Lippert § 9 Rn. 8; a.A. *Schlund* JR 1977, 265 (266).

Begleitung teilen möchte.[228] Auch der Verwandtschaftsgrad allein gibt dem Arzt noch kein Recht, sensible Daten herauszugeben. In Ermangelung einer rechtlichen Grundlage gilt dies auch gegenüber Ehegatten.[229]

Festzuhalten bleibt also, dass der Arzt nicht weiß, in welchem Verhältnis Patient und Angehöriger wirklich zueinanderstehen und wie groß die Vertrauensbasis tatsächlich ist. Ein Bruch der Schweigepflicht gegenüber Angehörigen kommt in der Praxis allerdings trotzdem sehr häufig vor und kann das Arzt-Patienten-Verhältnis schwer belasten, wenn der betroffene Patient davon erfährt.[230]

(bb) Minderjährige

Ein ebenfalls praxisrelevantes Problem ergibt sich bei der Schweigepflicht bezüglich Minderjähriger. Auch auf sie bezogen gilt die Schweigepflicht, jedenfalls soweit die Minderjährigen einwilligungsfähig sind.[231] Diese Einwilligungsfähigkeit richtet sich nach der individuellen Urteilsfähigkeit[232] und ist nicht an eine starre Altersgrenze[233] gebunden. Sie hängt von der Reife der Minderjährigen sowie der „Brisanz" des zu veröffentlichenden Umstandes ab.[234] Mit zunehmendem Alter des Kindes können seine Rechte mit den Rechten der Eltern kollidieren.[235]

Die Grundsätze, die auf die Aufklärung bei Minderjährigen[236] anzuwenden sind, können aufgrund der ähnlichen Anforderungen und vergleichbaren Situationen auch für die Einwilligung zur Lockerung der Schweigepflicht herangezogen werden. Besitzt der Minderjährige die notwendige Einsicht und Willensfähigkeit für den medizinischen Eingriff,[237] dann darf der Arzt den Minderjährigen in Abwesenheit der Eltern aufklären und der Minderjährige kann selbstständig seine Einwilligung in den ärztlichen Eingriff geben.

Allerdings gilt auch dies nicht uneingeschränkt, da es bei der Beurteilung der Einsichtsfähigkeit des Minderjährigen immer um eine Einzelfallabwägung

---

[228] Bockelmann, Strafrecht des Arztes S. 36: „Peinliche Erkrankungen und deren Anlaß verbirgt man auch dem vertrautesten Menschen".
[229] *Klein* RDG 2010, 172 (176); *Schlund* JR 1977, 265 (266).
[230] *Lippert* in Ratzel/Lippert § 9 Rn. 8.
[231] *Lippert* in Ratzel/Lippert § 9 Rn. 9.
[232] BGH Urt. v. 10.10.2006 – VI ZR 74/05 VersR 2007, 66 (67).
[233] *Amelung/Eymann* JuS 2001, 937 (941).
[234] *Klein* RDG 2010, 172 (176).
[235] Ries u.a. Arztrecht Praxishandbuch S. 137.
[236] Vgl. vertiefend *Terbille/Feifel* in MAH MedR § 1 Rn. 427 ff.
[237] *Terbille/Feifel* in MAH MedR § 1 Rn. 428.

geht.[238] Die Höhe des Risikos der Behandlung ist bei der Abwägung nicht außer Acht zu lassen. Ist der Minderjährige aber nach Ansicht des Arztes voll einsichts- und urteilsfähig, kann der junge Patient zu Recht verlangen, dass der Arzt seine Geheimhaltungspflicht gegenüber anderen einhält.[239] Dann darf der Arzt ohne Einwilligung des Patienten z.B. dessen Eltern nichts über das Behandlungsgeschehen offenbaren.[240] In diesen Fällen geht die Verschwiegenheitspflicht des Arztes dem Informationsinteresse der Eltern vor.[241] Relevant ist dies z.B. in der Gynäkologie, wenn sich eine schwangere Minderjährige in die Behandlung eines Gynäkologen begibt und (angenommen, die Voraussetzungen für die Einwilligungsfähigkeit liegen vor) um Verschwiegenheit gegenüber ihren Eltern bittet. Hier geht grundsätzlich die Geheimhaltungspflicht des Arztes dem Informationsbedürfnis der Eltern vor.[242] Im Zweifel muss der Arzt einzelfallbezogen abwägen, welches Interesse er für höherrangig hält: das Informationsbedürfnis des Sorgeberechtigten oder den Wunsch nach Verschwiegenheit des Patienten.[243] Pauschale Feststellungen lassen sich jedenfalls grundsätzlich nicht treffen.[244]

(cc) Arbeitgeber

Ein Arbeitgeber hat keinerlei Auskunftsanspruch gegen den Arzt bei der Krankschreibung eines Arbeitnehmers, außer den Informationen, die sich auf dem vorgeschriebenen Formblatt befinden.[245] Weitere Auskunftsansprüche stehen ihm nicht zu. Eine Ausnahme gilt für den Betriebsarzt, der auf Auftrag des Arbeitgebers eine Untersuchung des Arbeitnehmers durchführt. Liefert das Ergebnis aber auch Tatsachen, die mit der speziellen Eignung des Mitarbeiters nichts zu tun haben, darf der Betriebsarzt darüber nicht sprechen.[246]

(dd) Behörden

Ebenfalls gilt die Schweigepflicht gegenüber Polizeibehörden, Staatsanwaltschaft und Gerichten. Solange keine gesetzliche Offenbarungspflicht besteht, ist der Arzt an seine Schweigepflicht gebunden, es sei denn, der Patient hat

---

[238] *Giring* in Ratzel/Luxenburger Kap. 15 Rn. 124.
[239] So auch *Weber/Duttge/Höger* MedR 2014, 777 (779).
[240] *Lippert* in Ratzel/Lippert § 9 Rn. 9.
[241] *Giring* in Ratzel/Luxenburger Kap. 15 Rn. 124.
[242] *Giring* in Ratzel/Luxenburger Kap. 15 Rn. 124.
[243] *Giring* in Ratzel/Luxenburger Kap. 15 Rn. 124.
[244] Ries u.a. Arztrecht Praxishandbuch S. 137.
[245] *Lippert* in Ratzel/Lippert § 9 Rn. 10.
[246] *Lippert* in Ratzel/Lippert § 9 Rn. 11.

ihn davon entbunden.[247] Im vorliegenden Beispielsfall ist die Schweigepflicht gegenüber Behörden besonders relevant, denn indem der Arzt der Polizei oder dem Jugendamt gegenüber Mitteilung macht, bricht er seine Schweigepflicht. Hieran ändert sich auch nichts, wenn er dies mit dem Hinweis auf die Vertraulichkeit der Informationen tut.

(ee) Ärztliche Kollegen

Auch untereinander dürfen Ärzte nicht ohne Weiteres Informationen über Ihre Patienten an Kollegen weitergeben. Die Schweigepflicht besteht auch zwischen Ärzten selbst.[248] Ein Verstoß stellt ein tatbestandsmäßiges Verhalten dar, welches einer Einwilligung mit rechtfertigender Wirkung durch den Betroffenen bedarf.[249] Denn auch „Untugenden" innerhalb der Ärzteschaft sind zu sanktionieren, wenn eine strafrechtliche Norm verletzt wurde.[250] In diesem Bereich begehen Ärzte vermutlich die meisten Verstöße, z.B. wenn sie Rat bei einem Kollegen suchen und irrtümlicherweise davon ausgehen, dass dies zulässig sei, da die Kollegen ja auch der Schweigepflicht unterliegen.[251]

Nennen sie den Namen des Patienten oder kann der Kollege (beispielsweise aufgrund einer Praxisgemeinschaft oder weil es sich um ein kleines städtisches Krankenhaus handelt)[252] aufgrund der Angaben erkennen, um welchen Patienten es sich handelt, überschreitet der behandelnde Arzt bereits den kritischen Bereich zur Strafbarkeit nach § 203 Abs. 1 Nr. 1 StGB.[253]

In derartigen Konstellationen ist genau darauf zu achten, ob der Patient ausdrücklich oder möglicherweise konkludent mit der Weitergabe seines „Falles" zur Verbesserung seiner Versorgung einverstanden ist. Pauschal kann dieses

---

[247] *Lippert* in Ratzel/Lippert § 9 Rn. 15.
[248] *Scholz* in Spickhoff Medizinrecht *§* 9 MBO Rn. 3; *Eisele* in Schönke/Schröder § 203 Rn. 22 m.w.N.; *Schlund* JR 1977, 265 (267).
[249] *Langkeit* NStZ 1994, 6 (7).
[250] *Grömig* NJW 1970, 1209 (1209).
[251] *Grömig* NJW 1970, 1209 (1211); auch in der medizinischen Fortbildung zur ärztlichen Schweigepflicht wird vor diesem Irrtum gewarnt, vgl. *Parzeller/Wenk/Rothschild* DÄB 2005, 289 (290).
[252] Auch *Grömig* NJW 1970, 1209 (1211) sieht hier einen Unterschied beim Sorgfaltsmaßstab zwischen Groß- und Kleinstadt.
[253] Auf § 203 StGB wird im Folgenden noch näher eingegangen.

Einverständnis aber sicher nicht angenommen werden[254]. Der Patient kann Gründe haben, weshalb er bei einer fachfremden Frage vielleicht nicht einen bestimmten Kollegen hinzuziehen möchte, sei es, weil er mit dem Kollegen schlechte Erfahrungen gemacht hat oder weil er mit ihm persönlich bekannt ist und vermeiden möchte, dass Bekannte von seiner Krankheit erfahren. Auch eine für den Patienten unangenehme Diagnose kann ein Grund dafür sein, dass er den Kreis der „Mitwisser" möglichst klein halten möchte und es vorzieht, bei fachübergreifenden Schwierigkeiten lieber die (heimische) Klinik zu wechseln.

Solche Motive wird der behandelnde Arzt meist nicht kennen und sollte deshalb auch bei der Konsultierung eines Kollegen sichergehen, dass der Patient diesem Vorgehen ausdrücklich zugestimmt hat. Hier ist also Vorsicht geboten, denn viele Ärzte machen sich laut *Grömig*[255] nur wenige Gedanken über die Schweigepflicht, wenn sie mit Kollegen Patientendetails austauschen. Es liegt auf der Hand, dass hierdurch auch schnell in medizinischer Hinsicht irrelevante Informationen kommuniziert werden.

Gibt ein Kinderarzt Informationen über fragliche Beobachtungen bei einem kindlichen Patienten an einen Kollegen weiter, um ihn nach seiner Einschätzung zu fragen, überschreitet er hier schnell die Grenze des Zulässigen. Sobald der Patient für den Dritten identifizierbar ist, verletzt der Arzt seine Schweigepflicht. Dabei muss ferner darauf geachtet werden, dass auch durch die Umstände des Einzelfalls ein Patient identifiziert werden kann, nicht nur durch die Nennung des Namens. Hat der andere Arzt das Kind selbst schon einmal behandelt und ist es ihm deshalb möglich aufgrund von körperlichen Besonderheiten oder Anmerkungen in der Patientenakte Rückschlüsse auf den Namen des Kindes zu ziehen, ist schon deshalb die Schweigepflicht durch den Rat suchenden Arzt verletzt. Bei der Konsultation von Kollegen ist somit Vorsicht geboten, eine Zuordnung der Befunde zu einem konkreten Patienten darf nicht möglich sein.

---

[254] Von einem generellen Einverständnis bei schwierigen oder fachfremden Fragen ausgehend: *Scholz* in Spickhoff Medizinrecht
§ 9 MBO Rn. 3; LG Bonn Urt. v. 15.02.1995 – 5 S 210/94 NJW 1995 2419 (2420); BVerfG Beschl. v. 12.01.2016 – 1 BvL 6/13 NJW 2016, 700 (703); von einer mutmaßlichen Einwilligung bei Gemeinschaftspraxen sowie Krankenhäusern ausgehend: *Sobotta* in NK-MedR § 9 MBO Rn. 4.

[255] *Grömig* NJW 1970, 1209 (1211).

(c) Zeitlicher Geltungsbereich

Die Pflicht zur Verschwiegenheit beginnt mit der Anbahnung des Behandlungsverhältnisses und geht über den Tod hinaus (sog. postmortale Schweigepflicht),[256] vgl. § 9 Abs. 1 S. 1 MBO-Ä. Alles, was zu Lebzeiten des Patienten geheim war, bleibt es auch nach dessen Versterben. Der Patient muss Gewissheit haben, dass auch nach seinem Tod zum Teil Intimstes nicht zur Kenntnis Dritter gelangt. Nur so kann eine auf Vertrauen basierende Zusammenarbeit zwischen Arzt und Patient gelingen.[257]

Schwierigkeiten ergeben sich insbesondere, wenn Erben oder nahe Angehörige nach dem Tod des Patienten die Herausgabe der Patientenakte begehren oder Einsicht verlangen. Hier muss der Arzt im Interesse des verstorbenen Patienten eine gewissenhafte Entscheidung treffen.

Wollte der Patient unter keinen Umständen, dass zu Lebzeiten und darüber hinaus Details seiner Krankengeschichte in den Kenntnisbereich seiner Angehörigen gelangen, muss der Arzt die Herausgabe verweigern, vgl. § 630g Abs. 3 BGB. Soweit ernstliche Bedenken gegen die Einsichtnahme bestehen, z.B. durch einen zu Lebzeiten angedeuteten entgegenstehenden Willen des Patienten, darf der Arzt die Unterlagen zurückhalten. Im Zweifel hat die Wahrung des Arztgeheimnisses Vorrang gegenüber den Interessen der Erben.[258]

(d) Besonderheiten in den Landesärzteordnungen

Da die Musterberufsordnung der Ärzte nur eine Orientierung bietet und keine Rechtswirkung entfaltet, ist es Aufgabe der Landesärztekammern, eigene Landesärzteordnungen zu erlassen. Inhaltlich wurde die Musterberufsordnung größtenteils übernommen. Bezüglich § 9 MBO-Ä haben einige Länder aber Veränderungen vorgenommen. Sie haben in ihren Landesärzteordnungen den Paragrafen zur Schweigepflicht leicht abgeändert oder ergänzt. Stellvertretend für die Regelungen der Bundesländer wird im Folgenden immer nur auf § 9 MBO-Ä Bezug genommen, welcher sich, abgesehen von den im Folgenden dargestellten Zusätzen und Änderungen, nicht von den landesrechtlichen Regelungen unterscheidet. Bayern, Bremen und Hamburg haben ihrem § 9 der Landesberufsordnung jeweils noch einen Absatz 5 mit verschiedenen Ausgestaltungen hinzugefügt. Baden-Württemberg ergänzte sogar zwei Absätze.

---

[256] *Parzeller/Wenk/Rothschild* DÄB 2005, 289 (290, Kasten 3); BayObLG Beschl. v. 21.08.1986 – BReg. 1 Z 34/86
NJW 1987, 1492 (1492); *Katzenmeier* in Laufs/Katzenmeier/Lipp Arztrecht Kap. IX Rn. 14.
[257] *Roebel/Wenk/Parzeller* Rechtsmedizin 01/2009, 37 (37).
[258] BGH Urt. v. 31.05.1983 – VI ZR 259/81 NJW 1983, 2627 (2627 ff.).

Der Wortlaut der jeweils zusätzlichen Regelungen ist im Folgenden aufgeführt:

Baden-Württemberg

*(5) Ärztinnen und Ärzte sind auch dann zur Verschwiegenheit verpflichtet, wenn sie im amtlichen oder privaten Auftrag von Dritten tätig werden, es sei denn, dass den Betroffenen vor der Untersuchung oder Behandlung bekannt ist oder eröffnet wurde, inwieweit die von Ärztinnen und Ärzten getroffenen Feststellungen zur Mitteilung an Dritte bestimmt sind.*
*(6) Die Übermittlung von Patientendaten an Verrechnungsstellen ist nur zulässig, wenn die Patientinnen und Patienten schriftlich zugestimmt haben.*

Bayern

*(5) Der Arzt ist auch dann zur Verschwiegenheit verpflichtet, wenn er im amtlichen oder privaten Auftrag eines Dritten tätig wird, es sei denn, daß dem Betroffenen vor der Untersuchung oder Behandlung bekannt ist oder eröffnet wurde, inwieweit die von dem Arzt getroffenen Feststellungen zur Mitteilung an Dritte bestimmt sind.*

Bremen

*(5) An privatärztliche und gewerbliche Verrechnungsstellen dürfen Patientendaten nur mit schriftlicher Einwilligung der betreffenden Patientin oder des betreffenden Patienten weitergegeben werden.*

Hamburg

*(5) Der Arzt ist auch dann zur Verschwiegenheit verpflichtet, wenn er im amtlichen oder privaten Auftrag eines Dritten tätig wird, es sei denn, daß dem Betroffenen vor der Untersuchung oder Behandlung bekannt ist oder eröffnet wurde, inwieweit die von dem Arzt getroffenen Feststellungen zur Mitteilung an Dritte bestimmt sind.*

§ 9 Abs. 6 der Landesberufsordnung von Baden-Württemberg und § 9 Abs. 5 der Bremer Regelung sehen vor, dass die Übermittlung von Patientendaten an Verrechnungsstellen nur mit schriftlicher Einwilligung des Patienten zulässig ist. Sie nehmen damit Bezug auf die Verlagerung von Unternehmensaufgaben und -strukturen an außenstehende Dritte, das sogenannte „Outsourcing"[259]. Gerade für die Abrechnungen von privatärztlichen Leistungen werden aus Kostengründen mittlerweile außenstehende Abrechnungsunternehmen beauftragt, ebenso für die Patientendatenverarbeitung.[260] Da es auch hier um

---

[259] Grützner/Jakob, Compliance von A-Z, *Outsourcing*.
[260] *Jandt/Roßnagel/Wilke* NZS 2011, 641 (641 f.).

sensible Patientendaten geht, ist es nur konsequent, dass bei dieser Praxis die Entscheidung des Patienten, ob er mit der Weitergabe einverstanden ist, maßgeblich ist. Das Schriftformerfordernis führt hier zu mehr Rechtssicherheit für Arzt und Patient.
Der in § 9 Abs. 5 der Landesärzteordnungen von Bayern und Hamburg genannte private oder amtliche Auftrag eines Dritten umfasst den Fall, dass eine Behandlung gerade im Interesse des Dritten vorgenommen wird. Der Dritte, beispielsweise der Arbeitgeber, hat ein eigenes Interesse an dem Ergebnis der Untersuchung. Dies wird regelmäßig der Fall sein, wenn er sich von der Eignung eines Arbeitnehmers für die zu besetzende Stelle überzeugen will. Zu denken wäre hier an die Feststellung der Fahrtüchtigkeit bei Lastkraftwagenfahrern oder Piloten. Aber auch bei Beamtenanwärtern wird regelmäßig eine amtsärztliche Untersuchung angeordnet, deren Ergebnis dann an den Auftraggeber übersandt wird. Die Regel sieht vor, dass der Arzt auch in solchen Fällen an seine Verschwiegenheit gebunden ist, außer für den Patienten ist schon vor der Behandlung offenkundig, dass die Behandlung gerade den Sinn und Zweck hat, Informationen an einen anderen zu liefern.

(2) Zivilrecht

Der folgende Teil beschäftigt sich mit der Bedeutung der Schweigepflicht für das Zivilrecht. Auch wenn im Folgenden näher auf den Behandlungsvertrag eingegangen wird, soll vorher klargestellt werden, dass die Schweigepflicht nicht erst mit Abschluss eines solchen Vertrages entsteht. Schon die einmalige Konsultierung eines Arztes, z.B. zur reinen Information, begründet bereits die Pflicht zur Verschwiegenheit[261]. Somit setzt das Entstehen der Schweigepflicht keinen Behandlungsvertrag oder ein sonstiges Arzt/Patientverhältnis voraus.[262]
Die Anfang 2013 vorgenommene Kodifizierung des Behandlungsvertrags in die §§ 630a ff. BGB sollte für mehr Rechtssicherheit sorgen, indem Pflichten und Rechte von Behandelndem und Patient ausdrücklich geregelt werden.[263]

(a) Der Behandlungsvertrag gem. § 630a BGB

Der Behandlungsvertrag ist seitdem in § 630a BGB geregelt. Vertragsparteien sind der Behandelnde, der die medizinische Behandlung eines Patienten zusagt, und der Patient, der zur Gewährung der vereinbarten Vergütung verpflichtet ist, vgl. § 630a Abs. 1 BGB. In § 630a BGB wird bewusst von

---

[261] *Katzenmeier* in Laufs/Katzenmeier/Lipp Arztrecht Kap. IX Rn. 7.
[262] OLG München Urt. v. 04.02.2010 – 1 U 4650/08 m. Anm. *Bergmann* MedR 2010, 645 (649).
[263] BT-Drs. 17/10488 S. 9.

„Behandelndem" und nicht von „Arzt" gesprochen. Die Norm bezieht nämlich auch andere an der medizinischen Versorgung Beteiligte ein, wie zum Beispiel Heilpraktiker, Hebammen oder Psychotherapeuten.[264]
Als schuldrechtlicher Vertrag ist der Behandlungsvertrag damit rechtliche Grundlage für Ansprüche, Pflichten und Obliegenheiten von Patienten und Arzt.[265] Als Hauptpflichten, genannt in Absatz 1, sind die medizinische Behandlung einerseits und die Vergütung andererseits geschuldet. Der Behandlungsvertrag ist damit als besonderer Dienstvertragstyp in das BGB eingegliedert worden.[266] Allerdings ist § 630a BGB kein zwingendes Recht, sodass es auch möglich bleibt, den Behandlungsvertrag als Werkvertrag, also mit geschuldetem Erfolg des Behandelnden, zu gestalten.[267] Dies hängt davon ab, ob der Behandelnde für den Erfolg garantieren möchte oder nicht. In den meisten Fällen kann aber aufgrund der Komplexität und Unberechenbarkeit des menschlichen Körpers, auf den der Mediziner nur beschränkt Einfluss hat, davon ausgegangen werden, dass der Arzt nicht für einen Heilungserfolg, sondern allenfalls für die beste Bemühung um die Genesung einstehen möchte.[268] Er schuldet eine Untersuchung nach dem aktuellen medizinisch-wissenschaftlichen Standard.[269] Die in Absatz 1 genannte „medizinische Behandlung" ist auf die Behandlung am Menschen beschränkt.[270]
Gemeint sind neben der Diagnose und Therapie „sämtliche Maßnahmen und Eingriffe am Körper eines Menschen, um Krankheiten, Leiden, Körperschäden (nichtkrankhafte Entstellungen, Schielen etc.), körperliche Beschwerden oder seelische Störungen nicht krankhafter Natur (Affekte, Neurosen) zu verhüten, zu erkennen, zu heilen oder zu lindern"[271].

(b) Die Schweigepflicht als Nebenpflicht

Die Hauptpflichten des Behandlungsvertrags wurden bereits oben genannt. Die Schweigepflicht könnte Bestandteil einer Reihe von Nebenpflichten i.S.d. § 241 Abs. 2 BGB sein, mit denen der Behandlungsvertrag versehen ist.[272] Die

---

[264] BT-Drs. 17/10488 S. 11.
[265] Deutsch/Spickhoff, Medizinrecht Rn. 101.
[266] *Katzenmeier* NJW 2013, 817 (817).
[267] *Mansel* in Jauernig-BGB Vorb. zu § 630a BGB Rn. 3.
[268] BGH Urt. v. 09.12.1974 – VII ZR 182/73 NJW 1975, 305 (306).
[269] Deutsch/Spickhoff, Medizinrecht Rn. 145.
[270] *Mansel* in Jauernig-BGB § 630a BGB Rn. 4.
[271] BT-Drs. 17/10488 S. 17 unter Bezugnahme auf den rechtlichen Begriff der ärztlichen Heilbehandlung bei *Kern/Rehborn* in Laufs/Kern/Rehborn Handbuch § 54 Rn. 3 m.w.N.
[272] *Katzenmeier* in Laufs/Katzenmeier/Lipp Arztrecht Kap. IX Rn. 6.

Verletzung einer solche Nebenpflicht begründet, bei Vorliegen der entsprechenden Voraussetzungen, einen Schadensersatzanspruch gem. §§ 280 Abs. 1, 241 Abs. 2 BGB. Beispielsweise muss der Arzt einen berufstätigen Patienten auf voraussehbare verlängerte Wartezeiten hinweisen, um sich nicht schadensersatzpflichtig zu machen.[273]

Eine weitere Nebenpflicht stellt die allgemeine Rücksichtnahme auf die Güter des Patienten dar. Zudem ist der Schutz der Patientendaten Teil der Nebenpflichten: Der Arzt muss Stillschweigen über das bewahren, was er im Zuge der Behandlung erfahren hat.[274] Die Schweigepflicht ist damit als Nebenpflicht des Behandlungsvertrages zu qualifizieren,[275] deren Verletzung Schadensersatzpflichten nach sich ziehen kann.[276]

Alternativ könnte man erwägen, ob die Schweigepflicht nicht Bestandteil der Hauptpflicht, also der Erbringung einer medizinischen Behandlung nach dem allgemeinen anerkannten fachlichen Standard, ist. Dieser Streit muss hier aber nicht geführt werden, da er für das vorliegende Dissertationsthema keine Bedeutung hat, sondern nur zivilrechtlich für die Art des Schadensersatzes relevant ist. Es genügt festzuhalten, dass die unbefugte Offenbarung regelmäßig eine Vertragsverletzung darstellt.[277]

Daneben ist eine deliktische Haftung denkbar: Die Person, welche die Schweigepflichtverletzung begangen hat, kann über § 823 Abs. 1 BGB zum Schadensersatz verpflichtet werden,[278] wenn der Patient durch die unbefugte Offenbarung einen Schaden (z.B. berufliche Einbußen) erleidet.[279] Das allgemeine Persönlichkeitsrecht stellt als ein „sonstiges Recht" ein geschütztes Recht i.S.d. § 823 Abs. 1 BGB dar.[280]

---

[273] AG Burgdorf Urt. v. 15.10.1984 – 3 C 204/84 NJW 1985, 681 (681).
[274] Deutsch/Spickhoff, Medizinrecht Rn. 146.
[275] So *Sobotta* in NK-MedR § 9 MBO Rn. 1; *Spickhoff* in Spickhoff Medizinrecht § 630a BGB Rn. 46.
[276] OLG Koblenz Beschl. v. 01.02.2012 – 5 W 63/12.
[277] Deutsch/Spickhoff, Medizinrecht Rn. 934.
[278] *Klein* RDG 2010, 172 (172); *Katzenmeier* in Laufs/Katzenmeier/Lipp Arztrecht Kap. IX Rn. 9.
[279] *Schlund* JR 1977, 265 (269).
[280] *Wagner* in MüKo-BGB VI § 823 Rn. 364.

§ 203 StGB ist außerdem als Schutzgesetz im Sinne des § 823 Abs. 2 BGB anerkannt,[281] sodass eine Haftung bei dem Bruch der Schweigepflicht auch hieraus abgeleitet werden kann.

b)     Zusammenfassung

Vorangehend wurden die Grundlagen der ärztlichen Schweigepflicht skizziert. Der Gedanke, dass der Arzt ihm Anvertrautes für sich behalten soll, reicht bis in die Antike. Und an dieser Grundidee hat sich bis heute kaum etwas geändert. Grundsätzlich ist zwischen Arzt und Patient Besprochenes ausschließlich Sache dieser beiden Beteiligten. Für eine vertrauensvolle Zusammenarbeit bedarf es des Vertrauens, dass der Patient sich auf die Verschwiegenheit seines Arztes verlassen kann. Der Arzt hat die Patienteninteressen zu beachten und sensibel mit Informationen über seinen Patienten umzugehen. Diese Verpflichtung gilt auch gegenüber Angehörigen oder unter Kollegen, auch wenn dies in der Praxis häufig missachtet wird.

Wie wichtig der Schutz des Arztgeheimnisses ist, zeigt die Aufnahme einer strafrechtlichen Sanktionierung der Verletzung des Berufsgeheimnisses im StGB.

Welche Schwierigkeiten die Einhaltung der Schweigepflicht im Zusammenhang mit Kindesmisshandlung entstehen, wird im nächsten Kapitel erläutert. Dies geschieht wieder unter Bezugnahme auf den eingangs vorgestellten Beispielsfall.

c)     Die Verletzung der ärztlichen Schweigepflicht

Wie bereits eingangs erörtert, kann es für den Arzt, der die Misshandlungen an einem Kind melden oder öffentlich machen möchte, zu einem Konflikt mit der Schweigepflicht kommen. Die Konsequenzen der Verletzung der Schweigepflicht finden sich in verschiedenen Gesetzen. Allen voran stellt das Strafrecht die Verletzung der ärztlichen Schweigepflicht in § 203 Abs. 1 Nr. 1 StGB unter Strafe. Dieser wird im Folgenden anhand des Beispielsfalles erörtert. Daran anknüpfend werden weitere rechtliche Konsequenzen vorgestellt, die aus anderen Bereichen als dem Strafrecht stammen.

aa)    Die strafrechtlichen Konsequenzen gem. § 203 Abs. 1 Nr. 1 StGB

Bevor auf die einzelnen Tatbestandsmerkmale eingegangen wird, wird vorab kurz die Entstehungsgeschichte des § 203 StGB vorgestellt, um auch die geschichtlichen Hintergründe zu beleuchten.

---

[281] BGH Urt. v. 08.10.1968 – VI ZR 168/67 NJW 1968, 2288 (2288) zu § 300 StGB a.F.; OLG Hamm Urt. v. 09.11.1994 – 3 U 120/94.

(1) Die Entstehungsgeschichte des § 203 StGB

Lange ist die Sanktionierung der Verletzung von Privatgeheimnissen im Strafrecht nicht eindeutig verankert gewesen; Versuche beliefen sich darauf, die Preisgabe solcher Geheimnisse unter die Delikte der Fälschung, der Beleidigung oder auch des Betruges zu subsumieren.[282] Die Aufnahme der ärztlichen Schweigepflicht in ein Strafgesetzbuch erfolgte erstmalig in § 151 des Preußischen Strafgesetzbuches.[283]

Es folgten im Jahre 1870 der § 269 des Strafgesetzbuches des Norddeutschen Bundes[284] und 1871 der § 300 Reichsstrafgesetzbuch[285] bis schließlich durch das EStGB v. 02.03.1974 die bis 2017 gültige Fassung des § 203 StGB erlassen wurde. Seit dem 09.11.2017 gilt eine neue Fassung, die den Herausforderungen der Digitalisierung Rechnung tragen soll.[286] Es wurde eine Befugnisnorm für die Offenbarung „sonstiger Personen" eingefügt, die an der beruflichen und dienstlichen Tätigkeit mitwirken, § 203 Abs. 3 S. 2 StGB. Betroffen ist hiervon insbesondere das sogenannte „Outsourcing". § 203 Abs. 4 StGB enthält eine Strafbarkeit für diese mitwirkenden Personen und des Berufsgeheimnisträgers, der nicht Sorge dafür trägt, dass die sonstige mitwirkende Person zur Geheimhaltung verpflichtet wird, § 203 Abs. 4 S. 2 Nr. 1 StGB. Hierbei handelt es sich um einen verlängerten Geheimnisschutz.[287] Die bisherigen Absätze 4 und 5 wurden durch die redaktionelle Änderung zu den Absätzen 5 und 6. Auch bezüglich der Adressaten der Norm hat es Änderungen gegeben:

---

[282] *Finger* VDB 1906 Bd. 8, 293 (301 f.).
[283] *Tag* in HK-GS § 203 Rn. 2.
[284] Müller, Schweigepflicht Krankenversicherung S. 5; *Tag* in HK-GS § 203 Rn. 2; Strafgesetzbuch des Norddeutschen Bundes § 269
„Der fälschlichen Anfertigung einer Urkunde wird es gleich geachtet, wenn Jemand einem mit der Unterschrift eines anderen versehenen Papiere ohne dessen Willen oder dessen Anordnungen zuwider durch Ausfüllung einen urkundlichen Inhalt gibt".
[285] Müller, Schweigepflicht Krankenversicherung S. 6; Strafgesetzbuch des deutschen Reiches, 1871:
§ 300 „Rechtsanwalte, Advokaten, Notare, Vertheidiger in Strafsachen, Aerzte, Wundärzte, Hebammen, Apotheker, sowie die Gehülfen dieser Personen werden, wenn sie unbefugt Privatgeheimnisse offenbaren, die ihnen kraft ihres Amtes, Standes oder Gewerbes anvertraut sind, mit Geldstrafe bis zu fünfhundert Thalern oder mit Gefängniß bis zu drei Monaten bestraft".
[286] *Eisele* JR 2018, 79 (79).
[287] *Eisele* JR 2018, 79 (79).

Die Kammerrechtsbeistände wurden aus Absatz 3 S. 1 in Absatz 1 Nr. 3 verschoben, die bisher in Absatz 1 Nr. 4a bis 6 genannten Personen wurden in Absatz 1 Nr. 5-7 verlegt. Absatz 2a wurde aufgehoben und dafür die Regelung über die Datenschutzbeauftragten in Absatz 4 S. 1 eingefügt.[288]

(2) Der Tatbestand

§ 203 Abs. 1 Nr. 1 StGB lautet wörtlich:

*§ 203 Verletzung von Privatgeheimnissen*
*(1) Wer unbefugt ein fremdes Geheimnis, namentlich ein zum persönlichen Lebensbereich gehörendes Geheimnis oder ein Betriebs- oder Geschäftsgeheimnis, offenbart, das ihm als*
*1. Arzt, Zahnarzt, Tierarzt, Apotheker oder Angehörigen eines anderen Heilberufs, der für die Berufsausübung oder die Führung der Berufsbezeichnung eine staatlich geregelte Ausbildung erfordert, (...)*
*anvertraut worden oder sonst bekanntgeworden ist, wird mit Freiheitsstrafe bis zu einem Jahr oder mit Geldstrafe bestraft.*

Für die ärztliche Schweigepflicht haben sich nach der Reform des Gesetzes keine Änderungen ergeben.

(a) Der objektive Tatbestand

(aa) Schutzgut

Das Schutzgut des § 203 StGB ist teilweise umstritten,[289] sodass es hier einer ausführlicheren Betrachtung bedarf. Vertreten werden die sogenannte

---

[288] Übersicht über die Änderungen auch bei *Cierniak/Niehaus* in MüKo-StGB § 203 Rn. 2a.
[289] *Tag* in HK-GS § 203 Rn. 3; *Kargl* in NK-StGB § 203 Rn. 2.

Individualschutzlehre[290] und die Gemeinschaftsschutzlehre.[291] Die Individualschutzlehre sieht als Schutzgut den persönlichen Lebens- und Geheimbereich des einzelnen Patienten.[292]
Neben dem Schutz des Individualinteresses des Patienten wird allerdings auch noch das Allgemeininteresse hinzugezogen,[293] auf diesem Gedanken begründet sich die sogenannte Gemeinschaftsschutzlehre.
Hintergrund ist die Frage, ob auch das überindividuelle Interesse der Allgemeinheit an einer funktionierenden Gesundheitspflege geschützt ist.[294] Es geht um den Schutz des ärztlichen Berufsgeheimnisses im Interesse einer funktionsfähigen ärztlichen Gesundheitspflege, die ohne ein vertrauensvolles Verhältnis zwischen Arzt und Patient nicht möglich ist.
Ein Anhaltspunkt dafür, dass es um den Individualschutz geht, könnte die systematische Stellung der Norm sein.[295] § 203 StGB ist im 15. Abschnitt des Besonderen Teils des StGB verortet, welcher die Überschrift „Verletzung des persönlichen Lebens- und Geheimbereichs" trägt.[296]

---

[290] BGH Urt. v. 10.07.1991 – VIII ZR 296/90 NJW 1991, 2955 (2956); BayObLG Beschl. v. 21.08.1986 – BReg. 1 Z 34/86 NJW 1987, 1492 (1493); BT-Drs. 7/550 S. 243; HansOLG Hamburg Beschl. v. 22.01.1998 2 – Ss 105/97 I 4/98 NStZ 1998, 358 (358); *Katzenmeier* in Laufs/Katzenmeier/Lipp Arztrecht Kap. IX Rn. 11; *Bock/Wilms* JuS 2011, 24 (24); *Heger* in Lackner/Kühl § 203 Rn. 1; *Hilgendorf* in Arzt/Weber/Heinrich/Hilgendorf BT § 8 Rn. 29; Fischer § 203 Rn. 3; *Tag* in HK-GS § 203 Rn. 4; *Kargl* in NK-StGB § 203 Rn. 4; für Schutz nur des Individualinteresses: *Hoyer* in SK-StGB IV § 203 Rn. 3; *Rogall* NStZ 1983, 1 (4 f.); *Schünemann* ZStW 1978, 11 (57); *Ostendorf* JR 1981, 444 (448); BT-Drs. 7/550 S. 235; *Eisele* in Schönke/Schröder § 203 Rn. 3.
[291] *Eisele* in Schönke/Schröder § 203 Rn. 3; *Tag* in HK-GS § 203 Rn. 5; BGH Urt. v. 08.10.1968 – VI ZR 168/67 NJW 1968, 2288 (2290); *Hilgendorf* in Arzt/Weber/Heinrich/Hilgendorf BT § 8 Rn. 29.
[292] *Schmitz* JA 1996, 772 (772.)
[293] *Eisele* in Schönke/Schröder § 203 Rn. 3 sieht in dem Schutz der Allgemeinheit allenfalls ein mittelbares Schutzgut; BGH Urt. v. 08.10.1968 – VI ZR 168/67 NJW 1968, 2288 (2290); ebenso für ein kombiniertes Schutzgut Ulsenheimer, Arztstrafrecht in der Praxis Rn. 860; für das Allgemeininteresse als primäres Schutzgut: *Schlund* JR 1977, 265 (269); *Cierniak/Niehaus* in MüKo-StGB § 203 Rn. 8.
[294] *Braun* in Roxin/Schroth Medizinstrafrecht S. 225.
[295] *Michalowski* ZStW 1997, 519 (520).
[296] So auch *Hoyer* in SK-StGB IV § 203 Rn. 3.

Die Wortwahl spricht damit für einen Schutzbereich in der persönlichen, individuellen Sphäre des Betroffenen und damit für die Individualschutzlehre. Auch das Antragserfordernis in § 205 StGB spricht dafür, dass es in erster Linie um den Individualschutz des Geheimnisträgers geht,[297] ansonsten wäre § 203 StGB kein Antrags-, sondern ein Offizialdelikt.[298] Auch die Aufnahme der Angehörigen eines Unternehmens z.B. der privaten Krankenversicherungen in Absatz 1 Nr. 7 spricht dagegen, dass es in § 203 StGB um die besondere soziale Bedeutung und das Vertrauen in bestimmte Berufsgruppen geht.[299]
Wie bereits oben erwähnt, ist der Schutz des Patientengeheimnisses Ausdruck seines Rechts auf informationelle Selbstbestimmung, welches sich aus Art. 1 Abs. 1 und Art. 2 Abs. 1 GG ergibt. Der Patient darf selbst entscheiden, wann und wie viel seines persönlichen Lebenssachverhalts an Dritte weitergegeben werden soll.[300]
Gerade in der Arzt-Patienten-Beziehung kann sich der Geheimnisträger, also der Patient, nicht wirksam vor der Indiskretion der in § 203 Abs. 1 Nr. 1 StGB genannten Personen schützen.[301]

Für die Gemeinschaftsschutzlehre hingegen spricht zum Beispiel die Aufzählung bestimmter Berufsgruppen und das damit verbundene besondere Vertrauen in die Verschwiegenheit, welches diesen entgegengebracht wird.[302] Gerade weil es sich hierbei um Berufe, denen ein „Sozialwert überindividuellen Charakters"[303] zukommt, handelt, ist das Vertrauen unabdingbare Grundvoraussetzung für das Funktionieren der Wahrnehmung dieser gesellschaftlich wichtigen Aufgaben.[304] Hier ergibt sich für das ärztliche Berufsgeheimnis, dass dieses auch, neben den persönlichen Interessen des Patienten, dem Schutz

---

[297] *Eisele* in Schönke/Schröder § 203 Rn. 3; *Hoyer* in SK-StGB IV § 203 Rn. 3; BGH Urt. v. 10.07.1991 – VIII ZR 296/90 NJW 1991, 2955 (2956).
[298] BGH Urt. v. 10.07.1991 – VIII ZR 296/90 NJW 1991, 2955 (2956).
[299] *Cierniak/Niehaus* in MüKo-StGB § 203 Rn. 6.
[300] *Eisele* in Schönke/Schröder § 203 Rn. 3 mit Bezug auf BVerfG Beschl. v. 14.12.2001 – 2 BvR 152/01 NJW 2002, 2164 (2164).
[301] *Tag* in HK-GS § 203 Rn. 4; *Cierniak/Niehaus* in MüKo-StGB § 203 Rn. 7.
[302] *Braun* in Roxin/Schroth Medizinstrafrecht S. 225.
[303] Schmidt, Ärztliches Berufsgeheimnis S. 18 ff.
[304] *Eisele* in Schönke/Schröder § 203 Rn. 3.

einer funktionsfähigen Gesundheitspflege dient.[305] Denn ohne vertrauensvolle Basis zwischen Arzt und Patient ist diese nicht möglich.[306]
Nicht ganz von der Hand zu weisen ist allerdings auch die Ansicht von *Eser*[307], nach der es für ein funktionsfähiges Gesundheitswesen auch eines wirksamen Informationsflusses bedarf, welcher in einem Spannungsverhältnis zu den Anforderungen an die Schweigepflicht steht.

Im Ergebnis erscheint es nicht sinnvoll, sich als Schutzgut ausschließlich auf das Individualinteresse des Geheimnisträgers oder aber nur auf den Schutz des Allgemeininteresses zu beziehen, vielmehr bedarf es einer Kombination der beiden angesprochenen Rechtsgüter.[308] Dem folgt auch die modifizierte Individualschutzlehre, welche als herrschend angesehen wird.[309] Es gilt also keine „Entweder-oder-"[310], sondern eine „Sowohl-als-auch-"Betrachtung.

Fraglich ist, welchem Zweck im Konflikt Vorrang einzuräumen ist. Gerade aufgrund des verfassungsrechtlich geschützten Rechts auf informationelle Selbstbestimmung scheint es sachgerechter, als Schutzzweck primär den Individualschutz des Geheimnisträgers zu sehen.[311]

Nicht zu den Schutzgütern zählen aber eindeutig berufsständische Interessen. Sie genießen nur „reflexartigen" Schutz, da es nicht die Aufgabe von § 203 StGB ist, diese um ihrer selbst abzusichern.[312]
Im Beispielsfall ist das Persönlichkeitsrecht des Kindes verletzt, wenn der Arzt seinen Namen, Befunde, vielleicht sogar Fotos oder ähnliches mit Dritten teilt.

---

[305] OLG München Urt. v. 04.02.2010 – 1 U 4650/08 m. Anm. *Bergmann* MedR 2010, 645 (649).
[306] BGH Urt. v. 08.10.1968 – VI ZR 168/67 NJW 1968, 2288 (2290); *Steiner* Mitteilungen der ÄKfWien 1980/6, 34 (34).
[307] *Eser* in Eser Recht und Medizin S. 380 f.
[308] *Cierniak/Niehaus* in MüKo-StGB § 203 Rn. 8; *Heger* in Lackner/Kühl § 203 Rn. 1.
[309] BGH Urt. v. 08.10.1968 – VI ZR 168/67 NJW 1968, 2288 (2290); BGH Urt. v. 10.07.1991 – VIII ZR 296/90 NJW 1991, 2955 (2956); OLG Karlsruhe Beschl. v. 25.11.1983 – 1 Ws 273/83 NJW 1984, 676 (676); *Arloth* MedR 1986 295 (296) „der Individualschutz tritt (...) ergänzend neben den Gemeinschaftsschutz"; Bockelmann, Strafrecht des Arztes S. 34; *Cierniak/Niehaus* in MüKo-StGB § 203 Rn. 7.
[310] *Braun* in Roxin/Schroth Medizinstrafrecht S. 225.
[311] *Braun* in Roxin/Schroth Medizinstrafrecht S. 225.
[312] *Tag* in HK-GS § 203 Rn. 6; *Schmitz* JA 1996, 772 (772 f.).

Das Kind ist auch zweifellos grundrechtsfähig, sodass es sich auf das Recht auf informationelle Selbstbestimmung berufen kann. Eine Verletzung dieses Rechts müsste je nach Alter des Kindes, die Eltern stellvertretend für das Kind geltend machen. Und gerade diese könnten ein Interesse an der Strafverfolgung des sie anzeigenden Arztes haben.

(bb)  Täter

α)  Der Katalog des § 203 Abs. 1 Nr. 1 StGB

Bei § 203 StGB handelt es sich um ein echtes Sonderdelikt,[313] was bedeutet, dass nur die dort aufgezählten Personen taugliche Täter dieser Tat sein können.[314] Eine Person, die nicht zum Kreis der Schweigepflichtigen gehört, kann folglich nur Anstifter oder Gehilfe sein. Innerhalb der Pflichtigen ist Täterschaft und Teilnahme möglich.[315] Namentlich handelt es sich bei den Tätern des § 203 Abs. 1 Nr. 1 StGB um Ärzte (im Sinne des § 2 Bundesärzteordnung), Zahnärzte (§ 1 Abs. 1 Zahnheilkundegesetz), Tierärzte (§ 3 Bundestierärzteordnung), Apotheker (§ 2 Bundesapothekenordnung) und Angehörige eines anderen Heilberufs „der für die Berufsausübung oder die Führung der Berufsbezeichnung eine staatlich geregelte Ausbildung erfordert"[316]. Zu diesen gehören beispielsweise Krankenschwestern und –pfleger (§ 1 Krankenpflegegesetz), Hebammen (§ 1 Hebammengesetz), Physiotherapeuten und Rettungsassistenten.[317] Zu den Ärzten i.S.d. Nr. 1 gehören ebenfalls Pathologen[318] und Laborärzte[319]. Auch wenn der Patient mit diesen regelmäßig nicht in Kontakt kommt, muss er doch mit deren Verschwiegenheit bezüglich seiner Laborergebnisse rechnen können.[320]

Auf Heilpraktiker findet § 203 Abs. 1 Nr. 1 StGB hingegen keine Anwendung, da „Heilpraktiker" keine geschützte Berufsbezeichnung ist, die eine staatlich geregelte Ausbildung erfordert[321]. Ebenso ist ein solcher nicht „berufsmäßiger Gehilfe" des Arztes.[322]

---

[313] *Braun* in Roxin/Schroth Medizinstrafrecht S. 227; Kraatz, Arztstrafrecht § 9 Rn. 233; *Tag* in HK-GS § 203 Rn. 9.
[314] Kraatz, Arztstrafrecht § 9 Rn. 233.
[315] *Schünemann* in LK-StGB § 203 Rn. 158.
[316] Kraatz, Arztstrafrecht § 9 Rn. 233.
[317] Kraatz, Arztstrafrecht § 9 Rn. 233.
[318] *Laufs* NJW 1980, 1315 (1319).
[319] *Braun* in Roxin/Schroth Medizinstrafrecht S. 227.
[320] *Braun* in Roxin/Schroth Medizinstrafrecht S. 227.
[321] *Heger* in Lackner/Kühl § 203 Rn. 3.
[322] *Braun* in Roxin/Schroth Medizinstrafrecht S. 229.

Umstritten ist die Frage, ob sich der Kreis der Täter nur auf solche Personen beschränkt, die nach objektiven Kriterien berechtigt sind, sich durch Verleihung der Approbation als „Arzt/Ärztin" zu bezeichnen.[323] Es können nämlich auch Personen erfasst sein, denen die Approbation entzogen oder nie erteilt wurde und die damit nur subjektiv von dem Patienten fälschlicherweise für einen Arzt gehalten wurden.[324]

Fraglich ist also, ob der Kreis der Täter auch auf Nicht-Ärzte erweitert werden sollte: Der z.B. von einem Hochstapler getäuschte Patient hält einen solchen subjektiv für eine medizinische Vertrauensperson und vertraut ihm in diesem Glauben Details aus seiner Privat- und Intimsphäre an.

Ausgehend vom Schutzzweck des § 203 Abs. 1 Nr. 1 StGB, welcher primär auf den Schutz des Patienten und sein persönliches Recht auf informationelle Selbstbestimmung abzielt, erscheint es nur nachvollziehbar, auch solche Menschen in den Täterkreis aufzunehmen.[325] Es reicht aus, dass die Person als Arzt auftritt[326] Als Grund wird unter anderem genannt, dass es dem Patienten im Regelfall nicht möglich sein wird, das tatsächliche Vorliegen einer Approbation zu überprüfen.[327] Mit dem Wortlaut des § 203 StGB sei dies ebenfalls noch zu vereinbaren.[328]

Die Gegenansicht geht davon aus, dass es sich in dem genannten Beispielsfall um einen straflosen Versuch eines untauglichen Subjekts handelt, und verlangt für die Tätereigenschaft das objektive Vorliegen einer Approbation.[329]

Tatsächlich spricht gegen die erste Meinung die Tatsache, dass es sich bei einer Erweiterung des Täterkreises um eine unzulässige Analogie[330] zulasten des Täters handelt. Denn eine solche Erweiterung ist gerade nicht mit dem Wortlaut vereinbar, es wird ausdrücklich von „Arzt" gesprochen, und wer Arzt in Deutschland ist, ist gesetzlich in der Bundesärzteordnung festgelegt.[331] Diese Vorschrift trifft auf einen Hochstapler, der sich nur als Arzt ausgibt, nicht zu.

---

[323] Vgl. §§ 2, 2a Bundesärzteordnung.
[324] Kraatz, Arztstrafrecht § 9 Rn. 233; *Braun* in Roxin/Schroth Medizinstrafrecht S. 227.
[325] *Cierniak/Niehaus* in MüKo-StGB § 203 Rn. 31; *Braun* in Roxin/Schroth Medizinstrafrecht S. 227; *Eisele* in Schönke/Schröder § 203 Rn. 61.
[326] *Cierniak/Niehaus* in MüKo-StGB § 203 Rn. 31
[327] *Eisele* in Schönke/Schröder § 203 Rn. 61.
[328] *Braun* in Roxin/Schroth Medizinstrafrecht S. 227.
[329] *Vogler* in LK-StGB[10] § 22 Rn. 153 m.w.N.
[330] *Hecker* in Schönke/Schröder § 1 Rn. 27; *Remmert* in Maunz/Dürig Art. 103 Abs. 2 GG Rn. 82; *Schmitz* in MüKo-StGB § 1 Rn. 67.
[331] Vgl. § 2a Bundesärzteordnung.

Zudem würde eine Erweiterung des Täterkreises hier zu einer Ausuferung desselben führen und dem Delikt seinen Charakter als Sonderdelikt absprechen. Im Ergebnis ist es damit vorzugswürdig, die Norm streng bei ihrem Wortlaut zu nehmen und die Bezeichnung „Arzt", so auszulegen, dass nur Ärzte mit verliehener und gültiger Approbation taugliche Täter sein können.

In dem der Untersuchung zu Grunde liegenden Beispielsfall handelt es sich um einen approbierten Kinderarzt, der folglich tauglicher Täter sein kann.

β) Erweiterter Täterkreis

§ 203 Abs. 4 S. 1 StGB erweitert den Täterkreis auf mitwirkende Personen. Damit sind berufsmäßig tätige Gehilfen und zur Vorbereitung auf den Beruf Tätige nach Absatz 3 Satz 1 sowie sonstige Mitwirkende nach Absatz 3 Satz 2 gemeint.[332]

Ein berufsmäßig tätiger Gehilfe ist, wer innerhalb des beruflichen Wirkungsbereichs eines Schweigepflichtigen nach Absatz 1 und Satz 1 eine auf dessen berufliche Tätigkeit als Arzt usw. bezogene unterstützende Tätigkeit ausübt, welche die Kenntnis fremder Geheimnisse mit sich bringt oder ohne Überwindung besonderer Hindernisse ermöglicht.[333] „Berufsmäßig" bedeutet nicht, dass der Gehilfe die Tätigkeit selbst als seinen Beruf ausüben muss,[334] weshalb auch die gelegentlich in der Arztpraxis ihres Mannes aushelfende Ehefrau unter diese Vorschrift fällt.[335] Zur Vorbereitung auf den Beruf Tätige sind zum Beispiel Famulanten, Krankenpfleger in Ausbildung oder Rechtsreferendare.[336] Nicht unter diese Vorschrift fallen Tätigkeiten, die nur die äußeren Bedingungen der Berufsausübung betreffen, wie die des Pförtners oder der Reinigungskraft.[337]

(cc) Tatobjekt

Tatobjekt ist ein fremdes Geheimnis.

α) Geheimnis

Für die Definition des Geheimnisses wird auf den dreigliedrigen Geheimnisbegriff abgestellt. Danach umfasst ein Geheimnis Tatsachen, die nur einem

---

[332] *Heger* in Lackner/Kühl § 203 Rn. 10b; *Eisele* JR 2018, 79 (81).
[333] *Eisele* in Schönke/Schröder § 203 Rn. 25.
[334] Ausdrücklich BT-Drs. 18/11936 S. 21.
[335] BT-Drs. 18/11936 S. 21; *Heger* in Lackner/Kühl § 203 Rn. 11; *Eisele* JR 2018, 79 (81).
[336] *Eisele* in Schönke/Schröder § 203 Rn. 27.
[337] *Eisele* JR 2018, 79 (81).

Einzelnen oder einem beschränkten Kreis von Personen bekannt sind, an deren Geheimhaltung ein sachlich begründetes Geheimhaltungsinteresse des Betroffenen besteht und die nach dem erkennbaren Willen des Betroffenen geheim gehalten werden sollen.[338]

*Tatsachen* definieren sich als dem Beweis zugängliche Vorgänge oder Zustände der Vergangenheit oder Gegenwart, die sich auf die Person des Betroffenen sowie auf seine Lebensverhältnisse beziehen.[339] Für den medizinischen Bereich umfasst dies alle medizinischen Fakten, aus denen man Rückschlüsse auf den Gesundheitszustand ziehen kann.[340]

*Geheim* sind Tatsachen dann nicht mehr, wenn sie einem unbeschränkten Personenkreis zugänglich (zum Beispiel im Internet) oder gar offenkundig sind.[341] Solange aber ein bestimmbarer, individueller Personenkreis nicht verlassen wird, können Tatsachen selbst innerhalb einer großen Gruppe (beispielsweise einem großen Familien- oder Freundeskreis) als geheim eingestuft werden. Wann dieser Bereich verlassen wird, entscheidet sich im Einzelfall und kann nicht generell festgelegt werden.[342]

Eine von *Bockelmann* entwickelte „Faustformel" hilft bei der Orientierung: Eine Tatsache ist dann nicht mehr geheim, wenn bereits derart viele Personen von dieser Tatsache Kenntnis erlangt haben, dass es dem Geheimnisträger kaum mehr darauf ankommt, ob noch weitere Mitwisser hinzukommen.[343] Allgemein bekannte Tatsachen oder solche, die sich in der Öffentlichkeit abgespielt haben, sind ebenfalls nicht mehr geheim. Beispielsweise gelten Tatsachen, die im Rahmen eines Arzthaftungsprozesses in einer öffentlichen Verhandlung erörtert wurden, spätestens nach der Verhandlung als öffentlich, selbst wenn kein einziger Zuschauer bei der Verhandlung anwesend war.[344]

---

[338] OLG Hamm Beschl. v. 22.02.2001 – 2 Ws 9/01 NJW 2001, 1957 (1957); *Kiesecker* in HK-AKM „*Schweigepflicht*" Nr. 4740 Rn. 14; *Schünemann* in LK-StGB § 203 Rn. 19; *Tag* in HK-GS § 203 Rn. 33 f.; *Broglie/Wartensleben* Der Arzt und sein Recht 1993, 5 (5).
[339] *Kargl* in NK-StGB § 203 Rn. 6.
[340] *Klein* RDG 2010, 172 (173).
[341] *Braun* in Roxin/Schroth Medizinstrafrecht S. 231; *Knauer/Brose* in Spickhoff Medizinrecht § 203 StGB Rn. 3.
[342] *Braun* in Roxin/Schroth Medizinstrafrecht S. 232; Bockelmann, Strafrecht des Arztes S. 35.
[343] *Bockelmann* in Ponsold Lehrbuch der Gerichtlichen Medizin S. 11.
[344] OLG Köln Beschl. v. 04.07.2000 – Ss 254/00 NJW 2000, 3656 (3657).

Für den konkreten Fall der Geheimhaltungspflicht des Arztes sind alle Erkenntnisse aus der ärztlichen Behandlung umfasst, wie Anamnese, Diagnostik, (Verdachts-) Diagnose, Therapiemaßnahmen und Prognosen sowie die gesamte Dokumentation, aber auch schlicht die Tatsache der Behandlung an sich.[345]
Daneben bezieht sich die Schweigepflicht auch auf alles, was der Arzt neben der ärztlichen Behandlung an Erkenntnissen bezüglich der persönlichen Umstände des Patienten, beruflichen Werdegang, sexuelle Vorlieben, wirtschaftliche Verhältnisse und die Wohn- und Lebensverhältnisse gewinnt.[346] Gibt der Kinderarzt also Namen, Adresse oder sogar Dokumentationen seiner medizinischen Erkenntnisse an Dritte weiter, ist der geschützte Bereich bereits betroffen.

Der Geheimnisträger muss außerdem ein sachlich begründetes *Interesse an der Geheimhaltung* haben,[347] was aber nur bei bloßen Bagatellen zu verneinen sein wird.[348] Als Bagatelle gelten beispielsweise belanglose Wünsche wie Urlaubspläne oder das Lieblingsessen des Patienten.[349] Eine sittliche Bewertung der geheim zuhaltenden Tatsache ist nicht vorzunehmen[350] - als geheimnisfähig gelten auch Straftaten, menschliche Schwächen oder sittliche Verfehlungen.[351]
Das Geheimhaltungsinteresse ist an einem subjektiv-individuellen Maßstab zu messen, es geht nicht darum, wie sich eine andere Person in der konkreten Lage des Patienten verhalten hätte.[352] Für den Arzt ergibt sich daraus die Maßgabe, diese Betrachtung an dem Interesse des Geheimnisgeschützten zu orientieren.[353]
Das Geheimhaltungsinteresse ist von dem *Geheimhaltungswillen* abzugrenzen.

---

[345] Kraatz, Arztstrafrecht § 9 Rn. 235a; OLG Oldenburg Beschl. v. 10.06.1982 – 2 Ws 204/82 NJW 1982, 2615 (2616); *Tag* in HK-GS § 203 Rn. 36.
[346] *Ulsenheimer* in Laufs/Kern Handbuch[4] § 66 Rn. 1.
[347] *Rogall* NStZ 1983, 1 (6).
[348] *Schünemann* ZStW 1978, 11 (13 f.).
[349] *Schünemann* in LK-StGB § 203 Rn. 27.
[350] *Schünemann* in LK-StGB § 203 Rn. 27.
[351] *Bockelmann* in Ponsold Lehrbuch der Gerichtlichen Medizin S. 12; *Kohlhaas* GA 1958, 65 (68); *Tag* in HK-GS § 203 Rn. 33.
[352] *Ulsenheimer*, Arztstrafrecht in der Praxis Rn. 863.
[353] *Braun* in Roxin/Schroth Medizinstrafrecht S. 234 f.

Der Patient muss auch den Willen haben, dass die Tatsache geheim bleibt.[354] Mit Blick auf die Individualschutzlehre erscheint dies auch nur nachvollziehbar. Denn die Offenbarung einer Tatsache zu bestrafen, die der „Geheimnisträger" überhaupt nicht geheim halten möchte, wäre völlig verfehlt und würde dazu führen, dass die Rechtsordnung dem „Geheimnisträger" aufzwingt, was er vor anderen geheim halten will.[355] Geheimhaltungsinteresse und Geheimhaltungswille führen in der Regel allerdings zum gleichen Ergebnis, da der Geheimnisträger beispielsweise bei „banalen" Tatsachen (bei denen also schon kein Geheimhaltungsinteresse vorliegt) auch keinen Geheimhaltungswillen entwickeln wird.[356]
Ausdrücklich muss der Patient dem Arzt seinen Geheimhaltungswillen nicht mitteilen, es reicht gem. § 203 Abs. 1 Nr. 1 StGB ein Bekanntwerden der Tatsache.[357]

Neben dem Bekanntwerden spricht der Gesetzeswortlaut auch von „anvertrauen" – diesen Begriff kann man wohl enger fassen als das bloße Bekanntwerden im Zuge der ärztlichen Behandlung.[358] Im Grunde ist diese Unterscheidung aber irrelevant, da ein Bekanntwerden ausreicht und der Patient damit, wie oben festgestellt, nicht ausdrücklich auf seinen Geheimhaltungswunsch aufmerksam machen muss. Rechtsgeschäftsfähigkeit wird ebenfalls nicht verlangt, auch Minderjährige oder psychisch Kranke können einen solchen Geheimhaltungswillen wirksam begründen.[359]

---

[354] *Braun* in Roxin/Schroth Medizinstrafrecht S. 232; BGH Urt. v. 10.05.1995 – 1 StR 764/94 NJW 1995, 2301 (2301 f.); a.A. *Rogall* NStZ 1983, 1 (6), der den Geheimhaltungswillen nicht als integralen Bestandteil des Geheimnisbegriffs sieht.
[355] *Cierniak/Niehaus* in Müko-StGB § 203 Rn. 18 m.w.N.; *Schünemann* in LK-StGB § 203 Rn. 19.
[356] *Braun* in Roxin/Schroth Medizinstrafrecht S. 233.
[357] *Braun* in Roxin/Schroth Medizinstrafrecht S. 233.
[358] So auch *Braun* in Roxin/Schroth Medizinstrafrecht S. 238; ausführlich zum „Anvertrauen" und „Bekannt werden" von Geheimnissen vgl. unter Kapitel „(d) Art der Kenntniserlangung".
[359] BGH Urt. v. 13.05.1969 – 2 StR 616/68 NJW 1969, 1582 (1583).

β) Fremdheit

Es muss sich bei dem Geheimnis ferner um ein fremdes Geheimnis handeln. Fremd ist ein Geheimnis, wenn es eine andere natürliche oder juristische Person betrifft,[360] also nicht aus der Sphäre des Arztes stammt. Anders ist dies bei Tatsachen, die den Arzt zwar betreffen, aber untrennbar mit dem Geheimnis eines Dritten verbunden und damit seiner Sphäre zuzuordnen sind.[361] Geschützte Personen sind damit alle Personen mit Ausnahme des zur Verschwiegenheit Verpflichteten.[362] Rechtsgutsträger ist im Regelfall zunächst der Patient des Arztes. Aber auch andere Personen, über die der Arzt während seiner Tätigkeit etwas erfährt – beispielsweise die Trinksucht eines Angehörigen, von der der Arzt bei einem Hausbesuch Kenntnis erlangt – können in den Kreis der Rechtsgutsträger aufgenommen werden. Dies ist ebenfalls so, wenn ein Geheimnis mehrere Personen betrifft.[363]

Nicht geschützt ist der ungeborene Mensch (sog. Nasciturus). Allerdings werden ihn betreffende Informationen über die Eltern geschützt,[364] da z.B. ein diagnostiziertes Down-Syndrom Rückschlüsse auf die genetische Veranlagung der Eltern zulässt.[365]

Bei minderjährigen Patienten ist stets eine Einzelfallabwägung vorzunehmen, denn mit zunehmender Einsichts- und Urteilsfähigkeit des minderjährigen Patienten überlagert sein Interesse an der Geheimhaltung das Informationsrecht seiner Eltern.[366]

§ 203 Abs. 5 StGB legt dar, dass die Pflicht zur Verschwiegenheit auch nach dem Tod des Patienten nicht endet. Sie geht auch nicht auf die Erben über.[367]

---

[360] *Eisele* in Schönke/Schröder § 203 Rn. 8; Ulsenheimer, Arztstrafrecht in der Praxis Rn. 864; *Tag* in HK-GS § 203 Rn. 35.
[361] *Braun* in Roxin/Schroth Medizinstrafrecht S. 234.
[362] *Braun* in Roxin/Schroth Medizinstrafrecht S. 234.
[363] *Braun* in Roxin/Schroth Medizinstrafrecht S. 235.
[364] *Braun* in Roxin/Schroth Medizinstrafrecht S. 235; *Eisele* in Schönke/Schröder § 203 Rn. 5.
[365] *Braun* in Roxin/Schroth Medizinstrafrecht S. 235.
[366] Bockelmann, Strafrecht des Arztes S. 35; Ulsenheimer, Arztstrafrecht in der Praxis Rn. 868 ff.
[367] BGH Urt. v. 31.05.1983 – VI ZR 259/81 NJW 1983, 2627 (2628 f.); OLG Naumburg Beschl. v. 09.12.2004 – 4 W 43/04 NJW 2005, 2017 (2017 ff.).

Ob sich an dem Umfang bzw. dem Inhalt der Schweigepflicht nach dem Tod des Patienten etwas ändert, ist ebenfalls umstritten.
Eine Ansicht beschränkt den Umfang der Verschwiegenheitspflicht auf die Tatsachen, die den sittlichen oder sozialen Wert des Betroffenen mindern. Dies ergibt sich aus einer analogen Anwendung des § 189 StGB, wonach sich die Strafbarkeit nur auf Tatsachen bezieht, welche geeignet sind, das soziale Ansehen des verstorbenen Patienten in der Gesellschaft zu beeinträchtigen.[368] Diese Ansicht geht jedoch nicht weit genug.
Der Umfang des Geheimnisschutzes basiert nicht auf einem objektiven Geheimhaltungsinteresse, sondern auf dem subjektiven Geheimhaltungswillen des Patienten, welcher auch nach dem Tod fortbesteht und zu beachten ist.[369] Richtigerweise ist der Schutz von Umfang und Inhalt der Schweigepflicht nach dem Tod nicht einzuschränken.
Zudem wird vertreten, dass die ärztliche Schweigepflicht durch Zeitablauf endet: Das Schutzbedürfnis schwinde dadurch, dass auch die Erinnerung an den Verstorbenen verblasst.[370] Zur Begründung wird wieder das objektive Geheimhaltungsinteresse herangezogen. Allerdings ist bei Personen des Zeitgeschehens das Erlöschen der Schweigepflicht durch Zeitablauf nicht anwendbar, aufgrund ihrer besonderen Stellung in der Gesellschaft und dem damit verbundenen Interesse, das auch noch über den Tod hinausgeht.[371] In Anlehnung an § 5 Bundesarchivgesetz erscheint es sinnvoll, Geheimnisse nach 60 Jahren, also nach Aussterben der übernächsten Generation, gemeinfrei zu machen.[372]

Bezüglich nicht prominenter Menschen ist aber auch hier wieder auf den subjektiven Geheimhaltungswillen und nicht auf das objektive Geheimhaltungsinteresse zurückzugreifen. Ganz abgesehen davon, dass sich die zeitlichen Grenzen, in denen die Schweigepflicht enden soll, nur sehr schwer festlegen lassen,[373] ist nicht ersichtlich, warum der Wille des ehemaligen Patienten irgendwann nicht mehr respektiert werden sollte.

---

[368] OLG Düsseldorf Beschl. v. 26.01.1959 – 3 W 313/58 NJW 1959, 821 (821); LG Augsburg Beschl. v. 21.11.1963 – 5 T 109/63 NJW 1964, 1186 (1187).
[369] *Braun* in Roxin/Schroth Medizinstrafrecht S. 236.
[370] *Schünemann* in LK-StGB § 203 Rn. 56.
[371] *Schünemann* in LK-StGB § 203 Rn. 55; vgl. BGH Urt. v. 26.11.1954 – I ZR 266/52.
[372] *Schünemann* in LK-StGB § 203 Rn. 55.
[373] *Braun* in Roxin/Schroth Medizinstrafrecht S. 236.

Eine Möglichkeit der Rechtfertigung ergibt sich unter den engen Voraussetzungen des § 34 StGB, wenn beispielsweise ein höherwertiges Interesse an der Offenbarung besteht. Andernfalls bleibt die Verschwiegenheitspflicht bestehen.[374]

(dd) Berufsspezifischer Konnex

Strafbar ist die Weitergabe von Geheimnissen, die dem Täter als Arzt (bzw. Angehöriger einer anderen der genannten Berufsgruppen) anvertraut worden oder bekannt geworden ist. Es muss also ein „innerer Zusammenhang" zwischen der Geheimniserlangung und der beruflichen Tätigkeit des Arztes vorliegen,[375] ein berufsspezifischer Konnex, der sich als „Arzt-Patienten-Verhältnis" beschreiben lässt.[376]

Der innere Zusammenhang ist ferner gegeben, wenn der Patient seinem Hausarzt gegen seinen Willen in privatem Rahmen (aber gerade wegen seiner Stellung als Hausarzt) „sein Herz ausschüttet"[377], z.B. auf der Straße[378], oder wenn der Arzt bei einem Hausbesuch von Krankheiten oder Problemen der Angehörigen erfährt. Für den inneren Zusammenhang genügt ebenfalls die Anbahnung eines Beratungs- oder Behandlungsverhältnisses, der Arzt muss über alles schweigen, was er schon vor der Aufnahme eines Behandlungsverhältnisses erfährt.[379]

Ein wirksamer Behandlungsvertrag ist daher nicht erforderlich.

Anders zu beurteilen sind die Fälle, in denen der Arzt gegen den Willen des Geheimnisträgers bei Gelegenheit in dessen Privatsphäre eindringt, z.B. wenn er aus einer privaten Motivation heraus einen Nachttisch durchsucht, um

---

[374] *Braun* in Roxin/Schroth Medizinstrafrecht S. 236.
[375] *Cierniak/Niehaus* in MüKo-StGB § 203 Rn. 42; *Eisele* in Schönke/Schröder § 203 Rn. 15; BGH Urt. v. 20.02.1985 – 2 StR 561/84 NJW 1985, 2203 (2204); *Tag* in HK-GS § 203 Rn. 40.
[376] *Braun* in Roxin/Schroth Medizinstrafrecht S. 236; nicht ganz so streng OLG München Urt. v. 04.02.2010 – 1 U 4650/08 MedR 2010, 645 (647), die weder einen Behandlungsvertrag noch ein „sonstiges Arzt-Patienten-Verhältnis" voraussetzen; zum Charakter der Arzt-Patienten-Beziehung siehe ausführlich Katzenmeier, Arzthaftung S. 5 ff.
[377] *Cierniak/Niehaus* in MüKo-StGB § 203 Rn. 43; *Kargl* in NK-StGB § 203 Rn. 14.
[378] Ulsenheimer, Arztstrafrecht in der Praxis Rn. 865; *Bockelmann* in Ponsold Lehrbuch der Gerichtlichen Medizin S. 12 f.; Bockelmann, Strafrecht des Arztes S. 37.
[379] *Cierniak/Niehaus* in MüKo-StGB § 203 Rn. 43.

private Schriftstücke zu lesen.[380] Vor dieser Art von Indiskretion schützt § 203 StGB nicht, da kein innerer Zusammenhang zwischen ärztlicher Tätigkeit und Kenntniserlangung vorliegt.[381]
Zur Orientierung kann man aber auf das Vorliegen eines wirksamen Behandlungsvertrages zurückgreifen oder darauf, ob die bekannt gewordene Tatsache einen direkten Bezug zur beruflichen Tätigkeit zeigt – liegen diese beiden Merkmale vor, ist auch der geforderte „innere Zusammenhang" zu bejahen. Im Zweifel kann dieser aber nur durch Betrachtung des Einzelfalles und des Normzwecks erforscht werden.[382]

(ee)  Art der Kenntniserlangung

Das Geheimnis muss dem Mediziner anvertraut oder anders bekannt geworden sein.
*Anvertraut* ist das Geheimnis, wenn der Arzt vom Betroffenen oder Dritten in ein Geheimnis unter ausdrücklicher Auflage des Geheimhaltens oder unter Umständen eingeweiht wurde, aus denen sich eine Pflicht zur Verschwiegenheit ergibt.[383] Ein Anvertrauen setzt eine Sonderbeziehung voraus, die sich auf ein persönliches Vertrauen stützt.[384]
*Sonst bekannt geworden* ist ein Geheimnis, anders als durch Anvertrauen, im Zusammenhang mit der ärztlichen Tätigkeit[385] und bildet einen Auffangtatbestand. Es wird deutlich gemacht, dass es unerheblich ist, ob der Arzt ausdrücklich nach einer Tatsache gefragt hat, sie ihm unverlangt erzählt wurde oder er sie selbst beobachtet hat.[386]
Ob auch in diesen Fällen eine qualifizierte Sonderbeziehung erforderlich ist, ist streitig: Besonders relevant wird dieser Streit zum Beispiel bei der Beurteilung der Frage, ob es sich bei einem erzwungenen unfreiwilligen Kontakt mit einem Arzt (z.B. mit einem Polizeiarzt oder Gerichtssachverständigen) um eine Geheimniserlangung im Sinne des § 203 StGB handelt.[387]

---

[380] *Eisele* in Schönke/Schröder § 203 Rn. 15.
[381] *Braun* in Roxin/Schroth Medizinstrafrecht S. 237.
[382] *Braun* in Roxin/Schroth Medizinstrafrecht S. 238.
[383] Fischer § 203 Rn. 11; OLG Köln Beschl. v. 30.11.1982 – 3 Zs 126/82 NStZ 1983, 412 (412); OLG Köln Beschl. v. 04.07.2000 – Ss 254/00, NJW 2000, 3656 (3657); OLG Köln, Beschl. v. 30.11.1982 – 3 Zs 126/82 m. Anm. Rogall NStZ 1983, 412 (413).
[384] OLG Köln Beschl. v. 04.07.2000 – Ss 254/00 NJW 2000, 3656 (3657).
[385] *Eisele* in Schönke/Schröder § 203 Rn. 15; *Schmitz* JA 1996, 772 (776); *Tag* in HK-GS § 203 Rn. 38.
[386] *Braun* in Roxin/Schroth Medizinstrafrecht S. 238.
[387] *Braun* in Roxin/Schroth Medizinstrafrecht S. 238.

Nach dem juristischen Sprachgebrauch wird eine solche Sonderbeziehung bei „sonst bekannt gewordenen" Tatsachen nicht gefordert.[388] Hergeleitet werden könnte ein solches Erfordernis hingegen aus dem Normzweck des § 203 StGB.[389] Dagegen spricht allerdings, dass der Normzweck gerade keine derart restriktive Bestimmung der Geheimniserlangung vorsieht.[390] Auch die Rechtsprechung geht davon aus, dass es ausreichend ist, dass der Patient im Falle der unfreiwilligen Behandlung auf die korrekte Nutzung der in Erfahrung gebrachten Tatsachen vertraut.[391]

Diese Ansicht erscheint vorzugswürdig, denn gerade einem erzwungenen Arzt-Patienten-Verhältnis, wie es z.B. bei einer Beurteilung durch einen gerichtlichen Psychiater der Fall ist, liegt nicht immer zwingend eine vertrauensvolle Basis zugrunde. Im Normalfall sucht sich der Patient seinen behandelnden Arzt selbst aus. Auswahlkriterien sind meist Qualifikation, aber auch Sympathie. Entscheidet ein Dritter über die Aufnahme eines Arzt-Patienten-Verhältnisses, bedeutet dies nicht zwangsläufig, dass der Patient diesem ihm „aufgezwungenen" Arzt auch vertraut.

Eine solche Sonderbeziehung zu verlangen, wäre damit nicht im Interesse des Patienten und würde den Normzweck des § 203 StGB verfehlen.

Zwar handelt der Gerichtssachverständige nicht tatbestandsmäßig, wenn er aufgabengemäß über den Patienten berichtet,[392] ansonsten bleibt er aber vollumfänglich zur Verschwiegenheit verpflichtet.[393]

(ff) Tathandlung

α) Das Offenbaren

Als Tathandlung nennt § 203 StGB das *Offenbaren*.
Ein Geheimnis ist offenbart, wenn es in irgendeiner Weise an eine andere Person gelangt ist,[394] also jede Mitteilung des Geheimnisses an einen Dritten.[395]

---

[388] *Braun* in Roxin/Schroth Medizinstrafrecht S. 238; *Cierniak/Niehaus* in MüKo-StGB § 203 Rn. 49.
[389] OLG Köln, Beschl. v. 30.11.1982 – 3 Zs 126/82 m. Anm. *Rogall* NStZ 1983, 412 (412).
[390] *Cierniak/Niehaus* in MüKo-StGB § 203 Rn. 49; *Schmitz* JA 1996, 772 (776).
[391] OLG Köln Beschl. vom 04.07.2000 – Ss 254/00 NJW 2000, 3656 (3657).
[392] Ulsenheimer, Arztstrafrecht in der Praxis Rn. 866.
[393] *Braun* in Roxin/Schroth Medizinstrafrecht S. 239.
[394] *Eisele* in Schönke/Schröder § 203 Rn. 20.
[395] Ulsenheimer, Arztstrafrecht in der Praxis Rn. 873; OLG Köln Urt. v. 21.08.1979 – 1 Ss 410/79 NJW 1980, 898 (898).

Dieser Dritte darf das Geheimnis vorher nicht oder nicht sicher gekannt haben und nicht zum „Kreis der Wissenden" gehören.[396] Der „Kreis der Wissenden" umfasst beispielsweise die berufsmäßigen Gehilfen des Arztes und alle weiteren Personen, die notwendigerweise mit der Behandlung des Patienten befasst sind.[397]

Da der Kreis der „Mitbehandelnden" besonders im Krankenhaus sehr groß sein kann (Pfleger, Krankenschwestern, Ärzte, Verwaltungspersonal, Arztsekretärin[398]), bedarf es zum Schutz der Privat- und Intimsphäre des Patienten einer Einschränkung dahingehend, dass diese Personen nur insoweit mit einbezogen werden, wie es für die Erledigung ihrer Aufgaben notwendig ist.[399]

Für ein Offenbaren reicht es bereits aus, dass der Täter eine als unsicher bekannte Tatsache bestätigt,[400] auch das Bestätigen eines Gerüchts stellt ein Offenbaren dar.[401]

Ein Offenbaren liegt ebenfalls dann vor, wenn der Adressat seinerseits zur Verschwiegenheit verpflichtet ist,[402] also auch bei Ärzten untereinander.[403]

Zudem ist ein Offenbaren durch Unterlassen denkbar, z.B. wenn es der Arzt bei einem Arzt-Patienten-Gespräch unterlässt die Tür zum Wartebereich zu schließen, sodass die Details des Gesprächs von Unbeteiligten mitgehört werden können. Aus der Stellung des Arztes ergibt sich regelmäßig eine Garantenstellung[404] für die Geheimhaltung.

Umstritten ist, ob auch im Herumliegenlassen von geschützten Schriftstücken ein Offenbaren durch Unterlassen zu sehen ist. Dies wird von einigen Stimmen[405] bejaht, wobei die Möglichkeit der Kenntnisnahme durch Dritte ausreichen soll.[406] Eine andere Ansicht sieht den Tatbestand erst als erfüllt, wenn ein

---

[396] BayObLG Beschl. v. 08.11.1994 – 2 St RR 157/94 NJW 1995, 1623 (1623 f.); BayObLG Beschl. v. 08.11.1994 – 2 St RR 157/94 m. Anm. *Gropp* JR 1996, 476 (479).
[397] *Braun* in Roxin/Schroth Medizinstrafrecht S. 239.
[398] *Braun* in Roxin/Schroth Medizinstrafrecht S. 240.
[399] *Bockelmann* in Ponsold Lehrbuch der Gerichtlichen Medizin S. 14.
[400] *Kohlhaas* GA 1958, 65 (69); OLG Karlsruhe, Beschl. v. 25.11.1983 – Ws 273/83 NJW 1984, 676 (676).
[401] *Eisele* in Schönke/Schröder § 203 Rn. 21 m.w.N.
[402] BayObLG Beschl. v. 08.11.1994 – 2 St RR 157/94 NJW 1995, 1623 (1623).
[403] *Kargl* in NK-StGB § 203 Rn. 19; *Grömig* NJW 1970, 1209 (1209); *Broglie/Wartensleben* Der Arzt und sein Recht 1993, 5 (8).
[404] *Kraatz*, Arztstrafrecht § 9 Rn. 241.
[405] *Braun* in Roxin/Schroth Medizinstrafrecht S. 239; *Langkeit* NStZ 1994, 6 (6).
[406] BT-Drs. 18/11936 S. 28.

Dritter tatsächlich Kenntnis von den geheim zu haltenden Daten erlangt oder die Unterlagen an sich genommen hat.[407]

Mit Blick auf die hochsensiblen Daten, die z.B. Patientenakten häufig enthalten, kann in diesem Fall durchaus ein bedingter Vorsatz angenommen werden. Denn der Arzt weiß um die Sensibilität der Daten, die er verwaltet, und nimmt durch das Herumliegenlassen in Kauf, dass unbefugte Dritte Kenntnis erlangen. Er ist Garant für die Geheimhaltung der Daten und somit auch dafür, dass diese Dritten nicht zugänglich gemacht werden.

Die Angaben müssen so konkret sein, dass ein Rückschluss auf die Person des Patienten möglich ist,[408] was bei anonymisierten abstrakten Beschreibungen eines Falles z.B. in Arztzeitschriften nicht der Fall ist.[409] Anders ist dies nur, wenn der Fall nicht ohnehin bekannt ist, z.B. bei dem sogenannten „Zitronensaft-Fall"[410].

Kein Offenbaren und damit ein Tatbestandsausschluss[411] liegt nach Absatz 3 Satz 1 vor, wenn die Personen aus den Absätzen 1 und 2 Geheimnisse ihren berufsmäßig tätigen Gehilfen oder den bei ihnen zur Vorbereitung auf den Beruf tätigen Personen zugänglich machen. Erfasst wird nur internes Personal.[412]

β) Die Qualifikation gem. § 203 Abs. 6 StGB

Absatz 6 enthält einen Qualifikationstatbestand mit drei Varianten: das Handeln gegen Entgelt und das Handeln in Bereicherungs- oder Schädigungsabsicht. Da diese Varianten aber im vorliegenden Fall alle nicht einschlägig sind, wird auf weitere Ausführungen verzichtet. Der Arzt wird bei der Offenbarung wegen des Verdachts einer Kindesmisshandlung nicht gegen Entgelt oder in Bereicherungs- oder Schädigungsabsicht handeln. Vielmehr kommt es ihm darauf an, das Kind vor weiteren Misshandlungen zu bewahren.

(b) Der subjektive Tatbestand

Der subjektive Tatbestand erfordert Vorsatz (§ 15 StGB), bedingter Vorsatz ist ausreichend. [413] Der leichtfertige Umgang mit der ärztlichen

---

[407] *Eisele* in Schönke/Schröder § 203 Rn. 23.
[408] *Tag* in HK-GS § 203 Rn. 43; BGH Urt. v. 11.12.1991 – VIII ZR 4/91 NJW 1992, 737 (740).
[409] *Braun* in Roxin/Schroth Medizinstrafrecht S. 239.
[410] BGH Beschl. v. 22.12.2010 – 3 StR 239/10 m. Anm. *Jahn* JuS 2011, 468 (468 f.).
[411] *Eisele* JR 2018, 79 (81).
[412] *Eisele* in Schönke/Schröder § 203 Rn. 24.
[413] Fischer § 203 Rn. 92; *Weidemann* in BeckOK-StGB § 203 Rn. 48.

Schweigepflicht reicht folglich nicht aus.[414] Der Vorsatz des Täters muss sich auf alle Merkmale des objektiven Tatbestandes beziehen: dass es sich um ein Geheimnis handelt, dass er von diesem Geheimnis im Rahmen seiner beruflichen Stellung erfahren hat und dass es dem Geheimnisträger auf Geheimhaltung ankommt.[415] Irrt sich der Täter über eins dieser Merkmale, also glaubt er beispielsweise, dass eine Tatsache nicht mehr geheim ist, führt dieser Tatbestandsirrtum zwangsläufig zur Straflosigkeit,[416] da eine fahrlässige Begehung nicht unter Strafe gestellt ist.

Subjektiv kommt es dem offenbarenden Arzt genau darauf an, sensible und der Schweigepflicht unterliegenden Details Dritten mitzuteilen, um dem Kind nötige Hilfe von außen zukommen zu lassen. Er wird also regelmäßig Namen des Kindes und der Eltern sowie Befunden und Dokumentationen herausgeben müssen, wenn er eine effektive Hilfe herbeiführen möchte.

(c) Rechtswidrigkeit und mögliche Rechtfertigungsgründe

Grundsätzlich ist nur die „unbefugte" Weitergabe eines Geheimnisses strafbar, dies stellt bereits der Wortlaut des § 203 Abs. 1 StGB klar. Der „befugten" Weitergabe eines Geheimnisses kommt daher kein Unrechtsgehalt zu.[417]

Nach herrschender Ansicht handelt es sich bei dem Merkmal „unbefugt" aber nicht um einen Teil des Tatbestandes, sondern dies sei vielmehr ein Hinweis darauf, dass bei § 203 StGB Rechtfertigungsgründe sehr häufig vorkommen können.[418]

Die Befugnis stellt damit einen von vielen Rechtfertigungsgründen dar.[419] Das Merkmal „unbefugt" hat eine sogenannte „Doppelfunktion".[420] Einerseits begrenzt es bereits den Tatbestand, andererseits ist es allgemeines Kennzeichen der Rechtswidrigkeit, welche durch bestimmte Offenbarungsrechte bzw. -

---

[414] *Braun* in Roxin/Schroth Medizinstrafrecht S. 240 f.
[415] *Fischer* § 203 Rn. 92; *Braun* in Roxin/Schroth Medizinstrafrecht S. 241.
[416] *Braun* in Roxin/Schroth Medizinstrafrecht S. 241; Kraatz, Arztstrafrecht § 9 Rn. 243.
[417] *Braun* in Roxin/Schroth Medizinstrafrecht S. 241.
[418] BT-Drs. 7/550 S. 236; OLG Köln Beschl. v. 04.07.2000 – Ss 254/00 NJW 2000, 3656 (3657); so z.B. auch der Gedanke bei § 333 HGB, vgl. *Waßmer* in MüKo-BilanzR § 333 HGB Rn. 38, 27, 24.
[419] *Kargl* in NK-StGB § 203 Rn. 50; *Tag* in HK-GS § 203 Rn. 44.
[420] *Eisele* in Schönke/Schröder § 203 Rn. 29; *Weidemann* in BeckOK-StGB § 203 Rn. 38.

pflichten ausgeschlossen werden kann.[421] Das Merkmal ist ein Blankett, dessen strafrechtlicher Gehalt sich aus der Gesamtrechtsordnung ergibt.[422] Offenbarungsrechte können sich nur aus Gesetz, Verordnungen, Verwaltungsvorschriften oder Berufsvorschriften ergeben.[423] Offenbarungspflichten finden sich z.B. in §§ 138, 139 StGB und § 6 Infektionsschutzgesetz.
Im Beispielsfall kommen für den Arzt, der die Verletzungen und damit relevante Informationen über das Patientenverhältnis preisgibt, verschiedene Rechtfertigungsgründe in Betracht, welche im Folgenden näher beleuchtet werden.

(aa) Offenbarungsbefugnis nach § 203 Abs. 3 StGB

§ 203 Abs. 3 S. 1 StGB regelt seit Ende 2017 ausdrücklich, dass ein Offenbaren nicht vorliegt, wenn Geheimnisse an Gehilfen oder zur Vorbereitung auf den Beruf tätigen Personen zugänglich gemacht werden. Nach seinem Wortlaut lässt die Norm unbegrenzt Mitteilungen von Geheimnissen zu, sodass diese dahingehend teleologisch zu reduzieren ist, dass das Offenbaren einen inneren funktionalen Zusammenhang zu der beruflichen Tätigkeit aufweisen muss.[424] Der Tatbestandsausschluss greift folglich nicht, wenn ein Arzt nach Abschluss der Behandlung seinem Arzthelfer Informationen über die Erkrankung des Patienten offenbart, die zuvor nicht zugänglich waren.[425]

Auch dürfen Geheimnisse sonstigen Personen gegenüber offenbart werden, soweit dies für die Inanspruchnahme der Tätigkeit der sonstigen mitwirkenden Personen erforderlich ist, § 203 Abs. 3 S. 2 StGB. Eine Mitwirkung liegt vor, wenn die mitwirkende Person unmittelbar mit der beruflichen Tätigkeit des Geheimnisträgers, ihrer Vorbereitung, Durchführung, Auswertung oder Verwaltung befasst ist, wie Schreibarbeiten, Rechnungswesen oder der Betrieb und die Wartung von informationstechnischen Anlagen.[426] Mit Absatz 3 Satz 2 hat der Gesetzgeber also eine Befugnis für Geheimnisträger geschaffen, fremde Geheimnisse an sonstige Personen weiterzugeben. Damit sind externe Hilfspersonen gemeint. Die Offenbarungsbefugnis nach Absatz 3 Satz 2 stellt einen Rechtfertigungsgrund dar.[427] Da das Thema Outsourcing von Daten,

---

[421] *Eisele* in Schönke/Schröder § 203 Rn. 29; *Schünemann* in LK-StGB § 203 Rn. 119.
[422] *Schünemann* in LK-StGB § 203 Rn. 119.
[423] *Schünemann* in LK-StGB § 203 Rn. 119.
[424] *Eisele* JR 2018, 79 (81).
[425] *Eisele* JR 2018, 79 (82).
[426] BT-Drs. 18/11936 S. 22.
[427] BT-Drs. 18/11936 S. 19; *Eisele* JR 2018, 79 (82).

Fernwartung etc. das Thema dieser Arbeit aber nicht weiter berührt, soll es an dieser Stelle bei der kurzen Erwähnung dieses Rechtfertigungsgrundes bleiben.

(bb)  Die rechtfertigende Einwilligung bzw. das tatbestandausschließende Einverständnis

In der Literatur wird kontrovers diskutiert,[428] ob es sich bei der ausdrücklichen, im Idealfall schriftlich festgehaltenen Zustimmung zur Weitergabe von Patientendaten um ein schon den Tatbestand ausschließendes Einverständnis[429] oder um eine (rechtfertigende) Einwilligung[430] handelt.

Die erste Ansicht stützt sich auf das Schutzgut des Individualschutzes. Hierfür wird angeführt, dass bei fehlendem Geheimhaltungswillen schon gar keine Verletzung des Rechtsguts vorliege, da der Geheimnisinhaber überhaupt nicht auf die Geheimhaltung vertraue.[431] Da der Geheimhaltungswille konstituierendes Element des Geheimnisses sei, liege bei Verzicht auf diesen auch kein erfüllter Tatbestand vor.[432]

Das Vertrauen der Allgemeinheit in die Verschwiegenheit verlange demnach nur, dass Geheimnisse nicht ohne oder gegen den Willen des Patienten offenbart werden, sodass dieses Schutzgut gar nicht erst durch eine mit Einverständnis erfolgte Offenbarung berührt wird.[433]

Die Gegenansicht, die das Vorliegen einer rechtfertigenden Einwilligung annimmt, wirft der ersten Ansicht vor, die kollektive Dimension zu verkennen, die jedes individuelle Schutzinteresse in den Rang eines Rechtsguts hebe.[434] Die Einwilligung beseitige nicht die Verletzung des objektiven

---

[428]  Dazu ausführlich *Sternberg-Lieben* in Schönke/Schröder Vorb. zu § 32 Rn. 29.

[429]  So u.a. *Eisele* in Schönke/Schröder § 203 Rn. 30; *Cierniak/Niehaus* in MüKo-StGB § 203 Rn. 58; OLG Köln Beschl. v. 19.10.1961 – Zs 859/60 NJW 1962 686 (687); *Tag* in HK-GS § 203 Rn. 44 f.; *Weidemann* in BeckOK-StGB § 203 Rn. 38.

[430]  So *Kargl* in NK-StGB § 203 Rn. 50; *Kühl* in Lackner/Kühl Vorb. zu § 201 Rn. 2; Bockelmann, Strafrecht des Arztes S. 40.

[431]  *Hilgendorf* in Arzt/Weber/Heinrich/Hilgendorf BT § 8 Rn. 32; *Cierniak/Niehaus* in MüKo-StGB § 203 Rn. 58.

[432]  So *Jähnke* in LK-StGB[10] § 203 Rn. 56 m.w.N.; *Popp* in AK-StGB § 203 Rn. 5.

[433]  *Eisele* in Schönke/Schröder § 203 Rn. 30.

[434]  Näheres dazu *Kargl* ARSP 1996, 485 (488).

Geheimhaltungsinteresses, sondern allenfalls die Rechtswidrigkeit, wenn der Berechtigte auf seinen Rechtsschutz verzichte.[435] Das Argument der ersten Ansicht greife nur, wenn der Zustimmende auf die Geheimhaltung insgesamt verzichte und das Rechtsgut folglich vom Bereich der Privatsphäre in den ungeschützten Bereich der Sozialsphäre befördern würde.[436] Die Rechtgutsverletzung entfällt somit durch die Zustimmung des Anvertrauenden nicht.[437]

α) Konsequenzen

Relevanz hat diese Diskussion an verschiedenen Stellen:
Zunächst muss festgehalten werden, dass für die Ansicht, die sich für ein Einverständnis ausspricht, schon gar kein tatbestandsmäßiges Delikt vorliegt, wohingegen die andere Ansicht von einer begangenen Straftat ausgeht, welche dann aber gerechtfertigt ist.
Des Weiteren spielt die Unterscheidung dahingehend eine Rolle, dass die Auswirkungen von Drohung und Täuschung unterschiedlich sind: Während ein durch Täuschung erlangtes Einverständnis nichts an dessen Wirkung ändert, kann eine durch Drohung oder Täuschung erlangte rechtfertigende Einwilligung unwirksam sein.[438] Weiterhin muss der Einwilligende die (Dispositions-)Befugnis über das verletzte Rechtsgut innehaben.[439] Beim Einverständnis kommt es hingegen nur auf die faktische Willensübereinstimmung an.[440]

β) Eigene Stellungnahme

Somit stehen sich zwei Ansichten gegenüber, welche zu verschiedenen Ergebnissen kommen und verschiedene Anforderungen an ihre Lösungen stellen. Getragen werden aber beide von demselben Gedanken:
Da die ärztliche Verschwiegenheit unter anderem die Privat- und Intimsphäre des Patienten schützen soll, scheint es nur logisch, die Strafbarkeit entfallen zu lassen, wenn der Patient auf diesen Schutz verzichtet[441].

---

[435] *Kargl* in NK-StGB § 203 Rn. 50; *Rudolphi* in FS-Bemmann 1997, 412 (421); *Schünemann* in LK-StGB § 203 Rn. 93; Bockelmann, Strafrecht des Arztes S. 40.
[436] *Schünemann* in LK-StGB § 203 Rn. 93.
[437] *Schünemann* in LK-StGB § 203 Rn. 93.
[438] *Amelung/Eymann* JuS 2001, 937 (943); zum Irrtum bei der Einwilligung *Rönnau* in LK-StGB Vorb. zu §§ 32 ff. Rn. 206; *Fleschutz* in Heberer Arzt und Recht S. 251.
[439] *Sternberg-Lieben* in Schönke/Schröder Vorb. zu §§ 32 ff. Rn. 37; Bockelmann, Strafrecht des Arztes S. 40.
[440] Nachweise bei *Rönnau* in LK-StGB Vorb. zu §§ 32 ff. Rn. 147 ff.
[441] *Braun* in Roxin/Schroth Medizinstrafrecht S. 242.

Allerdings verzichtet der Zustimmende nicht generell auf seinen Geheimhaltungswillen, sondern nur konkret für einen bestimmten Fall, vielleicht auch nur für bestimmte (Teil-) Informationen und nur gegenüber einer oder mehreren bestimmten Personen. In Anbetracht dessen erscheint die zweite Meinung näher an der Lebenswirklichkeit und ihr ist somit der Vorzug zu geben. Die Zustimmung zur Offenbarung patientenbezogener Daten wird damit im Folgenden als rechtfertigende Einwilligung behandelt.[442]

(cc)  Die ausdrückliche Einwilligung

Die ausdrückliche Einwilligung erfolgt im Regelfall durch eine Schweigepflichtentbindungserklärung, die von dem Patienten unterschrieben wird.[443] Auch eine mündliche Erklärung ist möglich. Hier erklärt der Patient, dass er mit der Weitergabe seiner behandlungsspezifischen Daten einverstanden ist. Dies kann beispielsweise bei der Konsultation eines Anwalts wegen des Verdachts auf einen Behandlungsfehler notwendig sein. Der Patient bzw. Mandant entbindet die behandelnden Ärzte in diesem Fall von ihrer ärztlichen Schweigepflicht, damit Gutachter der Gutachterkommission und ggf. sein Anwalt Einsicht in die Krankenunterlagen nehmen können.

Die Einwilligung setzt voraus, dass der Patient einwilligungsfähig und einwilligungsbefugt ist.

α)  Einwilligungsfähigkeit

Einwilligungsfähigkeit bedeutet, dass der Patient sich der Bedeutung und Tragweite seiner Entscheidung bewusst ist.[444] Er muss wissen, warum er wen genau von der Schweigepflicht entbindet und über die mögliche Einschaltung Dritter informiert sein.[445] Oder anders: Er muss in der Lage sein, Wesen, Bedeutung und Tragweite seiner Entscheidung zu überblicken.[446] Auf der Grundlage dieser „natürlichen Einsichts- und Urteilsfähigkeit"[447] können auch

---

[442] So auch *Schünemann* in LK-StGB § 203 Rn. 93.
[443] *Katzenmeier* in Laufs/Katzenmeier/Lipp Arztrecht Kap. IX Rn. 18.
[444] *Sternberg-Lieben* in Schönke/Schröder Vorb. zu §§ 32 ff. Rn. 39; *Sieber* in FS-Eser 2005, 1154 (1170); *Cierniak/Niehaus* in MüKo-StGB § 203 Rn. 62.
[445] *Cierniak/Niehaus* in MüKo-StGB § 203 Rn. 62.
[446] BGH Urt. v. 13.05.1969 – 2 StR 616/68 NJW 1969, 1582 (1583); BGH Urt. v. 22.1.1953 – 4 StR 373/52 NJW 1953, 912 (912); *Knauer/Brose* in Spickhoff Medizinrecht § 203 Rn. 34.
[447] RGSt 41, 392.

Minderjährige wirksam einwilligen.[448] Auf die Rechtsgeschäftsfähigkeit kommt es, wie bei der Einwilligung in den ärztlichen Heileingriff, nicht an.[449]

Bei einem Kleinkind, wie im Beispielsfall, fehlt es an der geforderten Einsichts- und Urteilsfähigkeit. Ausdrücklich einwilligen kann es somit nicht. Eine Einwilligung kann dann allerdings unter den genannten Voraussetzungen im Rahmen der Personensorge gem. § 1626 Abs. 1 BGB von den Eltern abgegeben werden, allerdings nur zum Wohl des Kindes, § 1627 S. 1 BGB.[450] Der Einwilligende darf nicht an wesentlichen Willensmängeln leiden, weil die Einwilligung dann nicht mit dem wahren und wohlverstandenen Willen des Erklärenden übereinstimmt.[451]
Auf Drohung, Täuschung oder Irrtümern beruhende Willensmängel beim Patienten können somit die Unwirksamkeit der Einwilligung bedingen.[452]

β) Einwilligungsbefugnis

Die Befugnis richtet sich danach, wer Geheimnisträger ist: Einwilligungsberechtigt ist derjenige, den das Geheimnis ausschließlich betrifft (Eigengeheimnis),[453] also beispielsweise der Patient um dessen Belange es geht.[454] Ein reines Interesse am Geheimnis des Geheimnisträgers begründet noch keine Befugnis für Dritte.[455] Beispielsweise hat ein Kind kein Recht auf Informationen darüber, ob seine Eltern die genetische Präposition für Erbkrankheiten in sich tragen.[456]

Daneben gibt es Geheimnisse, bei denen mehrere Personen untrennbar Geheimnisträger sind.[457] In diesem Fall gilt, bezugnehmend auf den Grundsatz, dass niemand über die Privatsphäre eines anderen bestimmen darf: Nur wenn

---

[448] *Sternberg-Lieben* in Schönke/Schröder Vorb. zu §§ 32 ff. Rn. 40; *Heger* in Lackner/Kühl § 203 Rn. 18.
[449] *Braun* in Roxin/Schroth Medizinstrafrecht S. 243; *Schiefer* FuR 2018, 514 (515).
[450] *Hardtung* in MüKo-StGB § 226a Rn. 104.
[451] *Paeffgen/Zabel* in NK-StGB § 228 Rn. 73.
[452] *Amelung/Eymann* JuS 2001, 937 (943); *Paeffgen/Zabel* in NK-StGB § 228 Rn. 73.
[453] *Kargl* in NK-StGB § 203 Rn. 54.
[454] OLG Karlsruhe Beschl. v. 23.05.1960 – 2 W 24/60 NJW 1960, 1392 (1392).
[455] LSG Bremen Beschl. v. 02.05.1957 – BReg. 4/57 m. Anm. *Göppinger* NJW 1958, 278 (280).
[456] *Braun* in Roxin/Schroth Medizinstrafrecht S. 242.
[457] Zu Drittgeheimnissen ausführlich *Ostendorf* JR 1981, 444 (444 ff.).

alle einverstanden sind, darf über das Geheimnis verfügt werden.[458] Auch dies wäre hier nicht der Fall. Es geht lediglich um die Geheimnissphäre des Kindes, seine körperliche Konstitution, die Befunde, die seinen Körper betreffen. Dass durch eine Weitergabe der Informationen eine Urheberschaft der Eltern für die Verletzungen aufgedeckt werden kann, macht sie nicht zu Mitgeheimnisträgern. Ihre Befugnisse zur Einwilligung resultieren ausschließlich aus der elterlichen Vertretung des minderjährigen und noch nicht einsichtsfähigen Kindes.

Zudem gibt es sogenannte Drittgeheimnisse. Ein Drittgeheimnis ist ein solches, das einen anderen als den Patienten selbst betrifft und an dessen Geheimhaltung dieser vermutlich interessiert ist.[459] Ein solches liegt z.B. dann vor, wenn ein Patient seinem Arzt von den epileptischen Anfällen seiner Ehefrau berichtet.[460]
Handelt es sich um ein Drittgeheimnis und hat der Täter dieses im Rahmen eines Vertrauensverhältnisses erfahren, ist der Geheimnisträger dispositionsbefugt.[461] Das bedeutet, dass derjenige, und zwar nur derjenige, aus dessen Sphäre das Geheimnis stammt, also den es betrifft, auch auf den Schutz der Geheimhaltung verzichten darf. Demjenigen, der dem Arzt von diesem Drittgeheimnis erzählt hat, steht dieses Recht nicht zu.

γ) Sonstige Voraussetzungen

Eine Form ist für die Einwilligung nicht vorgeschrieben – sie ist auch formlos erklärbar.[462] In der Regel wird ein Verstoß gegen Formvorschriften nichts an der Wirksamkeit der Einwilligung ändern.[463] Wichtig ist, dass die Einwilligung nach außen erkennbar geworden ist, und zwar zeitlich vor der Tat.[464] Zur Entbindung von der Schweigepflicht ist nur der Patient, also der, zu dessen Gunsten sie besteht, und nicht ein Dritter berechtigt.[465] Eine Ausnahme besteht, wie bereits beschrieben, wenn dem Patienten z.B. aufgrund des jungen Alters die Einsichtsfähigkeit fehlt.

---

[458] *Schünemann* in LK-StGB § 203 Rn. 98.
[459] *Schlund* JR 1977, 265 (266).
[460] *Hilgendorf* in Arzt/Weber/Heinrich/Hilgendorf BT § 8 Rn. 33.
[461] OLG Hamburg Beschl. v. 29.12.1961 – Ws 756/61 NJW 1962, 689 (691)
[462] *Kargl* in NK-StGB § 203 Rn. 56.
[463] *Kargl* in NK-StGB § 203 Rn. 56; *Schünemann* in LK-StGB § 203 Rn. 106.
[464] *Kargl* in NK-StGB § 203 Rn. 57; *Braun* in Roxin/Schroth Medizinstrafrecht S. 244.
[465] OLG Karlsruhe Beschl. v. 23.05.1960 – 2 W 24/60 NJW 1960, 1392 (1392).

Zuletzt darf vor dem Zeitpunkt des Offenbarens kein Widerruf erfolgt sein, die Einwilligung muss also zum Zeitpunkt der Tat noch vorliegen.[466] Da die Einwilligung Ausfluss der Privatautonomie ist, muss es dem Rechtsgutsinhaber jederzeit möglich sein, den Verzicht auf seinen Rechtsgüterschutz wieder zurückzunehmen.[467]

(dd) Die konkludente Einwilligung

Auch eine stillschweigende Einwilligung ist denkbar,[468] allerdings ist hier Vorsicht geboten. Da Schutzgut die informationelle Selbstbestimmung ist, darf die konkludente Einwilligung nicht schon aus Gründen der Sachgerechtigkeit und innerer Notwendigkeit angenommen werden.[469] Vielmehr muss hier auf konkrete Umstände abgestellt werden, die einer gewissen Eindeutigkeit bedürfen.[470] Fehlt es an eindeutigen Hinweisen, muss im Zweifel der Schweigepflichtige die ausdrückliche Einwilligung einholen.[471] Folglich gehen Zweifel zulasten des Arztes oder des sonst zur Verschwiegenheit Verpflichteten.

Angenommen werden kann eine konkludente Einwilligung zum Beispiel dann, wenn das Offenbaren des Geheimnisses gerade dem Zweck entspricht, weshalb der Schweigepflichtige konsultiert wurde,[472] wie z.B. bei der ärztlichen Einstellungsuntersuchung.[473]

Auch im Krankenhaus wird regelmäßig von einer konkludenten Einwilligung ausgegangen, wenn an der Behandlung eines Patienten mehrere ärztliche Leistungserbringer in Form einer arbeitsteiligen Zusammenarbeit mitwirken.[474] Dass der Patient jeden beteiligten Arzt persönlich kennt, wird nicht verlangt.[475] Um einer Ausuferung dieser „Generalermächtigung" vorzubeugen, wird hier

---

[466] *Kargl* in NK-StGB § 203 Rn. 57.
[467] *Amelung/Eymann* JuS 2001, 937 (945).
[468] OLG Karlsruhe Beschl. v. 28.10.1993 – 3 Ws 154/93 NStZ 1994, 141 (141); *Heger* in Lackner/Kühl § 203 Rn. 18; BGH Urt. v. 11.12.1991 – VIII ZR 4/91 NJW 1992, 737 (739); *Katzenmeier* in Laufs/Katzenmeier/Lipp Arztrecht Kap. IX Rn. 18.
[469] *Kargl* in NK-StGB § 203 Rn. 58.
[470] *Braun* in Roxin/Schroth Medizinstrafrecht S. 244.
[471] BGH Urt. v. 10.07.1991 – VIII ZR 296/90 NJW 1991, 2955 (2957).
[472] *Kargl* in NK-StGB § 203 Rn. 58.
[473] *Broglie/Wartensleben* Der Arzt und sein Recht 1993, 5 (7).
[474] *Braun* in Roxin/Schroth Medizinstrafrecht S. 245.
[475] *Kiesecker* in HK-AKM „*Schweigepflicht*" Nr. 4740 Rn. 57.

eine Grenze zu ziehen sein zwischen dem, was der Patient noch erwarten kann, und wo der nachvollziehbare Bereich verlassen wird.

Beispielsweise weiß ein Patient, bei dem Gewebeproben oder Blut entnommen werden, von der Weitergabe an den Laborarzt. Dass sein behandelnder Arzt sich dann aber auch eigenmächtig mit einem Kollegen aus dem Fachbereich der Onkologie bespricht, nur weil er den Verdacht einer bösartigen Erkrankung hat, ohne die Einwilligung des Patienten einzuholen, ist unzulässig. Die Ergebnisse einer Laboruntersuchung sind Sache des Patienten und nur dieser darf entscheiden, mit wem diese Ergebnisse geteilt und besprochen werden. Der Arzt kann Motive und Wünsche des Patienten nicht unbedingt kennen, sodass er nicht automatisch von einer konkludenten Einwilligung zur Weitergabe der Daten, und sei es nur zur Abklärung eines Befundes, ausgehen darf.

(ee) Die mutmaßliche Einwilligung

Von der konkludenten Einwilligung ist die mutmaßliche Einwilligung abzugrenzen. Relevanz hat die mutmaßliche Einwilligung immer dann, wenn der Geheimnisträger nicht rechtzeitig seine Einwilligung abgeben kann.[476] Die Handlung wird im Interesse des Betroffenen vorgenommen.[477] Wichtig ist, dass auf die mutmaßliche Einwilligung solange nicht zurückgegriffen werden darf, wie die Möglichkeit besteht, den Patienten, wenn auch mit großem Aufwand, selbst zu befragen.[478] Typische Fälle der mutmaßlichen Einwilligung sind die Information naher Angehöriger bei einem bewusstlosen Patienten,[479] beispielsweise weil der Arzt sich Klarheit über die Ansichten des Patienten zu Behandlungsmaßnahmen verschaffen möchte.[480] Wesentlich ist hier, dass ein Interesse an der Offenbarung offensichtlich ist.[481] Der Arzt muss sich fragen, wie der Patient entscheiden würde, wenn er einwilligen könnte.[482] Diesen

---

[476] BVerfG Beschl. vom 14.12.2001 – 2 BvR 152/01 NJW 2002, 2164 (2165) m.w.N.; Fischer § 203 Rn. 72; *Tag* in HK-GS § 203 Rn. 46; *Kiesecker* in HK-AKM „Schweigepflicht" Nr. 4740 Rn. 64.
[477] *Weidemann* in BeckOK-StGB § 203 Rn. 51; Ulsenheimer, Arztstrafrecht in der Praxis Rn. 887.
[478] *Katzenmeier* in Laufs/Katzenmeier/Lipp Arztrecht Kap. IX Rn. 19.
[479] *Eisele* in Schönke/Schröder § 203 Rn. 40.
[480] *Schünemann* in LK-StGB § 203 Rn. 130.
[481] BayObLG Beschl. v. 21.08.1986 – BReg. 1 Z 34/86 NJW 1987, 1492 (1493); *Eisele* in Schönke/Schröder § 203 Rn. 40; *Braun* in Roxin/Schroth Medizinstrafrecht S. 246.
[482] *Braun* in Roxin/Schroth Medizinstrafrecht S. 243 f.

Willen hat er anhand von Anhaltspunkten zu erforschen.[483] Pauschal darf jedenfalls nicht davon ausgegangen werden, dass der Geheimnisträger automatisch mit der Information an z.B. den Ehegatten einverstanden ist.[484]
Bei einem Verstorbenen scheidet die Annahme einer mutmaßlichen Einwilligung aus, da mit dem Tod die Verfügungsbefugnisse über Geheimnisse aus dem persönlichen Lebensbereich des Verstorbenen erlöschen.[485] Fraglich ist, ob nicht auch eine mutmaßliche Einwilligung bei einem Kleinkind ausgeschlossen ist. Der Grund, weshalb das Kind nicht einwilligen kann, ist nicht etwa vorübergehende Bewusstlosigkeit, sondern schlicht fehlende Einwilligungsfähigkeit aufgrund des Alters.[486] Ein Kleinkind ist schlicht noch nicht in der Lage einzuwilligen, diese Aufgabe kommt bis zu einem gewissen Alter des Kindes den Eltern zu.[487] Daraus muss aber dann der konsequente Schluss gezogen werden, dass auch die Grundsätze der mutmaßlichen Einwilligung auf Kleinkinder keine Anwendung finden.

(ff)  Zwischenergebnis für den Beispielsfall

Eine ausdrückliche Einwilligung der Eltern dürfte im vorliegenden Fall nahezu ausgeschlossen sein. Sie würden sich selbst der Gefahr der Strafverfolgung aussetzen,[488] wozu sie, rechtlich betrachtet, aufgrund des Rechts sich nicht selbst belasten zu müssen (sogenannter Nemo-tenetur-Grundsatz), auch nicht verpflichtet sind.
Auch darf aus der akuten Sorge um das Kind und die Konsultation eines Arztes nicht automatisch geschlossen werden, dass sich die Eltern gleichzeitig mit der Aufklärung der Urheberschaft der Verletzungen einverstanden erklären. Sonst wäre es auch nicht erklärbar, dass misshandelnde Eltern ihre Kinder zwar häufig nach den Attacken zum Arzt bringen, aber bewusst die Ursache der Verletzungen verschweigen oder ausgedachte Geschichten präsentieren, wie das Kind sich die Verletzungen zugezogen haben soll. Gegen einen Aufklärungswillen und somit gegen die Weitergabe der Daten spricht zudem das bereits benannte Phänomen des „Doctor-Hoppings", wozu Eltern neigen, die

---

[483] BGH Beschl. v. 25.03.1988 – 2 StR 93/88 NJW 1988, 2310 (2311).
[484] *Kargl* in NK-StGB § 203 Rn. 62.
[485] OLG Naumburg Beschl. v. 09.12.2004 – 4 W 43/04 NJW 2005, 2017 (2017).
[486] *Paeffgen/Zabel* in NK-StGB § 228 Rn. 16, Die Autoren ziehen eine Parallele zu § 20 StGB und sprechen von einer Einwilligungsunfähigkeit aufgrund biologischer Komponenten.
[487] *Paeffgen/Zabel* in NK-StGB § 228 Rn. 17; Odenwald, Diss. 2004 S. 124 ff.
[488] So auch *Schiefer* FuR 2018, 514 (515).

bereits bei einem Kinderarzt den Verdacht von Misshandlungen erweckt haben.
Eine mutmaßliche Einwilligung scheidet ebenfalls aus, da die Einwilligung der Eltern eingeholt werden *kann*. Auf eine nicht einzuholende Einwilligung des Kindes kann aus den oben genannten Gründen nicht zurückgegriffen werden. Eine Rechtfertigung aufgrund einer (mutmaßlichen) Einwilligung durch die Eltern ist somit ausgeschlossen.

(gg) Wahrung berechtigter Interessen

Unter dieses Merkmal werden Fälle gefasst, in denen man dem Arzt die Offenlegung bestimmter Geheimnisse gestattet.[489]
Anerkannt ist dies für den Fall, in dem der Arzt gerichtlich einen nicht beglichenen Honoraranspruch geltend machen will[490] oder zur Verteidigung eines im Raum stehenden Schadensersatzanspruchs wegen einer vermeintlichen oder tatsächlichen Schlechtleistung.[491] In diesem Fall überwiegt das Interesse des Arztes an der Offenbarung dem Geheimhaltungsinteresse des Patienten. Allerdings beschränkt sich die Offenbarung dann auch nur auf die Tatsachen, die für die Verteidigung oder den Anspruch von Relevanz sind.[492]
Bei der Wahrung berechtigter Interessen geht es um die Abwägung zwischen den Interessen des Arztes und den Interessen des Geheimnisträgers, hier ist das der kindliche Patient. Offenbart der Arzt ein Geheimnis zugunsten des Kindes, wahrt er damit nicht sein eigenes berechtigtes Interesse, sondern das Interesse einer Person, zu dessen Interessenswahrung er so ohne Weiteres gar nicht befugt ist.
Die Wahrung berechtigter Interessen scheidet somit für den Arzt auch aus.

(hh) Der rechtfertigende Notstand gem. § 34 StGB

α) Einleitung

Die Situation in der der Arzt sich befinden, könnte aber eine Notstandslage im Sinne des § 34 StGB darstellen und die Verletzung der Schweigepflicht entsprechend gerechtfertigt sein. Allerdings ist die Anwendung des § 34 StGB nicht unproblematisch.

---

[489] *Braun* in Roxin/Schroth Medizinstrafrecht S. 248.
[490] BGH Urt. v. 10.07.1991 – VIII ZR 296/90 NJW 1991, 2955 (2955).
[491] *Cierniak/Niehaus* in MüKo-StGB § 203 Rn. 89 m.w.N.; LG München I v. 19.11.1980 24 O 17 286/79.
[492] *Braun* in Roxin/Schroth Medizinstrafrecht S. 248; KG Berlin, Urt. v. 07.10.1993 – 16 U 4836/93 NJW 1994, 462 (463); näher *Everts* NJW 2002, 3136 (3138 f.).

Gerade wegen der „Unschärfe" einiger Tatbestandsmerkmale und der damit verbundenen Gefahr „extensiver Auslegung" ist bei der Anwendung Vorsicht geboten.[493] Besonders § 203 StGB bildet einen großen Anwendungsbereich für den rechtfertigenden Notstand, speziell für die ärztliche Schweigepflicht, auch wenn andere spezialgesetzliche Regelungen bestehen.[494] Vor allem Ärzte kommen immer wieder in Konfliktsituationen, in denen ihre Pflicht zur Verschwiegenheit mit dem Schutz eines möglicherweise höheren Interesses kollidiert. Das hier behandelte Problem mit Kindesmisshandlungen stellt eine solche Konfliktsituation dar. Die persönliche und enge Beziehung, die der Arzt zu seinem Patienten hat, erschwert die Entscheidung.

Ein praxisrelevantes Beispiel ist der bereits oben geschilderte „AIDS-Fall"[495], in dem ein Arzt eine HIV-Infektion seines Patienten feststellt und der Patient den Arzt um Stillschweigen, auch gegenüber der sich ebenfalls bei diesem Arzt in Behandlung befindlichen Ehefrau, bittet. Der Arzt befindet sich nun in der Situation, in der sich das Interesse des infizierten Patienten an der Geheimhaltung und die körperliche Unversehrtheit des unwissenden Sexualpartners (ebenfalls Patient) gegenüberstehen.

Setzt ein infizierter Patient trotz des Wissens über die Gefahr einer Ansteckung andere diesem Risiko aus, kann der Arzt über § 34 StGB gerechtfertigt sein, entgegen seiner Pflicht zur Verschwiegenheit den im Einzelfall gefährdeten Personen die bestehende Krankheit zu offenbaren.[496] Die Problematik liegt bei dem Erfordernis einer gegenwärtigen nicht anders abwendbaren Gefahr.[497] Diese wird bei einem uneinsichtigen Patienten, von dem eine Gesundheitsgefahr, z.B. für die Ehefrau oder die Lebensgefährtin/den Lebensgefährten ausgeht, in den meisten Fällen zu bejahen sein. Wichtig ist, dass der begründete Verdacht besteht, dass der erkrankte Patient selbst keine Mitteilung an die betroffenen Personen machen wird, da insofern eine Priorität der Selbstmitteilung besteht.[498]

---

[493] *Zieschang* in LK-StGB[12] § 34 Rn. 4.
[494] *Zieschang* in LK-StGB[12] § 34 Rn. 68.
[495] Siehe Fußnote 100.
[496] Vgl. nur *Zieschang* in LK-StGB § 34 Rn. 104.
[497] *Zieschang* in LK-StGB § 34 Rn. 104.
[498] *Herzog* MedR 1988, 289 (292) mit Verweis auf die Situation im Bereich der Schule.

β) Die Tatbestandsvoraussetzungen des § 34 StGB

§ 34 StGB lautet wie folgt:

*§ 34 Rechtfertigender Notstand*
*¹Wer in einer gegenwärtigen, nicht anders abwendbaren Gefahr für Leben, Leib, Freiheit, Ehre, Eigentum oder ein anderes Rechtsgut eine Tat begeht, um die Gefahr von sich oder einem anderen abzuwenden, handelt nicht rechtswidrig, wenn bei Abwägung der widerstreitenden Interessen, namentlich der betroffenen Rechtsgüter und des Grades der ihnen drohenden Gefahren, das geschützte Interesse das beeinträchtigte wesentlich überwiegt. ²Dies gilt jedoch nur, soweit die Tat ein angemessenes Mittel ist, die Gefahr abzuwenden.*

§ 34 StGB wird von dem Rechtsgedanken getragen, dass eine Tatbestandsverwirklichung dann nicht gegen die Rechtsordnung verstößt, wenn sie zur Rettung eines Rechtsgutes vorgenommen wurde, welches bei der Abwägung als höherwertig als das durch die Tatbestandsverwirklichung beeinträchtigte angesehen wurde.[499]

Besonders Ärzten wird eine „Wächterfunktion" zum Schutz von Kindern zugeschrieben[500] - gerade deshalb ist bei der Stellung von Diagnosen besondere Achtsamkeit geboten.

Bereits die Plausibilität eines angeblichen Unfallherganges kann Hinweise geben: Eine Diskrepanz zwischen Verletzungsmuster und geschildertem Vorfall ist ein „Kardinalshinweis" auf eine Kindesmisshandlung.[501] Gerade durch die immer häufiger in den Medien angeprangerten Fälle von tödlichen Ausgängen der Kindesmisshandlung geraten auch Mediziner unter Druck. Denn zu den Verantwortlichen, denen man vorwirft, nicht rechtzeitig agiert zu haben, gehören auch die behandelnden Kinderärzte. Sie sind oft die ersten, die die misshandelten Kinder sehen.[502]

Eine gesetzliche Meldepflicht vermeintlicher oder tatsächlich entdeckter Kindesmisshandlungen besteht nicht,[503] obwohl dies mehrfach erwogen wurde.[504]

---

[499] *Zieschang* in LK-StGB[12] § 34 Rn. 1.
[500] *Kupferschmid* Kinder- und Jugendarzt 2006, 777 (777).
[501] Herrmann/Dettmeyer/Banaschak/Thyen, Kindesmisshandlung S. 20; *Oehmichen/Meißner* Monatsschr. Kinderheilkunde 1999, 363 (364).
[502] *Renz* Hamburger Ärzteblatt 2014, 17 (17).
[503] *Banschak/Madea* in Madea Praxis Rechtsmedizin S. 267; *Schwarzenegger/Fuchs/Ege* Rechtliche Rahmenbedingungen in Siebtes Zürcher Präventionsforum S. 263 f.
[504] Bundesärztekammer Konzept Kindesmisshandlung 1998 S. 32; siehe oben S. 35.

Sehr wohl ist aber an einen gem. § 34 StGB gerechtfertigten Bruch der Schweigepflicht zugunsten des Kindeswohls zu denken.[505]

(α) Notstandslage

Erste Voraussetzung ist eine gegenwärtige Gefahr für ein Rechtsgut, die sogenannte Notstandslage.

(αα) Rechtsgut

Als notstandsfähig wird jedes Rechtsgut angesehen, egal, wer dessen Inhaber ist.[506] Es muss nicht zwingend dem Täter zustehen; der Gesetzeswortlaut *„von sich oder einem anderen abzuwenden"* lässt hier auch die sogenannte Notstandshilfe zu.[507] Eine Pflicht zur Gefahrenbeseitigung muss ebenfalls nicht vorliegen.[508] Die in der Norm exemplarisch genannten Rechtsgüter Leben, Leib, Freiheit, Ehre und Eigentum werden aufgrund ihrer Wichtigkeit hervorgehoben.[509] Gleichzeitig sollen sie auch Hinweis darauf sein, dass es bei § 34 StGB vornehmlich um die Rettung von Individualrechtsgütern geht.[510]

Das Kindeswohl stellt ein grundsätzlich schützenswertes Individualinteresse dar, das somit notstandsfähig ist.

(ββ) Gegenwärtige Gefahr

Eine Gefahr liegt vor, wenn aufgrund tatsächlicher Umstände die Wahrscheinlichkeit eines schädigenden Ereignisses besteht.[511] Für die Wahrscheinlichkeit reicht es aus, dass die Möglichkeit des Schadenseintritts einen Grad erreicht hat, den man als naheliegend bezeichnen kann und der eine besondere Besorgnis als begründet erscheinen lässt.[512]

Ob eine Gefahr vorliegt, lässt sich nicht immer leicht beurteilen. Gerade im Fall der Kindesmisshandlung stellt diese Einschätzung eine große

---

[505] *Banaschak/Madea* in Madea Praxis Rechtsmedizin S. 268.
[506] Vertiefend m.w.N. *Zieschang* in LK-StGB § 34 Rn. 48 f.
[507] *Zieschang* in LK-StGB § 34 Rn. 49.
[508] OLG Düsseldorf Urt. v. 10.12.1969 – 2 Ws (OWi) 429/69 NJW 1970, 674 (674).
[509] *Zieschang* in LK-StGB § 34 Rn. 104.
[510] Horstkotte Protokoll BT-Drs. V/32, 1792 (1795), zu § 39 Abs. 1 StGB a.F.
[511] BGH Beschl. v. 15.02.1963 – 4 StR 404/62 LMRR 1963, 2 (2); BGH Urt. v. 24.07.1975 – 4 StR 165/75 NJW 1975, 1934 (1935); OLG Frankfurt Urt. v. 18.12.1974 – 2 Ss 425/74 NJW 1975, 840 (840); *Perron* in Schönke/Schröder § 34 Rn. 12.
[512] BGH Beschl. v. 15.02.1963 – 4 StR 404/62 LMRR 1963, 2 (2); RG Urt. v. 11.03.1884 – 460/84 RGSt 10, 173.

Schwierigkeit dar, insbesondere was den Grad der Wahrscheinlichkeit einer Kindesmisshandlung betrifft.[513] Eindeutig ist es dort, wo es schließlich auch zum Schadenseintritt gekommen ist, denn diesem Schaden ging ja ein gewisses Gefahrenstadium voraus[514]. In den Fällen, in denen der Schadenseintritt verhindert werden konnte, ist für das Vorliegen einer Gefahr ein Wahrscheinlichkeitsurteil notwendig, und zwar zum Zeitpunkt der Notstandshandlung.[515] Dieses Wahrscheinlichkeitsurteil wird aufgrund aller in der betreffenden räumlich-zeitlichen Situation objektiv feststehenden Umstände gebildet, selbst wenn diese zu diesem Zeitpunkt noch nicht erkennbar, feststellbar oder bekannt waren.[516] Eine andere Ansicht vertritt, dass es nur auf das Wahrscheinlichkeitsurteil des konkret Handelnden ankommt,[517] also eine subjektive Betrachtungsweise maßgeblich ist.

Allerdings muss diese Ansicht abgelehnt werden.
Nur wenn objektiv eine Gefahr vorliegt, ist das Eingreifen des Notstandstäters erlaubt. Andernfalls käme es zu einer Verzerrung der Risikoverteilung zwischen Notstandstäter und Duldungspflichtigem.[518] Denn aus dem Eingriffsrecht des Notstandstäters ergibt sich gleichzeitig auch eine Duldungspflicht des Betroffenen zum Eingriff in sein Rechtsgut.[519] Auch würde die Erweiterung des Gefahrenbegriffs zu einem Widerspruch zu den ansonsten sehr strengen Anforderungen des § 34 StGB führen.[520] Für den Fall, dass der Notstandstäter sich irrt und fälschlicherweise eine Notstandslage annimmt, die objektiv aber nicht gegeben ist, greift außerdem die Rechtsfigur des Putativnotstandes.[521]

Damit wäre auch bereits erläutert, was unter einer gegenwärtigen Gefahr zu verstehen ist: Die Gegenwärtigkeit bemisst sich nach der oben dargestellten Wahrscheinlichkeit des Schadenseintritts. Sie liegt dann vor, wenn nach dem

---

[513] *Schiefer* FuR 2018, 514 (515).
[514] *Zieschang* in LK-StGB[12] § 34 Rn. 27.
[515] *Zieschang* in LK-StGB § 34 Rn. 64; Roxin, Strafrecht AT I § 16 Rn. 14 f.
[516] *Zieschang* in LK-StGB § 34 Rn. 65; *Erb* in MüKo-StGB § 34 Rn. 61; Puppe, Strafrecht AT[1] Bd. 1 § 23 Rn. 23 ff.; *Perron* in Schönke/Schröder § 34 Rn. 13.
[517] Haft, Strafrecht AT S. 98; Roxin, Strafrecht AT I § 16 Rn. 16 ff.
[518] *Zieschang* in LK-StGB[12] § 34 Rn. 30; *Perron* in Schönke/Schröder § 34 Rn. 14.
[519] *Perron* in Schönke/Schröder § 34 Rn. 14.
[520] *Zieschang* in LK-StGB[12] § 34 Rn. 30.
[521] *Erb* in MüKo-StGB § 34 Rn. 209.

sachkundigen Ex-ante-Urteil die Wahrscheinlichkeit des Schadens so hoch ist, dass zum Schutz des bedrohten Rechtsgutes sofort gehandelt werden muss,[522] also wenn der bedrohliche Zustand alsbald in einen Schaden umschlagen kann.[523] *Zieschang* spricht von einer „Augenblicksgefahr"[524]. Da zwischen unmittelbar bevorstehendem Schadenseintritt und gerade eben eingetretenem Schaden in der Realität kaum eine Sekunde liegen dürfte, ist der Ansicht von Zieschang zuzustimmen.

Die gegenwärtige Gefahr kann auch in Form einer Dauergefahr vorliegen. Zeitlich handelt es sich hier um eine Gefahr, die jederzeit, also sofort oder erst nach einem gewissen Zeitablauf, in einen Schaden umschlagen kann.[525] Ebenfalls stellt es einen Fall der Dauergefahr im Sinne einer gegenwärtigen Gefahr dar, wenn der Eintritt des Schadens zwar erst nach Ablauf einer gewissen Zeit zu erwarten ist, aber ein sofortiges Handeln zur Abwendung des Schadenseintritts jetzt schon erforderlich ist.[526] Ausschlaggebend ist somit das Erfordernis des sofortigen Handelns.[527]

Bei der gegenwärtigen Gefahr handelt es sich um ein wichtiges Kriterium bei der Bewertung, wann bei einer Kindesmisshandlung eingegriffen werden darf. Gerade bei Kindesmisshandlungen ist bekannt, dass es in den seltensten Fällen bei einer Misshandlung bleibt. Ein Kind, das bereits Symptome einer Misshandlung aufweist, ist demnach höchstwahrscheinlich gefährdet, wieder Opfer solcher Misshandlungen zu werden. Bis der Arzt das Kind das nächste Mal untersuchen kann, kann es bereits zu spät sein. Es kann zu neuen, unter Umständen lebensgefährdenden Misshandlungen oder sogar zum Tod kommen. Auch die Unberechenbarkeit misshandelnder Eltern trägt dazu bei, dass der mögliche Schadenseintritt, nämlich erneute Misshandlungen, schwer vorhersehbar sind. Da diese Formen von Gewalt gegen Kinder nicht geplant werden, schwebt die Gefahr weiterer Misshandlungen dauerhaft über den Kindern.

---

[522] *Zieschang* in LK-StGB § 34 Rn. 69 ff.
[523] BGH Urt. v. 15.05.1979 – 1 StR 74/79 NJW 1979, 2053 (2054); BGH Urt. v. 30.06.1988 – 1 StR 165/88 NJW 1989, 176 (176).
[524] *Zieschang* in LK-StGB § 34 Rn. 70.
[525] BGH Urt. v. 15.05.1979 – 1 StR 74/79 NJW 1979, 2053 (2053 f.); *Hoyer* in SK-StGB I § 34 Rn. 22.
[526] *Zieschang* in LK-StGB § 34 Rn. 69 f.; BGH Urt. v. 25.03.2003 – 1 StR 483/02 NJW 2003, 2464 (2467).
[527] *Perron* in Schönke/Schröder § 34 Rn. 17 m.w.N.; *Kühl* in Lackner/Kühl § 34 Rn. 2.

Insofern liegt in den meisten Fällen, insbesondere in dem hier behandelten Beispielsfall, eine gegenwärtige Gefahr in Form einer Dauergefahr, vor.

(γγ) Zwischenergebnis

Im Zwischenergebnis kann festgehalten werden, dass eine Notstandslage in den meisten Fällen der Entdeckung vermeintlicher Kindesmisshandlung durch Ärzte angenommen werden kann.

Wichtig ist, dass es weder auf das rein subjektive Empfinden des Notstandstäters noch auf zu überspitzte Anforderungen, wie die Sachkunde, welches das gesamte menschliche Erfahrungswissen zum Zeitpunkt der Handlung umfasst,[528] ankommen kann. Verlangt man ein sachkundiges Urteil des Notstandstäters, bei objektiviertem Gefahrenbegriff und einem Wahrscheinlichkeitsgrad, im Sinne eines „Naheliegens", wird man den Belangen des Notstandstäters und dem bedrohten Rechtsgut am Ehesten gerecht.[529] Auszugehen ist daher von einem verständigen Beobachter, allerdings unter Beachtung möglichen Sonderwissens des Täters.[530]

(β) Notstandshandlung

Die Tat muss begangen worden sein, um die Gefahr von sich oder einem anderen abzuwenden.

Es findet keine Beschränkung auf bestimmte Tatbestände statt. Die Verletzung nahezu jeden Tatbestandes kommt in Betracht.[531] So liegt auch ein besonders praxisrelevanter Fall in der Verletzung von Privatgeheimnissen.[532] Als Notstandshandlung kommt hier das Offenbaren der Schweigepflicht unterliegender Daten wie Name des Kindes und der Eltern, Aufzeichnungen über Verletzungen, Fotos und andere Dokumentationen Dritten gegenüber in Betracht. All diese lassen einen Rückschluss auf die Identität des Kindes und über die Tatsache seines Arztbesuches zu.

---

[528] So u.a. vertreten von *Perron* in Schönke/Schröder § 34 Rn. 14.
[529] Vgl. auch *Zieschang* in LK-StGB § 34 Rn. 57.
[530] *Neumann* in NK-StGB § 34 Rn. 44.
[531] Jescheck/Weigend, Strafrecht AT S. 360; Beispiele bei *Perron* in Schönke/Schröder § 34 Rn. 53; *Zieschang* in LK-StGB$^{12}$ § 34 Rn. 42.
[532] Beispiele: BGH Urt. v. 09.10.1951 – 1 StR 159/51 NJW 1952, 151 (151); BGH Urt. v. 08.10.1968 – VI ZR 168/67 NJW 1968, 2288 (2288); BayObLG Beschl. v. 08.11.1994 – 2 St RR 157/94 m. Anm. *Gropp* JR 1996, 476 (476 ff.); weiteren Beispielen aus der Rechtsprechung *Zieschang* in LK-StGB § 34 Rn. 78.

(αα) Geeignetheit

Da es bei der gerechtfertigten Tat um die Rettung eines anderen Rechtsgutes geht, ist die logische Konsequenz, dass das eingesetzte Mittel hinsichtlich Auswahl und konkreter Anwendung geeignet sein muss, diese Gefahr abzuwenden.[533] Verlangt wird aber keineswegs eine an Sicherheit grenzende Wahrscheinlichkeit der Verhinderung des Erfolgseintritts.[534] Das würde zu einer Unzumutbarkeit für den Rettenden führen und ggf. dazu, dass die Rettungshandlung unterlassen wird. Die Offenbarung der beobachteten Verletzungen, die Nennung des Namens und der Adresse des Kindes sowie weiterer relevanter Details ist grundsätzlich geeignet, weitere Misshandlungen zu unterbinden. Wendet sich der Arzt an die richtigen Stellen, können diese schnell und effektiv eingreifen und die entsprechenden Maßnahmen ergreifen, um das Kind vor weiteren Misshandlungen zu schützen. Um aber in einem akuten Fall schnell eingreifen zu können, sind auch die Behörden auf Hinweise angewiesen. Kinder, die beispielsweise keine Kindertagesstätte besuchen, fallen nirgendwo auf. Sie leben in ihren jungen Jahren isoliert mit ihren Eltern und ggf. Geschwistern zusammen und sind jedem Einfluss und Beobachtungen von außen entzogen. Die Beobachtungen des Kinderarztes sind somit umso wichtiger für ein schnelles Eingreifen von staatlicher Seite.

(ββ) Erforderlichkeit

Die Abwendung der Gefahr darf nicht anders als durch die begangene Tat möglich gewesen sein.
Stehen mehrere Handlungsalternativen zur Verfügung, muss der Täter diejenige wählen, welche die am wenigsten einschneidende, aber ebenso aussichtsreichste Maßnahme darstellt.[535] Insbesondere wird dies relevant, wenn die Rettung auch durch eine nicht tatbestandsmäßige Handlung erfolgen kann.[536] Wenn Abhilfe rechtzeitig über ein rechtlich geordnetes Verfahren unter Zuhilfenahme von Polizei, Gerichten oder Behörden geleistet werden kann, stellt dies das mildeste Mittel dar.[537] Gewähren diese Institutionen nicht rechtzeitig Hilfe, liegt trotzdem Erforderlichkeit vor und der Schwerpunkt liegt bei der

---

[533] Vgl. nur *Neumann* in NK-StGB § 34 Rn. 60.
[534] *Erb* in MüKo-StGB § 34 Rn. 90.
[535] Jescheck/Weigend, Strafrecht AT S. 362.
[536] OLG Koblenz Urt. v. 27.04.1972 – 1 Ss 56/72 MDR 1972, 885 (885), im Fall fährt ein fahruntüchtiger Arzt selbst und verstößt gegen § 316 StGB, anstatt ein Taxi zu nehmen.
[537] *Zieschang* in LK-StGB § 34 Rn. 94; BGH Urt. v. 15.05.1979 – 1 StR 74/79 NJW 1979, 2053 (2054).

Prüfung in der Interessenabwägung.[538] Im Beispielsfall stellt gerade die Zuhilfenahme der Behörden die tatbestandsmäßige Handlung dar. Denn um diese zum Einschreiten zu veranlassen, muss der Arzt zumindest den Namen des Kindes sowie die gemachten Beobachtungen als Anhaltspunkte für seinen Verdacht nennen. Gerade dies erfüllt aber bereits den Tatbestand des § 203 StGB.[539]

Die Notstandshandlung, die Offenbarung der gemachten Beobachtungen, dürfte somit regelmäßig ein adäquates Mittel sein, zumindest die Bedrohung vorerst abzuwenden und durch das Intervenieren anderer Akteure dazu zu führen, dass das Kind entsprechend vor weiteren Misshandlungen geschützt wird. Sofern ein Gespräch vorab mit den Eltern als milderes Mittel angesehen wird, muss gesagt werden, dass bei diesem Vorgehen Vorsicht geboten ist. Der Arzt konfrontiert die Eltern (im Zweifel allein) mit dem Verdacht, dass sie ihr Kind misshandeln. Dieser Verdacht an sich ist schon geeignet, die Kooperationsbereitschaft der Eltern im weiteren Gespräch auf ein Minimum zu reduzieren. Aus Angst vor strafrechtlichen Konsequenzen werden die wenigsten ihre Verfehlungen eingestehen und Hilfemöglichkeiten in Anspruch nehmen. Natürlich kann hier nicht verallgemeinert werden. Auch Gefühle wie Schuld („Was habe ich nur getan?"), Scham („Nur mir geht es so"), aber auch Empörung („Sie haben mir gar nichts zu sagen") sind mögliche Reaktionen.[540] Nur ist für den Arzt selten absehbar, welche Reaktion ihn bei einem klärenden Gespräch erwartet. Hier bedarf es eines besonderen Gespürs und Empathie, um das Gespräch für alle Seiten erfolgreich führen zu können. Hindernisse auf dem „Weg zur Empathie" sind unter anderem Aggressionen gegen die Eltern, die Neigung, zu zeigen, dass man „bessere Eltern" ist, die Einstellung, „die machen das mit Absicht", oder einfach ein grundliegendes Misstrauen und den Eltern gar keinen Glauben schenken.[541]
Misslingen ein Gespräch und die Sensibilisierung der Eltern, könnte eine Konfrontation der Eltern mit dem Verdacht dazu führen, dass diese die Praxis mit dem Kind nicht mehr aufsuchen und sich stattdessen einen neuen Kinderarzt suchen. Und dann wäre das Kind der Zugriffsmöglichkeit durch den Arzt vollständig entzogen.

---

[538] *Zieschang* in LK-StGB § 34 Rn. 95.
[539] Siehe oben S. 62.
[540] Übernommen aus *Thiessen* in Kindesmißhandlung und sexueller Mißbrauch S. 75.
[541] *Thiessen* in Kindesmißhandlung und sexueller Mißbrauch S. 79, Tabelle 1.

Nicht zuletzt empfinden einige Eltern Züchtigungen immer noch nicht als verwerflich, sodass sie sich schlicht in ihrem Erziehungsstil kritisiert und angegriffen fühlen. Auch in diesem Fall dürfte die Konfrontation durch den Kinderarzt, der zudem auch keine speziellen Kenntnisse in dem Führen solcher Konfliktgespräche hat, kontraproduktiv sein. Hierfür bedarf es einer geschulten Fachkraft, die ein solches Gespräch moderiert oder zumindest überwacht und auch direkt Hilfsangebote unterbreiten kann. Ein Kinderarzt ohne Erfahrung mit solchen Fällen dürfte regelmäßig überfordert sein.

Insofern dürfte es wohl in den seltensten Fällen ein weniger einschneidendes Verfahren geben als den Bruch der Schweigepflicht, und somit ist die Offenbarung auch erforderlich.

(γγ) Interessenabwägung

Es bedarf weiterhin einer gründlichen Interessenabwägung. Diese Interessenabwägung ist das „Herzstück" bei der Überprüfung des Vorliegens einer Rechtfertigung nach § 34 StGB. Alle im Einzelfall betroffenen widerstreitenden Interessen müssen berücksichtigt und in die Abwägung einbezogen werden.[542]

Dies gelingt am besten durch eine konkrete Betrachtungsweise[543] mit folgendem Herangehen:

Zunächst wird das abstrakte Rechtsverhältnis der berührten Rechtsgüter betrachtet. Sodann wird der Grad der drohenden Gefahren für diese Rechtsgüter festgestellt, und zuletzt wird dann in einer Gesamtbewertung dieses Einzelfalles unter Berücksichtigung aller weiteren widerstreitenden Interessen eine Entscheidung getroffen.

In dieser geht es darum, ob das wahrgenommene Interesse das beeinträchtigte überwiegt und ob dieses Überwiegen ein *wesentliches Überwiegen* darstellt.[544] Wichtig ist, dass der Abwägung ein objektiver Maßstab zugrunde gelegt wird und es nicht um die subjektiven Ansichten des Inhabers des Rechtgutes geht.[545] Zu beachten ist außerdem, dass die Interessenabwägung sehr sorgfältig vorgenommen werden muss. Ein fahrlässig falscher Vorwurf kann fatale Folgen haben – Eltern, die einmal fälschlicherweise der Kindesmisshandlung bezichtigt wurden, haftet dieser „Ruf" im schlimmsten Fall ein Leben lang an. Und auch

---

[542] *Zieschang* in LK-StGB § 34 Rn. 100.
[543] BGH Urt. v. 27.01.1976 – 1 StR 739/75 NJW 1976, 680 (680); OLG Frankfurt/M Beschl. v. 11.12.1978 – 4 Ws 127/78 NJW 1979, 1172 (1172 f.); *Hilgendorf* JuS 1993, 97 (101).
[544] *Zieschang* in LK-StGB § 34 Rn. 102; *Kühl* in Lackner/Kühl § 34 Rn. 6; *Erb* in MüKo-StGB § 34 Rn. 106.
[545] *Zieschang* in LK-StGB § 34 Rn. 102 ff.

intrafamiliär können solche Vorwürfe großen Schaden anrichten. Eine Entscheidung des LG Münchens[546] zeigt, welche Folgen eine falsche Diagnose haben kann. Ein Arzt wurde wegen des Verstoßes gegen die ärztliche Sorgfalt verurteilt ein Schmerzensgeld in Höhe von 10.000 Euro an das Kind und an die Eltern je 5000 Euro zu zahlen. Der beklagte Arzt hatte bezüglich eines verletzten Kindes die Diagnose „Verdacht auf Kindesmisshandlung" gestellt. Eine Rechtsmedizinerin stellte nur anhand von Fotos fest, dass die Verletzungen des Kindes nicht zu dem von den Eltern geschilderten Unfallhergang passten. Daraufhin wurde das Kind in Obhut genommen. Die Entscheidung des Arztes stellte sich nach einem Sachverständigengutachten als fehlerhaft heraus. Welche Konsequenzen dieser falsche Verdacht in der Öffentlichkeit für den Ruf der Eltern hatte, kann man nur ahnen.

(δδ) Abwägung der Rechtsgüter

Es gilt, alle von der Notstandshandlung betroffenen Rechtsgüter gegeneinander abzuwägen.[547] Bei der Bestimmung des Ranges des jeweiligen Rechtsgutes kann zunächst das positive Recht als Orientierung dienen.[548] Dabei liefert die Strafandrohung für die jeweilige Verletzungshandlung einige Anhaltspunkte,[549] allerdings sollte deren Aussagegehalt nicht überschätzt werden,[550] da ihnen eher eine indizielle Wirkung zukommt.[551] Denn bei der Höhe der Strafandrohung spielen unter anderem auch kriminalpolitische Aspekte und die Modalitäten der Tat eine Rolle.[552] Klar ist, dass Rechtsgüter, die unter dem Schutz der Verfassung stehen, höher zu bewerten sind, als solche, die lediglich ordnungsrechtlich geschützt sind.[553] Personengüter gehen grundsätzlich Sachgütern vor.[554]

Die Tötung soll grundsätzlich nicht nach § 34 StGB gerechtfertigt sein, da dem Leben ein überragender Wert zukommt, Ausnahmen sind hier jedoch

---

[546] LG München I, Urt. v. 07.01.2009 – 9 O 20622/06 BeckRS 2009, 26049.
[547] *Zieschang* in LK-StGB § 34 Rn. 102.
[548] RGSt 61, 242.
[549] RGSt 61, 242.
[550] *Perron* in Schönke/Schröder § 34 Rn. 43.
[551] *Erb* in MüKo-StGB § 34 Rn. 111.
[552] *Zieschang* in LK-StGB § 34 Rn. 107.
[553] *Zieschang* in LK-StGB § 34 Rn. 108.
[554] Maurach/Zipf, AT § 27 Rn. 29; StA bei dem LG Mannheim Einstellungsvfg. v. 16.02.1976 – 41 Js 5656/75 – NJW 1976, 585 (586); *Perron* in Schönke/Schröder § 34 Rn. 43.

nicht ausgeschlossen.⁵⁵⁵ Bietet das positive Recht keine ausreichenden Anhaltspunkte für das Rangverhältnis, zieht man die in der Allgemeinheit geltenden Wertevorstellungen heran.⁵⁵⁶ Allerdings unterliegen diese dem Wandel der Zeit – aus den Wertevorstellungen vor 50 Jahren lassen sich nicht zwangsläufig Rückschlüsse auf die heutige Situation ziehen.

Aus dieser abstrakten Feststellung der Rangfolge der Rechtsgüter untereinander kann aber noch kein endgültiger Schluss für die abschließende Entscheidung der Notstandsfrage gezogen werden, sondern sie bildet vielmehr ein Fundament, auf dessen Grundlage weitere Bewertungen vorgenommen werden.⁵⁵⁷ Sind geschütztes und der Notstandshandlung ausgesetztes Rechtsgut identisch, ist der Notstand nicht ausgeschlossen.⁵⁵⁸

Auch wenn der Gesetzeswortlaut grundsätzlich von zwei gegenüberstehenden Rechtsgütern ausgeht, muss dies nicht so sein: Rechtfertigt die Norm Eingriffe in Rechtsgüter Dritter, dann muss erst recht ein Eingriff gerechtfertigt sein, in dem das betroffene und das geschützte Rechtsgut identisch sind.⁵⁵⁹ Dies kann zum Beispiel dann relevant sein, wenn zur Rettung eines bedrohten Lebens eben dieses Leben in eine andere Gefahrensituation gebracht wird.⁵⁶⁰
Hier wird die Abwägung durch eine „Chancen- bzw. Risikoabwägung für das betroffene Rechtsgut"⁵⁶¹ ersetzt. Die Rettungshandlung ist dann gerechtfertigt, wenn die Risiken der Rettungshandlung niedriger sind als die des Unterlassens der Rettungshandlung,⁵⁶² beispielsweise bei einem lebensgefährdenden Eingriff als einziger Chance, dieses Leben zu retten. Obwohl die Handlung hier eine vorsätzliche Gefährdung des menschlichen Lebens darstellt, steht doch der Rettungsaspekt im Vordergrund. Um die Autonomie des Betroffenen zu wahren, wird hier regelmäßig zusätzlich verlangt, dass die Einwilligung des Betroffenen eingeholt wird oder man zumindest von dem Vorliegen einer mutmaßlichen Einwilligung ausgehen kann.⁵⁶³

---

⁵⁵⁵ *Zieschang* in LK-StGB § 34 Rn. 110.
⁵⁵⁶ *Gallas* Niederschriften 119. Sitzung Gr. Strafrechtskommission v. 13.03.1959, 171 (178).
⁵⁵⁷ *Zieschang* in LK-StGB § 34 Rn. 115 ff.
⁵⁵⁸ *Zieschang* in LK-StGB § 34 Rn. 111; *Dallinger* zu BGH Urt. v. 28.07.1970 MDR 1971, 361 (362); *Perron* in Schönke/Schröder § 34 Rn. 8a.
⁵⁵⁹ *Zieschang* in LK-StGB § 34 Rn. 111 f.
⁵⁶⁰ *Zieschang* in LK-StGB § 34 Rn. 112.
⁵⁶¹ *Spendel* SchwZStr 1990, 154 (161); *Ulsenheimer* JuS 1972, 252 (255).
⁵⁶² *Zieschang* in LK-StGB § 34 Rn. 112, 114.
⁵⁶³ *Zieschang* in LK-StGB § 34 Rn. 111.

Im Beispielsfall stehen sich das Interesse des Kindes auf Geheimhaltung, welches durch die Eltern ausgeübt wird, und das Interesse des Kindes auf körperliche Unversehrtheit gegenüber. In den meisten Fällen dürfte aber die Abwägung zugunsten des leiblichen Kindeswohls ausfallen. Das Kind vor weiteren Misshandlungen und gegebenenfalls lebensbedrohlichen Verletzungen zu schützen, wiegt schwerer als die Einhaltung der Schweigepflicht. Auch vor dem Hintergrund, dass ein Kleinkind, könnte es schon wirksam in die Weitergabe einwilligen, in den meisten Fällen damit einverstanden sein dürfte, dass seine Daten zur Rettung weitergegeben werden, muss festgehalten werden, dass die Geheimhaltung hier hinter der körperlichen Unversehrtheit des Kindes zurücktreten muss.

(εε) Abwägung der Gefahren

Der Grad der drohenden Gefahren für die Rechtsgüter muss nach dem Gesetzeswortlaut ebenfalls Berücksichtigung in der Abwägung finden. Die Schutzwürdigkeit lässt sich danach beurteilen, wie groß die Wahrscheinlichkeit eines Schadenseintritts ist – je höher die Wahrscheinlichkeit, desto schutzwürdiger das Rechtsgut.[564]

Möglich ist es auch, dass ein geringerer Gefahrengrad ein höherwertiges Rechtsgut hinter einem geringerwertigen zurücktreten lässt.[565] Bedeutsam ist die Abwägung des Gefahrengrades für Fälle, in denen bei der Rettungshandlung Verstöße gegen die Straßenverkehrsordnung begangen werden. Grundsätzlich genießt die Verkehrsordnung als Allgemeininteresse Vorrang vor Individualinteressen und doch kann es in dem einen oder anderen Fall sein, dass von diesem Grundsatz eine Ausnahme gemacht wird.[566]

Ebenfalls wichtig ist diese Abwägung im oben genannten Fall der lebensgefährdenden Behandlung zur Rettung des Lebens. Wenn diese Handlung die einzige Chance bietet, die akute Gefahr abzuwenden, greift § 34 StGB. Selbst dann, wenn die Rettungshandlung missglückt und einen tödlichen Ausgang nimmt.[567]

---

[564] *Perron* in Schönke/Schröder § 34 Rn. 27; Maurach/Zipf, AT § 27 Rn. 36.
[565] *Mitsch* in Baumann/Weber/Mitsch/Eisele Strafrecht AT § 15 Rn. 97.
[566] *Zieschang* in LK-StGB § 34 Rn. 113 mit Beispielen aus der Rechtsprechung.
[567] *Zieschang* in LK-StGB § 34 Rn. 112 nennt Beispiele: eine lebensgefährdende Operation, um ein Leben zu retten oder die Situation, in der ein Feuerwehrmann ein Kind aus dem Fenster in ein Sprungtuch wirft, obwohl auch hier die Gefahr besteht, dass das Kind unglücklich aufkommt und sich das Genick bricht.

Die Wahrscheinlichkeit des Schadenseintritts lässt sich nur schwer bestimmen. Wichtig ist hier zu beachten, dass eine Offenbarung zum Wohl des Kindes nur dann gerechtfertigt ist, wenn Wiederholungsgefahr besteht.[568] Ein allgemeines Interesse an der Strafverfolgung ist außerhalb des § 138 StGB nie ausreichend, das Interesse an der Geheimhaltung zu übersteigen.[569] Andernfalls würde man die Ärzteschaft in die Strafverfolgung miteinbeziehen, sie geradezu zum Hilfspersonal von Staatsanwaltschaft und Polizei machen. Das ist weder gewollt, noch ließe sich eine solche Position mit den Grundsätzen der ärztlichen Schweigepflicht vereinbaren.

Bei der Kindesmisshandlung ist nicht das Strafverfolgungsinteresse das höherwertige Interesse, sondern das bedrohte Recht auf körperliche Unversehrtheit des Kindes[570].

(ζζ) Weitere Abwägungskriterien

Zusätzlich zur Abwägung der Rechtsgüter und des Grades der Gefahr sind alle weiteren für diesen speziellen Fall bedeutenden Interessen miteinzubeziehen. Nur so kann eine umfassende Bewertung der Kollisionslage „Handeln zum Schutz des bedrohten Rechtsguts" und „Unterlassen des beeinträchtigenden Eingriffs" stattfinden.[571] So kann es auch sein, dass sich die weiteren mit einzubeziehenden Aspekte negativ auf die Rechtfertigung auswirken; in jedem Fall wird ein objektiver Maßstab verlangt.[572]

Wie wichtig die Einbeziehung weiterer Gesichtspunkte ist, wird besonders bei Vermögensdelikten deutlich, hier spielt die Größe des Schadens eine bedeutende Rolle.[573] Während eine abstrakte Bewertung meistens zur Gleichwertigkeit der Güter kommt, kann es bei Betrachtung der konkreten Situation zu einer Höherwertigkeit kommen, wenn der abzuwendende Schaden unverhältnismäßig höher ist, als der durch die Tat entstehende.[574] Dieses Abwägungskriterium der Höhe des rechnerischen Schadens bildet somit ein Kriterium unter

---

[568] *Braun* in Roxin/Schroth Medizinstrafrecht S. 247 f; *Kargl* in NK-StGB § 203 Rn. 66.
[569] *Kargl* in NK-StGB 203 Rn. 66 m.w.N.
[570] *Braun* in Roxin/Schroth Medizinstrafrecht S. 248.
[571] *Zieschang* in LK-StGB § 34 Rn. 115 ff.
[572] *Zieschang* in LK-StGB § 34 Rn. 115.
[573] BGH Urt. v. 27.01.1976 – 1 StR 739/75 m. Anm. *Kienapfel* JR 1977, 26 (27 f.); BGH Urt. v. 27.01.1976 – 1 StR 739/75 NJW 1976, 680 (680 f.).
[574] *Perron* in Schönke/Schröder § 34 Rn. 26; *Küper* JZ 1976, 515 (517).

mehreren in Frage kommenden.[575] Auch denkbar ist die Einbeziehung des Umstandes, ob eine Sache unersetzlich ist oder nicht.[576]

Ein konkreter Schadensvergleich kann auch bei Personenwerten vorgenommen werden: Einen Menschen grob zur Seite zu stoßen um größere Gesundheitsschäden, z.B. durch einen herabfallenden Ziegel zu verhindern, dürfte demnach als gerechtfertigt anzusehen sein.[577] Die Verletzung von Sachgütern zur Rettung eines personenbezogenen Gutes ist ebenso denkbar, wie die Hinnahme leichter Beeinträchtigungen zur Rettung hochwertiger Sachgüter.[578] So verhält es sich beispielsweise mit einem Passanten, der beim Löschen eines Brandes durchnässt wird.[579]

Allerdings ist zu beachten, dass ein Eingriff in Personenwerte oft daran scheitert, dass der Anspruch auf Selbstbestimmung und Respektieren der Person – das sogenannte Autonomieprinzip – es verbietet, einen Menschen zu zwingen, erhebliche Eingriffe in seine Person zu dulden.[580]

Bei all den Fallbeispielen bleibt eins festzuhalten: Je geringer die Chance einer Rettung, desto schwerer wiegt das Interesse, welches durch den Notstandstäter angegriffen wird.[581]

Aber auch Einschränkungen sind zu beachten. Diese werden unter anderem durch Duldungspflichten begründet. Praktisch bedeutet dies: Wem aufgrund seines Berufes oder einer Garantenstellung eine höhere Gefahrtragungspflicht zukommt, muss aufgrund dieser Stellung hinsichtlich der zu duldenden Beeinträchtigung einen eingeschränkten Schutz des Rechtsgutes hinnehmen.[582]

Zu solchen sonderpflichtigen Berufen gehören unter anderem Feuerwehr und Polizei.

---

[575] BGH Urt. v. 27.01.1976 – 1 StR 739/75 NJW 1976, 680 (681).
[576] Wessels/Beulke/Satzger AT § 9 Rn. 470.
[577] *Zieschang* in LK-StGB § 34 Rn. 99.
[578] *Zieschang* in LK-StGB § 34 Rn. 99 ff.
[579] Jescheck/Weigend, Strafrecht AT S. 362.
[580] *Zieschang* in LK-StGB § 34 Rn. 100, 128; näher *Gallas* ZStW 1968, 1 (23 f., 26 f.).
[581] OLG Hamm Urt. v. 24.11.1960 – 2 Ss 1194/60 m. Anm. *Laube* VRS 1961, 232 (233).
[582] So *Neumann* in NK-StGB § 34 Rn. 100; *Zieschang* in LK-StGB § 34 Rn. 120; Roxin, Strafrecht AT I § 16 Rn. 65; a.A. Küper, Pflichtenkollision S. 107 ff.; Jakobs Strafrecht AT 13. Abschn. Rn. 28.

(γ) Gefahrenabwendungsabsicht

Auch subjektiv muss der Täter in der *Absicht* gehandelt haben, die Gefahr abzuwenden. Es handelt sich hierbei um das sogenannte subjektive Rechtfertigungselement. Dabei genügt es, dass die Motivation des Täters, die Gefahr abzuwenden, Nebenziel oder Mittel zum Zweck ist – nicht verlangt wird, dass die Gefahrenabwehr Hauptziel des Täters ist.[583] Allerdings muss der Täter in irgendeiner Weise das Ziel verfolgen, die Gefahr abzuwenden. Fehlt dieser Wille völlig, scheidet eine Rechtfertigung über § 34 StGB aus – selbst dann, wenn höherrangige Interessen gerettet werden.[584] Subjektiv sollte es keine Schwierigkeiten geben, da der Arzt nur in den seltensten Fällen ohne subjektiven Rettungswillen handeln wird. Er selbst riskiert eine strafrechtliche Ahndung für sein Verhalten, sodass davon auszugehen ist, dass der Arzt diesen Schritt nur aus gutem Grund, nämlich zum Schutz des Kindes, vollzieht.

γ) Handlungspflicht aus § 34 StGB?

Ob sich aber aus den vorangegangenen Feststellungen sogar eine *Verpflichtung* des Arztes zum Bruch der Schweigepflicht ableitet, ist umstritten. Teilweise wird im Fall der unmittelbaren Gefahr von einer ärztlichen Pflicht zum Handeln ausgegangen.[585] Es wird dazu geraten, sich über das Einverständnis der Eltern zur Datenweitergabe hinwegzusetzen.

Im „Handbuch des Medizinstrafrechts" wird im Konfliktfall ein stufenartiges Vorgehen empfohlen.[586] Allerdings bezieht sich diese Empfehlung auf erwachsene Patienten, über die der Arzt Kenntnisse erlangt, die Auswirkungen für die Allgemeinheit haben könnten.

Der Arzt sollte zunächst mit dem erwachsenen Patienten über die Folgen seines konkreten Verhaltens sprechen und ihn dafür sensibilisieren. Je nach Möglichkeit kann er ihm auch eine Frist setzen, sein Verhalten zu ändern. Ist der Patient aber uneinsichtig, darf der Arzt die Überlegung anstreben, welche Konsequenzen sein Schweigen beziehungsweise seine Offenbarung insbesondere für andere Personen hätte und sich danach für sein weiteres Vorgehen – Wahren oder Brechen der Schweigepflicht – entscheiden. Bezogen auf den kindlichen Patienten müsste das Gespräch stellvertretend mit den Eltern geführt werden.

---

[583] *Zieschang* in LK-StGB § 34 Rn. 83; *Momsen/Savic* in BeckOK-StGB § 34 Rn. 20.
[584] BGH Beschl. v. 05.05.1988 – 1 StR 5/88 NJW 1988, 1739 (1741).
[585] *Renz* Hamburger Ärzteblatt 2014, 17 (17).
[586] *Braun* in Roxin/Schroth Medizinstrafrecht S. 247 f.

Von einer Pflicht, ein solches Gespräch zu führen, geht die Empfehlung aber nicht aus. § 34 StGB selbst statuiert eben keine Handlungspflicht und bestraft auch kein Unterlassen, sie ist lediglich Rechtfertigungsnorm. Eine Norm, die nur die Möglichkeit eines Handelns festlegt, kann nicht als Grundlage für eine Handlungspflicht herangezogen werden, das wäre paradox. § 34 StGB eröffnet dem Arzt somit eine Möglichkeit, seine Schweigepflicht zu brechen, zwingt ihn aber keineswegs dazu.

Zusammenfassend lässt sich sagen, dass § 34 StGB zwar eine anwendbare Rechtfertigungsnorm darstellt, sie aber aufgrund der Güterabwägung auf praktische Schwierigkeiten stößt. Die Unsicherheit, die eine einzelfallbezogene Güterabwägung mit sich bringt, ist offenkundig. Dem Arzt wird neben seiner großen Verantwortung, die sein Beruf mit sich bringt, zusätzlich noch die Verantwortung übertragen, hier zwei Rechtsgüter gegeneinander abzuwägen und sich „richtig" zu entscheiden.

δ) Ergebnis

Im Ergebnis lässt sich zusammenfassend festhalten, dass sich der Arzt, der sich aufgrund eines Verdachtes mit Behörden in Verbindung setzt, seine Schweigepflicht gem. § 203 StGB verletzt, diese Verletzung aber aufgrund des höherrangigen Interesses des Kindes auf körperliche Unversehrtheit nach § 34 StGB gerechtfertigt ist. Der Arzt wäre bei einer Offenbarung und Meldung Dritten gegenüber nicht strafbar.

bb) Berufsrechtliche Konsequenzen

Es stellt sich aber die Frage, ob dem Arzt durch die Schweigepflichtverletzung weitere berufsrechtliche Konsequenzen drohen. Berufsrechtliche Konsequenzen sind, aufgrund der verschiedenen Schutzrichtungen der Normen, neben den Strafvorschriften anwendbar. Wer seine nach der Berufsordnung bestehende Schweigepflicht verletzt, verhält sich standeswidrig und kann deshalb auch standes- und berufsrechtlich zur Verantwortung gezogen werden.[587] Hingegen dient die Strafandrohung des § 203 StGB der Verwirklichung des verfassungsrechtlich gewährleisteten Schutzes der Persönlichkeit und ihrer Würde.[588]

Während das Berufs- und Standesrecht somit ethische Standards sichern will, folgt das Strafrecht anderen Zweckrichtungen, nämlich den Kernbereich des menschlichen Miteinanders als Ultima Ratio sicherzustellen.

---

[587] *Ulsenheimer* in Laufs/Kern/Rehborn Handbuch § 139 Rn. 14.
[588] BVerfG, Beschl. v. 08.03.1972 – 2 BvR 28/71 NJW 1972, 1123 (1124).

(1) Das Berufsverbot gem. § 70 StGB

§ 70 StGB ermöglicht die Ahndung eines strafrechtlichen Verstoßes mit der Verhängung eines Berufsverbotes, soweit der Täter verurteilt oder nur deshalb nicht verurteilt worden ist, weil seine Schuldunfähigkeit nicht erwiesen oder nicht auszuschließen ist, vgl. § 70 Abs. 1 S. 1 StGB.
Bei § 70 StGB handelt es sich um eine reine Sicherungsmaßregel,[589] deren Zweck es ist, die Allgemeinheit vor den Risiken zu schützen, die in Verbindung mit der Ausübung des Berufes stehen.[590] Sie soll den Täter spezialpräventiv von dem gefahrbehafteten Bereich fernhalten.[591]
Um einer Mehrfachsanktionierung vorzubeugen, sind in den landesrechtlichen Kammer- und Heilberufsgesetzen entsprechende Regeln erlassen worden.[592] Für Nordrhein-Westfalen gilt § 76 Heilberufsgesetz (HeilBerG NRW). Gemäß § 76 Abs. 1 HeilBerG NRW ist ein berufsrechtliches Verfahren bis zur Beendigung des anhängigen Strafverfahrens auszusetzen.

Praktisch hat die Norm keine große Relevanz, da es bislang kaum Verurteilungen gab.[593] Das mag daran liegen, dass es sich bei dem Berufsverbot um einen schwerwiegenden Eingriff handelt und dieses nur verhängt werden darf, wenn eine Gefahrprognose[594] ergibt, dass es auch in Zukunft zu strafbaren Handlungen unter Missbrauch des Berufes kommen wird.[595] Dass es nicht nur auf die schwerwiegende Verfehlung, sondern auch auf die Gefahrprognose ankommt, zeigt ein Beschluss des Bundesgerichtshofs[596]: Auf die Revision des Angeklagten hin, der als Krankenpfleger eine Patientin mit dem Medikament Midazolam mittels Infusion erst sediert hatte um dann im Zustand der Bewusstlosigkeit sexuelle Handlungen an ihr vorzunehmen, hob der BGH das Urteil des Landgerichts München I mit dem Rechtsfolgenausspruch auf. Das Landgericht hatte unter anderem ein Berufsverbot gem. § 70 Abs. 1 StGB von

---

[589] *Heger* in Lackner/Kühl § 70 Rn. 1.
[590] *Valerius* in LK-StGB § 70 Rn. 1.
[591] *Waßmer* in Graf/Jäger/Wittig § 70 Rn. 2.
[592] Frister/Lindemann/Peters, Arztstrafrecht Kap. 4 Rn. 3; *Eicher* in Heberer Arzt und Recht S. 235.
[593] Näheres *Valerius* in LK-StGB § 70 Rn. 6; *Waßmer* in Graf/Jäger/Wittig § 70 Rn. 5.
[594] Zur Gefahrprognose *Waßmer* in Graf/Jäger/Wittig § 70 Rn. 24 ff.
[595] Vgl. BGH Beschl. v. 25.01.2017 – 1 StR 570/16 BeckRS 2017, 102994 Rn. 8; BGH Urt. v. 25.04.2013 – 4 StR 296/12 BeckRS 2013, 8436 Rn. 6; *Valerius* in LK-StGB § 70 Rn. 42; *Waßmer* in Graf/Jäger/Wittig § 70 Rn. 5.
[596] BGH Beschl. v. 09.10.2018 – 1 StR 418/18 NStZ 2019, 273 (273).

5 Jahren verhängt. Der BGH sah die erfolgte Gefahrenprognose als fehlerhaft an und hob den Rechtsfolgenausspruch auf, da keine Feststellungen getroffen worden waren, wie der Angeklagte seinen Beruf im Übrigen ausgeführt hatte. Dieser Beschluss zeigt, dass selbst eine schwerwiegende Verfehlung für ein Berufsverbot nicht ausreicht, solange nicht davon ausgegangen werden kann, dass es zu erneuten Strafbarkeiten kommt. Auch ein Berufsverbot, das das Landgericht Limburg[597] 2017 gegen einen Rechtsanwalt wegen Untreue, versuchter Anstiftung zur Falschaussage in Tateinheit mit versuchter Strafvereitelung sowie versuchter Nötigung verhängt hatte, wurde vom Bundesgerichtshof im Revisionsverfahren wieder aufgehoben.[598] Eine Revision der Staatsanwaltschaft Kaiserslautern, die sich gegen die Nichtverhängung eines Berufsverbots für einen Gruppenleiter eines Kinderheims richtete, wurde vom Bundesgerichtshof verworfen.[599] Der Gruppenleiter war vom Landgericht Kaiserslautern 2011 wegen mehrfachen schweren sexuellen Missbrauchs sowie sexuellen Missbrauchs von Schutzbefohlenen und weiteren Sexualdelikten zu fünf Jahren und acht Monaten Freiheitsstrafe verurteilt worden. Ein Berufsverbot sei, nach Ansicht des Bundesgerichtshofs, nicht verhältnismäßig, obwohl bereits in der Vergangenheit ein Berufsverbot verhängt worden war und der Angeklagte seine Neigung zu Kindern auch nicht mehr ändern könne. Es wird somit deutlich, dass nicht einmal bei schweren Delikten, wie dem sexuellen Missbrauch automatisch ein Berufsverbot verhängt wird. Ein Berufsverbot aufgrund eines Verstoßes gegen § 203 StGB erscheint damit höchst unwahrscheinlich. Auch, weil die Tat zur Überzeugung des Gerichts tatsächlich begangen worden sein muss,[600] was erhebliche Nachweisschwierigkeiten mit sich bringt. § 70 Abs. 1 StGB spricht im Übrigen von „erheblichen" rechtswidrigen Taten, sodass schon fraglich sein dürfte, ob die Verletzung der Verschwiegenheitspflicht darunterfällt.

(2) Der Entzug der Approbation gem. § 5 Abs. 2 S. 1 i.V.m. § 3 Abs. 1 S. 1 Nr. 2 Bundesärzteordnung

§ 5 Abs. 2 Bundesärzteordnung (BÄO) ordnet an, dass die Approbation zwingend widerrufen werden muss, wenn nachträglich Würdigkeit oder Zuverlässigkeit entfallen sind.[601] § 5 BÄO stellt damit eine Spezialnorm zu

---

[597] BGH Beschl. v. 13.03.2018 – 2 StR 286/17 BeckRS 2018, 7659 Rn. 1 auf die Revision des Angeklagten (Vorinstanz: LG Limburg, Urt. v. 14.03.2017 – 2 Js 59380/13 – 5 KLs).
[598] BGH Beschl. v. 13.03.2018 – 2 StR 286/17 BeckRS 2018, 7659.
[599] BGH Urt. v. 25.04.2013 – 4 StR 296/12 BeckRS 2013, 8436.
[600] *Waßmer* in Graf/Jäger/Wittig § 70 Rn. 8.
[601] *Haage* in Haage BÄO § 5 Rn. 6.

§ 49 VwVfG dar,[602] welche für den Widerruf rechtmäßiger Verwaltungsakte einschlägig ist. Unzuverlässigkeit wird in der Regel dann angenommen, wenn Tatsachen vorliegen, welche die Annahme rechtfertigen, dass der Arzt aufgrund seines bisherigen Verhaltens seine berufliche Tätigkeit nicht mehr sorgfalts- und pflichtgemäß ausüben wird.[603] Diese Prognose wird anhand der jeweiligen Situation des Arztes sowie Art, Schwere und Anzahl der begangenen Verstöße erstellt.[604] Diese Situation des Arztes kann beispielsweise durch persönliche Umstände (z.B. familiäre Probleme) oder berufliche Besonderheiten, wie erhöhte Arbeitsbelastung gekennzeichnet sein. Allerdings wird bei einem oder mehreren Verstößen gegen § 203 Abs. 1 Nr. 1 StGB wohl eher nicht von einem eine Unzuverlässigkeit begründenden Verhalten des Arztes auszugehen sein.[605] Da der Entzug der Approbation Ultima Ratio ist, bedarf es für die Unwürdigkeit schon eines gravierenden Verstoßes, mit weitreichenden Folgen. Der Entzug der Approbation aufgrund von Schweigepflichtverletzungen scheint daher eher abwegig. Im Beispielsfall dürfte diese Frage sowieso obsolet sein, da im Ergebnis mangels Rechtswidrigkeit keine strafbare Schweigepflichtverletzung nach § 203 Abs. 1 Nr. 1 StGB vorliegt.

(3)  Berufsrechtliche Konsequenzen durch die Ärztekammern

Laut Berufsordnung haben Ärzte die Pflicht, ihren Beruf „gewissenhaft auszuüben" und dem ihnen „entgegengebrachen Vertrauen zu entsprechen". Außerdem haben sie ihr Handeln am Wohle des Patienten auszurichten, und sie dürfen nicht die Interessen Dritter über das Wohl des Patienten stellen.[606] Gegen Ärzte, die diese Pflichten verletzten, können die Landesärztekammern im Rahmen eines berufsgerichtlichen Verfahrens vorgehen. Eine gesetzliche Grundlage für ein Vorgehen liefern die Kammer- und Heilberufsgesetze der Länder.[607] Für das Nebeneinander bzw. die Unabhängigkeit von Berufs- und Strafrecht kann ein Vergleich mit dem Berufsrecht der Rechtsanwälte herangezogen werden: § 118 Abs. 2 der Bundesrechtsanwaltsordnung (BRAO)

---

[602] BVerwG Urt. v. 16.09.1997 – 3 C 12-95 NJW 1998, 2756 (2756).
[603] BVerwG Urt. v. 16.09.1997 – 3 C 12-95 NJW 1998, 2756 (2758); *Haage* in Haage BÄO § 5 Rn. 7 mit Beispielen.
[604] *Schelling* in Spickhoff Medizinrecht § 5 BÄO Rn. 34.
[605] Beispielsfälle, bei denen eine Unzuverlässigkeit bejaht wurde, finden sich bei *Schelling* in Spickhoff Medizinrecht § 5 BÄO Rn. 37.
[606] Vgl. § 2 Abs. 2 MBO-Ä, wörtlich so übernommen z.B. in der Berufsordnung der Ärztekammer Nordrhein.
[607] Vgl. für Nordrhein-Westfalen § 59 Heilberufsgesetz NRW (HeilBerG NRW).

sieht vor, dass trotz eines Freispruchs in einem Straf- oder Ordnungswidrigkeitsverfahren ein anwaltsgerichtliches Verfahren wegen Verletzung einer rechtsanwaltlichen Pflicht gem. § 113 BRAO eingeleitet werden kann. Man nennt dies einen disziplinaren Überhang.[608] Beispielsweise kann ein Rechtsanwalt, der von der Anklage des Parteiverrats freigesprochen worden ist, trotzdem gegen eine Pflicht, seine Berufstätigkeit wegen Interessenkollision zu versagen, verstoßen haben.[609]

Übertragbar dürfte dies auch auf die Ärzteschaft sein. Nur weil ein strafrechtliches Verfahren gegen einen Mediziner, konkret in diesem Fall wegen § 203 Abs. 1 Nr. 1 StGB, ohne Verurteilung geblieben ist, schließt dies eine Verletzung von Berufspflichten nicht aus. Denn das Berufsrecht schützt die ethischen Standards des Arztberufes, die Verschwiegenheit als schon im Hippokratischen Eid festgelegte Urpflicht des Arztes geht weit über den strafrechtlichen Schutz von Berufsgeheimnissen hinaus. Ferner ist zu berücksichtigen, dass für einen Verstoß gegen berufsrechtliche Regelungen, hier § 9 MBO-Ä, Fahrlässigkeit ausreicht, wohingegen für eine Verletzung des § 203 StGB Vorsatz notwendig ist.[610] § 9 MBO-Ä geht somit inhaltlich über § 203 Abs. 1 Nr. 1 StGB hinaus,[611] was auch für ein Nebeneinander der Normen spricht.
Exemplarisch wird die Regelung aus Nordrhein-Westfalen vorgestellt.
§ 60 HeilBerG NRW sieht folgende Sanktionsmöglichkeiten vor:
Warnung, Verweis, Entziehung des passiven Berufswahlrechtes, Geldbuße bis zu 50.000 Euro und die Feststellung der Unwürdigkeit zur Ausübung des Berufs.[612] Die berufsrechtlichen Verfahrensregeln sind im Wesentlichen übertragbar auf die anderen Kammern, lediglich die Ansiedelung der Berufsgerichte unterscheidet sich: Teilweise sind diese beim Verwaltungsgericht, teilweise beim Zivil- oder Strafgericht oder bei den Ärztekammern selbst angegliedert.[613] Den Vorsitz hat immer ein Berufsrichter inne, die beiden ärztlichen Beisitzer werden, z.B. in Nordrhein-Westfalen, von der Ärztekammer vorgeschlagen und vom Verwaltungsgericht bestellt.[614]

---

[608] *Reelsen* in Feuerich/Weyland § 118 BRAO Rn. 24.
[609] BT-Drs. 3/120 S. 99.
[610] *Scholz* in Spickhoff Medizinrecht § 9 MBO-Ä Rn. 2.
[611] *Sobotta* in NK-MedR § 9 MBO Rn. 1.
[612] Vgl. § 60 Abs. 1 HeilBerG NRW.
[613] *Gerst/Hibbeler* DÄB 2011, 499 (500).
[614] *Gerst/Hibbeler* DÄB 2011, 499 (500).

Weniger einschneidendere Sanktionen sind die Mahnung durch den Präsidenten der Ärztekammer, die Rüge durch den Kammervorstand oder die Rüge plus Ordnungsgeld bis 5000 Euro. Dass eine Mahnung ausgesprochen wurde, dringt nicht an die Öffentlichkeit und der Eintrag wird nach fünf Jahren wieder gelöscht.[615] Reicht aus Sicht der Ärztekammer die Rüge nicht aus, wird das berufsgerichtliche Verfahren eingeleitet.[616]
Dass die Einhaltung der ärztlichen Schweigepflicht eine Berufspflicht darstellt, bei deren Verletzung die vorab erläuterten Sanktionen greifen, lässt sich aus der MBO-Ä herauslesen. In § 2 MBO-Ä (und diese übertragen in die Berufsordnungen der einzelnen Länder) sind die ärztlichen Berufspflichten dargelegt. § 2 Abs. 5 MBO-Ä regelt, dass die Ärztinnen und Ärzte verpflichtet sind, die Vorschriften der Berufsordnung einzuhalten.

§ 9 MBO-Ä regelt ausdrücklich die Verpflichtung zur Verschwiegenheit. Somit stellt die Verpflichtung zur Einhaltung dieser Regelung eine ärztliche Berufspflicht dar bei deren Verletzung entweder mit Mahnung oder Rüge oder mit einem berufsgerichtlichen Verfahren reagiert werden kann. Allerdings dürfte im Ergebnis dem Arzt auch hier kein Vorwurf gemacht werden können, da er ja gerechtfertigt gehandelt hat. Berufsrechtliche Konsequenzen drohen dem Mediziner im Beispielsfall somit nicht.

cc) Zivilrechtliche Konsequenzen

Wie bereits oben erwähnt, kann die Verletzung der ärztlichen Schweigepflicht auch einen Schadensersatzanspruch begründen, soweit das Opfer einen kausalen Schaden nachweisen kann.
Der Anspruch ergibt sich aus dem Behandlungsvertrag, §§ 630a f. BGB i.V.m. § 280 Abs. 1 BGB.
Auch ein Anspruch aus § 823 Abs. 1 BGB bzw. §§ 823 Abs. 2 BGB i.V.m. § 203 StGB ist denkbar. § 203 StGB stellt ein Schutzgesetz i.S.d. § 823 Abs. 2 BGB dar.[617] Wie bereits erläutert, zielt § 203 StGB insbesondere darauf ab, das Individualinteresse des Patienten an der Verschwiegenheit des Arztes sowie das Interesse der Allgemeinheit an einer funktionierenden Gesundheitsversorgung sicherzustellen. Dies soll auch zivilrechtlich abgesichert werden, indem die Verletzung des strafrechtlichen § 203 StGB auch zivilrechtlich geahndet werden kann.

---

[615] *Gerst/Hibbeler* DÄB 2011, 499 (500).
[616] *Gerst/Hibbeler* DÄB 2011, 499 (500).
[617] *Wagner* in MüKo-BGB VI § 823 Rn. 525.

### dd) Disziplinarrechtliche Konsequenzen durch die Kassenärztliche Vereinigung

§ 81 Abs. 5 SGB V enthält eine rechtliche Regelung bei Verstößen der Mitglieder der Kassenärztlichen Vereinigungen (KÄV), wenn diese gegen ihre vertragsärztlichen Pflichten verstoßen. Voraussetzungen und Verfahren müssen die KÄV in ihren Satzungen regeln.[618] Verlangt wird die Verletzung einer vertragsärztlichen Pflicht.[619] Sanktionsmöglichkeiten sind Verwarnungen, Geldbußen oder die Feststellung der Unwürdigkeit zur Ausübung des Berufs.[620] Zu dieser gehört allerdings nicht die Einhaltung der Schweigepflicht, denn diese hat der Arzt nicht gegenüber der KÄV einzuhalten, sondern nur gegenüber dem Patienten. Vielmehr fallen unkorrektes Verhalten bei der Abrechnung vertragsärztlicher Leistungen, systematischer Abrechnung nicht persönlich erbrachter Leistungen oder die Verweigerung der Teilnahme am Notfalldienst unter diese Pflichtverletzungen.[621]

### d) Zwischenergebnis

Die vorangegangenen Untersuchungen haben gezeigt, dass sowohl Schweigen als auch Offenbaren strafrechtlich relevante Handlungen darstellen können. Während die Offenbarung im Beispielsfall durch § 34 StGB gerechtfertigt ist, kommt es für den Fall der unterlassenen Hilfeleistung auf die genauen Umstände des Einzelfalls an. Ist für den Arzt ersichtlich, dass es zu weiteren Misshandlungen kommen kann und handelt er wissentlich nicht, macht er sich gem. § 323c Abs. 1 StGB strafbar.

Gegenstand der folgenden Untersuchung ist § 4 Kinderschutzkooperationsgesetz (KKG). Dieser wurde geschaffen, um die praktischen Probleme des § 34 StGB zu beseitigen und Rechtssicherheit für den Fall der vermuteten Kindesmisshandlung zu schaffen.

---

[618] *Hess* in Kass. Kommentar SGB V § 81 Rn. 22.
[619] *Hess* in Kass. Kommentar SGB V § 81 Rn. 26.
[620] *Katzenmeier* in Laufs/Katzenmeier/Lipp Arztrecht Kap. IX Rn. 5; für Nordrhein-Westfalen siehe § 60 Heilberufsgesetz NRW.
[621] *Hess* in Kass. Kommentar SGB V § 81 Rn. 26.

## II. § 4 KKG: Beratung und Übermittlung von Informationen durch Geheimnisträger bei Kindeswohlgefährdung

### 1. Die Entstehungsgeschichte des § 4 KKG

Wie bereits bei der Diskussion zur Rechtfertigung dargestellt, ist die Lösung über § 34 StGB mit vielen praktischen Problemen behaftet und birgt das Risiko von Unsicherheiten, die wiederum Ärzte daran hindern könnten, bei einem Verdacht überhaupt zu agieren.[622]
Schon auf zwei Kinderschutzgipfeln in den Jahren 2007 und 2008, wurde bei Beratungen zwischen der Bundeskanzlerin und den Regierungschefs der Länder vereinbart, dass zur Erhöhung der Rechtssicherheit bei der Abwägung der Schweigepflicht von Berufsgeheimnisträgern mit dem Kinderschutz eine bundeseinheitliche Befugnisnorm außerhalb des Strafrechts entwickelt werden sollte.[623] Ein Entwurf eines Gesetzes zur Verbesserung des Kinderschutzes umfasste bereits solche Normen, jedoch wurde dieser Entwurf nie zu einem Gesetz.

---

[622] Hierauf nimmt auch die Gesetzesbegründung Bezug, BT-Drs. 17/6256 S. 20.
[623] BT-Drs. 16/12429 S. 7.

Der Entwurf lautete:

*§ 2 Beratung und Weitergabe von Informationen durch Geheimnisträger bei Kindeswohlgefährdung*

*(1) Werden Personen, die einer Schweige- oder Geheimhaltungspflicht im Sinne des § 203 des Strafgesetzbuches unterliegen, gewichtige Anhaltspunkte für die Gefährdung des Wohls eines Kindes oder eines Jugendlichen bekannt und ist eine genauere Einschätzung der Gefährdung nicht möglich oder reichen die eigenen fachlichen Mittel zur Abwendung der Gefährdung nicht aus, so sollen sie mit den Personensorgeberechtigten die Situation erörtern und soweit erforderlich bei ihnen auf die Inanspruchnahme geeigneter Hilfen hinwirken, soweit hierdurch der wirksame Schutz des Kindes oder des Jugendlichen nicht in Frage gestellt wird.*

*(2) Die Personen nach Absatz 1 sind befugt, zur Einschätzung der Kindeswohlgefährdung oder der erforderlichen und geeigneten Hilfen eine insoweit erfahrene Fachkraft hinzuzuziehen und die dafür erforderlichen personenbezogenen Daten zu übermitteln. Vor einer Übermittlung an die insoweit erfahrene Fachkraft sind die Daten zu anonymisieren oder zu pseudonymisieren.*

*(3) Ist ein Tätigwerden erforderlich, um eine Gefährdungseinschätzung vorzunehmen oder eine Gefährdung des Wohls eines Kindes oder eines Jugendlichen abzuwenden, und sind die Personensorgeberechtigten nicht bereit oder in der Lage, hieran mitzuwirken, so sind die in Absatz 1 genannten Personen befugt, dem Jugendamt die gewichtigen Anhaltspunkte für eine Kindeswohlgefährdung mitzuteilen; hierauf sind die Betroffenen vorab hinzuweisen, es sei denn, dass dadurch der wirksame Schutz des Kindes oder des Jugendlichen in Frage gestellt wird.*

*§ 3 Weitergabe von Informationen durch andere Berufsgruppen bei Kindeswohlgefährdung*

*(1) Werden Personen, die beruflich mit der Ausbildung, Erziehung oder Betreuung von Kindern und Jugendlichen außerhalb von Diensten und Einrichtungen der Kinder- und Jugendhilfe betraut sind, gewichtige Anhaltspunkte für die Gefährdung des Wohls eines Kindes oder Jugendlichen bekannt, so haben sie die Personensorgeberechtigten über ihre Erkenntnisse zu informieren, soweit dadurch der wirksame Schutz des Kindes oder Jugendlichen nicht in Frage gestellt wird.*

*(2) Die Personen nach Absatz 1 sind befugt, zur Einschätzung der Kindeswohlgefährdung eine insoweit erfahrene Fachkraft hinzuzuziehen und die dafür erforderlichen personenbezogenen Daten zu übermitteln. Vor einer Übermittlung an die insoweit erfahrene Fachkraft sind die Daten zu anonymisieren oder zu pseudonymisieren.*

*(3) Ist ein Tätigwerden erforderlich, um eine Gefährdungseinschätzung vorzunehmen oder eine Gefährdung des Wohls eines Kindes oder eines Jugendlichen abzuwenden, und sind die Personensorgeberechtigten nicht bereit oder in der Lage, hieran mitzuwirken, so sind die in Absatz 1 genannten Personen befugt, dem*

*Jugendamt die gewichtigen Anhaltspunkte für eine Kindeswohlgefährdung mitzuteilen; hierauf sind die Betroffenen vorab hinzuweisen, es sei denn, dass dadurch der wirksame Schutz des Kindes oder des Jugendlichen in Frage gestellt wird.*
*(4) Die Mitteilungspflichten und –befugnisse der Angehörigen der Polizei, der Staatsanwaltschaften und der Gerichte richten sich nach den für sie geltenden speziellen Vorschriften.*

In der darauffolgenden Legislaturperiode wurde sodann das nun gültige Bundeskinderschutzgesetz (BKiSchG) mit dem neuen § 4 KKG erlassen.
Beseitigt werden sollten mit § 4 KKG unter anderem Schwierigkeiten, die z.B. aus dem Umstand entstehen, dass das Strafrecht weder Umfang noch Inhalt der Schweigepflicht regelt und auch fachliche Standards, nach denen die Erforderlichkeit der Weitergabe von Informationen bemessen werden kann, fehlen.[624] Das trifft insbesondere auf den Fall der Kindesmisshandlung zu. Dies obliegt dem Berufsrecht, aber auch hier finden sich keine Hinweise hinsichtlich der Diagnose von Kindeswohlgefährdungen. Es bestanden somit erhebliche praktische Unwägbarkeiten bezüglich der Frage, unter welchen Voraussetzungen andere Institutionen wie das Jugendamt hinzugezogen werden dürfen.[625] Die Schaffung einer bundeseinheitlichen Norm sollte größere Handlungssicherheit vermitteln.[626]

## 2. Die Vorschrift im Überblick

Seit dem 01.01.2012 ist das neue Bundeskinderschutzgesetz in Kraft.[627] Es handelt sich hierbei um ein Artikelgesetz, welches neben zahlreichen Änderungen im SGB VIII (Art. 2) und anderen Gesetzen (Art. 3), auch ein neues „Stammgesetz", das Gesetz zur Information und Kooperation im Kinderschutz (KKG) beinhaltet (Art. 1).[628] Gemäß § 1 Abs. 1 KKG ist es Ziel des Bundeskinderschutzgesetzes „das Wohl von Kindern und Jugendlichen zu schützen und ihre körperliche, geistige und seelische Entwicklung zu fördern". Die Hilfestellungen sollen hierfür bereits in der Schwangerschaft und vor allem in den ersten Lebensjahren beginnen, aber auch der in Einzelfällen notwendige Kindeswohlschutz soll gestärkt werden.[629] Somit wird deutlich, dass Kinderschutz

---

[624] *Wapler* Gynäkologe 2012, 888 (889).
[625] *Wapler* Gynäkologe 2012, 888 (889); BT-Drs. 17/6256 S. 20.
[626] BT-Drs. 17/6256 S. 20.
[627] BGBl. I S. 2975; Entwurf, der nicht verabschiedet wurde: BT-Drs. 16/12429.
[628] *Wapler* in Wiesner SGB VIII Anhang Einführung Rn. 2; *Maywald* FPR 2012, 199 (199).
[629] *Maywald* FPR 2012, 199 (199).

weit verstanden wird und der Staat nicht erst eingreifen soll, wenn eine Gefährdung des Kindeswohls bereits eingetreten ist.[630]
Im Folgenden soll es ausschließlich um das KKG, insbesondere um § 4 KKG gehen.

Dieser lautet wörtlich:

*§ 4 Beratung und Übermittlung von Informationen durch Geheimnisträger bei Kindeswohlgefährdung*
„*(1) Werden*
    *1. Ärztinnen oder Ärzten, Hebammen oder Entbindungspflegern oder Angehörigen eines anderen Heilberufes, der für die Berufsausübung oder die Führung der Berufsbezeichnung eine staatlich geregelte Ausbildung erfordert,*
    *2. Berufspsychologinnen oder -psychologen mit staatlich anerkannter wissenschaftlicher Abschlussprüfung,*
    *3. Ehe-, Familien-, Erziehungs- oder Jugendberaterinnen oder -beratern sowie*
    *4. Beraterinnen oder Beratern für Suchtfragen in einer Beratungsstelle, die von einer Behörde oder Körperschaft, Anstalt oder Stiftung des öffentlichen Rechts anerkannt ist,*
    *5. Mitgliedern oder Beauftragten einer anerkannten Beratungsstelle nach den §§ 3 und 8 des Schwangerschaftskonfliktgesetzes,*
    *6. staatlich anerkannten Sozialarbeiterinnen oder -arbeitern oder staatlich anerkannten Sozialpädagoginnen oder -pädagogen oder*
    *7. Lehrerinnen oder Lehrern an öffentlichen und an staatlich anerkannten privaten Schulen*
*in Ausübung ihrer beruflichen Tätigkeit gewichtige Anhaltspunkte für die Gefährdung des Wohls eines Kindes oder eines Jugendlichen bekannt, so sollen sie mit dem Kind oder Jugendlichen und den Personensorgeberechtigten die Situation erörtern und, soweit erforderlich, bei den Personensorgeberechtigten auf die Inanspruchnahme von Hilfen hinwirken, soweit hierdurch der wirksame Schutz des Kindes oder des Jugendlichen nicht in Frage gestellt wird.*
*(2) ¹Die Personen nach Absatz 1 haben zur Einschätzung der Kindeswohlgefährdung gegenüber dem Träger der öffentlichen Jugendhilfe Anspruch auf Beratung durch eine insoweit erfahrene Fachkraft. ²Sie sind zu diesem Zweck befugt, dieser Person die dafür erforderlichen Daten zu übermitteln; vor einer Übermittlung der Daten sind diese zu pseudonymisieren.*

---

[630] *Maywald* FPR 2012, 199 (199).

*(3) ¹Scheidet eine Abwendung der Gefährdung nach Absatz 1 aus oder ist ein Vorgehen nach Absatz 1 erfolglos und halten die in Absatz 1 genannten Personen ein Tätigwerden des Jugendamtes für erforderlich, um eine Gefährdung des Wohls eines Kindes oder eines Jugendlichen abzuwenden, so sind sie befugt, das Jugendamt zu informieren; hierauf sind die Betroffenen vorab hinzuweisen, es sei denn, dass damit der wirksame Schutz des Kindes oder des Jugendlichen in Frage gestellt wird. ²Zu diesem Zweck sind die Personen nach Satz 1 befugt, dem Jugendamt die erforderlichen Daten mitzuteilen."*

Vor § 4 KKG galten in den Bundesländern bereits landesrechtliche Normen zum Umgang mit Kinderschutzfällen. Sie ähneln dem Wortlaut nach der aktuellen Regelung in § 4 KKG. Teilweise wurde den Ärzten eine Befugnis erteilt, bei Anhaltspunkten für eine Kindeswohlgefährdung eine Meldung an das Jugendamt zu machen.

So lautet § 4 Abs. 3 Hessisches Gesetz zur Verbesserung des Gesundheitsschutzes für Kinder:

*§ 4 Mitteilungen*
*(1) Ärztinnen und Ärzte, die eine nach der Vollendung des zweiten Lebensmonats vorgesehene Früherkennungsuntersuchung nach § 1 Abs. 1 durchführen, übermitteln dem Hessischen Kindervorsorgezentrum spätestens fünf Werktage nach der Untersuchung folgende Daten:*
*Familiennamen,*
*Vornamen,*
*Geschlecht,*
*Tag und Ort der Geburt,*
*Namen und Anschrift der oder des Personensorgeberechtigten,*
*Bezeichnung und Datum der Früherkennungsuntersuchung.*
*(2) Ärztinnen und Ärzte sowie Hebammen und Entbindungspfleger, die die für die Untersuchungen nach § 1 Abs. 2 erforderlichen Blutproben entnehmen, übermitteln diese unverzüglich dem Hes- sischen Kindervorsorgezentrum. Die in Satz 1 genannten Personen übermitteln dem Hessischen Kindervorsorgezentrum unverzüglich auch die in Abs. 1 Nr. 1 bis 5 genannten Daten, wenn die Personenberechtigten eine Teilnahme ablehnen.*
*(3) Stellen Ärztinnen und Ärzte sowie Hebammen und Entbindungspfleger bei einer Untersuchung nach § 1 Abs. 1 oder einer sonstigen Untersuchung tatsächliche Anhaltspunkte für eine Gefährdung des Wohls des Kindes fest, sind sie befugt, dem zuständigen Jugendamt hiervon Mitteilung zu machen.*

Teilweise konstatierten die Regelungen sogar eine Handlungspflicht für Ärzte, bei gewichtigen Anhaltspunkten für Kindeswohlgefährdungen das Jugendamt zu informieren. So heißt es in Art. 14 des Bayerischen Gesetzes über den öffentlichen Gesundheits- und Veterinärdienst, die Ernährung und den

Verbraucherschutz sowie die Lebensmittelüberwachung (Gesundheitsdienst- und Verbraucherschutzgesetz – GDVG) – BayGDVG in Absatz 6:

*(6) Ärztinnen und Ärzte, Hebammen und Entbindungspfleger sind verpflichtet, gewichtige Anhaltspunkte für eine Misshandlung, Vernachlässigung oder einen sexuellen Missbrauch eines Kindes oder Jugendlichen, die ihnen im Rahmen ihrer Berufsausübung bekannt werden, unter Übermittlung der erforderlichen personenbezogenen Daten unverzüglich dem Jugendamt mitzuteilen.*

Auch in § 15b Abs. 7 des Gesetzes über den Öffentlichen Gesundheitsdienst im Land Mecklenburg-Vorpommern (ÖGDG-MV) wird festgelegt, dass das Gesundheitsamt sofort Kontakt mit dem zuständigen Jugendamt aufnimmt, sobald sich bei einer ärztlichen Früherkennungsuntersuchung Anzeichen einer Misshandlung oder Vernachlässigung zeigen:

*(7) Auf der Grundlage der Unterrichtung durch die Servicestelle nach Absatz 6 bietet das zuständige Gesundheitsamt jeder zur Personensorge berechtigten Person des Kindes, welches nicht an einer Kinderuntersuchung teilgenommen hat, aufsuchende Hilfe im Sinne von § 2 Abs. 2 des Gesetzes an und gibt Hinweise auf Leistungen dieses Gesetzes sowie auf andere unterstützende Maßnahmen. Insbesondere berät das zuständige Gesundheitsamt über den Inhalt und Zweck der Früherkennungsuntersuchungen und weist auf den Sinn der Durchführung einer ausstehenden Untersuchung durch eine Ärztin oder einen Arzt hin. Bei Bedarf vermittelt es hierzu die notwendigen Kontakte. Wird dieses Hilfsangebot nicht wahrgenommen oder ergeben sich Anhaltspunkte für eine Misshandlung, Vernachlässigung oder einen sexuellen Missbrauch eines Kindes, nimmt das zuständige Gesundheitsamt sofort Kontakt mit dem zuständigen Jugendamt auf, damit dieses unverzüglich zum Schutze des Kindes tätig wird.*

Die gesetzliche Regelung zum Kinderschutz aus Berlin ist in ihrem Aufbau und ihrem Inhalt § 4 KKG am ähnlichsten. Sie sieht ein abgestuftes Verfahren vor und ordnet zunächst ein Gespräch mit den Personensorgeberechtigten an, bevor eine Meldung an das Jugendamt unternommen wird.

*§ 11 Berliner Gesetz zum Schutz und Wohl des Kindes Beratung und Weitergabe von Informationen bei Gefährdung des Wohls eines Kindes oder eines Jugendlichen*
*(1) Werden Personen, die einer Schweige- oder Geheimhaltungspflicht im Sinne des § 203 des Strafgesetzbuches unterliegen, gewichtige Anhaltspunkte für die Gefährdung des Wohls eines Kindes oder eines Jugendlichen bekannt und ist eine genauere Einschätzung der Gefährdung nicht möglich oder reichen die eigenen fachlichen Mittel zur Abwendung der Gefährdung nicht aus, so haben sie mit den Personensorgeberechtigten die Situation zu erörtern und soweit erforderlich bei ihnen auf die Inanspruchnahme geeigneter Hilfen hinzuwirken, soweit hierdurch*

*der wirksame Schutz des Kindes oder des Jugendlichen nicht in Frage gestellt wird.*

*(2) Werden Personen, die beruflich mit der Ausbildung, Erziehung oder Betreuung von Kindern und Jugendlichen außerhalb von Diensten und Einrichtungen der Kinder- und Jugendhilfe betraut sind, gewichtige Anhaltspunkte für die Gefährdung des Wohls eines Kindes oder Jugendlichen bekannt, so haben sie die Personensorgeberechtigten über ihre Erkenntnisse zu informieren, soweit dadurch der wirksame Schutz des Kindes oder Jugendlichen nicht in Frage gestellt wird.*

*(3) Die Personen nach Absatz 1 und 2 sind befugt, zur Einschätzung der Gefährdung des Wohls eines Kindes oder eines Jugendlichen oder zur Einschätzung der erforderlichen und geeigneten Hilfen eine insoweit erfahrene Fachkraft hinzuzuziehen und die dafür erforderlichen personenbezogenen Daten zu übermitteln. Vor einer Übermittlung an die insoweit erfahrene Fachkraft sind die Daten zu anonymisieren oder zu pseudonymisieren.*

*(4) Ist ein Tätigwerden erforderlich, um eine Gefährdung des Wohls eines Kindes oder eines Jugendlichen abzuwenden, und sind die Personensorgeberechtigten nicht bereit oder in der Lage, hieran mitzuwirken, so sind die in Absatz 1 und 2 genannten Personen befugt, dem Jugendamt die dafür erforderlichen personenbezogenen Daten mitzuteilen; hierauf sind die Betroffenen vorab hinzuweisen, es sei denn, dass dadurch der wirksame Schutz des Kindes oder des Jugendlichen infrage gestellt wird.*

Ähnlich liest sich auch die rheinland-pfälzische Regelung:
§ 12 Landesgesetz zum Schutz von Kindeswohl und Kindergesundheit (LKindSchuG RLP):

*Schweige- und Geheimhaltungspflichten, Befugnis zur Unterrichtung des Jugendamts*

*Werden Personen, die Schweige- oder Geheimhaltungspflichten im Sinne des § 203 des Strafgesetzbuchs unterliegen, gewichtige Anhaltspunkte für eine Gefährdung des Wohls eines Kindes oder einer oder eines Jugendlichen bekannt und reichen die eigenen fachlichen Mittel nicht aus, die Gefährdung abzuwenden, sollen sie bei den Personensorge- oder Erziehungsberechtigten auf die Inanspruchnahme der erforderlichen weitergehenden Hilfen hinwirken. Ist ein Tätigwerden dringend erforderlich, um die Gefährdung abzuwenden und sind die Personensorge- oder Erziehungsberechtigten nicht bereit oder in der Lage, hieran mitzuwirken, sind die in Satz 1 genannten Personen befugt, dem Jugendamt die vorliegenden Erkenntnisse mitzuteilen; hierauf sind die Betroffenen vorab hinzuweisen, es sei denn, damit wird der wirksame Schutz des Kindes oder der oder des Jugendlichen infrage gestellt.*

Rheinland-Pfalz setzt außerdem auf die Bildung lokaler Netzwerke, in die auch das Gesundheitswesen eingebunden ist,[631] vgl. § 3 LKindSchuG RLP:

*(1) Die örtlichen Träger der öffentlichen Jugendhilfe stellen in ihrem jeweiligen Bezirk die Bildung eines lokalen Netzwerks sicher mit dem Ziel, umfassend durch Früherkennung von Risiken für Fehlentwicklungen sowie durch rechtzeitige Förderung und Hilfe einen wirksamen Schutz von Kindern vor Vernachlässigung, Missbrauch und Misshandlung zu erreichen. Sie wirken darauf hin, dass über die Jugendhilfe hinaus auch alle anderen Einrichtungen und Dienste, die im Rahmen ihrer Aufgaben Risiken für das Kindeswohl fest- stellen und zu wirksamer Hilfe beitragen können, aktiv in das Netzwerk eingebunden werden; dies gilt insbesondere für die Bereiche der Gesundheitsvorsorge und der Gesundheitsförderung. In geeigneten Fällen können lokale Netzwerke im Rahmen der interkommunalen Zusammenarbeit auch unter Beteiligung mehrerer Jugendämter eingerichtet werden. (...)*

Die nordrhein-westfälische Regelung enthält hingegen gar keine Befugnis für Ärzte, vielmehr soll der Träger der öffentlichen Jugendhilfe in eigener Zuständigkeit entscheiden, ob gewichtige Anhaltspunkte für eine Kindeswohlgefährdung vorliegen und welche Maßnahmen notwendig sind. § 4 der Verordnung zur Datenmeldung der Teilnahme an Kinderfrüherkennungsuntersuchungen / U-Untersuchungen NRW enthält folgenden Wortlaut, wobei der Absatz 3 der für den Kinderschutz relevante ist.

*§ 4 Unterrichtung der örtlichen Träger der öffentlichen Jugendhilfe*
*(1) Erfolgt auch innerhalb von bis zu vier Wochen nach Erinnerung für die jeweilige Früherkennungsuntersuchung keine Mitteilung über die Teilnahme, informiert die Zentrale Stelle den für den Wohnsitz des Kindes zuständigen Träger der öffentlichen Jugendhilfe. Hierzu übermittelt sie für diejenigen Kinder, für die keine Mitteilungen vorliegen, die folgenden Daten:*
    *1.Familiennamen*
    *2.Frühere Namen*
    *3.Vornamen*
    *4.Tag und Ort der Geburt*
    *5.Geschlecht*
    *6.gesetzliche Vertreter (Vor- und Familiennamen, Anschrift)*
    *7.gegenwärtige Anschriften*

---

[631] Landesgesetz zum Schutz von Kindeswohl und Kindergesundheit Rheinland-Pfalz (LKindSchuG).

*8. Übermittlungssperren*
*9. Bezeichnung der ausgelassenen Früherkennungsuntersuchung.*
*(2) Die Übermittlung der Daten erfolgt schriftlich oder durch Datenübertragung in gesicherter Form.*
*(3) Der örtliche Träger der öffentlichen Jugendhilfe entscheidet in eigener Zuständigkeit, ob gewichtige Anhaltspunkte für die Gefährdung des Wohls eines Kindes vorliegen und welche Maßnahmen gegebenenfalls geeignet und notwendig sind. Hierbei können die übermittelten Daten als weiterer Indikator herangezogen werden. Dabei empfiehlt sich die Zusammenarbeit insbesondere mit den Trägern des öffentlichen Gesundheitsdienstes und anderen Behörden, Trägern, Einrichtungen und Personen, die Verantwortung für das Kindeswohl tragen.*

Allen landesrechtlichen Regelungen ist gemein, dass Früherkennungsmaßnahmen eine große Rolle im Zusammenhang mit präventivem Kinderschutz spielen. Es werden Konzepte entwickelt, um Eltern auf die Früherkennungsuntersuchungen (sog. U-Untersuchungen) aufmerksam zu machen. Dieses beinhaltet auch die Überprüfung, ob die Eltern mit ihren Kindern an diesen teilgenommen haben und die Möglichkeit einer Meldung solcher Eltern bei Nichterscheinen.

§ 4 KKG knüpft an die strafrechtliche Regelung des § 203 StGB an.[632] Die Verwirklichung des § 203 StGB aufgrund von Offenbarungen im Zusammenhang mit Kindesmisshandlungen wurde früher regelmäßig durch § 34 StGB gerechtfertigt.[633] Da § 34 StGB eine Interessenabwägung verlangt und nur bei dem Überwiegen des Interesses des Kindes eingreift, kam es in der Praxis zu Anwendungsschwierigkeiten und Unsicherheiten.[634] Besonders massiv waren die Unklarheiten in der Ärzteschaft, wenn es um die Weitergabe von Informationen im Gefährdungsfall ging.[635] Die Entscheidungsfindung wurde begleitet von weiteren Unklarheiten hinsichtlich der Rechtslage und der Befürchtung, folgenschwere Konsequenzen zu verursachen.[636] *Mörsberger* und *Wapler* sehen den Grund für die Unklarheiten allerdings nicht im Strafrecht, sondern in

---

[632] BT-Drs. 17/6256 S. 20.
[633] Siehe oben S. 99.
[634] So BT-Drs. 17/6256 S. 20, einen Beleg dafür liefert die Gesetzesbegründung aber nicht; auch BT-Drs. 16/12429 S. 8; der Ruf nach Rechtssicherheit erhallt auch bei *Bühring* DÄB 2010, 2531 (2531); Gedanke der Rechtssicherheit auch schon im ersten Entwurf, vgl. BT-Drs. 16/12429 S. 7.
[635] *Wapler* in Wiesner SGB VIII § 4 KKG Rn. 2.
[636] *Kemper/Kölch/Fangerau/Fegert* Ethik in der Medizin 2010, 33 (35).

der unklaren Gestaltung des ärztlichen Berufsrechts, da dies keinerlei Ausnahmetatbestände für die Schweigepflicht formuliert.[637]
Der Ruf nach einer neuen Regelung wurde laut: Kinder- und Jugendärzte verlangten eine datenrechtliche Absicherung, um bei einem Misshandlungsverdacht das Jugendamt einzubeziehen, ohne vorher die Eltern um Erlaubnis zu bitten.[638] Für viele Ärzte war unklar, wo die ärztliche Schweigepflicht endet, wenn im Rahmen einer Behandlung die Vermutung einer Kindesmisshandlung im Raum steht.[639] Der Arzt trug die Last zu entscheiden, ob er die Schweigepflicht bricht, um die vermeintliche Misshandlung zu melden, und gleichzeitig befürchten muss, ungewollt Zeuge in einem familiengerichtlichen oder strafrechtlichen Verfahren zu werden,[640] oder ob er seinen Verdacht für sich behält und ein hilfsbedürftiges Kind deshalb der Gefahr weiterer Misshandlungen aussetzt. Schwierigkeiten entstehen insbesondere dann, wenn keine Misshandlung vorliegt: Das Vertrauensverhältnis zum Arzt wird unwiederbringlich zerstört sein und auch der Ruf der Eltern kann massiv unter solchen Anschuldigungen leiden. Und auch wenn der Arzt eine tatsächliche Misshandlung nicht meldet und es zu weiteren Misshandlungen kommt, sind die Konsequenzen (insbesondere für das Kind) gravierend.[641]

Die Anwendung von § 34 StGB als Rechtfertigungsgrund für Schweigepflichtverletzungen wurde als nicht praxistauglich angesehen, denn sie galt nicht für diejenigen Ärzte, die schon bei einem Verdacht auf Kindesmissbrauch ihr Schweigen brachen.[642] Je nach Situation scheitert eine Rechtfertigung dann an dem Erfordernis der „Gegenwärtigkeit". Zwar genügte für viele Stimmen in der Literatur auch schon der Verdacht einer Kindesmisshandlung, um dem Arzt eine Rechtfertigungsmöglichkeit zuzusprechen,[643] aber ausdrücklich normiert war dies nicht. § 4 KKG versucht mit dem Merkmal „gewichtige Anhaltspunkte für eine Kindeswohlgefährdung", diese Lücke zu

---

[637] *Mörsberger/Wapler* FPR 2012, 437 (438).
[638] http://www.kinderaerzte-im-netz.de/news-archiv/meldung/article/kinder-und-jugendschutz-dringend-verbesserungs-beduerftig/ (zuletzt abgerufen am 26.08.2019).
[639] *Wapler* Gynäkologe 2012, 888 (889).
[640] *Müller* FPR 2009, 561 (561); Vitkas, Diss. 2014 S. 78.
[641] Zur strafrechtlichen Verantwortung des Arztes bei Unterlassen einer Meldung vgl. S. 19 ff.
[642] *Bühring* DÄB 2010, 2531 (2531); so auch *Kargl* in NK-StGB § 203 Rn. 66.
[643] *Bender* MedR 2002, 626 (630); *Cierniak/Niehaus* in MüKo-StGB § 203 Rn. 90; Herrmann/Dettmeyer/Banaschak/Thyen, Kindesmisshandlungen S. 293.

schließen, und erlaubt nun auch ein Handeln bei Verdacht einer Kindeswohlgefährdung.

Zusätzlich hatten diverse Bundesländer begonnen, Landesgesetze zum Kinderschutz zu erlassen, welche die Rechtsanwendung und damit die Sicherung des Kinderschutzes erschwerten[644] und zu einer Art „Rechtszersplitterung"[645] geführt hatten. *Kliemann* und *Fegert* sprechen von einem „gesetzlichen Flickenteppich"[646]. Die in § 4 KKG geregelte Befugnisnorm für sogenannte Berufsgeheimnisträger stellt nun bundeseinheitlich klar, dass ein unbefugtes Offenbaren bei der Weitergabe von Informationen an das Jugendamt gem. § 203 StGB nicht mehr vorliegt. Ein Rückgriff auf die allgemeinen Rechtfertigungs- und Entschuldigungsgründe wird damit entbehrlich,[647] ebenso wie die landesrechtlichen Regelungen, vgl. Art. 31 GG.

Art. 31 GG liefert eine Lösung für Widersprüche zwischen Bundesrecht und Landesrecht, die denselben Sachverhalt betreffen.[648] Geht der Inhalt der landesrechtlichen und der bundesrechtlichen Regelung nun auseinander, greift das Bundesrecht. Umgekehrt bedeutet dies aber auch, dass der sich nicht widersprechende Inhalt der Landesnorm weiterhin an Geltung behält.

Konkret bedeutet dies: Wenn Art. 14 Abs. 6 BayGDVG regelt, dass Ärztinnen und Ärzte verpflichtet sind, gewichtige Anhaltspunkte für eine Misshandlung unverzüglich dem Jugendamt zu melden, und § 4 KKG als Bundesgesetz nur die Befugnis, nicht aber eine Pflicht, normiert, Meldung an das Jugendamt zu machen, entfällt die Pflicht für die Ärztinnen und Ärzte in Bayern, da sie im Widerspruch zur bundesgesetzlichen Regelung steht. Die Verpflichtung der landesrechtlichen Norm wird durch die bundesrechtliche Norm verdrängt.[649] In den Gesetzesunterlagen findet sich allerdings eine Ausnahme zu dem oben beschriebenen Grundsatz. Aus Gründen der Rechtssicherheit verzichteten die Gesetzgeber auf eine Öffnungsklausel für weitergehendes Landesrecht.[650] Da Kinderschutzfälle häufig auch länderübergreifende Auswirkungen haben,

---

[644] BT-Drs. 17/6256 S. 20; zu ausgewählten landesrechtlichen Regelungen S. 108 ff.
[645] *Meysen* in Münder/Meysen/Trenczek § 4 KKG Rn. 84.
[646] *Kliemann/Fegert* ZRP 2011, 110 (112).
[647] BT-Drs. 17/6256 S. 20.
[648] *Korioth* in Maunz/Dürig Art. 31 Rn. 8.
[649] So auch *Schiefer* FuR 2018 514 (517).
[650] BT-Drs. 17/6256 S. 48.

würde eine solche Klausel nur zu Verunsicherungen, insbesondere bei der Ärzteschaft führen.

§ 4 KKG regelt im Einzelnen die Weitergabe und Information vertraulicher Daten für den Fall der Kindeswohlgefährdung. Sie richtet sich dabei an bestimmte Geheimnisträger, angelehnt an den Katalog des § 203 Abs. 1 und 2 StGB,[651] welche aufgrund ihrer beruflichen Tätigkeit in unmittelbarem Kontakt zu den Kindern stehen und befähigt sind, in einem solchen Fall die Problemlage mit den Eltern zu erörtern[652]. Erörtern meint in diesem Kontext die Vermittlung der diagnostischen Feststellungen.[653] § 4 KKG enthält drei unterschiedliche Regelungskomplexe, die mittelbar zusammenhängen.[654]

Es ist ein mehrstufiges Verfahren vorgesehen: Zunächst soll das Gespräch mit den Personensorgeberechtigten erörtert und auf Hilfe hingewiesen werden. Den Eltern soll ihre „vorrangige elterliche Erziehungsverantwortung"[655] und das „Primat der elterlichen Gefahrenabwendung"[656] nicht genommen werden. „Soll" bedeutet „Müssen im Regelfall", nur bei besonderen Umständen im Einzelfall darf davon abgewichen werden.[657] Entsprechend ist Abs. 1 auch als Informations*pflicht* ausgestaltet worden, welche Bestandteil der Aufklärungspflicht gegenüber den Eltern ist.[658] Dieses Gebot der Transparenz soll die Vertrauensbeziehung zwischen den Parteien wahren.[659] Abgewichen werden darf hiervon nur, wenn der wirksame Schutz des Kindes oder des Jugendlichen infrage gestellt wird. Auch hier müssen wieder eine Prognose und Abwägung durch den Arzt stattfinden, inwiefern er das Kind durch ein Gespräch gefährdet sieht.

3. Die Stufen im Einzelnen

§ 4 KKG regelt ein stufenartiges Vorgehen bei dem Verdacht auf Kindesmisshandlungen. Diese werden im Folgenden vorgestellt.

---

[651] Meysen/Eschelbach, Bundeskinderschutzgesetz Kap. 3 Rn. 59; *Streichsbier* in jurisPK-SGB VIII § 4 KKG Rn. 10.
[652] BT-Drs. 17/6256 S. 17.
[653] *Kunkel/Kemper* in LPK-SGB VIII § 4 KKG Rn. 5.
[654] *Wapler* in Wiesner SGB VIII § 4 KKG Rn. 1.
[655] BT-Drs. 17/6256 S. 19.
[656] BT-Drs. 17/6256 S. 19.
[657] *Kunkel/Kemper* in LPK-SGB VIII § 4 KKG Rn. 6; *Rixen* SRa 2012, 221 (222) Anm. in Fn. 13.
[658] BT-Drs. 17/6256 S. 19.
[659] Meysen/Eschelbach, Bundeskinderschutzgesetz Kap. 3 Rn. 76.

Stufe eins wird in Absatz 1 geregelt. Wörtlich lautet § 4 Abs. 1 KKG:

*(1) Werden*

1. *Ärztinnen oder Ärzten, Hebammen oder Entbindungspflegern oder Angehörigen eines anderen Heilberufes, der für die Berufsausübung oder die Führung der Berufsbezeichnung eine staatlich geregelte Ausbildung erfordert,*

*(...) in Ausübung ihrer beruflichen Tätigkeit gewichtige Anhaltspunkte für die Gefährdung des Wohls eines Kindes oder eines Jugendlichen bekannt, so sollen sie mit dem Kind oder Jugendlichen und den Personensorgeberechtigten die Situation erörtern und, soweit erforderlich, bei den Personensorgeberechtigten auf die Inanspruchnahme von Hilfen hinwirken, soweit hierdurch der wirksame Schutz des Kindes oder des Jugendlichen nicht in Frage gestellt wird.*

Absatz 1 regelt damit zunächst das mildeste Mittel, mit dem ein Berufsgeheimnisträger bei dem Verdacht einer Kindesmisshandlung vorgehen soll. Er soll das Gespräch mit den Personensorgeberechtigten suchen und unter Abwägung der Gefahren für das Kind auf Hilfe hinweisen. Zunächst soll der Berufsgeheimnisträger also versuchen, in seinem eigenen Verantwortungsbereich beratend und motivierend[660] der Gefährdung entgegenzutreten.[661] Auffällig ist die Formulierung „sollen". Ob sich hieraus eine Verpflichtung für die in Absatz 1 Nr. 1-7 genannten Personen ergeben soll, ist umstritten. Nach einer Meinung ergibt sich aus der Formulierung eindeutig eine Verpflichtung. Denn „sollen" bedeute im Regelfall „müssen" und nur im Ausnahmefall „können"[662]. Eine andere Ansicht lehnt eine Verpflichtung ab und verweist darauf, dass sich eine Verpflichtung allenfalls aus einer Garantenstellung ergeben könne.[663] Eine weitere Ansicht sieht in der Formulierung ebenfalls keine Verpflichtung, sondern vielmehr einen Appell an die in Absatz 1 genannten Berufsgruppen.[664]

Für eine Verpflichtung spricht die Formulierung „sollen" sowie der Wille des Gesetzgebers. Er beabsichtigte, die in Absatz 1 genannten Personen zum Handeln zu verpflichten.[665] Auch die Intention des Bundesgesetzgebers, den Kinderschutz effektiv zu verbessern, spricht hierfür.[666]

---

[660] *Jox* in BeckOGK-KKG § 4 Rn. 4.
[661] Mörsberge/Wapler FPR S. 439 (437).
[662] *Jox* in BeckOGK-KKG § 4 Rn. 15; BT-Drs. 17/6256 S. 19.
[663] *Kunkel/Kemper* in LPK-SGB VIII § 4 KKG Rn. 6.
[664] *Wapler* in Wiesner SGB VIII § 4 KKG Rn. 6.
[665] So ausdrücklich BT-Drs. 17/6256 Rn. 19.
[666] *Jox* in BeckOGK-KKG § 4 Rn. 16.

Allerdings ist fraglich, wie effizient eine Verpflichtungsnorm ist, deren Nichtbefolgung keinerlei Konsequenzen nach sich zieht. Die Norm sieht keine Maßnahmen vor, die greifen sollen, sofern sich einer der Adressaten des Absatzes 1 nicht an diese Verpflichtung hält. Gegen eine Verpflichtung sprich ferner die fehlende Gesetzgebungskompetenz des Bundes im Bereich der Berufsausübung.[667]
Insofern ist davon auszugehen, dass es sich im Zweifel nicht um eine Handlungspflicht handelt.

Kenntnis von der Gefährdung eines Kindes oder Jugendlichen muss der Berufsgeheimnisträger während der Ausübung seiner beruflichen Tätigkeit erlangt haben und nicht nur bei Gelegenheit.

*(2) Die Personen nach Absatz 1 haben zur Einschätzung der Kindeswohlgefährdung gegenüber dem Träger der öffentlichen Jugendhilfe Anspruch auf Beratung durch eine insoweit erfahrene Fachkraft. Sie sind zu diesem Zweck befugt, dieser Person die dafür erforderlichen Daten zu übermitteln; vor einer Übermittlung der Daten sind diese zu pseudonymisieren.*

Absatz 2 ergänzt Absatz 1 um einen Beratungsanspruch durch eine „insoweit erfahrene Fachkraft" und gehört somit noch zur ersten Stufe des Verfahrens.[668] Die Möglichkeit, eine solche Beratung in Anspruch zu nehmen, muss vom jeweils zuständigen Jugendamt offeriert werden, da die Berufsgeheimnisträger einen Rechtsanspruch darauf haben.[669] Absatz 2 ermöglicht es den Geheimnisträgern, die in Absatz 1 genannt werden, sich bei der Einschätzung, ob eine Kindeswohlgefährdung vorliegt, an eine kompetente Fachkraft zu wenden, welche bei der Beurteilung unterstützend tätig sein soll. Der Beratungsanspruch stellt für die in § 4 Abs. 1 S. 1 KKG genannten Gruppen ein gegen den Träger der öffentlichen Jugendhilfe gerichtetes subjektiv-öffentliches Recht dar.[670] Die Einbeziehung fachlicher Expertise soll hingegen nur auf konkrete Einzelfälle bezogen sein und keine Sammlung von Verdachtsmomenten ermöglichen.[671] Es geht darum eine Gefährdungseinschätzung für den Einzelfall zu ermöglichen, nicht darum, Berufsgeheimnisträgern eine Tür zu öffnen, die das wahllose Sammeln und Austauschen von Daten ermöglicht.[672] Vielmehr

---

[667] *Kunkel/Kemper* in LPK-SGB VIII § 4 KKG Rn. 1, 6.
[668] *Jox* in BeckOGK-KKG § 4 Rn. 40.
[669] *Kunkel/Kemper* in LPK-SGB VIII § 4 KKG Rn. 7, 10; *Jox* in BeckOGK-KKG § 4 Rn. 41.
[670] *Rixen* SRa 2012, 221 (226 f.).
[671] BT-Drs. 17/6256 S. 19.
[672] BT-Drs. 17/6256 S. 19.

geht es neben der Einschätzungshilfe auch um die mögliche in Betracht kommende Hilfe, die ggf. mit den Personenberechtigten zu erörtern ist.[673]
Um aus der ersten Stufe (die Einschätzung der Situation) nicht zugleich die zweite Stufe im Sinne eines „vorzeitigen Datenergusses"[674] werden zu lassen, sind die Daten zu pseudonymisieren. Auf diesen Begriff wird im Folgenden noch näher eingegangen.

Absatz 3 beinhaltet den zweiten Schritt des zweistufigen Verfahrens.

*(3) Scheidet eine Abwendung der Gefährdung nach Absatz 1 aus oder ist ein Vorgehen nach Absatz 1 erfolglos und halten die in Absatz 1 genannten Personen ein Tätigwerden des Jugendamtes für erforderlich, um eine Gefährdung des Wohls eines Kindes oder eines Jugendlichen abzuwenden, so sind sie befugt, das Jugendamt zu informieren; hierauf sind die Betroffenen vorab hinzuweisen, es sei denn, dass damit der wirksame Schutz des Kindes oder des Jugendlichen in Frage gestellt wird. Zu diesem Zweck sind die Personen nach Satz 1 befugt, dem Jugendamt die erforderlichen Daten mitzuteilen.*

Stufe 2 soll eingreifen, wenn die Bemühungen nach Absatz 1 fehlgehen, also konkret die Abwendung der Gefährdung ausscheidet oder erfolglos war. Nach Absatz 3 soll es den Adressaten des Absatzes 1 in diesem Fall erlaubt sein, das Jugendamt zu informieren, wenn sie dies für erforderlich halten. Absatz 3 Satz 1 trifft für die zweite Stufe eine Verfahrensregelung,[675] die der Regelung in § 8a Abs. 4 S. 2 SGB VIII ähnelt. Auch dort haben die freien Träger der Jugendhilfe zunächst bei den Erziehungsberechtigten auf die Inanspruchnahme von Hilfe hinzuwirken, sofern sie diese für erforderlich halten und schließlich das Jugendamt zu informieren, falls die Gefährdung nicht anders abgewendet werden kann.

Eine Abwendung der Gefahr auf anderem Weg scheidet beispielsweise dann aus, wenn sich die Personensorgeberechtigten weigern an der Verbesserung der Situation mitzuwirken, Hilfe ablehnen oder bereits das Gespräch verweigern[676]. Denkbar ist außerdem, dass Personensorgeberechtigte aufgrund von Suchtproblemen nicht in der Lage sind, in geeigneter Form an der Abwendung der Gefährdungssituation mitzuwirken.[677] Erfolglos i.S.d. § 4 Abs. 3

---

[673] *Kunkel/Kemper* in LPK-SGB VIII § 4 KKG Rn. 5; *Jox* in BeckOGK-KKG § 4 Rn. 44.
[674] *Kunkel/Kemper* in LPK-SGB VIII § 4 KKG Rn. 9.
[675] *Jox* in BeckOGK-KKG § 4 Rn. 50.
[676] *Jox* in BeckOGK-KKG § 4 Rn. 51.
[677] *Jox* in BeckOGK-KKG § 4 Rn. 51.

S. 1 KKG bleibt dagegen eine Abwendung der Gefährdung, wenn zwar Hilfsangebote zunächst wahrgenommen, aber später abgebrochen wurden, oder die Personensorgeberechtigten zunächst zwar kooperativ waren, im Nachhinein aber keine Mitwirkung mehr gezeigt haben.

Liegen diese Voraussetzungen vor, kann das Jugendamt informiert werden, wenn dies für notwendig erachtet wird. Erforderlich ist ein Einschalten des Jugendamtes beispielsweise dann, wenn ein Zuwarten die Gefahr weiterer Verschlechterungen für das Kind nach sich zieht oder weitere Schäden drohen.[678] Da die Personen nach Absatz 1 nicht in der Lage sind, Maßnahmen gegen oder ohne den Willen der Personensorgeberechtigten durchzusetzen, muss in diesen Fällen das Jugendamt hinzugezogen werden, welches dann Maßnahmen nach § 8a SGB VIII vornimmt.[679] Absatz 3 S. 2 regelt, dass die Betroffenen vorab auf die Information des Jugendamtes hinzuweisen sind, es sei denn, dies gefährde das Kind oder den Jugendlichen. Betroffene sind sowohl die Personensorgeberechtigten als auch das Kind bzw. der Jugendliche.[680]

Die Befugnis in § 4 Abs. 3 KKG umfasst nur die Weitergabe von Daten an das Jugendamt, nicht aber an Staatsanwaltschaft und Polizei[681]. Funktional werden die Geheimnisträger damit zum „verlängerten Arm des Jugendamtes"[682]. Unter Daten sind alle (Sozial-)Daten i.S.d. § 67 Abs. 2 SGB VIII zu verstehen, die das Jugendamt benötigt, um weitere Schritte gegen die Kindeswohlgefährdung einzuleiten[683].

Im Folgenden sei ferner kurz erwähnt, in welchem Verhältnis sich § 4 KKG und § 34 StGB gegenüberstehen. Man könnte annehmen, dass § 4 KKG und § 34 StGB nebeneinander anwendbar sind. Jedoch spricht bereits die Gesetzesbegründung dagegen: Sie stellt fest, dass durch § 4 KKG für die Berufsgeheimnisträger Handlungssicherheiten geschaffen werden, die den Rückgriff auf die allgemeinen strafrechtlichen Rechtfertigungsgründe entbehrlich machen.[684] Dies spricht dafür, dass § 4 KKG einen gegenüber § 34 StGB

---

[678] *Jox* in BeckOGK-KKG § 4 Rn. 53.
[679] *Jox* in BeckOGK-KKG § 4 Rn. 53.
[680] *Jox* in BeckOGK-KKG § 4 Rn. 55.
[681] *Kunkel/Kemper* in LPK-SGB VIII § 4 KKG Rn. 13.
[682] *Rixen* SRa 2012, 221 (222).
[683] *Jox* in BeckOGK-KKG § 4 Rn. 59.
[684] BT-Drs. 17/6256 S. 20; so auch *Gaidzik* in NK-MedR § 205 StGB Rn. 14.

spezielleren Rechtfertigungsgrund darstellt.[685] Auch *Kunkel* spricht bei § 4 KKG von einer „bundesgesetzlichen Klarstellung des Vorliegens eines rechtfertigenden Notstandes"[686]. § 4 KKG spiegelt die Vorstellung des Gesetzgebers wider, wie die Gefahr „anders abgewendet" i.S.d. § 34 StGB werden kann,[687] nämlich durch die Meldung an das Jugendamt. Für Meldungen z.B. an die Strafverfolgungsbehörden bleibt somit kein Raum, da die Voraussetzungen des § 34 StGB (die Gefahr darf nicht anders abwendbar sein) gerade nicht vorlägen. Einzig die Situation, dass das Jugendamt untätig bleibt und die Gefahr eben nicht abwendet, eröffnet den Rückgriff auf § 34 StGB[688] und damit auch eine Meldung an die Polizei oder Staatsanwaltschaft.[689] § 4 KKG ist somit, zumindest bezüglich der Mitteilungsbefugnis gegenüber dem Jugendamt, ein sogenanntes Spezialgesetz gegenüber § 34 StGB.[690] Für alle Fälle, in denen § 4 Abs. 3 S. 2 KKG nicht einschlägig ist, wie beispielsweise bei der Weitergabe von Informationen an andere Institutionen als das Jugendamt, ist § 34 StGB nach wie vor anwendbar.[691]

Gerechtfertigt wird ein Eingriff nach § 4 Abs. 3 KKG in das grundrechtlich geschützte Elternrecht (Art. 6 Abs. 2 S. 1 GG) durch das staatliche Wächteramt, Art. 6 Abs. 2 S. 2 GG.[692] Das Wächteramt des Staates ist vorrangig dort gefordert, wo eine bestehende Kindeswohlgefährdung von den Personensorgeberechtigten nicht abgewendet wird.[693] Grundlage für die Informationsweitergabe ist eine fehlgehende Intervention und die Einschätzung, dass eine Kindeswohlgefährdung vorliegt, die nicht anders abgewendet werden kann.[694] Es genügt, dass der Berufsgeheimnisträger die Information des Jugendamtes subjektiv für erforderlich hält. Tatsächlich muss das Eingreifen des Jugendamtes zur Gefahrenabwendung nicht erforderlich sein.[695]

---

[685] So auch ausdrücklich BT-Drs. 17/6256 S. 20.
[686] *Kunkel* in Kunkel SGB VIII⁵ § 4 KKG Rn. 1.
[687] *Kunkel/Kemper* in LPK-SGB VIII § 4 KKG Rn. 2; *Schiefer* FuR 2018, 514 (516).
[688] *Kunkel/Kemper* in LPK-SGB VIII § 4 KKG Rn. 2;
[689] *Kunkel/Kemper* in LPK-SGB VIII § 4 KKG Rn. 13; *Streichsbier* in jurisPK-SGB VIII § 4 KKG Rn. 28.
[690] Vitkas, Diss. 2014 S. 103 f.; *Weber/Duttge/Höger* MedR 2014, 777 (783).
[691] BT-Drs. 17/6256 S. 20; *Kunkel/Kemper* in LPK-SGB VIII § 4 KKG Rn. 2; *Jox* in BeckOGK-KKG § 4 Rn. 62.
[692] BT-Drs. 17/6256 S. 20.
[693] *Jox* in BeckOGK-KKG § 4 Rn. 50.
[694] BT-Drs. 17/6256 S. 19.
[695] *Kunkel/Kemper* in LPK-SGB VIII § 4 KKG Rn. 12.

Auf die Weitergabe der Informationen müssen die Betroffenen vorher hingewiesen werden, es sei denn, dies hätte negative Konsequenzen für das Kind. Bei dieser Befugnis zur Datenweitergabe handelt es sich um eine datenschutzrechtliche Erlaubnisnorm.[696] Hier spiegelt sich das aus dem Recht auf informationelle Selbstbestimmung abgeleitete Prinzip wider, dass der Betroffene „Herr seiner Daten" bleiben soll, es soll keine Datenübermittlung hinter seinem Rücken erfolgen.[697] Daraus folgt, dass Datenübermittlungen zwar gegen den Willen des Berechtigten, aber nie ohne dessen Kenntnis erfolgen können.[698]

## 4. Begrifflichkeiten

Um den Anwendungsbereich von § 4 KKG besser zu verstehen, bedarf es der Erläuterung einiger in der Norm befindlicher Begrifflichkeiten. Vorliegend werden diese nach Absätzen sortiert dargelegt.

a)  Absatz 1: „gewichtige Anhaltspunkte"

Der Anwendungsbereich der Norm soll erst eröffnet sein, wenn den genannten Personen „gewichtige Anhaltspunkte für die Gefährdung des Wohls eines Kindes oder Jugendlichen" in Ausübung ihres Berufes bekannt werden. Damit ist Kenntnis im privaten Bereich ausgenommen.[699] Es stellt sich die Frage, wann solche „gewichtigen Anhaltspunkte für eine Kindeswohlgefährdung" gegeben sind. Angelehnt ist diese Begrifflichkeit an § 8a SGB VIII, welcher den Schutzauftrag des Jugendamtes bei Kindeswohlgefährdung regelt. Danach liegen gewichtige Anhaltspunkte vor, wenn konkrete Hinweise oder ernstzunehmende Vermutungen für eine Gefährdung vorliegen.[700] Die (zu erwartenden) Schäden können sich auf die leibliche, die geistige oder die seelische Befindlichkeit des Kindes beziehen.[701]
Es handelt sich um schlüssige Informationen, Beobachtungen und Bewertungen, die einen Schadenseintritt i.S.d. § 1666 BGB wahrscheinlich erscheinen

---

[696] *Jox* in BeckOGK-KKG § 4 Rn. 56.
[697] So das sogenannte Volkszählungsurteil des Bundesverfassungsgerichts, BVerfG Urt. v. 15.12.1983 – 1 BvR 209/83 NJW 1984, 419 (422).
[698] BSG Urt. v. 25.01.2012 – B 14 AS 65/11 R.
[699] *Kunkel/Kemper* in LPK-SGB VIII § 4 KKG Rn. 5; *Meysen* in Münder/Meysen/Trenczek § 4 KKG Rn. 94.
[700] Meysen/Eschelbach, Bundeskinderschutzgesetz Kap. 3 Rn. 72; *Meysen* in Münder/Meysen/Trenczek § 4 KKG Rn. 93; *Schiefer* FuR 2018, 514 (515) nennt als Beispiel Verletzungen, für die es keine plausible Erklärung gibt.
[701] *Wapler* Gynäkologe 2012, 888 (889).

lassen.[702] Eine weitergehende Definition ist schwer möglich, da für die Beurteilung vor allem entwicklungspsychologische, medizinische und psychosoziale Aspekte ausschlaggebend sind. Es kommt auf das Gesamtbild der Hinweise an: Diese dürfen nicht nur entfernt eine potenzielle Gefahr vermuten lassen, sondern müssen ein gewisses Gewicht haben.[703] Die Gesetzesbegründung schweigt sich diesbezüglich aus. Fakt ist aber, dass es sich bei der Beurteilung, ob gewichtige Anhaltspunkte für eine Kindeswohlgefährdung vorliegen, immer um eine subjektive Einschätzung mit erhöhtem Fehlerpotential handelt.

b)   Absatz 1: „bekannt geworden in Ausübung ihrer beruflichen Tätigkeit"

Bekannt geworden sein müssen die gewichtigen Anhaltspunkte in Ausübung der beruflichen Tätigkeit des Berufsgeheimnisträgers. Hier ist die Hürde geringer als in § 203 StGB, welcher ein „Anvertrauen" voraussetzt. *Vitkas* versteht das Bekanntwerden als ein Erfahren von Tatsachen, sei es auf mündlichem oder schriftlichem Weg oder auf sonstige Weise. Insbesondere fällt hierunter, wovon der Arzt aufgrund seiner persönlichen Wahrnehmung Kenntnis erlangt hat.[704] Das Merkmal „in Ausübung der beruflichen Tätigkeit" verlangt einen inneren Zusammenhang zwischen Kenntniserlangung und beruflicher Tätigkeit, der Zugang zu dem Geheimnis muss möglich geworden sein, gerade weil er Arzt ist.[705]

c)   Absatz 2: „durch eine insoweit erfahrene Fachkraft"

Auch hier fehlt in der Gesetzesbegründung eine Konkretisierung zur Verdeutlichung, was mit „insoweit erfahrene Fachkraft" gemeint ist. Zwar werden in der Gesetzesbegründung exemplarisch Personen aus einer Beratungsstelle oder einem Kinderschutzzentrum genannt,[706] jedoch reicht der Kreis der mit Kinderschutz erfahrenen Fachkräfte deutlich weiter. Angelehnt ist der Begriff an § 72 SGB VIII: eine Fachkraft ist demnach eine Person, die eine Einschätzung des Gefährdungsrisikos vornehmen kann, da sie über entsprechende Kenntnisse rechtlicher und psychologischer Art durch Fort-, Aus- und

---

[702] *Kunkel/Kemper* in LPK-SGB VIII § 4 KKG Rn. 5.
[703] *Meysen* in Münder/Meysen/Trenczek SGB VIII § 8a Rn. 15; ebenso *Wiesner* in Wiesner SGB VIII § 8a Rn. 14a; *Bringewat* in LPK-SGB VIII § 8a SGB VIII Rn. 35 ff.
[704] Vitkas, Diss. 2014 S. 85.
[705] *Schünemann* ZStW 1978, 11 (57).
[706] vgl. BT-Drs. 17/6526 S. 19.

Weiterbildung verfügt.[707] Auch in § 8a SGB VIII, der im Regelungsgehalt dem § 4 KKG ähnelt, wird die insoweit erfahrene Fachkraft erwähnt. Kinderschutz ist im SGB VIII, dem Gesetz über die Kinder- und Jugendhilfe, originär verankert. Das KKG nimmt unmittelbar Bezug auf das SGB VIII, indem es Formulierungen und Vorgehensweisen übernimmt. Als Anhang vom SGB VIII ist es auch systematisch mit dem SGB VIII verbunden und eine Bezugnahme logisch.

d)   Absatz 2: „Pseudonymisieren"

Um eine Verletzung der Schweigepflicht zu vermeiden, sind die Daten zu pseudonymisieren. Pseudonymisieren meint, die Verarbeitung personenbezogener Daten in einer Weise, dass die personenbezogenen Daten ohne Hinzuziehung zusätzlicher Informationen nicht mehr einer spezifischen betroffenen Person zugeordnet werden können, sofern diese zusätzlichen Informationen gesondert aufbewahrt werden und technischen und organisatorischen Maßnahmen unterliegen, die gewährleisten, dass die personenbezogenen Daten nicht einer identifizierten oder identifizierbaren natürlichen Person zugewiesen werden, vgl. Art. 4 Nr. 5 Datenschutzgrundverordnung (DS-GVO).

e)   Absatz 3: „Hinweise an die Betroffenen über die Informierung des Jugendamtes"

In Absatz 3 wird die Weitergabe der Informationen an das Jugendamt geregelt: Wenn der Geheimnisträger eine Weitergabe subjektiv für erforderlich hält, kann das Jugendamt informiert werden. Objektiv muss die Notwendigkeit des Eingreifens des Jugendamtes nicht vorliegen.[708] Es ist erforderlich, dass vor einer Weitergabe der Informationen die Betroffenen in Kenntnis über die Weitergabe gesetzt werden. Was unter Betroffenen zu verstehen ist, wird in der Gesetzesbegründung nicht erläutert. Als Betroffene kommen die Personensorgeberechtigten, aber auch das Kind bzw. der Jugendliche in Betracht.[709] Dies ist auch konsequent, denn es sind eben diese Personen, denen gegenüber der Arzt zum Schweigen verpflichtet ist, ergo müssen sie auch darüber informiert werden, wenn betreffende Informationen weitergegeben werden.

---

[707] *Kunkel/Kemper* in LPK-SGB VIII § 4 KKG Rn. 7.
[708] *Kunkel/Kemper* in LPK-SGB VIII § 4 KKG Rn. 12.
[709] *Kunkel/Kemper* in LPK-SGB VIII § 4 KKG Rn. 12.

## 5. Die systematische Einordnung der Norm

### a) Hintergrund

Ob es sich bei § 4 Abs. 3 KKG systematisch um einen Rechtfertigungsgrund, oder aber um eine den Tatbestand des § 203 StGB ausschließende Norm handelt, ist nicht eindeutig festgelegt. Beide Konstellationen sind denkbar.

Die Befugnis, das Jugendamt über vertrauliche Informationen zu informieren, wenn dies aufgrund erfolglosen Einwirkens auf die Betroffenen für erforderlich gehalten wird, könnte als Rechtfertigungsgrund für § 203 StGB verstanden werden. Aufgrund der Einheit und Widerspruchsfreiheit der Rechtsordnung können grundsätzlich Normen aus allen Rechtsbereichen rechtfertigende Wirkung entfalten,[710] somit gilt dies auch für die dem Sozialrecht entstammende Vorschrift des § 4 Abs. 3 KKG[711].

Handelt es sich bei der Offenbarungsbefugnis des § 4 Abs. 3 KKG um einen Rechtfertigungsgrund, läge tatbestandlich die Verwirklichung des § 203 StGB vor. Erst auf Rechtfertigungsebene wird diese gestattet.[712] Auf Tatbestandsebene liegt weiterhin die Verletzung einer Strafnorm vor, die durch § 4 Abs. 3 KKG gerechtfertigt wäre. Auf Seiten des Opfers entsteht durch die Rechtfertigung des Täters eine Duldungspflicht zur Beeinträchtigung seiner Güter,[713] also eine Duldung der Weitergabe persönlicher Informationen.

Weitere Konsequenzen ergäben sich für den Bereich der Irrtumslehre. Sieht man in § 4 Abs. 3 KKG einen Rechtfertigungsgrund, wäre ein Irrtum auf Rechtfertigungsebene zu untersuchen. Irrt sich der Täter über das Vorliegen eines Rechtfertigungsgrundes, liegt ein sogenannter Erlaubnistatbestandsirrtum[714] vor.

Wird in § 4 Abs. 3 KKG ein Tatbestandsausschluss gesehen, führt dies bei einem Irrtum zu einem Tatbestandsirrtum, welcher nach § 16 Abs. 1 S. 1 StGB

---

[710] BGH Urt. v. 23.10.1957 – 2 StR 458/56 NJW 1958, 799 (799); *Zieschang* in LK-StGB § 34 Rn. 14, 21; *Rönnau* in LK-StGB[12] Vorb. zu §§ 32 ff. Rn. 21.
[711] *Zieschang* in LK-StGB § 34 Rn. 21, 105.
[712] Kindhäuser, Strafrecht AT § 15 Rn. 1.
[713] Kindhäuser, Strafrecht AT § 15 Rn. 2.
[714] Ausführlich zur Behandlung des Erlaubnistatbestandsirrtums und Darstellung des Streitstandes Roxin, Strafrecht AT I § 14 Rn. 52 ff.

den Vorsatz ausschließt.⁷¹⁵ Der Täter irrt dann über einen Umstand, der zum Tatbestand gehört, vorliegend wäre es ein Irrtum über die Unbefugtheit der Weitergabe der Daten. Die Unbefugtheit soll aber durch § 4 KKG gerade entfallen. Dem Merkmal „unbefugt" kommt im Rahmen des § 203 StGB dabei eine Doppelfunktion zu, es ist sowohl Begrenzung des Tatbestandes als auch Deliktsmerkmal der Rechtswidrigkeit.⁷¹⁶ Da sich der Vorsatz immer auf alle objektiven Merkmale der Tat beziehen muss, entfällt dieser konsequenterweise, wenn der Täter eine irrtümliche Vorstellung des Tatbestandes hat.
Im Ergebnis liegt daher nur ein geringer Unterschied vor: Beim Tatbestandsirrtum entfällt der Vorsatz nach § 16 Abs. 1 S. 1 StGB, der Erlaubnistatbestandsirrtum wird mit der h.M.⁷¹⁷ über § 16 Abs. 1 S. 1 StGB analog gelöst. Im Ergebnis entfiele somit beide Male der Vorsatz.

Bei einem Tatbestandsausschluss handelt der Täter, wie der Begriff vermuten lässt, von vorneherein nicht tatbestandsmäßig. Die Verwirklichung einer Strafnorm ist damit ausgeschlossen und eine Rechtfertigung nicht denkbar. Für den hier behandelten Fall bedeutet dies, dass der Tatbestand des § 203 StGB durch die Offenbarungsbefugnis gar nicht berührt würde.

b) Stellungnahme

Sowohl für einen Tatbestandsausschluss als auch für eine Rechtfertigung lassen sich gute Argumente finden:
Für den Tatbestandsausschluss spricht, dass dieser mehr Rechtssicherheit vermitteln würde. Gerade hierum geht es in § 4 KKG: Er wurde entwickelt, um die Unsicherheiten, die aus dem Rechtfertigungsgrund des § 34 StGB hervorgingen, zu beseitigen.⁷¹⁸ Es kann nicht geleugnet werden, dass es mehr Rechtssicherheit schaffen würde, von vornherein die Strafbarkeit auszuschließen, sodass es einer Rechtfertigung gar nicht mehr bedarf.
Andererseits spricht ebenfalls viel für die Charakterisierung des § 4 Abs. 3 KKG als Rechtfertigungsgrund.
Es ist festzustellen, dass schon in den Gesetzesbegründungsunterlagen eine klare Orientierung in Richtung Rechtfertigungsgrund erkennbar ist. Das gesetzgeberische Ziel, der rechtsunsicheren Situation der Rechtfertigung über

---

⁷¹⁵ Dies wird so auch bei dem Irrtum über eine tatbestandsausschließende Einwilligung (str.) angenommen, vgl. *Kaiser* in Erbs/Kohlhaas § 106 UrhG Rn. 31.
⁷¹⁶ *Eisele* in Schönke/Schröder § 203 Rn. 29.
⁷¹⁷ Zum Streit ausführlich vgl. nur *Kudlich* in BeckOK-StGB § 16 Rn. 22 ff.
⁷¹⁸ BT-Drs. 17/6256 S. 20.

§ 34 StGB abzuhelfen, spricht dafür, dass hier eine Rechtfertigungsnorm geschaffen werden sollte, welche eben nicht die Probleme einer umfassenden Güterabwägung, wie sie § 34 StGB beinhaltet, mit sich bringt. Die Gesetzesbegründung führt weiterhin dazu aus, dass durch § 4 Abs. 3 KKG ein Rückgriff auf die allgemeinen strafrechtlichen Rechtfertigungs- und Entschuldigungsgründe nicht mehr notwendig ist,[719] was so verstanden werden kann, dass dies so ist, da nun ein spezieller Rechtfertigungsgrund vorliegt. Auch ist in der Gesetzesbegründung ausdrücklich vorgesehen, dass eine Offenbarung im Sinne des § 203 StGB durch den § 4 Abs. 3 KKG nicht mehr als „unbefugt" zu bewerten ist.[720] Die fehlende Befugnis im Kontext der Offenbarung ist ein Merkmal, welches nach herrschender Meinung in der Rechtswidrigkeit zu prüfen ist.[721]

In der Konsequenz bedeutet dies: Liegt eine Befugnis vor, fehlt es an der *Rechtswidrigkeit* der Tat. Ein tatbestandsmäßiger Geheimnisbruch ist dennoch gegeben, aber zur Abwendung einer Gefährdung für das Kind oder den Jugendlichen nach § 4 Abs. 3 KKG gerechtfertigt.

Eine Ansicht sieht in § 4 Abs. 3 KKG eine bundesgesetzliche Klarstellung zum Vorliegen eines rechtfertigenden Notstandes.[722] § 4 KKG soll, wie bereits erwähnt, konkretisieren, wann und wie eine Gefahr „anders abwendbar" i.S.d § 34 StGB ist.[723] Der Wortlaut des § 4 Abs. 3 S. 1 KKG weist zudem sowohl wörtlich als auch inhaltlich Parallelen zu § 34 StGB auf: Beide Normen stellen auf die Abwendung einer Gefahr ab, was ebenfalls für einen Rechtfertigungsgrund spricht.

Eine ähnliche Diskussion wird bezüglich der Zustimmung zur Geheimnisoffenbarung im Hinblick auf § 85 GmbHG und § 333 HGB geführt.[724] Hier wird darauf abgestellt, welche Konsequenzen der Zustimmende hervorrufen möchte: Stellt die Zustimmung einen generellen Offenbarungswillen dar, soll das Geheimnis also künftig keines mehr sein, handelt es sich um einen Tatbestandsausschluss.[725] Soll aber lediglich der Kreis der Geheimnisträger

---

[719] BT-Drs. 17/6256 S. 20.
[720] BT-Drs. 17/6256 S. 20.
[721] *Kargl* in NK-StGB § 203 Rn. 50.
[722] *Kunkel* in Kunkel SGB VIII⁵ § 4 KKG Rn. 1.
[723] *Kunkel/Kemper* in LPK-SGB VIII § 4 KKG Rn. 2.
[724] *Altenhain* in MüKo-GmbHG § 85 GmbHG Rn. 35 f.
[725] *Dannecker* in Michalski GmbHG § 85 Rn. 58; *Haas* in Baumbach/Hueck GmbHG²¹ § 85 Rn. 10, 13; *Otto* in Heymann HGB § 333 Rn. 34; *Waßmer* in MüKo-BilanzR § 333 HGB Rn. 39; *Otto* wistra 1988, 125 (128).

ausgeweitet werden und das Geheimnis als solches, Dritten gegenüber nach wie vor geschützt sein, nimmt die herrschende Ansicht hier einen Rechtfertigungsgrund an.[726]

Natürlich ist eine Zustimmung zur Offenbarung nicht genauso zu behandeln, wie eine gesetzliche Offenbarungsbefugnis. Bei der Zustimmung gibt der Geheimnisinhaber bewusst und willentlich sein Einverständnis zur Offenlegung eines geheimen Umstandes. Liegt eine gesetzliche Offenbarungsbefugnis vor, wie hier durch § 4 Abs. 3 KKG, wird der Geheimnisträger außen vorgelassen. Die „Zustimmung" übernimmt der Gesetzgeber für ihn, indem er entscheidet, dass in bestimmten Fällen ein Geheimnis offenbart werden darf. Hier ließe sich eine Parallele zu den oben dargestellten Überlegungen ziehen, indem man auf den Willen des Gesetzgebers abstellt, da dieser der „Quasi-Zustimmende" ist. Auch hier käme man wohl zu dem Ergebnis, dass es nur beabsichtigt war, den Kreis der Geheimnisträger zu erweitern, nämlich um die Mitglieder des Jugendamtes, die daraufhin handeln sollen. Dass den übermittelten Daten die Geheimnisqualität abgesprochen werden soll, ginge zu weit. Ganz abgesehen davon, dass es hier wohl auch zu einem unverhältnismäßigen Eingriff in das Recht auf informationelle Selbstbestimmung des Geheimnisträgers nach Art. 2 Abs. 2, Art. 1 Abs. 1 GG, kommen würde.

Im Ergebnis ist also von einer Rechtfertigungsnorm auszugehen.

### 6. Garantenpflicht aus § 4 KKG

Mit Verweis auf die Diskussion oben zu einer möglichen Garantenpflicht des Arztes gegenüber dem Kind, soll an dieser Stelle erläutert werden, ob sich eine solche ggf. aus § 4 KKG ergeben könnte. Die Gesetzesbegründung enthält hierzu keinerlei Angaben, insofern muss auf die allgemeinen Grundsätze zurückgegriffen werden.

Aus der Offenbarungsbefugnis des § 4 KKG würde dann eine Offenbarungspflicht, wenn der Berufsgeheimnisträger eine Garantenstellung nach § 13 StGB innehat. Diese bestünde beispielsweise dann, wenn eine rechtliche oder tatsächliche Schutzübernahme für das Kind vorläge.[727]

---

[726] *Dannecker* in Michalski GmbHG § 85 Rn. 58, 70; *Waßmer* in MüKo-BilanzR § 333 HGB Rn. 39; *Otto* wistra 1988 125, (128); *Otto* in Heymann HGB § 333 Rn. 35; Gegenansichten sehen auch hier einen Tatbestandsausschluss vgl. *Arians* in Oehler S. 358; *Tiedemann/Rönnau* in Scholz GmbHG § 85 Rn. 20.

[727] So *Kunkel/Kemper* in LPK-SGB VIII § 4 KKG Rn. 14; zur Garantenstellung und -pflicht siehe auch oben S. 19.

## a) Garantenstellung aus § 4 Abs. 1 KKG

Auf die Übernahme einer Schutzpflicht stellt *Jox* ab und zieht eine Parallele zu der Herleitung einer Beschützergarantenstellung beim Schutzauftrag bei Kindeswohlgefährdung nach § 8a SGB VIII für die dort tätigen Personen.[728] Eine Beschützergarantenstellung könne sich nämlich auch daraus ergeben, dass eine gesetzliche Vorschrift den Adressaten zur Übernahme des Schutzes eines Rechtsguts verpflichte.[729] Daraus folgert *Jox*, dass für die Personen aus § 4 Abs. 1 KKG im Regelfall eine Verpflichtung erwächst, bei Bekanntwerden von Anhaltspunkten für eine Kindeswohlgefährdung das weitere dort vorgesehene Verfahren einzuleiten.[730] Zur Begründung zieht er den Sinn und Zweck der Norm heran. Ein effektiver Kinderschutz könne nur erreicht werden, wenn das Nichtergreifen von geeigneten Maßnahmen nicht sanktionslos bliebe. Entsprechend entfiele die Beschützergarantenstellung dann, wenn die Voraussetzungen des Absatzes 1 nicht vorlägen. Zusätzlich soll sich eine Beschützergarantenstellung aus der tatsächlichen Übernahme der Verpflichtung zur Mitwirkung an weiteren Kindeswohlgefährdungen vermeidenden Maßnahmen durch die Durchführung des in Absatz 1 geregelten Verfahrens ergeben.[731]

Weiterer Anhaltspunkt für eine Garantenstellung sei die Ausgestaltung der Norm als sogenannte „Soll-Vorschrift"[732]. Ärzte sollen bei Anhaltspunkten einer Kindeswohlgefährdung die Situation mit dem betroffenen Kind und den Personensorgeberechtigten erörtern und ggf. auf die Inanspruchnahme von Hilfe einwirken. Dabei sollen die Betroffenen als „Partner" und „Experten in eigener Sache" verstanden werden.[733] Soll-Vorschriften zeichnen sich dadurch aus, dass sie im Regelfall ein Handeln fordern und nur bei Ausnahmen davon

---

[728] *Jox* in BeckOGK-KKG § 4 Rn. 65; mit Verweis auf *Bosch* in Schönke/Schröder § 13 Rn. 31a und Fischer § 13 Rn. 33.
[729] *Jox* in BeckOGK-KKG § 4 Rn. 65.
[730] *Jox* in BeckOGK-KKG § 4 Rn. 66.
[731] *Jox* in BeckOGK-KKG § 4 Rn. 68.
[732] Vgl. bereits oben S. 117 f.
[733] *Streichsbier* in jurisPK-SGB VIII § 4 KKG Rn. 14.

absehen.[734] Im Beispielsfall läge eine solche Ausnahme vor, wenn der Schutz des Kindes durch das Gespräch in Frage gestellt würde, vgl. § 4 Abs. 1 letzter Hs. KKG. Versteht man die Soll-Vorschrift so, stelle laut *Vitkas* § 4 Abs. 1 Nr. 1 KKG eine Rechtspflicht des Arztes dar, gegen Kindeswohlgefährdung einzuschreiten.[735]

*Maywald*[736] sieht hingegen keine Verpflichtung für Akteure des Gesundheitswesens und kritisiert dies gleichzeitig. Er befürwortet eine Verpflichtung zur Zusammenarbeit mit der Kinder- und Jugendhilfe in Kinderschutzfällen.

b)  Garantenpflicht aus § 4 Abs. 3 KKG

Teilweise wird vertreten, dass sich unproblematisch eine Garantenpflicht für Ärzte in § 4 Abs. 3 KKG hineinlesen ließe.[737] Allerdings wird dies nicht geprüft oder mit Argumenten belegt, die diese Annahme untermauern würden. Der Gesetzgeber hat ausdrücklich auf die Formulierung einer Pflicht verzichtet, § 4 Abs. 3 KKG gibt dem Geheimnisträger, wie bereits dargestellt, lediglich eine Befugnis, sodass dieser Ansicht nicht gefolgt werden kann.

c)  Eigene Stellungnahme

Beiden Ansätzen ist nicht zuzustimmen. Leitet man aus § 4 Abs. 1 Nr. 1 KKG eine Pflicht ab, dann nur eine Pflicht zur Erörterung der Situation und zum Hinwirken auf die Inanspruchnahme von Hilfe. Mehr wird von dem Arzt und den anderen Adressaten des Absatzes 1 nicht verlangt. Zudem stellt sich sodann die Frage, wieso der Gesetzgeber dann nicht eine „Muss-Vorschrift" in Form einer Pflicht erlassen hat. Die Gesetzesmaterialien sind in dieser Hinsicht nicht eindeutig, es wird lediglich festgelegt, dass es Teil der

---

[734]  So z.B. im Sozialrecht, vgl. *Schmid-Obkirchner* in Wiesner SGB VIII § 41 Rn. 25; *Gutzler* in BeckOK-SGB I § 39 Rn. 4; auch *Kreße/Rabe* NJW 2009, 1789 (1790); *Duttge* ZRP 2009, 159 (159); *Kunkel/Kemper* in LPK-SGB VIII § 4 KKG Rn. 6 sprechen von einem „Müssen im Regelfall" mit Ausnahmen im Einzelfall; a.A. *Wapler* in Wiesner SGB VIII § 4 KKG Rn. 15.

[735]  Vitkas, Diss. 2014 S. 158 f., er spricht von einer „intendierten Pflicht" des Arztes gegen Kindeswohlgefährdung einzuschreiten; auch *Wapler* in Wiesner SGB VIII Rn. 14 interpretiert § 4 Abs. 1 KKG so, dass dieser bereits davon ausgeht, dass es zu den Aufgaben der Personen aus Abs. 1 gehöre, Kindeswohlgefährdungen zu erkennen und professionell mit ihnen umzugehen.

[736]  *Maywald* FPR 2012, 199 (201).

[737]  *Rixen* SRa 2012, 221 (228); a.A. *Kunkel/Kemper* in LPK-SGB VIII § 4 KKG Rn. 6.

Aufklärungspflicht des Arztes sei, die Eltern zu informieren[738]. Ein weiteres Argument, das gegen den verpflichtenden Charakter des § 4 KKG spricht, ist, dass der Bundesgesetzgeber gegenüber den Adressaten der Norm keine Regelungskompetenz besitzt.[739] Regeln, die die Berufsausübung berühren, liegen in der Kompetenz der Länder. Der Ansicht von *Jox*[740], aus § 4 KKG müsse sich schon aus Gründen des effektiven Kinderschutzes eine Beschützergarantenstellung ergeben, muss ebenfalls widersprochen werden. Sofern das Gesetz nicht in der Lage ist, einen effektiven Kinderschutz durch geeignete Maßnahmen, ggf. verbunden mit Strafmaßnahmen bei Nichteinhaltung des Verfahrens, herbeizuführen, kann dies nicht durch die Begründung einer Garantenstellung ausgeglichen werden. Es ist Aufgabe des Gesetzgebers für die Effizienz und Durchführbarkeit seiner Gesetze zu sorgen. Im Zweifelsfall muss hier auf Gesetzgebungsebene nachgebessert werden. Eine strafrechtlich relevante Beschützergarantenstellung aus dem Sinn und Zweck der Norm abzuleiten, widerspricht schon dem Gedanken des Gesetzlichkeitsprinzips und dem Grundsatz nulla poena sine lege scripta (= keine Strafe ohne geschriebenes Gesetz). Hierüber darf sich nicht aus Gründen des effektiven Kinderschutzes hinweggesetzt werden.

Im Ergebnis lässt sich somit keine Garantenpflicht aus § 4 KKG ableiten. Eine Beschützergarantenstellung durch tatsächliche Übernahme für zukünftige Maßnahmen, die Kindeswohlgefährdungen verhüten, kann so pauschal nicht begründet werden. Wie bereits oben festgestellt, bedarf es für eine Garantenstellung aus tatsächlicher Übernahme der tatsächlichen Übernahme einer Schutzpflicht. Ferner kommt es darauf an, ob der „Garant" das Geschehen aktuell kontrollieren kann, er also irgendeine Einwirkungsmöglichkeit auf das gefährdete Rechtsgut hat.[741] Das ist aber für den Fall der zukünftigen Kindeswohlgefährdungen nahezu ausgeschlossen.

Auch aus § 4 Abs. 3 KKG lässt sich keine Garantenpflicht ableiten. Wie bereits oben beschrieben, räumt § 4 Abs. 3 KKG dem Arzt nur eine Befugnis zur Offenbarung ein, keine Pflicht.[742] Insofern gilt auch hier das oben Gesagte.

---

[738] BT-Drs. 17/6256 S. 19.
[739] *Wapler* in Wiesner SGB VIII § 4 KKG Rn. 7 f.
[740] *Jox* in BeckOGK-KKG § 4 Rn. 66.
[741] *Mörsberger/Wiesner* in Wiesner SGB VIII Anhang 1 Kinderschutz 1.9.2. Strafrecht Rn. 46a.
[742] So auch *Meysen* in Münder/Meysen/Trenczek SGB VIII § 4 KKG Rn. 82; "Offenbarungsbefugnis" bei Kunkel/Kemper Rn. 2; „Befugnisnorm" bei *Jox* in BeckOGK-KKG § 4 Rn. 53.

## 7. Kritische Betrachtung des § 4 KKG

In der Literatur sind viele Stimmen laut geworden, § 4 KKG sei verfehlt und unsystematisch.
Für *Kunkel* nimmt § 4 KKG in der „Hitliste der missglückten Gesetze einen der vorderen Plätze ein"[743]. Er moniert, dass § 4 KKG dem Berufsgeheimnisträger quasi die Verpflichtung auferlegt, Kinderschutz nach Art des Jugendamtes zu betreiben. Tatsächlich sei dies aber gar nicht möglich, da es sich hierbei um einen unzulässigen, von der Gesetzgebungskompetenz des Bundes nicht gedeckten Eingriff in die Berufsausübungsfreiheit handelt.[744] Zudem wird die Autonomie freier Träger beschränkt, die aber gerade durch Art. 140 GG i.V.m Art. 137 WRV besonders geschützt ist, weshalb es im gesamten SGB VIII keine einzige Norm gibt, die einem freien Träger eine Pflicht auferlegt.[745]

Eine *Verpflichtung* des Arztes, bei Verdacht einer Kindesmisshandlung zu handeln, wurde bereits oben schon verneint.[746] Der Arzt ist als Heilbehandler für die Genesung und Linderung von Leiden zuständig. Der Patient kann von ihm erwarten, mit seinen Leiden ernst genommen und adäquat behandelt zu werden. Eine Meldepflicht bei Kindesmisshandlungen geht weit über das Berufsbild des Arztes hinaus. Eine solche Verpflichtung ist nicht Teil der ärztlichen Berufspflichten, wie sie im Hippokratischen Eid oder der Musterberufsordnung der Ärzte festgelegt sind.

*Ehrmann* und *Breitfeld* sprechen von „erheblichen Lücken", die bei näherem Hinsehen im Gesetz klaffen.[747]
*Rixen* sieht schon in § 4 Abs. 1 KKG derart viele Anwendungsprobleme, dass sich ihm die Frage aufdrängt, ob von § 4 KKG überhaupt ein besserer Kinderschutz ausgehen kann.[748] Auch *Jox* kritisiert, dass § 4 Abs. 3 S. 2 KKG mit Blick auf § 34 StGB gar nicht notwendig gewesen sei. §34 StGB habe den

---

[743] *Kunkel/Kemper* in LPK-SGB VIII § 4 KKG Rn. 1; ähnlich kritisch *Rixen* SRa 2012, 221 (222) „komplexe Regelung".
[744] *Kunkel/Kemper* in LPK-SGB VIII § 4 KKG Rn. 1; *Wapler* in Wiesner SGB VIII § 4 KKG Rn. 7, 14.
[745] Kunkel/Kemper in LPK-SGB VIII § 4 KKG Rn. 1.
[746] Vgl. oben S. 129 zur Diskussion zur Garantenstellung und der Frage, ob sich aus der Soll-Vorschrift eine Pflicht zum Handeln ableiten lässt.
[747] *Ehrmann/Breitfeld* FPR 2012, 418 (419).
[748] *Rixen* SRa 2012, 221 (222).

Akteuren schon immer als geeignetes Instrument zur Abwendung von Kindeswohlgefährdungen zur Verfügung gestanden.[749]

a) Der Adressatenkreis

Ein großes Streitthema stellt die Auflistung der Adressaten des § 4 Abs. 1 KKG dar. Hierzu wird oftmals ausgeführt, dieser sei nicht umfassend genug bzw. unsystematisch aufgebaut. Die Gesetzesbegründung rechtfertigt den Katalog des Absatzes 1 damit, dass primär Personen aufgenommen werden sollten, die beruflich unmittelbaren Kontakt zu Kindern und Jugendlichen haben. Eine weitere Differenzierung sei nicht sachgerecht.[750]

aa) Heilpraktiker und Heilpädagogen

Teilweise wird die Aufnahme von Heilpädagogen und Heilpraktikern gefordert, da diese ebenso engen Kontakt zu Kindern hätten, wie z.B. Ärzte.[751] Dass Heilpraktiker nicht vom Anwendungsbereich erfasst sind, lässt sich leicht erklären: Heilpraktiker fallen mangels staatlich anerkannter Ausbildung nicht in den Anwendungsbereich des § 203 StGB,[752] haben folglich auch keine strafrechtlich relevante Schweigepflicht.

Für Heilpädagogen gilt entsprechendes, auch hier ist es nicht notwendig, diese in den Adressatenkreis aufzunehmen. Zwar ist das Argument, gerade Heilpädagogen hätten viel Kontakt zu behinderten Kindern, welche besonders häufig Opfer von sexueller Gewalt werden,[753] durchaus beachtenswert. Nichtsdestotrotz sind Heilpädagogen nicht schweigepflichtig und benötigen von daher auch keine Offenbarungsbefugnis. Normzweck des § 4 KKG ist es, eine Befugnisnorm zu schaffen, die Berufsgeheimnisträgern die Möglichkeit zur Weitergabe geschützter Informationen gibt.[754] Die Notwendigkeit einer Befugnisnorm für die Offenbarung fremder Geheimnisse entfällt somit mit fehlender Eigenschaft als Berufsgeheimnisträger.

---

[749] *Jox* in BeckOGK-KKG § 4 Rn. 69.
[750] BT-Drs. 17/6256 S. 19.
[751] So *Rixen* SRa 2012, 221 (224).
[752] *Heger* in Lackner/Kühl § 203 Rn. 3; *Eisele* in Schönke/Schröder § 203 Rn. 62.
[753] *Rixen* SRa 2012, 221 (225).
[754] Vgl. auch *Wapler* in Wiesner SGB VIII Anhang Einführung Rn. 3.

bb) Geistliche

Gleiches gilt für Geistliche, für deren Aufnahme *Kunkel*[755] plädiert. Geistliche haben zwar im Gegensatz zu Heilpädagogen eine Schweigepflicht, namentlich z.B. das Beichtgeheimnis.[756] Sie sind aber nicht in § 203 StGB aufgeführt, sodass eine strafrechtliche Verletzung von Privatgeheimnissen von ihnen nicht begangen werden kann. Entsprechend erscheint auch hier eine Aufnahme in den Katalog des § 4 Abs. 1 KKG überflüssig.

cc) Tierärzte

Weiterhin findet sich die Ansicht, dass es nicht zielführend sei, Tierärzte, welche eine Schweigepflicht nach § 203 Abs. 1 Nr. 1 StGB haben, unberücksichtigt zu lassen. Diese stünden in nahem Kontakt zu Kindern, wenn diese ihre Haustiere zur Behandlung brächten.[757] Zum Schutzzweck von § 203 Abs. 1 Nr. 1 StGB gehören nicht nur die das Tier betreffenden Umstände, sondern ebenso die persönlichen Umstände und Geheimnisse des Eigentümers.[758] Dem muss entgegengehalten werden, dass es recht unwahrscheinlich ist, dass ein Tierarzt von Misshandlungen von Kindern erfährt und eine uferlose Aufnahme von Adressaten mit Rücksicht auf die Verständlichkeit vermieden werden sollte. Insofern scheint eine Aufnahme der Tierärzte nicht notwendig.

dd) Zahnärzte

Weiterhin ist fraglich, weshalb die Berufsgruppe der Zahnärzte nicht aufgenommen worden ist. Man könnte annehmen, dass diese ihre Erwähnung in der Nennung des Berufsstandes der Ärzte finden. Dagegen spricht allerdings Folgendes: In § 203 Abs. 1 Nr. 1 StGB werden die Berufe „Arzt, Zahnarzt, Tierarzt, Apotheker..." getrennt voneinander aufgeführt. Auch die Tatsache, dass sowohl für Ärzte als auch für Zahnärzte eigene Berufsordnungen bestehen,[759] deutet darauf hin, dass die Zahnärzteschaft einer eigenen Erwähnung bedarf und nicht von der Nennung der Berufsgruppe der Ärzte umfasst ist.

---

[755] *Kunkel/Kemper* in LPK-SGB VIII § 4 KKG Rn. 1.
[756] Das Beichtgeheimnis ergibt sich für katholische Geistliche aus dem kanonischen Recht, vgl. can. 983, 984 CIC.
[757] *Rixen* SRa 2012, 221 (223).
[758] OLG Celle Urt. v. 10.08.1994 – 21 U 11/94 NJW 1995, 786 (786).
[759] Vgl. für Ärzte die Bundesärzteordnung (BÄO) und für Zahnärzte das Gesetz zur Ausübung über die Zahnheilkunde (ZHG).

Fraglich ist, ob sie dennoch zu den „anderen Heilberufen" zählen, welche sowohl in § 203 Abs. 1 Nr. 1 StGB, als auch in § 4 Abs. 1 Nr. 1 KKG genannt sind.
Dagegen spricht jedoch, dass in Art. 74 Abs. 1 Nr. 19 GG sowohl zwischen den ärztlichen Berufen, zu denen Arzt, Zahnarzt und Tierarzt gehören und den anderen Heilberufen unterschieden wird.[760] Zahnärzte sind folglich keine „anderen" Heilberufe im Sinne des Grundgesetzes. Logischerweise muss dies auch für die anderen Normen gelten, in denen diese Unterscheidung und diese Formulierung verwendet werden. Ebenso spricht dagegen, dass § 4 Abs. 1 KKG sich insbesondere bezüglich des Adressatenkreises an § 203 StGB orientiert und auch § 203 Abs. 1 Nr. 1 StGB Zahnärzte namentlich aufführt und sie nicht zu den „anderen Heilberufen" zählt.
Somit sind im Ergebnis dieser Auslegung Zahnärzte von § 4 Abs. 1 Nr. 1 KKG nicht umfasst.

Dies erscheint nicht nachvollziehbar. Auch Zahnärzte verfügen über ein Potential, Kindesmisshandlungen zu entdecken. Auch im Mund-, Kiefer- und Gesichtsbereich können bei Kindesmisshandlungen Verletzungen entstehen, die ein Zahnarzt als solche bemerken könnte. Abgebrochene Zähne, Hämatome und selbst schlecht gepflegte Zähne, können ein Hinweis auf eine mangelnde Fürsorge der Eltern oder körperliche Misshandlungen sein. Verwahrlosungssymptome lassen sich gerade am Zahnstatus besonders gut erkennen. Es ist inkonsequent, die für die Entdeckung von Kindesmisshandlungen so wichtige Gruppe der Ärzte, um den Bereich der Zahnheilkunde zu beschneiden.

ee) Hilfsberufe

Im Weiteren wird von *Rixen*[761] kritisiert, wieso Hilfspersonal, das nach § 203 Abs. 3 bzw. Abs. 4 StGB erfasst ist, nicht zum Kreis der Berufsgeheimnisträger in § 4 KKG gezählt werden.
Berufsmäßig tätiger Gehilfe in § 203 Abs. 3 S. 2 StGB ist, wer innerhalb des beruflichen Wirkungsbereichs eines Schweigepflichtigen eine auf dessen berufliche Tätigkeit bezogene unterstützende Tätigkeit ausübt, welche die Kenntnis fremder Geheimnisse mit sich bringt oder ohne Überwindung

---

[760] Vgl. *Maunz* in Maunz/Dürig Art. 74 Rn. 214.
[761] *Rixen* SRa 2012, 221 (224); so auch *Kunkel/Kemper* in LPK-SGB VIII § 4 KKG Rn. 4, die es „widersinnig" finden, dass diese Berufsgruppen in § 203 StGB, aber nicht im KKG aufgelistet sind.

besonderer Hindernisse ermöglicht.[762] Unter die Gehilfen fallen somit die Sprechstundenhilfen von Ärzten (soweit es sich hierbei nicht um medizinische Fachangestellte handelt, welche schon unter den Begriff der Angehörigen anderer Heilberufe fallen) oder das technische Bedienungspersonal von ärztlichen Apparaturen.[763] Diesen Personen keine Offenbarungsbefugnis zu erteilen, ist richtig, und stellt eine zulässige und sinnvolle Beschränkung dar. Der Arzt ist in einem viel höheren Umfang an der Behandlung des Kindes beteiligt und er wird eine solche Misshandlung eher feststellen können. Sollte der Fall einmal anders liegen, wäre der betroffenen Sprechstundenhilfe nahe zu legen, das Gespräch zunächst mit ihrem Vorgesetzten zu suchen um dann gemeinsam über eine Lösung zu beraten. Sollte sich tatsächlich die Situation ergeben, dass der Vorgesetze die Hinweise und die Sorgen der Mitarbeiterin nicht ernst nimmt, bliebe ihr immer noch die Rechtfertigung über § 34 StGB, da die Gefahr nicht anders i.S.d. § 34 StGB abgewendet werden kann.

ff) Praktikanten

Gleiches gilt für Praktikanten, wobei man hier noch hinzufügen könnte, dass Praktikanten, die oft nur eine kurze Zeit in einem Betrieb oder einer Arztpraxis arbeiten, oft gar nicht erst von Misshandlungen Kenntnis erlangen, und es, selbst, wenn sie es tun, ihre Kompetenz überschreiten würde, in diesem Fall zu intervenieren. Auch hier wäre es angezeigt, wenn der Praktikant sich mit seinem Vorgesetzten bespricht, welcher die nötigen Befugnisse zum weiteren Handeln besitzt. Eine Aufnahme von Praktikanten in den Katalog des § 4 Abs. 1 KKG scheint demnach nicht notwendig.

gg) Lehrer

Nicht ganz eindeutig ist die Einordnung der Lehrer in
§ 4 Abs. 1 KKG. *Kunkel* nennt diese Einbeziehung „unsystematisch"[764]. *Jox* stört sich daran, dass Lehrer an sonstigen privaten Schulen bzw. Instituten wie Musik- oder Nachhilfeschulen nicht einbezogen wurden.[765]

Verbeamtete Lehrer sind gem. § 203 Abs. 2 Nr. 1 i.V.m. § 11 Abs. 1 Nr. 2a StGB schweigepflichtig. Eine Offenbarungsbefugnis wie in § 4 KKG benötigen sie dennoch nicht. Denn, anders als die Berufsgeheimnisträger in § 203 Abs. 1 StGB, gilt für die Berufsgeheimnisträger aus § 203 Abs. 2 StGB,

---

[762] *Eisele* in Schönke/Schröder § 203 Rn. 25; *Tag* in HK-GS § 203 Rn. 19.
[763] *Eisele* in Schönke/Schröder § 203 Rn. 25.
[764] *Kunkel/Kemper* in LPK-SGB VIII § 4 KKG Rn. 3.
[765] *Jox* in BeckOGK-KKG § 4 Rn. 28.

dass sie lediglich eine sozialrechtliche Übermittlungsbefugnis aus den §§ 68-75 SGB X benötigen, da ein Offenbaren gem. § 203 StGB zugleich immer eine unzulässige Datenverwendung gem. § 35 Abs. 2 SGB I darstelle.[766] Diese Übermittlungsbefugnis werde dann gleichzeitig zu einer strafrechtlichen Offenbarungsbefugnis.[767] Begründet wird dies mit der Einheit der Rechtsordnung – ein strafbewehrtes Verhalten auf der einen Seite kann nicht zugleich rechtmäßiges Handeln im Sinne einer anderen Norm sein.[768] Die Übermittlungsbefugnisse der §§ 68-75 SGB X werden somit unmittelbar über § 203 StGB eingeschränkt.[769] Eine besondere Offenbarungsbefugnis nach § 4 KKG benötigen Lehrer folglich nicht.[770] Auf die Aufnahme von (verbeamteten) Lehrern hätte also verzichtet werden können.

Fraglich ist, wie nichtverbeamtete Lehrer behandelt werden. Sie könnten gem. § 203 Abs. 2 Nr. 2 StGB unter den Begriff der „für den öffentlichen Dienst besonders Verpflichteten" fallen.[771]
Hierfür ist das Gesetz über die förmliche Verpflichtung nichtbeamteter Personen (Verpflichtungsgesetz, VerpflG) maßgeblich. § 1 Abs. 1 VerpflG verweist auf § 11 Abs. 1 Nr. 2 StGB „(...) wer, ohne Amtsträger (§ 11 Abs. 2 des Strafgesetzbuches) zu sein (...)" und greift im Folgenden die Legaldefinition des § 11 Abs. 4 StGB für die im öffentlichen Dienst besonders Verpflichteten auf. § 11 Abs. 1 Nr. 4 StGB definiert als für den öffentlichen Dienst besonders Verpflichtete, wer entweder, ohne Amtsträger zu sein, bei einer Behörde oder bei einer sonstigen Stelle die Aufgaben der öffentlichen Verwaltung wahrnimmt (§ 11 Abs. 1 Nr. 4a StGB), oder bei einem Verband oder sonstigen Zusammenschluss, Betrieb oder Unternehmen, die für eine Behörde oder für eine sonstige Stelle Aufgaben der öffentlichen Verwaltung ausführt (§ 11 Abs. 1 Nr. 4b StGB) oder beschäftigt oder für sie tätig und auf die gewissenhafte Erfüllung seiner Obliegenheiten auf Grund eines Gesetzes förmlich verpflichtet ist.
Daraus ergeben sich drei Voraussetzungen: 1. muss eine förmliche Verpflichtung vorliegen, die sich auf die gewissenhafte Erfüllung ihrer Obliegenheit bezieht, 2. muss die Behörde oder Stelle, bei der die Person beschäftigt ist, Aufgaben der öffentlichen Verwaltung wahrnehmen und 3. darf der

---

[766] *Kunkel* in LPK-SGB VIII § 61 SGB VIII Rn. 13, 197.
[767] *Kunkel* in LPK-SGB VIII § 61 Rn. 197, 13.
[768] *Kunkel* in LPK-SGB VIII § 61 Rn. 197.
[769] *Kunkel* in LPK-SGB VIII § 61 Rn. 197.
[770] *Kunkel/Kemper* in LPK-SGB VIII § 4 KKG Rn. 3.
[771] So angenommen von *Wapler* in Wiesner SGB VIII § 4 KKG Rn. 16.

Verpflichtete nicht bereits Amtsträger nach Absatz 1 Nr. 2 sein.[772] Dass nichtverbeamtete Lehrer nicht unter Absatz 1 Nr. 2 fallen ist bereits festgestellt worden. Auch nimmt die Stelle, bei der der Lehrer angestellt ist, namentlich die Schule, Aufgaben der öffentlichen Verwaltung wahr.[773]
Einzig fraglich ist die geforderte förmliche Verpflichtung. Gemäß § 1 Abs. 2 VerpflG muss diese mündlich und unter Hinweis auf die strafrechtlichen Folgen einer Pflichtverletzung erfolgen. Zur besseren Dokumentation wird dem Angestellten neben der mündlichen Belehrung zusätzlich eine schriftliche Ausführung der Belehrung ausgehändigt, welche von ihm unterschrieben werden muss. Dies erleichtert den Nachweis, wenn Zweifel über die Belehrung aufkommen sollten. Auch nicht verbeamteten Lehrern wird eine solche förmliche Verpflichtung auferlegt. Sie sollen hierdurch ihren verbeamteten Kollegen gleichgestellt werden, denn an dem Potential einer Täterschaft ändert die Verbeamtung allein nichts. Verbeamtete und nicht verbeamtete Lehrer führen denselben Beruf aus, erledigen jeden Tag dieselbe Tätigkeit. Und sie kommen gleichermaßen mit persönlichen Daten und vertraulichen Vorgängen in Kontakt. Es ist nicht denkbar, dass von Beamten nur aufgrund ihres Beamtenstatus eine höhere Sensibilität bezüglich dieser Daten gefordert wird, als von ihren nicht verbeamteten Kollegen. Somit stellen nicht verbeamtete Lehrer „für den öffentlichen Dienst besonders Verpflichtete" nach § 11 Nr. 4 StGB dar. Diese können sich nach § 203 Abs. 2 Nr. 2 StGB strafbar machen. Bezüglich der Notwendigkeit der Aufnahme nicht verbeamteter Lehrer wird aufgrund der Vergleichbarkeit auf die Ausführungen zu den verbeamteten Lehrern verwiesen.

hh) Stellungnahme

Insgesamt ist die neue Norm von vielen Seiten als ungeeignet empfunden worden. *Rixen*[774] stört sich grundsätzlich an der Anlehnung an § 203 StGB: sie sei „prinzipiell unpassend und zudem inkonsequent", da sie bestimmte Berufe nicht erfasse und im Übrigen der strafrechtliche Schutz beruflicher Vertrauensbeziehungen nichts darüber aussage, wer in einer derart stabilen Vertrauensbeziehung zu Kindern und Jugendlichen stehe, dass er die Anzeichen einer Kindeswohlgefährdung verlässlich wahrnehmen und diesen Verdacht angemessen kommunizieren könne.[775] Bezüglich der Kritik zu dem

---

[772] *Radtke* in MüKo-StGB § 11 Rn. 117.
[773] Die Schulen gehören zur Daseinsvorsorge als Teil der Leistungsverwaltung, vgl. *Radtke* in MüKo-StGB § 11 Rn. 56.
[774] *Rixen* SRa 2012, 221 (222 f.).
[775] *Rixen* SRa 2012, 221 (222 f.)

Adressatenkatalog wird auf oben verwiesen. Die Anlehnung an § 203 StGB ist nicht grundsätzlich inkonsequent, da es um berufliche Schweigepflichten und die Möglichkeit einer Offenbarungsbefugnis im Falle vermuteter Kindesmisshandlungen geht. Allerdings hätte diese Anlehnung deutlicher, z.B. durch einen Verweis auf die genannten Berufsgruppen aus § 203 StGB, ausgestaltet werden können.

Der Diskussion um die Erweiterung bzw. Beschränkung des Adressatenkreises ist Folgendes zu entgegnen: Es ist zutreffend, dass es weitaus mehr Berufe gibt, die mit Kindern in Berührung kommen, als § 4 Abs. 1 KKG aufzählt. Auch können all diese mit einer mehr oder weniger hohen Wahrscheinlichkeit Kenntnis von Kindesmisshandlungen erlangen. Allerdings kann es kaum gewollt sein, jeden Beruf, der – mag es noch so weit entfernt sein – mit Kindern zu tun hat, in den Bereich des § 4 KKG aufzunehmen. Eine Norm, die eine zu lange Liste von Adressaten aufweist, wird nicht nur unübersichtlich, sie läuft auch Gefahr, gerade bei der Vielzahl von verschiedenen Berufsbildern, die sich mittlerweile etabliert haben, den einen oder anderen Berufszweig zu vergessen. Und dadurch kommt es wiederum zu Ungleichbehandlungen vergleichbarer Berufsgruppen. Selbst *Rixen* schreibt einschränkend: „Ob diese letztlich zu einer uferlosen Einbeziehung in den Kreis der Geheimnisträger führende Auslegung richtig sein kann, mag man bezweifeln"[776].Fakt ist, dass weder eine umfassende Aufzählung aller in Frage kommenden Berufe noch die jetzige Lösung zufriedenstellend ist. Denn obwohl § 4 KKG an § 203 StGB anknüpft,[777] wird doch nur ein Teil der dort genannten Personen selektiv aufgenommen. Die Rechtsanwälte werden beispielsweise nicht genannt, dafür werden die Lehrer in Nr. 7 aufgenommen.
In Nr. 1 fehlen neben den Tierärzten auch die Apotheker. Die in § 203 Abs. 2 StGB genannten Gruppen wurden ebenfalls nicht miteinbezogen sowie die berufsmäßig tätigen Gehilfen und die zur Ausübung auf den Beruf Tätigen aus § 203 Abs. 4 S. 1 StGB.

Zudem ist es, mit Blick auf die Schweigepflicht aus § 203 StGB, nicht nachvollziehbar, weshalb Berufsgruppen ohne eine solche Schweigepflicht überhaupt aufgenommen werden sollten. Es bleibt ihnen auch ohne die Befugnisse aus § 4 KKG nicht verwehrt, aktiv gegen entdeckte Kindesmisshandlungen vorzugehen. Im Gegenteil: Gerade nicht von § 203 StGB

---

[776] *Rixen* SRa 2012, 221 (224).
[777] Vgl. BT-Drs. 17/6256 S. 20.

betroffene Berufsgruppen müssen in diesem Fall nicht einmal mit strafrechtlichen Konsequenzen rechnen.

b) Gesetzessystematik

Auch die Gesetzessystematik erntet viel Kritik.
§ 4 KKG blicke „janusköpfig" einerseits ins Strafrecht, weil er in Absatz 2 und Absatz 3 eine Offenbarungsbefugnis für § 203 Abs. 1 StGB enthält, und andererseits ins Verwaltungsrecht, weil er den in Absatz 1 genannten Personen einen Beratungsanspruch gegenüber dem Träger der öffentlichen Jugendhilfe zuspricht.[778]
Wirft man einen Blick auf den Aufbau und den Regelungsinhalt der Norm, verwundert ihre Aufnahme in das Sozialgesetzbuch. Erklärtes Ziel war es, unter anderem, eine Offenbarungsbefugnis zu schaffen, die die Rechtfertigung einer Verletzung von § 203 StGB für § 34 StGB übernimmt.[779] Damit hat die Norm zunächst einen nicht ganz unerheblichen Bezug zum Strafrecht. Die Datenweitergabe touchiert außerdem das Datenschutzrecht, und auch das Berufsrecht der einzelnen genannten Berufsgruppen wird miteinbezogen. Geht es beispielsweise um die Schweigepflicht von Ärzten, ist § 9 MBO-Ä berührt. Nicht zuletzt strahlt aber natürlich auch ein Teil in das Sozialrecht aus, so zum Beispiel, wenn es um den Anspruch auf Beratung bezüglich einer Gefährdungseinschätzung einer potenziellen Kindesmisshandlung geht. Hier orientiert sich die Norm an § 8a SGB VIII. Auch wenn das Sozialrecht eine Rolle spielt und es um die Weitergabe von Daten an das Jugendamt geht, verwundert die Einordung in dieses Gesetz trotzdem. Denn sie richtet sich nicht in erster Linie an das Jugendamt, sondern an die Berufsgeheimnisträger in Absatz 1. Deren Nähe zum Sozialrecht ist fraglich, zumal es nicht zur Hauptaufgabe der Berufsgeheimnisträger gehört, sämtliche sie gegebenenfalls betreffende Normen zu kennen. Die einschlägigen Normen für die Ärzteschaft finden sich in der Musterberufsordnung bzw. in den landesrechtlichen Regelungen der einzelnen Ärztekammern. Es ist also bereits fraglich, ob eine doch so wichtige Norm im SGB VIII überhaupt ausreichend Beachtung findet. Tatsächlich kannten nur die Hälfte aller befragten Pädiater den konkreten Regelungsgehalt des § 4 KKG.[780] Allerdings war fast allen niedergelassenen Pädiatern bekannt,

---

[778] *Kunkel/Kemper* in LPK-SGB VIII § 4 KKG Rn. 1.
[779] BT-Drs. 17/6256 S. 20.
[780] So das Ergebnis einer Befragung von Pädiatern im Rahmen der NZFH Erhebung 2015 WBdK 2015 S. 50, zitiert nach BT-Drs. 18/7100 S. 54.

dass sie notfalls Daten an das Jugendamt weitergeben dürfen.[781] Indem § 4 KKG derart viele unterschiedliche „Regelungsrichtungen" vereint, fällt es schwer, ein klares Bild und die Intention dieser Norm zu erkennen. Vielmehr wirkt es, als ginge es lediglich um die Vorstellung des Jugendamtes, „wie andere Systeme mit Kinderschutzfällen umgehen sollten"[782].

Eine weitere Befürchtung ist, dass es aufgrund der im Vorhinein erlassenen landesrechtlichen Kinderschutzgesetze zu einem „unkoordinierten Nebeneinander von Bundesrecht und Landesrecht" kommt.[783] Der Bundesgesetzgeber hat es aus Gründen der Rechtssicherheit unterlassen, das Verhältnis von § 4 KKG zu den landesrechtlichen Regelungen ausdrücklich zu regeln, sodass es auf den Grundsatz aus Art. 31 GG ankommt.[784] Dieser besagt, dass Bundesrecht Landesrecht bricht. Jedoch dürfen die landesrechtlichen Regelungen weiterhin bestehen, soweit sie die bundesrechtliche Regelung ergänzen und nicht im Widerspruch zu ihr stehen.[785] Dies wäre dann beispielsweise der Fall, wenn eine landesrechtliche Regelung, wie z.B. die Bayerische Regelung[786] im Falle des Vorliegens gewichtiger Anhaltspunkte eine Handlungspflicht für den Arzt vorschreibt. Diese steht dann im Widerspruch zu der weniger streng formulierten Befugnis aus § 4 Abs. 3 KKG.[787] Allerdings hat die Bundesregierung aus Gründen der Rechtssicherheit auf eine Öffnungsklausel für weitergehendes Landesrecht verzichtet,[788] sodass die landesrechtlichen

---

[781] So das Ergebnis einer Befragung von Pädiatern im Rahmen der NZFH Erhebung 2015 WBdK 2015 S. 50, zitiert nach BT-Drs. 18/7100 S. 54.
[782] *Wapler* in Wiesner SGB VIII § 4 KKG Rn. 13.
[783] *Rixen* SRa 2012, 221 (231).
[784] *Mörsberger/Wapler* FPR 2012, 437 (439); BT-Drs. 17/6256 S. 38 und 48.
[785] Anders *Wapler* in Wiesner SGB VIII § 4 KKG Rn. 12, die von einer Sperrwirkung durch § 4 KKG gegenüber den landesrechtlichen Regelungen ausgeht.
[786] Art. 14 Abs. 6 Gesetz über den öffentlichen Gesundheits- und Veterinärdienst, die Ernährung und den Verbraucherschutz sowie die Lebensmittelüberwachung (GDVG):
"Ärztinnen und Ärzte, Hebammen und Entbindungspfleger sind verpflichtet, gewichtige Anhaltspunkte für eine Misshandlung, Vernachlässigung oder einen sexuellen Missbrauch eines Kindes oder Jugendlichen, die ihnen im Rahmen ihrer Berufsausübung bekannt werden, unter Übermittlung der erforderlichen personenbezogenen Daten unverzüglich dem Jugendamt mitzuteilen."
[787] Mörsberger/Wapler in FPR S. 439.
[788] Vgl. BT-Drs 17/6256 S. 48.

Kinderschutzgesetze durch das neue Bundeskinderschutzgesetz ihre Wirkung verlieren. Für einige Stimmen ist es allerdings nicht nachvollziehbar, weshalb weiterreichende landesrechtliche Regelungen, solange sie nicht im Widerspruch zum BuKiSchG stehen, nicht möglich sein sollen.[789]

Dazu kommt, dass der Grundsatz aus Art. 31 GG nicht zwingend jedem Berufsgeheimnisträger bekannt sein dürfte und es auch hier zu Missverständnissen und Unklarheiten kommen könnte.

c)   Verfassungsrechtliche Bedenken

Auch mit Blick auf die Verfassungsmäßigkeit, begegnet § 4 KKG einigen Bedenken. Häufig wird die Unbestimmtheit der Norm kritisiert. So überlässt es die Gesetzesbegründung[790] dem Anwender, Begriffe wie „gewichtige Anhaltspunkte" selbst zu definieren. In fachlicher Hinsicht ist diese Frage allerdings nicht immer problemlos zu beantworten.[791] Bei der Beurteilung, ob gewichtige Anhaltspunkte vorliegen, handelt es sich um einen zentralen Angelpunkt der Norm. Nur wenn solche gewichtigen Anhaltspunkte für eine Kindeswohlgefährdung vorliegen, wird der Anwendungsbereich des § 4 KKG überhaupt eröffnet. Ausgerechnet an dieser Stelle eine solch unklare Formulierung zu verwenden, gefährdet fahrlässig das erklärte Ziel von § 4 KKG: nämlich einen effektiven Kinderschutz. Die unbestimmte Formulierung führt dazu, dass die Norm nicht praktikabel ist. Ebenso verhält es sich mit der Beurteilung, ob durch das vorgesehene Gespräch mit den Beteiligten der wirksame Schutz des Kindes in Frage gestellt werden könnte.

In diesem Kontext sollte auch nicht außer Acht gelassen werden, dass es gerade erklärtes Ziel des Gesetzgebers war, die Ungenauigkeiten um die Güterabwägung in § 34 StGB zu beseitigen und für Rechtssicherheit zu sorgen. Doch genau dies gelingt nicht: Denn es ist wieder eine Güterabwägung, die von Personen mit ggf. nur geringfügigen Kenntnissen im Bereich der Kindesmisshandlung vorgenommen werden soll. Die Entscheidung liegt primär wieder beim Arzt, dem Psychologen etc. Der größte Kritikpunkt, die bestehende Rechtsunsicherheit, ist damit nicht beseitigt worden.[792]

---

[789] So auch *Kunkel/Kemper* in LPK-SGB VIII § 4 KKG Rn. 14.
[790] BT-Drs. 17/6256 S. 19 f.
[791] *Rixen* SRa 2012, 221 (226); kritisiert wird dies auch vom 112. Deutschen Ärztetag v. 19.-22. Mai, vgl. Protokoll S. 97.
[792] So auch *Kliemann/Fegert* ZRP 2011, 110 (110).

Das Argument von *Wapler*, die Schwelle zu den gewichtigen Anhaltspunkten sei nicht relevant, da Ärzte und Psychologen jederzeit mit den Betroffenen über ihre Situation sprechen dürften,[793] greift allerdings nicht. Es geht nicht darum, nur mit dem Betroffenen zu sprechen, sondern ggf. Außenstehende mit einzubeziehen, wenn der Verdacht einer Kindesmisshandlung im Raum steht. Die „gewichtigen Anhaltspunkte" setzen ein Verfahren in Gang, welches bei Erfolglosigkeit des Gesprächs zu einer Offenbarung eines Berufsgeheimnisses führen kann. Gerade dafür haben Berufsgeheimnisträger eben keine Befugnis.

Fraglich ist, ob bereits der Grundsatz der Normbestimmtheit gem. Art. 20 Abs. 3 GG missachtet worden ist. Grundsätzlich muss eine Norm so formuliert sein, dass der Adressat sein Verhalten darauf einstellen kann.[794] Das Maß an gebotener Bestimmtheit bemisst sich danach an zwei Faktoren: einerseits muss staatliches Verhalten für den Bürgen gerade in für ihn wichtigen Bereichen vorhersehbar sein und die Norm somit entsprechend bestimmt sein, andererseits ist aber auch eine gewisse Unbestimmtheit wichtig, um im Rahmen der Normanwendung angemessene Einzelfallentscheidungen zu ermöglichen und der Normsetzer weder überfordert noch blockiert wird.[795] Das Bundesverfassungsgericht hat zwei Kriterien aufgestellt, die für die Normbestimmtheit eine Rolle spielen: 1. Die Eingriffsintensität der Norm und die sachliche Eigenart des Regelungsgegenstandes.[796] Je bedeutsamer die Norm und je einschneidender der damit verbundene Eingriff, desto eindeutiger muss die Norm inhaltlich bestimmt sein.[797] Dennoch ist das Gebot der Bestimmtheit nicht als Optimierungsgebot zu verstehen, sondern es werden lediglich Mindestforderungen an die Fassung einer Norm gestellt: Es reicht, dass sich mit Hilfe juristischer Auslegungsmethoden, insbesondere durch Heranziehung anderer Vorschriften des Gesetzes, der Berücksichtigung des Normzusammenhangs sowie der Begründung eine zuverlässige Grundlage für die Auslegung und Anwendung der Vorschrift gewinnen lässt.[798]

---

[793] *Wapler* in Wiesner SGB VIII § 4 KKG Rn. 17.
[794] *Grzeszick* in Maunz/Dürig Art. 20 Abs. 3 Rn. 58; VerfGH Bayern, Entsch. v. 22.11.1996 – Vf. 9-VII-93 BeckRS 1997, 20065 Rn. 39; BVerfG Beschl. v. 03.03.2004 – 1 BvF 3/92 NJW 2004, 2213 (2215).
[795] *Grzeszick* in Maunz/Dürig Art. 20 Abs. 3 Rn. 59.
[796] BVerfG Beschl. v. 03.03.2004 – 1 BvF 3/92 NJW 2004, 2213 (2216); BVerfG Beschl. v. 26.09.1978 – 1 BvR 525/77 NJW 1978, 2446.
[797] *Grzeszick* in Maunz/Dürig Art. 20 Abs. 3 Rn. 60.
[798] BayVerfGH, Entsch. v. 22.11.1990 – Vf. 34-VI-88 NVwZ-RR 1991, 459 (460) m.w.N.; *Grzeszick* in Maunz/Dürig Art. 20 Abs. 3 Rn. 61.

Zugutehalten muss man der Formulierung „gewichtige Anhaltspunkte", dass sie eine gängige Formulierung aus dem Kinderschutzrecht ist. Unter Zuhilfenahme der Parallelvorschriften aus dem SGB VIII (so z.B. § 8a SGB VIII) ist dieser Begriff verständlich und der Grundsatz der Bestimmtheit gewahrt. Nichtsdestotrotz sind nicht nur Anwender des SGB VIII in den Adressatenkreis des § 4 KKG einbezogen, sodass eine deutliche Formulierung wünschenswert gewesen wäre. Insbesondere vor dem Hintergrund, dass eine Fehleinschätzung und eine daraufhin fehlerhaft weitergegebene Meldung den strafrechtlichen Bereich des § 203 StGB berührt, ist fraglich, ob sich § 4 KKG nicht an den strengeren Herausforderungen gem. Art. 103 Abs. 2 GG i.V.m. § 1 StGB[799] messen lassen muss. Der sehr weite Interpretationsspielraum bezüglich dieses Merkmals führt zu einer Gefährdung und Einschränkung des grundrechtlich geschützten Rechts auf informationelle Selbstbestimmung. Wenn die Norm nicht genau festlegt, ab wann persönliche Daten veröffentlicht werden dürfen und wann nicht, besteht die Gefahr, dass es zu unrechtmäßigen Offenbarungen und damit zu einer Verletzung des Grundrechts auf informationelle Selbstbestimmung kommt.

Auch die Einschätzung, welcher Maßstab an die Kindeswohlgefährdung gelegt wird und wann ein weiteres Vorgehen nach § 4 KKG erforderlich ist, wird dem Berufsgeheimnisträger selbst überlassen.[800] Ebenso die Einschätzung der Dringlichkeit der Gefahrenabwehr wird von ihm erwartet, ohne in dieser Frage besonders ausgebildet zu sein oder bestimmte Kriterien an die Hand bekommen zu haben.[801] *Rixen* geht sogar so weit, zu fragen, „ob vor dem Hintergrund der pädagogischen oder fachlichen Erfahrung des jeweiligen Geheimnisträgers in naheliegender Weise von einem relevanten, d.h. wirklich aussagekräftigen Indikator für eine Kindeswohlgefährdung auszugehen ist"[802].
Und diese Befürchtung besteht zu Recht. Gerade aufgrund der Diversität der verschiedenen Professionen, kann hier wohl kaum derselbe Maßstab an Erfahrungen angelegt werden. Nicht zuletzt unterscheiden sich auch die Wege, auf

---

[799] BVerfG Beschl. v. 26.09.1978 – 1 BvR 525/77 NJW 1978, 2446 (2447).
[800] *Kliemann/Fegert* ZRP 2011, 110 (110).
[801] *Kliemann/Fegert* ZRP 2011, 110 (111); Interessant ist in diesem Zusammenhang, dass der Autor Fegert als Ärztlicher Direktor der Klinik für Kinder- und Jugendpsychiatrie der Uniklinik Ulm zu einer der angesprochenen Berufsgruppen aus § 4 Abs. 1 KKG gehört, seine Anmerkungen also eine unmittelbare Kritik eines (zukünftigen) Anwenders ist.
[802] *Rixen* SRa 2012, 221 (226).

denen die verschiedenen Berufsgeheimnisträger von den Misshandlungen erfahren. Psychologen entdecken eine Misshandlung möglicherweise eher durch ein Gespräch, wohingegen einem aufmerksamen Kinderarzt, kinderuntypische Verletzungen bei der körperlichen Untersuchung auffallen könnten. Die Gesetzesbegründung ist in all diesen Punkten, und darüber hinaus, nur sehr ungenau und oberflächlich gehalten.

*Rixen* sieht weiterhin in der Formulierung der Handlungs-„pflichten" eine „unzumutbare Beschränkung"[803] von Art. 12 GG: Das Gesetz stellt nicht ausreichend klar, wie die Berufsgeheimnisträger ihrer Pflicht nachkommen sollen und ab wann ihnen eine Handlungsbefugnis zugesprochen wird.[804] Wie schon oben zustimmend erläutert, bereitet der unbestimmte Wortlaut Probleme bei der Umsetzung. Zudem sollte nicht außer Acht gelassen werden, dass es sich bei den Anwendern nicht um Juristen handelt und eine derartig unbestimmte Formulierung geeignet ist, den eigentlichen Zweck der Norm, effektiven Kinderschutz, zu konterkarieren.

Weiterhin moniert er einen Verstoß gegen den Gleichheitsgrundsatz gem. Art. 3 Abs. 1 GG:[805] Die selektive Auswahl der Geheimnisträger in § 4 Abs. 1 KKG entbehre einer sachlichen Grundlage. Es sei nicht ersichtlich, weshalb staatlich anerkannte Erzieherinnen und Erzieher von der Regelung ausgenommen wurden, medizinische Fußpfleger aber nicht.[806] Dem muss erneut das Argument entgegengehalten werden, dass für Erzieherinnen und Erzieher mangels Schweigepflicht keine Notwendigkeit einer Aufnahme in den Katalog des § 4 Abs. 1 KKG besteht. Eine Vermutung geht dahin, dass Erzieher deshalb nicht Teil des Katalogs sind, da sie bereits über § 8a Abs. 4 SGB VIII vom Schutzauftrag des § 8a SGB VIII erfasst sind.[807]

d) Gesetzgebungskompetenz

Nicht im Detail zu erläutern, aber dennoch zu erwähnen, ist die Gesetzgebungskompetenz des Bundes. Nach Art. 74 Abs. 1 Nr. 7 GG besitzt der Bund

---

[803] *Rixen* SRa 2012, 221 (229).
[804] *Rixen* SRa 2012, 221 (229).
[805] *Rixen* SRa 2012, 221 (229).
[806] Fußpfleger fallen gem. § 4 Abs. 1 Nr. 1 KKG unter „Angehörige eines anderen Heilberufs, der für die Berufsausübung oder die Führung einer Berufsbezeichnung eine staatlich geregelte Ausbildung erfordert"; die Ausbildung wird in der *Ausbildungs- und Prüfungsverordnung für Podologinnen und Podologen* (PodAPrV) geregelt.
[807] *Jox* in BeckOGK-KKG § 4 Rn. 29.

147

die konkurrierende Gesetzgebungsbefugnis für die öffentliche Fürsorge, worunter auch der präventive Kinderschutz fällt.[808]

In der 16. Legislaturperiode wurde bezüglich des damals zu beratenden Entwurfs eines Kinderschutzgesetzes vom Bundesrat ein Verstoß gegen die Gesetzgebungskompetenz der Länder beanstandet: Die Aufnahme von Lehrern in den damals diskutierten § 3 Kinderschutzzusatzgesetz (KiSchZusG) wurde als nicht verfassungskonform angesehen. Die Bildung betreffend seien ausschließlich die Länder zuständig.[809] Da im in Kraft getretenen § 4 KKG wieder die Lehrer aufgenommen worden sind, bleibt auch dieser Kritikpunkt bestehen. *Rixen* zweifelt außerdem die Erforderlichkeit eines Bundesgesetzes an, da die Gesetzesbegründung in ihrer Argumentation nicht ausreichend genug sei. Die Verhinderung einer Rechtszersplitterung auf Länderebene, welche zu problematischen Folgen für den Kinderschutz führen würde,[810] reiche nicht aus, um die strengen Vorgaben des BVerfG einzuhalten.[811] Die Begrenzungsfunktion des Merkmals „Erforderlichkeit" ginge verloren, wenn jede durch die föderale Struktur bedingte Ungleichheit der Grundrechtsverwirklichung zur Erforderlichkeit eines Bundesgesetzes führen würde.[812]

Aufgrund der unsauberen Struktur und des vermischten Regelungsgehalts von § 4 KKG stellen sich aber noch weitere Fragen, die Gesetzgebungsbefugnis betreffend. Da dem Bund nur eine begrenzte Gesetzgebungsbefugnis zusteht, die sich z.B. nicht mehr auf berufsrechtliche Inhalte erstreckt,[813] stellt sich die Frage, inwiefern überhaupt Regelungen zum Verhalten von Berufsgeheimnisträgern gemacht werden durften. Aufgrund dieser limitierten Gesetzgebungsbefugnis schuf der Gesetzgeber datenschutzrechtliche Befugnisse, die allerdings dazu benutzt werden, den Berufsgeheimnisträgern eine Vorgehensweise nahezulegen, die derart schon in § 8a SGB VIII existiert.[814] Außerdem suggeriert § 4 KKG durch die Formulierung „sollen", ebenso wie die

---

[808] *Rixen* SRa 2012, 221 (228 f.).
[809] Vgl. BR-Drs. 59/09 (Beschluss) S. 3.
[810] Vgl. BT-Drs. 17/6256 S. 16.
[811] *Rixen* SRa 2012, 221 (229), mit Verweis auf BVerfG Urt. v. 24.10.2002 – 2 BvF 1/01 zur Vereinbarkeit des Altenpflegegesetzes mit Art. 74 Abs. 1 und 2 GG.
[812] *Rixen* SRa 2012, 221 (229).
[813] *Kern* in Laufs/Kern/Rehborn Handbuch § 10 Rn. 1.
[814] *Wapler* in Wiesner SGB VIII § 4 KKG Rn. 4.

Gesetzesbegründung auf Seite 19,[815] dass hier eine Handlungspflicht für die jeweiligen Berufsgruppen bestünde. Damit übersteigt der Bund seine Kompetenzen, denn solche Verpflichtungen können lediglich im jeweiligen Landesberufsrecht oder in den standesrechtlichen Berufsordnungen normiert werden.[816] Ebenso wenig können durch eine datenschutzrechtliche Regelung neue berufsspezifische Handlungspflichten erschaffen werden, was in der Konsequenz bedeutet, dass sich die in § 4 Abs. 1 KKG suggerierte Pflicht nicht mehr als eine unverbindliche Handlungsempfehlung darstellt.[817] Überhaupt fehle es den Bedingungen, die an die Befugnisse aus den Absätzen 2 und 3 geknüpft sind („*unter den Voraussetzungen des Abs. 1*"), an einem Bezug zu den beruflichen und dienstlichen Aufgaben des Adressaten, sodass eine „Verankerung im jeweils berufsspezifischen Handlungskontext"[818] überhaupt nicht vorliege. Fraglich ist in diesem Zusammenhang zudem der vorrangige Bezug zum Strafrecht, dessen Funktion als Ultima Ratio gerade dadurch unterlaufen wird, wenn es (nur) um datenschutzrechtliche Befugnisse geht. Bei Verletzung von Verschwiegenheitspflichten bestehen faktisch für jede der genannten Berufsgruppen dienst- oder disziplinarrechtliche Ahndungsmöglichkeiten. Auch auf diese hätte Bezug genommen werden können anstelle des Strafrechts.[819]

e) Fehlende Trennschärfe

Auch begrifflich ist § 4 KKG zu beanstanden.
Zunächst ist fraglich, weshalb sich auf eine Pseudonymisierung und nicht auf eine Anonymisierung der Daten in § 4 Abs. 2 KKG geeinigt wurde.[820] Gemäß § 67 Abs. 8 SGB X ist *Anonymisieren* das Verändern von Sozialdaten in einer Weise, dass die Einzelangaben über persönliche oder sachliche Verhältnisse nicht mehr oder nur mit einem unverhältnismäßig großen Aufwand an Zeit, Kosten und Arbeitskraft einer bestimmten oder bestimmbaren natürlichen Person zugeordnet werden können. *Pseudonymisieren* ist hingegen das Ersetzen des Namens und anderer Identifikationsmerkmale durch ein Kennzeichen zu dem Zweck, die Bestimmung des Betroffenen auszuschließen oder wesentlich

---

[815] BT-Drs. 17/6256 S. 19: „verpflichtet die Vorschrift kind- und jugendnah beschäftigte Berufsgeheimnisträger zur Beratung der (personensorgeberechtigten) Eltern und zur Motivation für die Inanspruchnahme geeigneter Hilfen (...)".
[816] *Wapler* in Wiesner SGB VIII § 4 KKG Rn. 8; *Wabnitz* FPR 2011, 192 (193).
[817] *Wapler* in Wiesner SGB VIII § 4 KKG Rn. 14 f.
[818] *Wapler* in Wiesner SGB VIII § 4 KKG Rn. 9.
[819] *Wapler* in Wiesner SGB VIII § 4 KKG Rn. 4.
[820] So auch *Kunkel/Kemper* in LPK-SGB VIII § 4 KKG Rn. 9.

zu erschweren, vgl. § 67 Abs. 8a SGB X. Ganz abgesehen davon, ob diese Unterscheidung überhaupt notwendig ist, wird doch deutlich, dass die Pseudonymisierung in ihren Anforderungen an die Geheimhaltung hinter der Anonymisierung steht:[821] für die Deanonymisierung reicht es aus, dass diese nicht oder nur mit erheblich großem Aufwand möglich ist. Für die Depseudonymisierung genügt, dass diese wesentlich erschwert wird. Auch wenn es sich hier nur um marginale Unterschiede handelt, stellt sich doch die Frage, wieso gerade mit Hinblick auf den hohen Stellenwert des Rechts auf informationelle Selbstbestimmung und den Schutzzweck von § 203 StGB hier zu der weniger „sicheren" Variante gegriffen wurde. Da immer die Wichtigkeit und Unantastbarkeit von Patientendaten betont wird, erscheint die Entscheidung für die Pseudonymisierung paradox.

Ebenso wird beanstandet, weshalb anstatt auf die wichtigere Person des Erziehungsberechtigten auf die Personensorgeberechtigten abgestellt wird.[822] Personensorgeberechtigt ist diejenige Person, der allein oder gemeinsam mit jemandem die Personensorge nach den Vorschriften des BGB zusteht. Sie beinhaltet das Recht und die Pflicht, für das Kind zu sorgen, es zu pflegen, zu erziehen und zu beaufsichtigen und den Aufenthalt zu bestimmen (§§ 1626 Abs. 1, 1631 Abs. 1 BGB).[823] Erziehungsberechtigt ist zunächst der Personensorgeberechtigte sowie jeder sonstige Volljährige, der nach Vereinbarung mit dem Personensorgeberechtigten nicht nur vorübergehend und nicht nur für einzelne Verrichtungen Aufgaben der Personensorge wahrnimmt.[824] Der Gesetzgeber wollte damit auch andere Haushaltsangehörige, die in die Erziehung einbezogen sind, wie Stiefelternteile, im Haushalt lebende Verwandte oder Lebenspartner der Eltern umfassen.[825] Diese Personen sind für die Entwicklung des Kindes oft von großer Bedeutung, weshalb sie sogar in einige Beratungsangebote einbezogen werden, vgl. §§ 14 Abs.1, 16 Abs. 1, 25, 28 SGB VIII.[826] Zusammenfassend lässt sich sagen, dass es sich bei der Erziehungsberechtigung um eine Form der Personensorgeberechtigung handelt.

---

[821] *Wapler* in Wiesner SGB VIII § 4 KKG Rn. 30.
[822] *Wapler* in Wiesner SGB VIII § 4 KKG Rn. 19; Meysen/Eschelbach, Bundeskinderschutzgesetz Kap. 3 Rn. 80; so auch der Bundesrat in seiner Stellungnahme vgl. BT-Drs. 17/6256 S. 38, der für die Aufnahme sowohl des Personensorgeberechtigten als auch den Erziehungsberechtigten plädierte.
[823] *Tillmanns* in MüKo-BGB X § 7 SGB VIII Rn. 4.
[824] *Tillmanns* in MüKo-BGB X § 7 SGB VIII Rn. 5.
[825] BT-Drs. 11/5948 S. 50.
[826] *Tillmanns* in MüKo-BGB X § 7 SGB VIII Rn. 5.

Der Erziehungsberechtigte, der nicht Personensorgeberechtigter ist, ist dem Personensorgeberechtigten „untergeordnet". Wichtige Entscheidungen dürfen nach wie vor nur von den Personensorgeberechtigten vorgenommen werden.

Zu Recht mag man kritisieren, weshalb der Kontakt für ein Gespräch nicht zunächst mit dem, im Zweifel näher am Kind stehenden Erziehungsberechtigten gesucht wird. Man könnte vertreten, dass dies allerdings in Bezug auf das geschützte Rechtsgut der Informationellen Selbstbestimmung des Kindes zu weit führen würde. Erziehungsberechtigte sind von Vereinbarungen mit den Personensorgeberechtigten abhängig. Und auch *Wapler* schränkt ihre Kritik dahingehend ein, indem sie feststellt, dass in der Praxis dieser begrifflichen Unterscheidung keine große Bedeutung zukomme, weil es sich bei § 4 Abs. 1 KKG lediglich um einen Appell handele.[827] Auf der anderen Seite liegt es nahe statt einer „Entweder-oder-Entscheidung" sowohl die Personensorgeberechtigten als auch die Erziehungsberechtigten miteinzubeziehen. Je nach Familien- und Erziehungssituation kann es durchaus auch nachteilig sein, die Erziehungsberechtigten außen vor zu lassen. Auch *Meysen* und *Eschelbach* bedauern die Nichtaufnahme der Erziehungsberechtigten in § 4 KKG, wie es der Bundesrat in seiner Stellungnahme gefordert hatte.[828] Zwar antwortete die Bundesregierung in ihrer Gegenäußerung, dass es eine eingehende Prüfung zu der Frage der Erziehungsberechtigten geben werde, eine Aufnahme ist bekanntermaßen aber nicht erfolgt. Zuletzt sollte überdies nicht vergessen werden, dass auch die Erziehungsberechtigten diejenigen sein können, die ggf. für die Misshandlungen ursächlich sind, und es zur Abwendung weiterer Gefahren sinnvoll wäre, (auch) mit diesen Personen das Gespräch zu suchen.

*Kunkel* und *Kemper* sehen in § 4 Abs. 3 S. 1 und S. 2 KKG eine Dopplung, welche sie für überflüssig halten.[829] Gemeint könnte damit sein, dass der Anspruch „*(...) sind sie befugt, das Jugendamt zu informieren*" und der Zusatz in Satz 2 „*Zu diesem Zwecke sind sie befugt, dem Jugendamt die erforderlichen Daten mitzuteilen*" im Grunde dasselbe regeln. Andererseits könnte man Satz 2 auch schlicht als Konkretisierung der Informationsbefugnis verstehen und somit eine Dopplung verneinen. In jedem Fall ist der Kritik aber dahingehend zuzustimmen, dass die Formulierung von Satz 1 und Satz 2 in der aktuellen Fassung nicht besonders geglückt ist und Satz 2 auch problemlos hätte in Satz 1 integriert werden können.

---

[827] *Wapler* in Wiesner SGB VIII § 4 KKG Rn. 17.
[828] BT-Drs. 17/6256 S. 38.
[829] Vgl. *Kunkel/Kemper* in LPK-SGB VIII § 4 KKG Rn. 15.

Zudem ist in § 4 Abs. 3 S. 3 KKG auf Satz 1 statt auf Absatz 1 verwiesen worden, was vermutlich auf ein Redaktionsversehen zurückzuführen ist.[830]

Ferner ist die Vorschrift auch von der Ärzteschaft selbst als schwer verständlich empfunden worden. Eine im Auftrag des Bundesministeriums für Familie, Senioren, Frauen und Jugend (BMFSFJ) durchgeführte Evaluation zum neuen Bundeskinderschutzgesetz[831] im Jahr 2015 hat außerdem ergeben, dass die Regelung des § 4 Abs. 3 KKG für mehr Praxistauglichkeit klarer und verständlicher formuliert werden sollte.[832]

f) Inhaltliche Regelung

Die größte Kritik gilt aber dem Inhalt von § 4 KKG.
Der erste Kritikpunkt greift den Umstand auf, dass der Anspruch auf Beratung, den § 4 Abs. 2 S. 1 KKG vorsieht, bereits in § 8b Abs. 1 SGB VIII fast wortgleich normiert ist.
Der Anspruch auf Beratung aus § 8b Abs. 1 SGB VIII steht allen Personen zu, die beruflich in Kontakt mit Kindern und Jugendlichen stehen, also auch jenen, die in § 4 Abs. 1 KKG als Adressaten der Norm genannt sind. Hier liegt somit offensichtlich eine Dopplung vor. Eine erneute Erwähnung in § 4 Abs. 2 S. 1 KKG ist überflüssig.[833]

Auch die Weitergabe von Daten bei Kenntniserlangung gewichtiger Anhaltspunkte für eine Kindeswohlgefährdung ist ähnlich in § 8a Abs. 5 SGB VIII geregelt. Der Unterschied ist, dass die Daten nicht pseudonymisiert werden und es um die Weitergabe an den zuständigen örtlichen Träger geht und nicht um die Weitergabe an die „insoweit erfahrene Fachkraft". Außerdem richtet sich die Norm ausdrücklich an einen „örtlichen Träger", welcher die gewichtigen Anhaltspunkte erkannt haben muss.
Allerdings stellt sich im Licht dieser Ähnlichkeiten die Frage, weshalb diese Ansprüche und Rechte überhaupt neu normiert worden sind und ob eine Ergänzung bestehender Regelungen nicht ausreichend gewesen wäre.

---

[830] *Kunkel/Kemper* in LPK-SGB VIII § 4 KKG Rn. 15; Meysen/Eschelbach, Bundeskinderschutzgesetz Kap. 3 Rn. 94.
[831] Die gesamte Evaluation findet sich unter BT-Drs. 18/7100.
[832] BT-Drs. 18/7100 S. 4.
[833] *Kunkel/Kemper* in LPK-SGB VIII § 4 KKG Rn. 10; *Meysen* sieht in der Übereinstimmung mit § 8a in den Befugnissen den „Charakter einer vertraglichen Pflicht", vgl. *Meysen* in Münder/Meysen/Trenczek § 4 KKG Rn. 83.

Wie bereits ausgeführt, ist ferner nicht nachvollziehbar, weshalb die Daten pseudonymisiert und nicht etwa anonymisiert übermittelt werden können.[834]

Kritik erntet auch das Verfahren, welches § 4 KGG vorgibt. Zunächst die Erörterung der Situation, Hinwirken auf die Inanspruchnahme von Hilfe, ggf. pseudonymisierte Weitergabe der Daten an eine Fachkraft zum Zwecke der Beratung und bei Erfolglosigkeit des Prozederes: Information an das Jugendamt. Da es bei der Einschätzung, ob eine Kindeswohlgefährdung vorliegt oder nicht und ob ein Gespräch mit den Personensorgeberechtigten zielführend ist oder nicht, auf ein Bauchgefühl, also auf eine subjektive Einschätzung, ankommt, besteht die Gefahr, dass konfliktgeladene Fälle direkt an das Jugendamt weitergegeben werden, anstatt die vorgesehenen Stufen einzuhalten. Denn bei Gefährdung des wirksamen Schutzes des Kindes ist dieses beschleunigte Verfahren zulässig. Beispielsweise, wenn zu befürchten ist, dass die Eltern das Kind für die Enthüllungen bestrafen.[835] Für *Kliemann* und *Fegert* stellt dieser Umstand eine nicht hinnehmbare Einschränkung des Vertrauensschutzes dar.[836] Ähnlich sehen dies auch *Ehrmann* und *Breitfeld*, die einen interkollegialen Austausch für sinnvoller erachten, als eine Befugnis zur Weitergabe vertraulicher Informationen an das Jugendamt, da dies im schlimmsten Fall zu einer Schwächung des Arzt-Patienten-Verhältnisses führen kann.[837] Gerade aber die Vertrauensbeziehung ist es, aufgrund derer Ärzte überhaupt erst an die Informationen gelangen, die ihnen Hinweise auf die mögliche Misshandlung geben.[838] *Kliemann* und *Fegert* plädieren dafür, den Datenschutz nicht immer mehr aufzuweichen, sondern ihn konsequent einzuhalten: Nur dies würde zu einem effektiven Kinderschutz führen.[839]

Dass ein, subjektiv als kritisch empfundener Fall, direkt an das Jugendamt weitergeleitet wird, kann durchaus eine Belastung für den Vertrauensgrundsatz darstellen. Auf der anderen Seite ist es gerade Aufgabe des Jugendamtes, sich auch solcher Fälle anzunehmen. Ärzte und die anderen Berufsgeheimnisträger können nicht zum verlängerten Arm des Jugendamtes gemacht

---

[834] *Kunkel/Kemper* in Kunkel LPK-SGB VIII § 4 KKG Rn. 9; zum Thema Anonymität und Pseudonymität ausführlich *Härting* NJW 2013, 2065 (2065 ff.).
[835] *Wapler* Gynäkologe 2012, 888 (890).
[836] *Kliemann/Fegert* ZRP 2011, 110 (111).
[837] *Ehrmann/Breitfeld* FPR 2012, 418 (420); ähnlich *Schiefer* FuR 2018, 514 (517).
[838] *Kliemann/Fegert* ZRP 2011, 110 (112).
[839] *Kliemann/Fegert* ZRP 2011, 110 (112); *Kemper/Kölch/Fangerau/Fegert* Ethik in der Medizin 2010, 33 (43 ff.).

werden[840] und durch ihre Einschätzung eine Vorauswahl treffen, um welche Fälle die Mitarbeiter sich noch kümmern müssen. Die Beratung kostet zudem Zeit und kann dazu führen, dass sie einem zeitnahen und effektiven Entgegenwirken einer Kindeswohlgefährdung im Wege steht.[841] Schlussendlich muss der Arzt selbst entscheiden, wie er mit der Situation umgeht.

Im Ergebnis stellt der Anspruch auf eine Beratung durch eine „insoweit erfahrene Fachkraft", die bei der Gefährdungseinschätzung unterstützen soll, trotzdem einen sinnvollen Schritt dar. In einem solchen Gespräch können Zweifel ausgeräumt und Hilfestellungen zum weiteren Vorgehen mit dem fraglichen Fall gegeben werden. Häufig genügt der Hinweis darauf, ein Gespräch mit den Eltern zu führen und sich nach den Ursachen für die Auffälligkeiten zu erkundigen. Ziel der Beratung soll es sein, dem Berufsgeheimnisträger Verfahrenshilfe zum weiteren Vorgehen an die Hand zu geben und ihn zu führen. Oftmals lassen sich auf diesem Weg schon Zweifel und Unklarheiten beseitigen. Oder aber das Gespräch führt zur Erhärtung der Verdachtsmomente, sodass es zu einem unverzüglichen Einschreiten des Jugendamtes kommt.

Problematisch ist allerdings folgende Konstellation: Wenn ein Arzt unter Nennung einiger Merkmale, aber dennoch pseudonymisiert eine Beratung beim Jugendamt anfordert, kann es ggf. passieren, dass der dort beratende Mitarbeiter aufgrund einer vorherigen beruflichen Beziehung zum Ort der Arztpraxis und aufgrund der genannten Anhaltspunkte genau weiß, um welche Familie es sich handelt. Damit wäre die Anonymität aufgehoben und zeitgleich wird der Schutzauftrag des Jugendamtes gem. § 8a SGB VIII in Gang gesetzt. In diesem Fall hat der Jugendamtsmitarbeiter eine Doppelfunktion, die problematisch ist. Zur Vermeidung dieses Problems könnte daran gedacht werden, diese Beratung an einen Sonderbereich des Jugendamtes auszulagern oder aber einen freien Träger, wie beispielsweise den Kinderschutzbund, mit dieser Aufgabe zu betrauen.[842]

Allerdings: Ein Anspruch auf Beratung, z.B. mit einer medizinisch geschulten Kinderschutzfachkraft und eine Erlaubnis interkollegialer Zusammenarbeit der Gesundheitsberufe unterbleibt.[843] Denn auch Ärzte untereinander

---

[840] So auch *Rixen* SRa 2012, 221 (222).
[841] *Rixen* SRa 2012, 221 (227).
[842] Beispiel und Lösungsvorschlag stammen von dem Leiter der besonderen Fachdienste des Jugendamtes in Bonn, Torsten Boczek.
[843] So auch BGH Urt. v. 15.05.1979 – 1 StR 74/79.

unterliegen grundsätzlich der Schweigepflicht.[844] Auch der Präsident der Ärztekammer Westfalen-Lippe, *Theodor Windhorst*, kritisiert, dass Ärzte sich bei einem Verdacht auf Kindesmisshandlung immer noch nicht untereinander mit Kollegen beraten können, er nennt dies den großen „Pferdefuß" des Gesetzes: Eltern entwickelten richtige Vermeidungstaktiken, wenn Ärzte einen Verdacht äußerten.[845] Gerade dieser interkollegiale Austausch ist aber immens wichtig für einen funktionierenden Kinderschutz im Bereich der Gesundheitsberufe. Für *v. Bracken* ist das Gesundheitswesen trotz vielseitigen Drängens nicht ausreichend miteinbezogen worden.[846]

Weiterhin wird angeführt, dass durch das Wegfallen der Rechtsgüterabwägung die Schwelle des § 34 StGB herabgesetzt würde.[847] Die Rechtsgüterabwägung sei grundlegende Voraussetzung für den Schutz und die weitestgehende Wahrung der Rechte der Betroffenen.[848]

*Kliemann* und *Fegert* gehen sogar soweit und vertreten, dass Einwilligung und rechtfertigender Notstand ausreichende Handlungsinstrumente darstellten und die Aushöhlung des besonders schutzwürdigen Vertrauensverhältnisses sogar eine Gefahr für den Kinderschutz werden kann, nämlich wenn Eltern mit ihren Kindern gar nicht mehr zum Arzt gehen.[849]

Auch bezüglich des Datenschutzrechts leidet § 4 KKG an einer grundlegenden Schwäche: der Gesetzgeber hat, anders als es im modernen Datenschutzrecht mittlerweile sonst der Fall ist, grundlegende Informationsrechte an den beruflichen Status gebunden, anstatt an die Funktion oder Tätigkeit, bei der die Daten anfallen.[850] *Mörsberger* und *Wapler* machen auch direkt einen Gegenvorschlag, indem sie § 65 SGB VIII als Orientierung hinzuziehen und die

---

[844] *Grömig* NJW 1970, 1209 (1209); *Scholz* in Spickhoff Medizinrecht § 9 MBO Rn. 3; *Eisele* in Schönke/Schröder § 203 Rn. 22 m.w.N.; *Schlund* JR 1977, 265 (267).
[845] Kinderärzte im Netz „Experte: Neues Kinderschutzgesetz reicht noch nicht aus" http://www.kinderaerzte-im-netz.de/news-archiv/meldung/article/experte-neues-kinderschutzgesetz-reicht-noch-nicht-aus/ (online zuletzt abgerufen am 26.08.2019).
[846] RA Rudolf v. Bracken in der „taz": http://www.taz.de/1/archiv/print-archiv/printressorts/digi-artikel/?ressort=sp&dig=2012%2F06%2F23%2Fa0095&cHash=ad4fdada36e2581e2e778ae0e44bc698 (zuletzt abgerufen am 26.08.2019).
[847] *Kliemann/Fegert* ZRP 2011, 110 (112).
[848] *Kliemann/Fegert* ZRP 2011, 110 (112).
[849] *Kliemann/Fegert* ZRP 2011, 110 (112).
[850] *Mörsberger/Wapler* FPR 2012, 437 (439).

Formulierung „*... alle Sozialdaten, die zum Zwecke persönlicher und erzieherischer Hilfe anvertraut worden sind ...*" als Beispiel einer funktionsbezogenen Regelung zitieren. Ihrer Ansicht nach hätte diese Art der Formulierung die Debatte über Aus- und Einschluss bestimmter Berufsgruppen überflüssig gemacht und § 4 KKG weniger konfliktbeladen in das System des Sozialdatenschutzes eingegliedert.[851] In der Nennung der Berufsgruppe sehen *Kliemann* und *Fegert* hingegen eine sachgerechte Begrenzung des Anwendungsbereichs.[852]

Ein weiterer, großer Kritikpunkt ist, dass ein einheitliches Verfahren für die Vielzahl an Berufen gar nicht praktikabel ist. Es werden Kenntnisse in Pädagogik, Psychologie, Risikoeinschätzung und Gesprächsführung vorausgesetzt, was unmöglich von allen Professionen in gleicher Weise erwartet werden kann. In der Praxis führt dies zu kaum lösbaren Schwierigkeiten.[853] Und nicht zuletzt fehlen die rechtsmedizinisch relevanten Kenntnisse, die besonders für Kinderärzte bei der Erkennung und Deutung von Verletzungen von Bedeutung sind. Allerdings geht es in der Beratung weniger um eine Hilfe zur Diagnosestellung, als vielmehr um eine Hilfestellung zum weiteren Verfahren. Nichtsdestotrotz wäre eine Beratung, insbesondere für Ärzte, die Schwierigkeiten bei der Deutung der Symptome haben, durch Rechtsmediziner oder Mitarbeiter der Kinderschutzambulanz (zusätzlich) sehr zu empfehlen. Auch Schulungen stellen ein adäquates Mittel dar, eine entsprechende Informationslage sicherzustellen.[854]

Ein weiteres Problem stellt in diesem Zusammenhang die Nichtbeachtung des Selbstbestimmungsrechts einwilligungsfähiger Minderjähriger dar. Der mögliche Wille eines urteilsfähigen Minderjährigen, die Eltern nicht zu involvieren, bleibt in § 4 KKG außen vor.[855] Häufig wird übersehen, dass eben auch die Rechte des Kindes in einem solchen Fall berührt sind. Exemplarisch stelle man sich die Situation vor, dass eine 16-jährige Schülerin ihrer Therapeutin von erlebten Vergewaltigungen erzählt und auch davon, dass der Täter sie nach wie vor kontaktiert und ihr droht, falls sie das Erlebte jemandem anvertraue. Die 16-jährige Patientin, die von ihrer Therapeutin als für voll einsichts-

---

[851] *Mörsberger/Wapler* FPR 2012, 437 (439).
[852] *Kliemann/Fegert* ZRP 2011, 110 (111).
[853] *Rixen* SRa 2012, 221 (231).
[854] Dies schlägt *Jox* in BeckOGK-KKG § 4 Rn. 54 vor.
[855] Ausführlich dazu *Weber/Duttge/Höger* MedR 2014, 777 (777 ff.), erwähnt wird dieses Problem auch bei *Mörsberger/Wapler* FPR 2012, 437 (438).

und urteilsfähig befunden wurde, bittet die Therapeutin, keinesfalls mit ihren Eltern oder den Behörden zu sprechen.[856]
Ausgehend von der Situation, dass nach wie vor eine Gefährdung für die Patientin besteht, könnte nun die Therapeutin nach § 4 KKG zunächst mit den Eltern die Situation erörtern und bei Erfolglosigkeit des Vorgehens nach Abs. 1, sogar das Jugendamt informieren, ungeachtet des Willens der einsichtsfähigen Patientin und ohne „Rücksicht auf die praktische Sinnhaftigkeit eines solchen Vorgehens"[857]. Bereits oben wurde dargelegt, dass mit wachsender Einsichts- und Urteilsfähigkeit des Minderjährigen das Interesse der Eltern an Kenntniserlangung medizinisch relevanter Informationen in den Hintergrund gedrängt wird. Das Selbstbestimmungsrecht des Kindes[858] findet dadurch Beachtung, dass ihm ein Vetorecht zugesprochen wird, es darf der Weitergabe von Informationen an die Eltern oder an Dritte widersprechen.
Wie im Beispielsfall kann es also Situationen geben, in denen der misshandelte oder vergewaltigte Minderjährige den Willen äußert, dass der Arzt die anvertrauten Informationen nicht mit den Personensorgeberechtigten erörtern soll. In diesen Fällen muss das Erörterungsgebot zugunsten des einsichts- und urteilsfähigen Kindes seine Grenze finden.[859] Das ergibt sich nicht zuletzt auch aus dem Recht auf altersgerechte Beteiligung und Berücksichtigung in eigenen Angelegenheiten gem. Art. 12 UN-Kinderrechtskonvention.[860]
Bei der von § 4 KKG vorgesehenen Vorgehensweise bleibt diese Option allerdings unberücksichtigt.[861] Auch Überlegungen, ob § 4 KKG als Ausdruck staatlicher Schutzpflichten eine Rechtfertigung für die Therapeutin darstellt,

---

[856] Beispiel aus *Weber/Duttge/Höger* MedR 2014, 777 (777).
[857] *Weber/Duttge/Höger* MedR 2014, 777 (781).
[858] Mörsberger/Wapler FPR 2012, 437 (438), ergänzend mit Verweis auf Art. 12 UN-Kinderrechtskonvention: „(1) Die Vertragsstaaten sichern dem Kind, das fähig ist, sich eine eigene Meinung zu bilden, das Recht zu, diese Meinung in allen das Kind berührenden Angelegenheiten frei zu äußern, und berücksichtigen die Meinung des Kindes angemessen und entsprechend seinem Alter und seiner Reife.
(2) Zu diesem Zweck wird dem Kind insbesondere Gelegenheit gegeben, in allen das Kind berührenden Gerichts- oder Verwaltungsverfahren entweder unmittelbar oder durch einen Vertreter oder eine geeignete Stelle im Einklang mit den innerstaatlichen Verfahrensvorschriften gehört zu werden".
[859] *Weber/Duttge/Höger* MedR 2014, 777 (781).
[860] *Weber/Duttge/Höger* MedR 2014, 777 (781).
[861] *Weber/Duttge/Höger* MedR 2014, 777 (781).

wurden mangels Schutzbedürftigkeit verneint.[862] Ebenso ist sie nicht über § 34 StGB gerechtfertigt, da es hier um die Abwägung „intrapersonaler Interessen" geht, und solange ausschließlich disponible Rechtsgüter einer Person betroffen sind, kann die Rechtsordnung dem Rechtsanwender nicht die Entscheidung abnehmen, welches Gewicht dem jeweilgen Interesse beizumessen ist.[863] Ferner verhält es sich mit der Erörterung der Situation mit den Eltern wie mit der Weitergabe der Informationen an das Jugendamt gem. § 4 Abs. 3 KKG. Äußert der einwilligungsfähige Jugendliche den Wunsch der Geheimhaltung der Informationen, kann gegenüber dem Jugendamt nichts anderes gelten als gegenüber den Eltern.[864] § 4 KKG sei in diesem Zusammenhang entweder verfassungskonform auszulegen,[865] oder insoweit zu ergänzen, dass klar wird, dass der Wille einsichts- und urteilsfähiger Jugendlicher bezüglich der Weitergabe ihrer Daten berücksichtigt werden muss. Nicht zuletzt habe sich nämlich das Kindeswohl am Kindeswillen zu orientieren.[866]
Fordert man die Ärzte aber auf, die Norm im Spannungsfeld von Kinderschutz, Schweigepflicht und Offenbarungsbefugnis verfassungskonform auszulegen, wird erneut das erklärte Ziel des Gesetzgebers, Handlungs- und Rechtssicherheit zu schaffen, verfehlt.[867]

Für *Vitkas* stellt das Vetorecht des einsichtsfähigen Minderjährigen einen Ausdruck des Selbstbestimmungsrechts dar, welches der Arzt zu respektieren hat,[868] womit sich diese Diskussion für ihn gar nicht stellt. Problematischer

---

[862] Vertiefend: *Weber/Duttge/Höger* MedR 2014, 777 (781 f.).
[863] *Neumann* in NK-StGB § 34 Rn. 14; *Weber/Duttge/Höger* MedR 2014, 777 (783).
[864] *Weber/Duttge/Höger* MedR 2014, 777 (784).
[865] So vorgeschlagen von *Weber/Duttge/Höger* MedR 2014, 777 (784).
[866] RA Rudolf v. Bracken im Interview „Kinder haben ein Selbstbestimmungsrecht" im Zusammenhang mit der Bevormundung von Kindern in gerichtlichen Verfahren. Laut v. Bracken haben Kinder faktisch keine Möglichkeit, ihren Verfahrensbeistand zu wechseln, wenn sie kein gutes Einvernehmen mit ihrem Zugeteilten haben. Bei einem Therapeuten oder Arzt handelt es sich um eine ähnliche Art von Beistand, der die subjektiven Interessen des Kindes wahrnimmt.
Artikel abgedruckt in der „taz" vom 23.06.2012 unter http://www.taz.de/1/archiv-print-archiv/printressorts/digi-artikel/?ressort=sp&dig=2012%2F06%2F23%2Fa0095&cHash=ad4fdada36e2581e2e778ae0e44bc698 (online zuletzt abgerufen am 26.08.2019).
[867] So auch *Weber/Duttge/Höger* MedR 2014, 777 (784).
[868] Vitkas, Diss. 2014 S. 96.

sieht er den Fall, dass ein einwilligungsunfähiger Minderjähriger sein Vetorecht ausübt, denn im Falle der Einwilligungsunfähigkeit steht das Vetorecht theoretisch den Eltern zu. Diese dürfen allerdings ihr Vetorecht, welches Ausdruck der Personensorge ist, nur im Interesse des Kindes ausüben, vgl. § 1627 Abs. 1 BGB. Im Ergebnis stellt *Vitkas* fest, dass das Vetorecht eines einwilligungsunfähigen Minderjährigen nicht die Anwendung von § 4 Abs. 3 KKG sperrt, allein schon deshalb, weil es sonst keinen Unterschied mehr macht, ob ein Minderjähriger einsichtsfähig oder einsichtsunfähig ist.[869]

## 8. Ergebnisse Evaluation BMFSJ

Eine Erhebung des BMFSFJ[870] unter den Mitgliedern des Bundesverbands der Kinder- und Jugendärzte (BVKJ) hat zudem ergeben, dass 2013 insgesamt 9910 Gefährdungseinschätzungen in Jugendämtern auf Initiative von Fachkräften durchgeführt worden sind, was 8,6 Prozent aller Verfahren entspricht. Davon kamen im selben Zeitraum 8616 Meldungen aus der sogenannten Sammelgruppe Hebamme/Arzt/Klinik/Gesundheitsamt.[871] 46 Prozent aller BVKJ-Mitglieder, die die Regelung des § 4 Abs. 3 KKG kannten, haben im Jahr 2014 die Möglichkeit der Datenweitergabe genutzt,[872] wobei etwa ein Fünftel der befragten Ärzte die Regelung zur Datenweitergabe als nicht ausreichend klar geregelt ansah.[873] Eine Diskrepanz ergibt sich, wenn berücksichtigt wird, wo die jeweils beschäftigten Ärzte arbeiten: Pädiater in Sozialpädiatrischen Zentren oder im Krankenhaus gaben weitaus häufiger an, Daten an das Jugendamt weitergegeben zu haben als niedergelassene Ärzte.[874] Dies lässt die Vermutung zu, dass niedergelassene Ärzte entweder deshalb nicht aktiv werden, da sie die Regelung des § 4 KKG schlicht nicht kennen oder aber aus wirtschaftlicher Vorsicht, keine voreiligen Schlüsse ziehen wollen, um Patienten nicht zu vergraulen. Ein niedergelassener Arzt hat wegen schlechter Außenwirkung, die sich z.B. durch eine ungerechtfertigte Weitergabe von Daten an das Jugendamt ergeben kann, viel weitreichendere Konsequenzen zu befürchten, als

---

[869] Ausführlich dazu Vitkas, Diss. 2014 S. 97 f.
[870] BMFSFJ-Erhebung bei BVKJ Mitgliedern 2015, zitiert nach BT-Drs. 18/7100 S. 54 ff.
[871] BMFSFJ-Erhebung bei BVKJ Mitgliedern 2015 S. 51, zitiert nach BT-Drs. 18/7100 S. 54.
[872] BMFSFJ-Erhebung bei BVKJ Mitgliedern 2015.S. 51, zitiert nach BT-Drs. 18/7100 S. 54.
[873] BMFSFJ-Erhebung bei BVKJ Mitgliedern 2015 S. 55 Tab. 26, zitiert nach BT-Drs. 18/7100 S. 54.
[874] BMFSFJ-Erhebung bei BVKJ Mitgliedern 2015 S. 52 Abb. 16, zitiert nach BT-Drs. 18/7100 S. 54.

ein angestellter Arzt im Krankenhaus, der nicht das finanzielle Risiko seiner Fehleinschätzung tragen muss.
Ferner haben 27 Prozent der Kinderärzte, denen die Regelung des § 4 KKG bekannt ist sowohl die Möglichkeit der Beratung durch eine insoweit erfahrene Fachkraft als auch die Datenweitergabe genutzt. 12 Prozent hatten zwar mindestens einen Beratungskontakt, haben aber im Jahr 2014 keine Daten übermittelt. 19 Prozent haben Daten weitergegeben, ohne eine Beratung in Anspruch zu nehmen. 42 Prozent haben gar keine der Möglichkeiten genutzt.[875] Die größte Übereinstimmung zwischen Einschätzungen des Gesundheitswesens und der Kinder- und Jugendhilfe besteht bei Säuglingen, in 47 Prozent der gemeldeten Fälle lag tatsächlich eine akute oder latente Gefährdung des Kindeswohls vor.[876] Über alle Altersgruppen verteilt beträgt der Anteil von richtig erkannten Kindeswohlgefährdungen aus dem Gesundheitswesen insgesamt 34 Prozent, während der Anteil der Fehlmeldungen etwas höher bei 38 Prozent liegt.[877]

Bezüglich der Effektivität der Befugnisnorm des § 4 KKG scheint es noch Änderungsbedarf zu geben: Exakt die Hälfte der befragten Mitglieder des BVKJ, die die Regelung kennen beurteilten diese als ausreichend klar, wohingegen die andere Hälfte die Regelung als nicht ausreichend klar empfanden.[878] Mehr als die Hälfte (53 Prozent) der befragten Ärzte empfanden die Regelungen zur Datenweitergabe ferner als nicht umfassend genug,[879] sodass deutlich wird, dass hier noch Änderungsbedarf besteht.

Zusammenfassend geht die Evaluation von folgendem gesetzgeberischen Handlungsbedarf aus:
Die mangelnde Verständlichkeit der Norm muss beseitigt werden, sodass die Norm praktikabel ist. Auch fordern vier Bundesländer (Bayern, Nordrhein-Westfalen, Mecklenburg-Vorpommern und Baden-Württemberg) die Einführung einer Handlungspflicht bezüglich der Informationsweitergabe, statt nur

---

[875] BMFSFJ-Erhebung bei BVKJ Mitgliedern 2015 S. 53 Tab. 23, zitiert nach BT-Drs. 18/7100 S. 54.
[876] AKJStat/NZFH Zusatzerhebung § 8a 2013, WBdK 2015, S. 48; zitiert nach BT-Drs. 18/7100 S. 55.
[877] AKJStat/NZFH Zusatzerhebung § 8a 2013, WBdK 2015, S. 48 f.; zitiert nach BT-Drs. 18/7100 S. 55.
[878] BMFSFJ-Erhebung bei BVKJ Mitgliedern 2015 S. 54 Tab. 25, zitiert nach BT-Drs. 18/7100 S. 55.
[879] BMFSFJ-Erhebung bei BVKJ Mitgliedern 2015 S. 56 Tab. 27, zitiert nach BT-Drs. 18/7100 S. 55.

einer Befugnis.[880] Weiterer Handlungsbedarf bestehe aufgrund der mangelnden Kooperation des Jugendamtes, indem keine Rückmeldungen an die meldende Stelle erfolgt, regelmäßige Rückmeldungen seien aber zwingend erforderlich.[881] Derjenige, der eine Gefährdung eines Kindes an das Jugendamt weitergegeben habe, habe ein berechtigtes Interesse daran, zu erfahren, wie es weitergegangen ist.[882]

## 9. Fazit

Die vorangegangenen Überlegungen und die Evaluation des neuen Bundeskinderschutzgesetzes haben gezeigt, dass § 4 KKG zwar ein begrüßenswertes Ziel verfolgt, die Umsetzung allerdings nur in Teilen geglückt ist.

So bereitet bereits der Anwendungsbereich Schwierigkeiten, indem Berufsträger aufgenommen werden, die gar keine Schweigepflicht haben und somit keine Offenbarungsbefugnis benötigen. Der Wunsch in der Literatur nach Aufnahme weiterer Berufsgruppen, die mit Kindern in Verbindung stehen, mag zwar nachvollziehbar sein, ist aber systematisch unangebracht, da ein Großteil dieser Personen gar nicht schweigepflichtig ist. Die Aufnahme nicht schweigepflichtiger Personen ist nicht notwendig. Die Befugnis in § 4 KKG soll nur Berufsgeheimnisträgern zugutekommen. Das Beratungsangebot in § 4 Abs. 2 KKG steht sowieso jedem Berufsträger zu, der mit Kindern zu tun hat, vgl. § 8b SGB VIII. Das Gespräch mit den Personensorgeberechtigten kann generell immer gesucht werden, solange das Kind noch nicht selbst über Weitergabe von Informationen entscheiden kann. Dafür bedarf es keiner Norm. Und auch § 34 StGB steht nach wie vor uneingeschränkt jedem offen. Einzig der Vorschlag, Zahnärzte in den Adressatenkreis aufzunehmen, wird aus den oben genannten Gründen für sinnvoll und notwendig erachtet.

Betrachtet man die vielen sprachlichen Ungenauigkeiten und die praktischen Probleme, die mit den geforderten Einschätzungen einhergehen, stellt sich die Frage, ob § 4 KKG tatsächlich mehr Rechtssicherheit gebietet, als es vorher die Lösung über § 34 StGB tat. Insbesondere die Formulierung „gewichtige Anhaltspunkte" setzen ein hohes Maß an Eigenverantwortung und Interpretationsspielraum für den Arzt voraus, was mit einem hohen Risiko für Fehler einhergeht. Was die Bekanntheit der Norm und die damit verbundenen

---

[880] Stellungnahmen der Länder, zitiert nach BT-Drs. 18/7100 S. 57.
[881] BT-Drs. 18/7100 S. 57.
[882] DIJuF Hinweise 2017 S. 5.

Defizite betrifft, wird dies auf das junge Alter der Norm zurückgeführt und davon ausgegangen, dass sich dieses Problem mit den Jahren ändert.[883]

Mit der „neuen" Lösung sollten gerade Anwendungsschwierigkeiten, die aus dem unbestimmten Tatbestand des § 34 StGB resultierten, beseitigt werden. Betrachtet man das Ergebnis, muss festgestellt werden, dass dies nicht gelungen ist. Hinzu kommen die datenschutzrechtlichen Probleme der Norm[884] und die fehlende Systematik aufgrund der fehlenden Gesetzgebungskompetenz des Bundes für alle regelungsbedürftigen Bereiche. § 4 KKG ist eine datenschutzrechtlich ausgestaltete Norm, die im SGB VIII verankert wurde, und mittelbar das Strafrecht und das Berufsrecht tangiert. Gerade für das Berufsrecht steht dem Bund aber keine Gesetzgebungskompetenz zu, weshalb versucht wurde durch datenschutzrechtliche Regelungen mittelbar in diesen Bereich einzugreifen. Nichtsdestotrotz liegt der Vorteil einer bundeseinheitlichen Norm auf der Hand. Für einen besseren Kinderschutz ist eine einheitliche Norm definitiv der richtige Weg.

Ferner ist der zwar sinnvolle, aber dennoch in Teilen fragwürdige Anspruch auf Beratung zu beanstanden. Nicht nur, dass es sich um die Dopplung eines bereits bestehenden Anspruchs handelt. Zudem sollte, einheitlich geregelt werden, was eine „insoweit erfahrene Fachkraft" ist und dafür eine spezielle Stelle im Jugendamt oder bei einem freien Träger geschaffen werden, sodass die Möglichkeit zur Aufhebung der Pseudonymisierung möglichst geringgehalten wird.

Schließlich ist die Stellung der Norm im SGB VIII an sich fragwürdig. Um die genannten Berufsgruppen zu erreichen und um thematisch an ihre Schweigepflicht anzuknüpfen, wäre eine Ergänzung in den jeweiligen „Berufsgesetzen" deutlich sinnvoller gewesen, als die Schaffung eines neuen Gesetzes. Aufgrund der Vielzahl der genannten Berufe, lässt sich kaum eine einheitliche Regelung entwickeln, da Ausbildung, Kenntnisstand und Erfahrungen im Kinderschutzbereich sehr divergieren. Viel wichtiger wäre es, für die einzelnen Berufsgruppen einzelne Befugnisnormen zu erlassen, welche sich im jeweiligen Berufsrecht wiederfinden und die, abgestimmt auf den jeweiligen Beruf, ein individuelles Handeln fordern. Eine Regelung im Berufsrecht hätte zudem den Vorteil, dass sie in der jeweiligen Berufsgruppe mehr Beachtung findet und zudem thematisch dort verortet ist, wo sie ihren Ursprung hat.

---

[883] BT-Drs. 18/7100 S. 57.
[884] Vertiefend dazu *Mörsberger/Wapler* FPR 2012, 437 (439), die insbesondere große Probleme bezüglich der Lehrer sehen.

Medizinstudenten, die in ihrer Ausbildung § 9 MBO-Ä kennenlernen, lernen in diesem Zusammenhang gleichzeitig auch die Möglichkeiten einer befugten Offenbarung des Arztgeheimnisses kennen. Auch der interkollegiale Austausch hat in § 4 KKG keinerlei Beachtung gefunden. Möglicherweise liegt die Ursache darin, dass es ein weit verbreiteter Irrtum ist, dass Gespräche unter Kollegen ohne Weiteres zulässig sind.[885] Gerade aber ein interkollegiales Gespräch ohne Pseudonymisierung könnte mit Blick auf die Aufklärung von Kindesmisshandlungen viel bewirken. Dies war aber weder nach der alten Regelung (Rechtfertigung über § 34 StGB) erlaubt, noch ist es dies heute, sodass auch hier ein Defizit vorliegt, welches behoben werden sollte.

Wie oben aufgeführt ist die Kritik an § 4 KKG groß, viele vermeintliche Kritikpunkte konnten in dieser Untersuchung aber auch entkräftet werden. Trotzdem scheint es noch einigen relevanten Verbesserungsbedarf zu geben. Deshalb soll ein Blick auf die beiden Länder Österreich und Schweiz und deren Umgang mit Fällen (potenzieller) Kindesmisshandlung im Zusammenhang mit der Schweigepflicht geworfen werden.

## 10. Ausblick in die Zukunft

Seit 2017 ist eine Änderung sowohl des § 4 KKG als auch die Einführung eines neuen § 5 KKG durch den Entwurf eines Gesetzes zur Stärkung von Kindern und Jugendlichen (Kinder- und Jugendstärkungsgesetz – KJSG)[886] in Planung.

Der neue § 4 KKG[887] lautet in der Fassung des Entwurfs vom 17.03.2017:

*(1) Bei Bekanntwerden gewichtiger Anhaltspunkte für die Gefährdung des Wohls eines Kindes oder eines Jugendlichen in Ausübung ihrer beruflichen Tätigkeit sind*
  *1. Ärztinnen oder Ärzte, Hebammen oder Entbindungspfleger oder Angehörige eines anderen Heilberufes, der für die Berufsausübung oder die Führung der Berufsbezeichnung eine staatlich geregelte Ausbildung erfordert,*

---

[885] *Broglie/Wartensleben* Der Arzt und sein Recht 1993, 5 (8).
[886] Referentenentwurf des Bundesministeriums für Familie, Senioren, Frauen und Jugend vom 17.03.2017 abrufbar unter https://www.bmfsfj.de/blob/119160/c8ba3f56a357ec2ffd96b1146f10d0bd/referentenentwurf-kjsg-data.pdf (zuletzt abgerufen am 22.07.2019) S. 72 - 76.
[887] Text entnommen aus dem Referentenentwurf des Bundesministeriums für Familie, Senioren, Frauen und Jugend vom 17.03.2017 abrufbar unter https://www.bmfsfj.de/blob/119160/c8ba3f56a357ec2ffd96b1146f10d0bd/referentenentwurf-kjsg-data.pdf (zuletzt abgerufen am 22.07.2019), S. 23.

2. Berufspsychologinnen oder -psychologen mit staatlich anerkannter wissenschaftlicher Abschlussprüfung,
3. Ehe-, Familien-, Erziehungs- oder Jugendberaterinnen oder -berater sowie
4. Beraterinnen oder Berater für Suchtfragen in einer Beratungsstelle, die von einer Behörde oder Körperschaft, Anstalt oder Stiftung des öffentlichen Rechts anerkannt ist,
5. Mitgliedern oder Beauftragten einer anerkannten Beratungsstelle nach den §§ 3 und 8 des Schwangerschaftskonfliktgesetzes,
6. staatlich anerkannten Sozialarbeiterinnen oder -arbeiter oder staatlich anerkannten Sozialpädagoginnen oder -pädagogen oder
7. Lehrerinnen oder Lehrer an öffentlichen und an staatlich anerkannten privaten Schulen

befugt, das Jugendamt zu informieren und ihm die zur Abwendung der Gefährdung erforderlichen Daten mitzuteilen, soweit sie dies zur Abwendung der Gefährdung für erforderlich halten; hierauf sind die Betroffenen vorab hinzuweisen, es sei denn, dass damit der wirksame Schutz des Kindes oder des Jugendlichen in Frage gestellt wird.

(2) Bei der Einschätzung der Erforderlichkeit des Tätigwerdens des Jugendamtes berücksichtigen die Personen nach Absatz 1, ob die Gefährdung anders, insbesondere durch Erörterung der Situation mit dem Kind oder Jugendlichen und den Personensorgeberechtigten und ein Hinwirken auf die Inanspruchnahme erforderlicher öffentlicher Hilfen bei den Personensorgeberechtigten abgewandt werden kann, ohne hierdurch den wirksamen Schutz des Kindes oder Jugendlichen in Frage zu stellen.

(3) Die Personen nach Absatz 1 haben zur Einschätzung der Kindeswohlgefährdung gegenüber dem Träger der öffentlichen Jugendhilfe Anspruch auf Beratung durch eine insoweit erfahrene Fachkraft. Sie sind zu diesem Zweck befugt, dieser Person die dafür erforderlichen Daten zu übermitteln; vor einer Übermittlung der Daten sind diese zu pseudonymisieren.

(4) Mitarbeiterinnen und Mitarbeiter von Stellen, die dem Sozialgeheimnis nach § 35 Absatz 1 des Ersten Buches Sozialgesetzbuch unterliegen und nicht dem Personenkreis des Absatzes 1 angehören, und denen in Ausübung ihrer beruflichen Tätigkeit gewichtige Anhaltspunkte für die Gefährdung des Wohls eines Kindes oder eines Jugendlichen bekannt werden, sind befugt, das Jugendamt zu informieren und ihm die zur Abwendung der Gefährdung erforderlichen Daten mitzuteilen; hierauf sind die Betroffenen vorab hinzuweisen, es sei denn, dass damit der wirksame Schutz des Kindes oder des Jugendlichen in Frage gestellt wird. Absatz 3 gilt entsprechend.

Der neue § 5 KKG[888] sollte wie folgt lauten:

*§ 5 Zusammenwirken von Strafverfolgungsbehörden und Jugendamt*
*(1) Werden in einem Strafverfahren Anhaltspunkte für die Gefährdung des Wohls eines Kindes oder eines Jugendlichen bekannt, sind die Mitarbeiterinnen und Mitarbeiter der Strafverfolgungsbehörden verpflichtet, das Jugendamt zu informieren und die zur Abwendung der Gefährdung erforderlichen Daten und Tatsachen mitzuteilen; hierauf sind die Betroffenen vorab hinzuweisen, es sei denn, dass damit der wirksame Schutz des Kindes oder des Jugendlichen in Frage ge- stellt wird. § 4 Absatz 3 gilt entsprechend.*
*(2) Anhaltspunkte für eine Gefährdung liegen insbesondere dann vor, wenn gegen eine Person, die mit einem Minderjährigen in häuslicher Gemeinschaft lebt oder die beruflich Minderjährige beaufsichtigt, betreut, erzieht oder ausbildet oder vergleichbar mit Minderjährigen in Kontakt steht, der Verdacht der Begehung einer Straftat nach den §§ 171, 174 bis 174c, 176 bis 180a, 181a, 182 bis 184g, 184i, 184j, 225, 232 bis 233a, 234, 235 oder 236 des Strafgesetzbuchs besteht.*

Ein weiterer Entwurf,[889] der Änderungen des KKG enthielt, sah vor, dass eine zeitnahe Rückmeldung des Jugendamtes an den Meldenden nach § 4 Abs. 4 KKG (Entwurf) erfolgen sollte.[890] Da der Bundestag aber am 22.09.2017 in der letzten Sitzung vor der Bundestagswahl keinen Beschluss über das neue Gesetz gefasst hat, bleibt abzuwarten, ob die Neuerungen überhaupt ins Gesetz aufgenommen werden.[891]

---

[888] Text entnommen aus dem Referentenentwurf des Bundesministeriums für Familie, Senioren, Frauen und Jugend vom 17.03.2017 abrufbar unter https://www.bmfsfj.de/blob/119160/c8ba3f56a357ec2ffd96b1146f10d0bd/referentenentwurf-kjsg-data.pdf (zuletzt abgerufen am 05.09.2019), S. 23 f.
[889] BT-Drs. 18/12330.
[890] BT-Drs. 18/12330 S. 4, 43; dies befürwortend auch DIJuF Hinweise 2017 S. 5.
[891] *Jox* in BeckOGK-KKG § 4 Rn. 71.

## E. DIE RECHTSLAGE IN ÖSTERREICH

## I. Einleitung

Auch für das österreichische Recht stellt sich die Frage, wie der Konflikt des Arztes bei dem Verdacht einer Kindesmisshandlung gelöst wird. Vorliegend werden zunächst kurz die relevanten Straftatbestände vorgestellt, die die Kindesmisshandlung in Österreich betreffen, und sodann auf die relevanten Vorschriften zur ärztlichen Schweigepflicht und zu Offenbarungsmöglichkeiten eingegangen.

## II. Die Kindesmisshandlung aus strafrechtlicher Sicht

Eine strafrechtliche Bestimmung, die ausdrücklich eine Kindesmisshandlung sanktioniert, gibt es in Österreich nicht.[892] Jedoch bestraft § 92 österreichisches Strafgesetzbuch (öStGB) das Quälen oder Vernachlässigen von unmündigen, jüngeren oder wehrlosen Personen, also auch Minderjährigen.[893]

---

[892] Zenz, Diss. 2009 S. 19.
[893] § 92 öStGB Quälen oder Vernachlässigen unmündiger, jüngerer oder wehrloser Personen
(1) Wer einem anderen, der seiner Fürsorge oder Obhut untersteht und der das achtzehnte Lebensjahr noch nicht vollendet hat oder wegen Gebrechlichkeit, Krankheit oder einer geistigen Behinderung wehrlos ist, körperliche oder seelische Qualen zufügt, ist mit Freiheitsstrafe bis zu drei Jahren zu bestrafen.
(2) Ebenso ist zu bestrafen, wer seine Verpflichtung zur Fürsorge oder Obhut einem solchen Menschen gegenüber gröblich vernachlässigt und dadurch, wenn auch nur fahrlässig, dessen Gesundheit oder dessen körperliche oder geistige Entwicklung beträchtlich schädigt.
(3) Hat die Tat eine Körperverletzung mit schweren Dauerfolgen (§ 85) zur Folge, so ist der Täter mit Freiheitsstrafe von sechs Monaten bis zu fünf Jahren, hat sie den Tod des Geschädigten zur Folge, mit Freiheitsstrafe von einem bis zu zehn Jahren zu bestrafen.

*§ 92*[894]
*(1) Wer einem anderen, der seiner Fürsorge oder Obhut untersteht und der das achtzehnte Lebensjahr noch nicht vollendet hat oder wegen Gebrechlichkeit, Krankheit oder einer geistigen Behinderung wehrlos ist, körperliche oder seelische Qualen zufügt, ist mit Freiheitsstrafe bis zu drei Jahren zu bestrafen.*
*(2) Ebenso ist zu bestrafen, wer seine Verpflichtung zur Fürsorge oder Obhut einem solchen Menschen gegenüber gröblich vernachlässigt und dadurch, wenn auch nur fahrlässig, dessen Gesundheit oder dessen körperliche oder geistige Entwicklung beträchtlich schädigt.*
*(3) Hat die Tat eine Körperverletzung mit schweren Dauerfolgen (§ 85) zur Folge, so ist der Täter mit Freiheitsstrafe von sechs Monaten bis zu fünf Jahren, hat sie den Tod des Geschädigten zur Folge, mit Freiheitsstrafe von einem bis zu zehn Jahren zu bestrafen.*

Umfasst werden „Unmündige", „jüngere", also unter 18-jährige Personen sowie wehrlose Personen, die der Fürsorge oder der Obhut des Täters unterstehen. Dabei ist die Fürsorge auf längere Dauer, die Obhut auf kürzere angelegt.[895] Die Fürsorge, die klassisch die Verpflichtung umfasst, für das körperliche und geistige Wohl der geschützten Person zu sorgen, besteht im Regelfall zwischen Eltern und Kindern.[896] Strafbar nach Absatz 1 ist nicht nur das Zufügen körperlicher, sondern auch seelischer Qualen.[897] Erstere können sowohl durch Verletzungen als auch durch Misshandlungen oder Freiheitsbeschränkungen bewirkt werden, letztere durch Bedrohungen, Beschimpfungen und sonstige Erniedrigungen.[898] Absatz 1 kann auch durch Unterlassen begangen werden, beispielsweise, wenn die Eltern es unterlassen, das Kind zu füttern oder bei Krankheitssymptomen einen Arzt zu verständigen.[899]
Absatz 2 ist ein vorsätzliches unechtes Unterlassungsdelikt in Form eines eigenhändigen Sonderdelikts.[900] Dem Quälen werden hier bestimmte Formen der Vernachlässigung gleichgestellt, wobei es sich um eine gröbliche

---

[894] Alle zitierten ausländischen Normen finden sich außerdem gesammelt im Anhang.
[895] *Fabrizy/Foregger* § 92 Rn. 1.
[896] *Fabrizy/Foregger* § 92 Rn. 2; *Loderbauer* in Deixler-Hübner/Fucik/Mayrhofer § 92 StGB Rn. 3, 5; *Jerabek/Ropper* in WK-StGB § 92 Rn. 4; *Zagler* in SbgK Bd. 3 § 92 Rn. 8 f.
[897] *Jerabek/Ropper* in WK-StGB § 92 Rn. 11.
[898] *Fabrizy/Foregger* § 92 Rn. 2; OGH Urt. v. 16.1986 – 11 Os 89/86 JBl 1987, 259; *Wallner* in Resch/Wallner Kap. XXI. Rn. 389.
[899] *Fabrizy/Foregger* § 92 Rn. 5.
[900] OGH Urt. v. 29.08.1995 – 14 Os 104/95.

Vernachlässigung handeln muss.[901] Vernachlässigen bedeutet hierbei einen erheblichen Mangel an Bereitschaft, seinen Pflichten nachzukommen.[902] Bezüglich der Definition von Vernachlässigung findet sich weitestgehend eine Übereinstimmung zum deutschen Verständnis.

Eine gröbliche Vernachlässigung kann nur angenommen werden, wenn der Täter einen erheblichen Charaktermangel,[903] wie eigensüchtige Motive (Vergnügungssucht oder Geiz)[904] aufweist. Nicht ausreichend dürfte somit eine reine Überforderung sein. Als Folge muss ein beträchtlicher Schaden an Gesundheit oder geistiger Entwicklung des Opfers entstanden sein. Die geistige Entwicklung ist dann erheblich geschädigt, wenn das Opfer als Folge der Vernachlässigungen hinter dem Bildungs- und Intelligenzniveau Gleichaltriger merklich zurückbleibt.[905] Genau hier könnten Kinderärzte eine tragende Rolle spielen. Ob ein Kind hinter seinem Entwicklungsstand zurückbleibt, kann dieser womöglich als erster feststellen. Bei der Beurteilung, ob ein beträchtlicher Schaden an der Gesundheit eingetreten ist, kommt es auf eine Einzelfallbetrachtung an: Zwar wird als Richtwert eine Krankheitsdauer von ca. 14 Tagen herangezogen,[906] aber auch ein Nasenbeinbruch ohne Dislokation[907] mit (nur) einer zehntägigen Atembehinderung und Schmerzen kann als beträchtliche Gesundheitsschädigung qualifiziert werden.[908] Eine Rechtfertigung durch ein behauptetes Erziehungsrecht ist ausgeschlossen, weil die bestraften Handlungen in den Absätzen 1 und 2 keine von der Rechtsordnung gebilligten Erziehungsmaßnahmen sein können.[909]

Führt die Vernachlässigung des Kindes zu einer Verwahrlosung, kommt außerdem eine Strafbarkeit aus § 199 öStGB in Betracht.

---

[901] Fabrizy/Foregger § 92 Rn. 6; *Jerabek/Ropper* in WK-StGB § 92 Rn. 15.
[902] *Jerabek/Ropper* in WK-StGB § 92 Rn. 15.
[903] OGH Urt. v. 25.10.1983 – 10 Os 159/83.
[904] Fabrizy/Foregger § 92 Rn. 6.
[905] *Loderbauer* in Deixler-Hübner/Fucik/Mayrhofer § 92 StGB Rn. 14; *Zagler* in SbgK Bd. 3 § 92 Rn. 15.
[906] *Zagler* in SbgK Bd. 3 § 92 Rn. 14 m.w.N.
[907] Als Dislokation bezeichnet man die Lageänderung bzw. Verschiebung oder Verdrehung einer Körperstruktur, z.B. eines Organs oder eines Implantats; Docckeck Flexikon, Stichwort „Dislokation" https://flexikon.doccheck.com/de/Dislokation (zuletzt abgerufen am 26.08.2019).
[908] *Jerabek/Ropper* in WK-StGB § 92 Rn. 16.
[909] *Jerabek/Ropper* in WK-StGB § 92 Rn. 23.

Dieser lautet:

*Wer die ihm auf Grund eines Gesetzes obliegende Pflege, Erziehung oder Beaufsichtigung einer minderjährigen Person gröblich vernachlässigt und dadurch, wenn auch nur fahrlässig, deren Verwahrlosung bewirkt, ist mit Freiheitsstrafe bis zu sechs Monaten oder mit Geldstrafe bis zu 360 Tagessätzen zu bestrafen.*

§ 199 öStGB ergänzt die Strafbestimmung des § 92 Abs. 2 öStGB.[910] Er greift in dem Fall, in dem die Vernachlässigung nicht zu einer schweren Folge, wohl aber zu einer Verwahrlosung geführt hat. § 199 öStGB stellt einen Auffangtatbestand dar, greift § 92 öStGB, ist § 199 öStGB nicht mehr anwendbar.[911] Täter können auch hier die Eltern sein, die ihr Kind gröblich vernachlässigen. Wer notwendige und seinen Lebensumständen angemessene Vorkehrungen zur Wahrung des körperlichen Wohls und der Gesundheit des Kindes unterlässt, vernachlässigt die Pflege.[912] Als Beispiele werden auch hier mangelhafte Ernährung, Hygiene, Erholung oder ärztliche Betreuung genannt.[913] Aber auch das Verleiten zu Alkohol- oder Drogenmissbrauch oder zu kriminellen Taten kann eine Vernachlässigung darstellen.[914] Gröblich ist die Vernachlässigung dann, wenn sie einen längeren Zeitraum andauert. Nur dann kann es zu einer Verwahrlosung kommen.[915] Verwahrlosung ist dabei eine äußere oder sittliche.[916] Verwahrlost ist jemand, der seine äußere Erscheinung vollkommen vernachlässigt oder sein Leben nicht nach allgemein anerkannten Regeln des Gemeinschaftslebens, sondern aufgrund einer asozialen oder antisozialen Lebenseinstellung führt.[917] Dabei muss die Verwahrlosung kausal durch die Tat hervorgerufen worden sein, sie muss aber nicht der einzige Grund dafür sein.[918]

Ein weiteres Delikt stellt § 93 StGB, die Überanstrengung unmündiger, jüngerer oder schonungsbedürftiger Personen, dar.

---

[910] *Markel* in WK-StGB § 199 Rn.1.
[911] Fabrizy/Foregger § 199 Rn. 1.
[912] *Markel* in WK-StGB § 199 Rn. 8.
[913] *Markel* in WK-StGB § 199 Rn. 9; *Ramsauer* in SbgK Bd. 6 § 199 Rn. 34.
[914] *Ramsauer* in SbgK Bd. 6 § 199 Rn. 33.
[915] Fabrizy/Foregger § 199 Rn. 2; *Markel* in WK-StGB § 199 Rn.10.
[916] Fabrizy/Foregger § 199 Rn. 2.
[917] Fabrizy/Foregger § 199 Rn. 2.
[918] *Markel* in WK-StGB § 199 Rn.11.

*§ 93*
*(1) Wer einen anderen, der von ihm abhängig ist oder seiner Fürsorge oder Obhut untersteht und der das achtzehnte Lebensjahr noch nicht vollendet hat oder wegen seines Gesundheitszustandes offensichtlich schonungsbedürftig ist, aus Bosheit oder rücksichtslos überanstrengt und dadurch, wenn auch nur fahrlässig, die Gefahr des Todes oder einer beträchtlichen Körperverletzung oder Gesundheitsschädigung des Überanstrengten herbeiführt, ist mit Freiheitsstrafe bis zu zwei Jahren zu bestrafen.*
*(2) Hat die Tat eine der im § 92 Abs. 3 genannten Folgen, so sind die dort angedrohten Strafen zu verhängen.*

Diese Vorschrift dient dem Schutz von Kindern, die das 18. Lebensjahr noch nicht vollendet haben.[919] Aus Bosheit handelt, wer an der Beeinträchtigung des Wohlbefindens, die er dem Betroffenen zufügt, Gefallen findet und um dieses Gefallens willen handelt.[920] Rücksichtslos ist dabei, wer sich aus Selbstsucht oder Gleichgültigkeit über die Interessen anderer hinwegsetzt.[921] Das Opfer wird überanstrengt, wenn ihm eine Leistung abverlangt wird, die das Maß dessen, was ihm zuzumuten ist, nicht unerheblich übersteigt.[922] Die von dem Kind abverlangte Leistung kann dabei aus allen Bereichen stammen: Sie kann arbeitsmäßig, aber auch eine sportliche sein,[923] wenn zum Beispiel die Eltern das Kind immer wieder zu sportlichen Höchstleistungen anstacheln, dieses aber aufgrund seiner Kondition bereits sein Möglichstes erreicht hat. Gerade bei Eltern, die aus eigener Geltungssucht Kinder zum Leistungssport treiben, ist dies in Extremfällen zu bejahen.

Mindestens fahrlässig muss dadurch die Gefahr des Todes oder einer beträchtlichen Körperverletzung hervorgerufen worden sein. Beträchtlich ist dabei als ein Grad zwischen leichter und schwerer Körperverletzung zu verstehen.[924] Diese können sich, angelehnt an das Beispiel mit den sportlichen Leistungen, zum Beispiel daraus ergeben, dass ein Kind über ein normales Maß hinaus erschöpft ist, Muskelschmerzen empfindet oder aufgrund mangelnder Regeneration kaum noch Kraft hat, aber weiter trainieren soll und dadurch krankhafte Symptome aufweist.

---

[919] Fabrizy/Foregger § 93. Rn. 1; *Jerabek/Ropper* in WK-StGB § 93 Rn.11.
[920] Fabrizy/Foregger § 93. Rn. 3; *Jerabek/Ropper* in WK-StGB § 93 Rn.11.
[921] Fabrizy/Foregger § 93. Rn. 3.
[922] Fabrizy/Foregger § 93. Rn. 3.
[923] Fabrizy/Foregger § 93. Rn. 3.
[924] Fabrizy/Foregger § 93. Rn. 4.

Greift § 92 öStGB nicht ein, sind die Körperverletzungsdelikte nach §§ 83 ff. öStGB einschlägig. § 92 öStGB geht den allgemeinen Körperverletzungsdelikten somit vor.[925] In Betracht kommen namentlich: Die Körperverletzung (§ 83 öStGB), die schwere Körperverletzung (§ 84 öStGB), die Körperverletzung mit schweren Dauerfolgen (§ 85 öStGB), die Körperverletzung mit tödlichem Ausgang (§ 86 öStGB), die absichtlich schwere Körperverletzung (§ 87 öStGB), die fahrlässige Körperverletzung (§ 88 öStGB) und die Gefährdung der körperlichen Sicherheit (§ 89 öStGB). Auch die Aussetzung gem. § 82 öStGB sowie die fahrlässige (§ 80 öStGB) und grob fahrlässige Tötung (§ 81 öStGB) könnten einschlägig sein.
Unter Misshandeln versteht man in Österreich jede unangemessene Behandlung, die das körperliche Wohlbefinden nicht nur unerheblich beeinträchtigt, also Schmerzen und Unbehagen hervorruft.[926] Insofern besteht Übereinstimmung zwischen dem Misshandlungsbegriff in Deutschland und in Österreich.

In Betracht kommen ferner der (schwere) sexuelle Missbrauch von Unmündigen (§§ 206, 207 öStGB), die pornografische Darstellung Minderjähriger (§ 207a öStGB) sowie die sittliche Gefährdung von Personen unter sechzehn Jahren (§ 208 öStGB).

### III. Die ärztliche Verschwiegenheitspflicht in Österreich

Wie bereits festgestellt, können auch in Österreich gerade Ärzte einen wichtigen Beitrag zum Aufdecken von Kindesmisshandlungen leisten. Ob ein Kind überfordert, vernachlässigt oder verwahrlost ist, kann er häufig als einer der ersten erkennen, ebenso wie atypische Verletzungen, die den Kindern durch ihre misshandelnden Eltern zugefügt werden. Entdeckt ein Arzt solche Verletzungen, steht er, wie in Deutschland, vor dem Konflikt, ob er seine Schweigepflicht brechen soll. Ähnlich wie in Deutschland, ist die ärztliche Schweigepflicht auch in Österreich gesetzlich normiert. Diese gesetzlichen Grundlagen werden im Folgenden vorgestellt.

1. Einleitung

Die ärztliche Schweigepflicht, oder genauer, die Verschwiegenheitspflicht, wie sie in Österreich genannt wird, stellt, wie in Deutschland, eine Kernpflicht

---

[925] *Jerabek/Ropper* in WK-StGB § 92 Rn. 25.
[926] *Wallner* in Resch/Wallner Kap. XXI. Rn. 389.

des Arztes dar. Sie wird als eine der ältesten Berufspflichten des Arztes überhaupt angesehen.[927]
Sie hat einen sehr hohen Stellenwert im Hinblick auf ein funktionierendes und erfolgversprechendes Arzt-Patienten-Verhältnis[928] und trägt dem verfassungsrechtlich gewährleisteten Schutz der Geheimsphäre Rechnung.[929]
Auch die sogenannte „Patientencharta", ein zwischen Bund und Ländern abgeschlossener Vertrag zur Sicherstellung der Patientenrechte, stellt eine wesentliche Grundlage für den Schutz medizinischer Berufsgeheimnisse dar.[930]
So besagt Art. 13 Abs. 1 der Patientencharta, dass

*„gesundheitsbezogene Daten sowie sonstige Umstände, die aus Anlass der Erbringung von Leistungen im Bereich des Gesundheitswesens bekannt werden und an denen Patienten und Patientinnen ein Geheimhaltungsinteresse haben, dem „Datenschutzgesetz"*

unterliegen.
Als „Schutzgut" der Verschwiegenheitspflicht wird auch in Österreich die Privatsphäre des Patienten angeführt. Eng damit verknüpft ist der Schutz seiner Gesundheit, denn nur ein Patient, der seinem Arzt vertraut, bringt die Bereitschaft mit, umfassend an der Heilbehandlung mitzuwirken und damit den Heilerfolg zu ermöglichen.[931] Insofern bestehen keine Unterschiede zum deutschen Verständnis zur Geheimhaltungspflicht des Arztes.
Auch darüber, dass die Pflicht zur Geheimhaltung grundsätzlich allen anderen Personen gegenüber gilt, z.B. auch Angehörigen, Ehegatten oder anderen Ärzten[932], ist man sich einig.
Wie auch in Deutschland, trifft die Pflicht zur Verschwiegenheit alle Arten von Ärzten gleichermaßen, egal, ob angestellter oder niedergelassener Arzt.[933]
Auch endet diese Pflicht nicht mit Ausscheiden aus der Ärzteliste,[934] beispielsweise bei dem Eintritt in den Ruhestand. Ebenso endet sie nicht mit dem Tod

---

[927] *Wallner* in Resch/Wallner Kap. XXI. Rn. 339.
[928] Stellamor/Steiner, Handbuch Arztrecht I S.167.; *Steiner* Mitteilungen der ÄKfWien 1980/6 S. 34.
[929] *Thiele* in SbgK Bd. 4 § 121 Rn. 4.
[930] *Thiele* in SbgK Bd. 4 § 121 Rn. 5.
[931] Kienböck, Berufsgeheimnis S. 10; *Ulsenheimer* in Laufs/Kern/Rehborn Handbuch § 139 Rn. 16 ff.
[932] Stellamor/Steiner, Handbuch Arztrecht I S.174 f.; *Wallner* in Resch/Wallner Kap. XXI. Rn. 350 m.w.N; *Thiele* in SbgK Bd. 4 § 121 Rn. 60.
[933] Riesz, Ärztliche Verschwiegenheitspflicht S. 12.
[934] Die Eintragung in die Ärzteliste ist für selbstständige Ärzte eine Voraussetzung zur Ausübung des ärztlichen Berufes, vgl. § 4 AerzteG.

des Arztes, sodass es dem Arzt obliegt, zumutbare Vorkehrungen zu treffen, die eine Kenntnisnahme patientenrelevanter Daten durch Unbefugte nach seinem Tod verhindern.[935]

Die Verschwiegenheitspflicht wird in Österreich, ebenso wie in Deutschland, aus Art. 8 EMRK abgeleitet. Auch in Österreich wird das hieraus abgeleitete Recht auf Selbstbestimmung maßgeblich als Grundlage für die Verschwiegenheit aber auch für die Aufklärung angesehen.[936]

Die Verschwiegenheitspflicht ist in § 54 Ärztegesetz (AerzteG) und § 9 Krankenanstalten und Kuranstaltengesetz (KAKuG) normiert. Die Ausgestaltung dieser Normen divergiert teilweise von der deutschen Regelung, ebenso wie sich die strafrechtliche Norm zur Verletzung von Berufsgeheimnissen gem. § 121 öStGB von § 203 Abs. 1 Nr. 1 StGB unterscheidet.

Im folgenden Kapitel werden die genannten Rechtsgrundlagen vorgestellt, einer kritischen Betrachtung unterzogen und ihre Unterschiede zu den deutschen Regelungen aus §§ 9 MBO-Ä und 203 StGB sowie § 4 KKG herausgearbeitet.

2. Das ärztliche Berufsgeheimnis im österreichischen Medizinrecht

a) Die Rechtsgrundlage § 54 AerzteG

aa) Überblick

Der § 54 AerzteG stammt aus dem Jahr 1998. Er erfuhr mehrere Änderungen, unter anderem im Jahr 2001 und im Jahr 2006. In der ersten Fassung beinhaltete § 54 AerzteG drei Absätze. Die Absätze 4, 5 und 6 kamen im Jahr 2001 hinzu. 2006 wurde dann noch eine sprachliche Veränderung an Absatz 4 vorgenommen. Im Jahr 2014 kamen erneut geringfügige Veränderungen an den Absätzen 5 und 6 hinzu und schließlich wurde 2017 § 54 Abs. 2 Ziff. 4 geändert.

---

[935] *Wallner* in Resch/Wallner Kap. XXI. Rn. 343.
[936] Mayer/Kucsko-Stadlmayer/Stöger, Bundesverfassungsrecht Rn. 1421.

§ 54 AerzteG lautet wörtlich[937]:

*(1) Der Arzt und seine Hilfspersonen sind zur Verschwiegenheit über alle ihnen in Ausübung ihres Berufes anvertrauten oder bekannt gewordenen Geheimnisse verpflichtet.*
*(2) Die Verschwiegenheitspflicht besteht nicht, wenn*
   *1. nach gesetzlichen Vorschriften eine Meldung des Arztes über den Gesundheitszustand bestimmter Personen vorgeschrieben ist,*
   *2. Mitteilungen oder Befunde des Arztes an die Sozialversicherungsträger und Krankenfürsorgeanstalten oder sonstigen Kostenträger in dem Umfang, als er für den Empfänger zur Wahrnehmung der ihm übertragenen Aufgaben eine wesentliche Voraussetzung bildet, erforderlich sind,*
   *3. die durch die Offenbarung des Geheimnisses bedrohte Person den Arzt von der Geheimhaltung entbunden hat,*
   *4 die Offenbarung des Geheimnisses nach Art und Inhalt zum Schutz höherwertiger Interessen*
      *a) der öffentlichen Gesundheitspflege,*
      *b) der Rechtspflege oder*
      *c) von einwilligungsunfähigen Patientinnen/Patienten im Zusammenhang mit der Bereitstellung der für die Behandlungskontinuität unerlässlichen Eckdaten gegenüber den mit der Pflege betrauten Personen*
   *unbedingt erforderlich ist,*
*(3) Die Verschwiegenheitspflicht besteht auch insoweit nicht, als die für die Honorar- oder Medikamentenabrechnung gegenüber den Krankenversicherungsträgern, Krankenanstalten, sonstigen Kostenträgern oder Patienten erforderlichen Unterlagen zum Zweck der Abrechnung, auch im automationsunterstützten Verfahren, Auftragsverarbeitern gemäß Art. 4 Z 8 Datenschutz-Grundverordnung überlassen werden. Eine allfällige Speicherung darf nur so erfolgen, daß Betroffene weder bestimmt werden können noch mit hoher Wahrscheinlichkeit bestimmbar sind. Diese Daten sind ausschließlich mit Zustimmung des Verantwortlichen gemäß Art. 4 Z 7 Datenschutz-Grundverordnung an die zuständige Ärztekammer über deren Verlangen weiterzugeben.*
*(4) Ergibt sich für den Arzt in Ausübung seines Berufes der Verdacht, dass durch eine gerichtlich strafbare Handlung der Tod oder eine schwere Körperverletzung herbeigeführt wurde, so hat der Arzt, sofern Abs. 5 nicht anderes bestimmt, der*

---

[937] Nach Einreichung der Arbeit trat in Österreich am 30.10.2020 eine durch BGBl. I Nr. 105/2019 geänderte Form des § 54 AerzteG in Kraft. Der seitdem gültige Gesetzestext befindet sich im Anhang ab S. 287.

*Sicherheitsbehörde unverzüglich Anzeige zu erstatten. Gleiches gilt im Fall des Verdachts, dass eine volljährige Person, die ihre Interessen nicht selbst wahrzunehmen vermag, misshandelt, gequält, vernachlässigt oder sexuell missbraucht worden ist.*
*(5) Ergibt sich für den Arzt in Ausübung seines Berufes der Verdacht, dass ein Minderjähriger misshandelt, gequält, vernachlässigt oder sexuell missbraucht worden ist, so hat der Arzt Anzeige an die Sicherheitsbehörde zu erstatten. Richtet sich der Verdacht gegen einen nahen Angehörigen (§ 166 StGB), so kann die Anzeige so lange unterbleiben, als dies das Wohl des Minderjährigen erfordert und eine Zusammenarbeit mit dem Kinder- und Jugendhilfeträger und gegebenenfalls eine Einbeziehung einer Kinderschutzeinrichtung an einer Krankenanstalt erfolgt.*
*(6) In den Fällen einer vorsätzlich begangenen schweren Körperverletzung hat der Arzt auf bestehende Opferschutzeinrichtungen hinzuweisen. In den Fällen des Abs. 5 hat er überdies unverzüglich und nachweislich Meldung an den zuständigen Kinder- und Jugendhilfeträger zu erstatten.*

Absatz 1 regelt den Grundsatz der ärztlichen Verschwiegenheit: Ärzte und ihre Hilfspersonen sind bezüglich aller Geheimnisse, die ihnen in Ausübung ihrer beruflichen Tätigkeit bekannt oder anvertraut werden, zur Verschwiegenheit verpflichtet.[938] Das Berufsgeheimnis erstreckt sich auf alle, für andere Personen nicht wahrnehmbaren Tatsachen, die dem Arzt und den (ausdrücklich aufgenommenen) Hilfspersonen im Zusammenhang mit der Berufsausübung bekannt werden und an deren Geheimhaltung der Betroffene ein berechtigtes Interesse hat.[939] Dazu gehören nicht nur physische Gegebenheiten, sondern auch psychische Zustände und Vorgänge.[940] Auch das wirtschaftliche, soziale oder familiäre Umfeld zählt zu den relevanten Informationen, die unter den Geheimnisschutz fallen.[941] Auch Geheimnisse, von denen der Arzt bei privaten Anlässen Kenntnis erlangt, sind von § 54 AerzteG umfasst, vorausgesetzt, sie wurden ihm in seiner Eigenschaft als Arzt anvertraut.[942] Das Geheimnis muss also einen Bezug zu seiner ärztlichen Tätigkeit aufweisen. Unter das Arztgeheimnis fallen weiterhin auch die Tatsachen, die das persönliche und soziale Umfeld sowie psychosoziale Umstände des Patienten betreffen.[943]
Auch dritte Personen betreffende Umstände, die der Arzt im Zusammenhang mit der Behandlung erlangt, sind vom Berufsgeheimnis umfasst.[944]

---

[938] *Wehinger* in Deixler-Hübner/Fucik/Mayrhofer § 54 AerzteG Rn. 1.
[939] Stellamor/Steiner, Handbuch Arztrecht I S.167.
[940] Stellamor/Steiner, Handbuch Arztrecht I S.167.
[941] *Wallner* RdM 2013,164 (165).
[942] *Wallner* in Resch/Wallner Kap. XXI. Rn. 345.
[943] *Stolzlechner* RdM 2000, 67 (69).
[944] Stellamor/Steiner, Handbuch Arztrecht I S.167.

Absatz 2 bestimmt Fälle, in denen diese Pflicht nicht besteht. Auf diese wird im Zusammenhang mit den Offenbarungsmöglichkeiten im nächsten Kapitel genauer eingegangen.

Absatz 3 behandelt die Übermittlung der Krankendaten zum Zwecke der Honorar- und Medikamentenabrechnung durch Dritte. 2001 wurden die Absätze 4 bis 6 hinzugefügt, die eine Anzeige- und Meldepflicht beinhalten.
Absatz 4 und Absatz 5 betreffen den Fall, dass sich für den Arzt während seiner beruflichen Tätigkeit der Verdacht ergibt, dass durch eine strafbare Handlung eine schwere Körperverletzung oder der Tod herbeigeführt wurde (Abs. 4 S. 1) oder sich der Verdacht einer Kindesmisshandlung oder des sexuellen Missbrauchs ergibt (Abs. 5 S. 1). In diesem Fall hat der Arzt unverzüglich Anzeige bei den Sicherheitsbehörden zu erstatten. Eine Verpflichtung zur Nachforschung besteht nicht.[945] Kommt der Arzt der Anzeigepflicht nicht nach, drohen disziplinäre, straf- oder zivilrechtliche Folgen.[946] Eine Anzeigepflicht besteht auch, wenn eine volljährige Person, die nicht in der Lage ist, ihre Interessen selbst wahrzunehmen, potenziell missbraucht oder misshandelt worden ist und die Gefahr weiterer Misshandlungen wahrscheinlich erscheint (Abs. 4 S. 2). Absatz 5 S. 2 sieht ein milderes Vorgehen für den Fall vor, dass sich der Verdacht gegen einen nahen Angehörigen i.S.d. § 166 öStGB richtet. In diesem Fall kann die Anzeige zunächst unterbleiben, sofern dies das Wohl des Kindes erfordert. Im weiteren Vorgehen ist dann eine Zusammenarbeit mit dem Jugendwohlfahrtsträger[947] oder die Einbeziehung einer Kinderschutzeinrichtung vorgesehen. Auch auf diese beiden Absätze wird im Folgenden noch intensiver eingegangen.
In Absatz 6 wird dem Arzt die Pflicht auferlegt, im Fall einer vorsätzlich begangenen schweren Körperverletzung auf Opferschutzeinrichtungen hinzuweisen und im Fall des Absatzes 5 nachweislich Meldung an den Kinder- und Jugendhilfeträger zu erstatten.

bb) Rechtsvergleich zwischen § 54 und § 9 MBO-Ä

§ 54 Abs. 1 AerzteG und § 9 Abs. 1 MBO-Ä unterscheiden sich inhaltlich im Grundsatz nur geringfügig. In beiden Normen wird der Grundgedanke der

---

[945] *Wehinger* in Deixler-Hübner/Fucik/Mayrhofer § 54 AerzteG Rn. 6.
[946] Riesz, Ärztliche Verschwiegenheitspflicht S. 437 f.
[947] Der Jugendwohlfahrtsträger ist in Österreich die Organisation der Kinder- und Jugendhilfe, vertiefend: http://www.familienrecht.at/index.php?id=2760 (abgerufen am 02.03.2016).

Verschwiegenheit festgelegt: Grundsätzlich haben Arzt (und Gehilfen) über das zu schweigen, was sie in Ausübung ihres Berufes erfahren. § 9 Abs. 1 MBO-Ä ergänzt am Ende noch, was unter anderem auch zu einem Geheimnis gehört, § 54 AerzteG verzichtet auf eine solche Konkretisierung. Auch beinhaltet die deutsche Norm den Zusatz „auch über den Tod des Patienten hinaus", was der österreichischen Norm ebenfalls fehlt. Allerdings besteht auch in Österreich Einigkeit darüber, dass die Verschwiegenheitspflicht über den Tod des Patienten hinaus Bestand hat.[948]

Den größten Unterschied aber stellen die Normierung einer Rechtspflicht in § 54 Abs. 4 und 5 AerzteG sowie konkret formulierte Offenbarungsbefugnisse in den Absätzen 2 und 3 dar. Insbesondere die Verpflichtung zur Mitteilung bei dem Verdacht, dass ein Minderjähriger misshandelt, gequält, vernachlässigt oder sexuell missbraucht worden ist, ist in dieser Arbeit von großer Relevanz.

b) Die Rechtsgrundlage § 9 KAKuG

Eine weitere gesetzliche Normierung der Verschwiegenheitspflicht findet sich in § 9 KAKuG.

*§ 9 Verschwiegenheitspflicht*
*(1) Für die bei Trägern von Krankenanstalten und in Krankenanstalten beschäftigten Personen sowie für die Mitglieder von Ausbildungskommissionen (§ 8 Abs. 4) und für die Mitglieder von Kommissionen gemäß § 8c besteht Verschwiegenheitspflicht, sofern ihnen nicht schon nach anderen gesetzlichen oder dienstrechtlichen Vorschriften eine solche Verschwiegenheitspflicht auferlegt ist. Die Verpflichtung zur Verschwiegenheit erstreckt sich auf alle den Gesundheitszustand betreffenden Umstände sowie auf die persönlichen, wirtschaftlichen und sonstigen Verhältnisse der Pfleglinge, die ihnen in Ausübung ihres Berufes bekannt geworden sind, bei Eingriffen gemäß § 5 des Organtransplantationsgesetzes, BGBl. I Nr. 108/2012 auch auf die Person des Spenders und des Empfängers.*
*(2) Durchbrechungen der Verschwiegenheitspflicht bestimmen sich nach den dienst- oder berufsrechtlichen Vorschriften. Im Übrigen besteht die Verschwiegenheitspflicht nicht, wenn die Offenbarung des Geheimnisses nach Art und Inhalt durch ein öffentliches Interesse, insbesondere durch Interessen der öffentlichen Gesundheitspflege oder der Rechtspflege gerechtfertigt ist.*
*(3) Durch die Landesgesetzgebung sind Vorschriften über die Ahndung von Zuwiderhandlungen gegen die Verschwiegenheitspflicht zu erlassen.*

---

[948] Stellamor/Steiner, Handbuch Arztrecht I S.175; *Prietl* RdM1995, 6 (6 f.).

§ 9 KAKuG behandelt die Verschwiegenheitspflicht für die bei Trägern von Krankenanstalten und in diesen beschäftigten Personen sowie für Mitglieder von Ausbildungskommissionen und Mitglieder von Ethikkommissionen. Auch diese Personen trifft die Pflicht zur Verschwiegenheit.

§ 9 KAKuG ist subsidiär zu § 54 AerzteG, da er nur anwendbar ist, „sofern nicht in anderen gesetzlichen oder dienstrechtlichen Vorschriften" den in den Krankenanstalten beschäftigen Personen eine Verschwiegenheitspflicht auferlegt ist.[949] Welche Einrichtungen unter den Begriff „Krankenanstalten" fallen, regelt § 2 KAKuG. Demnach sind Krankenanstalten unter anderem „Allgemeine Krankenanstalten", als solche für Personen ohne Unterschied des Geschlechts, des Alters oder der Art der ärztlichen Betreuung.[950] Inhaltlich geht § 9 KAKuG ausführlicher auf den Begriff des Geheimnisses ein als § 54 AerzteG: Geschützt sind nach § 9 KAKuG nicht nur „Geheimnisse", sondern „alle den Gesundheitszustand betreffenden Umstände sowie die persönlichen, wirtschaftlichen und sonstigen Verhältnisse, die ihnen in Ausübung ihres Berufes bekannt geworden sind". Damit nennt § 9 KAKuG ausdrücklich, was für § 54 AerzteG ohne ausdrückliche Erwähnung anerkannt ist.
Die Durchbrechung der Verschwiegenheitspflicht richtet sich nach berufs- oder dienstrechtlichen Vorschriften. Zudem besteht die Verschwiegenheitspflicht ebenfalls nicht, wenn ein öffentliches Interesse, insbesondere ein Interesse der öffentlichen Gesundheits- oder Rechtspflege das Interesse an der Geheimhaltung überwiegt, vgl. § 9 Abs. 2 KAKuG.

c) Sanktionen bei Verletzung des Berufsgeheimnisses

Neben der strafrechtlichen Sanktionierung nach § 121 Abs. 1 öStGB, auf die im Folgenden ausführlich eingegangen wird, kann die Verletzung der Schweigepflicht auch weitere Konsequenzen nach sich ziehen.
Gemäß § 199 Abs. 3 AerzteG kann dieses Vergehen als Verwaltungsstraftat durch die zuständige Bezirksverwaltungsbehörde bestraft werden.[951] Außerdem begeht der Arzt, der seine Verschwiegenheitspflicht verletzt, ein sogenanntes Disziplinarvergehen nach § 136 Abs. 1 Nr. 2 AerzteG. [952]
§ 136 Abs. 1 AerzteG differenziert zwischen der Beeinträchtigung der Ärzteschaft in Nr. 1 und der „reinen" Berufspflichtverletzung nach Nr. 2. Eine reine Berufspflichtverletzung liegt unter anderem dann vor, wenn die Öffentlichkeit

---

[949] Vgl. § 9 Abs. 1 KAKuG.
[950] Vgl. § 2 Abs. 1 Nr. 1 KAKuG.
[951] *Wallner* in Resch/Wallner Kap. XXI. Rn. 380.
[952] *Wallner* in Resch/Wallner Kap. XXI. Rn. 381.

gar keine Kenntnis des Vergehens hatte, so z.b. bei einer unterlassenen Anzeige nach § 54 Abs. 4 AerzteG.[953]
Nach § 138 AerzteG können außerdem schon während des laufenden Disziplinarverfahrens Sofortmaßnahmen eingeleitet werden, wie z.b. die Untersagung der weiteren Tätigkeit als Arzt. Die Arten der Disziplinarstrafe sind in § 139 Abs. 1 AerzteG geregelt. Unter anderem fällt darunter gem. § 139 Abs. 1 Nr. 2 AerzteG die Möglichkeit einer Geldstrafe bis zu einem Betrag von 36.340,00 Euro oder die befristete Untersagung der Berufsausübung nach Nr. 3.

Des Weiteren macht sich der Arzt dadurch schadensersatzpflichtig, was bei erheblichen Verletzungen der Privatsphäre auch zu einer Entschädigung für die erlittene persönliche Beeinträchtigung führen kann, vgl. § 1328a Österreichisches Bürgerliches Gesetzbuch (ABGB).

3. Das ärztliche Berufsgeheimnis im österreichischen Strafrecht

Bricht der Arzt ungerechtfertigt seine Schweigepflicht, steht diese Handlung auch in Österreich unter Strafe. Sanktioniert wird diese über § 121 öStGB.

a) § 121 Abs. 1 öStGB

Aufgrund der besonderen Bedeutung der Verschwiegenheitspflicht für den Gesundheitsbereich ist diese sogar strafrechtlich abgesichert.[954]
Das Äquivalent zum deutschen § 203 StGB findet sich in Österreich in § 121 öStGB. Er sichert lediglich die Verschwiegenheitspflicht im Gesundheitsbereich sowie die Verschwiegenheitspflicht von Sachverständigen ab. Primär geht es auch in Österreich um den Schutz eines Individualrechtsguts.[955] Es finden sich aber, wie in Deutschland auch, Ansätze, die von einem weiteren Schutzgut, nämlich dem öffentlichen Interesse am Funktionieren des Gesundheitswesens ausgehen.[956]
Bei § 121 öStGB handelt es sich um ein „Geheimnisschutz- bzw. Indiskretionsdelikt"[957] im weiteren Sinne. Es wird zwischen zwei eigenständigen Deliktstypen unterschieden: Die Verletzung des Berufsgeheimnisses nach § 121 öStGB stellt ein unrechtsbezogenes Sonderdelikt dar, welches spezifisch auf die Angehörigen gesetzlich geregelter Gesundheitsberufe abstellt

---

[953] *Wallner* in Resch/Wallner Kap. XXI. Rn. 439.
[954] *Wallner* in Resch/Wallner Kap. XXI. Rn. 340.
[955] Vertiefend *Thiele* in SbgK Bd. 4 § 121 Rn. 11 ff.
[956] *Thiele* in SbgK Bd. 4 § 121 Rn. 16 m.w.N.
[957] *Thiele* in SbgK Bd. 4 § 121 Rn. 17.

und Geheimnisse schützt, die den Gesundheitszustand einer Person betreffen. Auf der anderen Seite steht der Schutz von Geheimnissen jeder Art, die einem Sachverständigen bekannt geworden sind.[958] Absatz 2 normiert eine Qualifikation in Form eines Delikts mit überschießender Innentendenz.[959]

Wörtlich lautet § 121 öStGB:

*§ 121 Verletzung von Berufsgeheimnissen*
*(1) Wer ein Geheimnis offenbart oder verwertet, das den Gesundheitszustand einer Person betrifft und das ihm bei berufsmäßiger Ausübung eines gesetzlich geregelten Gesundheitsberufes oder bei berufsmäßiger Beschäftigung mit Aufgaben der Verwaltung einer Krankenanstalt oder eines anderen Gesundheitsdienstanbieters (§ 2 Z 2 des Gesundheitstelematikgesetzes 2012, BGBl. I Nr. 111/2012) oder mit Aufgaben der Kranken-, der Unfall-, der Lebens- oder der Sozialversicherung ausschließlich kraft seines Berufes anvertraut worden oder zugänglich geworden ist und dessen Offenbarung oder Verwertung geeignet ist, ein berechtigtes Interesse der Person zu verletzen, die seine Tätigkeit in Anspruch genommen hat oder für die sie in Anspruch genommen worden ist, ist mit Freiheitsstrafe bis zu sechs Monaten oder mit Geldstrafe bis zu 360 Tagessätzen zu bestrafen.*
*(1a) Ebenso ist zu bestrafen, wer widerrechtlich von einer Person die Offenbarung (Einsichtnahme oder Verwertung) von Geheimnissen ihres Gesundheitszustandes in der Absicht verlangt, den Erwerb oder das berufliche Fortkommen dieser oder einer anderen Person für den Fall der Weigerung zu schädigen oder zu gefährden.*
*(2) Wer die Tat begeht, um sich oder einem anderen einen Vermögensvorteil zuzuwenden oder einem anderen einen Nachteil zuzufügen, ist mit Freiheitsstrafe bis zu einem Jahr oder mit Geldstrafe bis zu 360 Tagessätzen zu bestrafen.*
*(3) Ebenso ist ein von einem Gericht oder einer anderen Behörde für ein bestimmtes Verfahren bestellter Sachverständiger zu bestrafen, der ein Geheimnis offenbart oder verwertet, das ihm ausschließlich kraft seiner Sachverständigentätigkeit anvertraut worden oder zugänglich geworden ist und dessen Offenbarung oder Verwertung geeignet ist, ein berechtigtes Interesse der Person zu verletzen, die seine Tätigkeit in Anspruch genommen hat oder für die sie in Anspruch genommen worden ist.*
*(4) Den Personen, die eine der in den Abs. 1 und 3 bezeichneten Tätigkeiten ausüben, stehen ihre Hilfskräfte, auch wenn sie nicht berufsmäßig tätig sind, sowie die Personen gleich, die an der Tätigkeit zu Ausbildungszwecken teilnehmen.*
*(5) Der Täter ist nicht zu bestrafen, wenn die Offenbarung oder Verwertung nach Inhalt und Form durch ein öffentliches oder ein berechtigtes privates Interesse gerechtfertigt ist.*

---

[958] *Thiele* in SbgK Bd. 4 § 121 Rn. 17 m.w.N.
[959] *Thiele* in SbgK Bd. 4 § 121 Rn. 18; *Lewisch* in WK-StGB § 121 Rn. 16.

*(6) Der Täter ist nur auf Verlangen des in seinem Interesse an der Geheimhaltung Verletzten (Abs. 1 und 3) zu verfolgen.*

Nach § 121 Abs. 1 öStGB macht sich strafbar, wer ein Geheimnis offenbart oder verwertet, das den Gesundheitszustand einer anderen Person betrifft und das ihm bei Ausübung seines Gesundheitsberufes anvertraut oder zugänglich geworden ist. Anvertrauen kann das Geheimnis nur der Geheimnisträger oder ein eingeweihter Angehöriger.[960] Darunter dürften neben den Angehörigen aber auch eingeweihte Dritte fallen, die in keinem Verwandtschaftsverhältnis zum Geheimnisträger stehen.

Absatz 1a bedroht denjenigen mit Strafe, der widerrechtlich von einer Person die Offenbarung eines Gesundheitsgeheimnisses verlangt, mit der Absicht den Erwerb oder das berufliche Fortkommen dieser oder einer anderen Person für den Fall der Weigerung zu schädigen oder zu gefährden.[961] Absatz 3 betrifft die Indiskretion eines Sachverständigen.

aa)   Tatobjekt: Geheimnis

Ein Geheimnis ist eine private Tatsache, die nur dem Träger des Geheimnisses und allenfalls noch seinem vertrauten Kreis bekannt ist und bei der ein natürliches Interesse besteht, sie Außenstehenden nicht zugänglich zu machen.[962] *Thiele* stellt drei wesentliche Elemente eines Geheimnisses vor: Die mangelnde Offenkundigkeit, der Geheimhaltungswille und das Geheimhaltungsinteresse.[963] *Wallner* spricht von drei Merkmalen des Geheimnisses: der objektiven Komponente, dass es sich tatsächlich um eine geheime Sache handelt, der subjektiven Komponente, dem Geheimhaltungsinteresse, und drittens von der Schutzwürdigkeit des Geheimhaltungsinteresses.[964]

Das Geheimnis muss sich auf den Gesundheitszustand einer Person beziehen, also müssen alle Umstände den physischen oder psychischen Zustand des Patienten betreffen.[965] Darunter fällt nicht nur die Mitteilung über den Gesundheitszustand des Patienten, sondern auch alles, was der Arzt während der

---

[960] Fabrizy/Foregger StGB § 121 Rn. 2.
[961] Fabrizy/Foregger StGB § 121 Rn. 3.
[962] Fabrizy/Foregger StGB § 121 Rn. 1; *Lewisch* in WK-StGB § 121 Rn. 6; OGH Urt. v. 12.12.2002 – 6 Ob 267/02m m. Anm. *Steiner* RdM 2003, 120 (123); Stellamor/Steiner, Handbuch Arztrecht I S.167; *Thiele* in SbgK Bd. 4 § 121 Rn. 44 f.
[963] Vertiefend und m.w.N. *Thiele* in SbgK Bd. 4 § 121 Rn. 45 ff.
[964] Vgl. *Wallner* RdM 2013, 164 (167).
[965] *Lewisch* in WK-StGB § 121 Rn. 6; *Thiele* in SbgK Bd. 4 § 121 Rn. 49.

Heilbehandlung, ggf. auch über den Gesundheitszustand Dritter, erfährt.[966] Nicht darunter fallen wirtschaftliche, soziale oder familiäre Umstände, wie es bei § 54 Abs. 1 AerzteG und § 9 KAKuG der Fall ist. Der Geheimnisschutz nach § 54 ArzteG geht demnach weiter als der in § 121 öStGB.[967]

*Lewisch* schränkt weiter ein: Für ihn fallen beispielsweise auch solche Informationen nicht unter das Geheimnis, die nur mittelbar mit dem Gesundheitszustand verknüpft sind. So unterliegen nach seiner Ansicht Probleme im Beruf oder zwischenmenschlichen Bereich auch dann nicht dem Geheimnisschutz, „wenn sie (Mit-)Anlass für einen bestimmten krankheitsrelevanten physischen oder psychischen Zustand des Patienten bilden"[968]. Dies mag bezweifelt werden, denn auch die Offenbarung beispielsweise von Problemen im Beruf kann für den Patienten negative Folgen haben und sein Vertrauen in den Arzt erschüttern. Nicht zuletzt sind auch solche Informationen häufig relevant, um eine erfolgversprechende Behandlung anzubieten. Auch in der österreichischen Rechtsprechung findet sich eine andere Auffassung als die von *Lewisch*[969].

Inhaltlich deckt sich die Definition somit größtenteils mit dem Berufsgeheimnis aus § 54 Abs. 1 AerzteG, was aber auch nicht weiter verwundert, da es bei § 121 öStGB um die strafrechtliche Absicherung des ärztlichen Berufsgeheimnisses geht. Geschützt vom Berufsgeheimnis sind auch Geisteskranke, Geistesschwache, Verunglückte oder Bewusstlose.[970]

Das Geheimnis muss anvertraut oder zugänglich geworden sein. Anvertrauen meint das Einweihen in ein Geheimnis, setzt also einen Vertrauensakt voraus.[971] „Zugänglich werden" stellt die Auffangalternative zum Anvertrauen dar, um jede andere Art der Kenntniserlangung zu erfassen, solange dieses im Kontext der beruflichen Tätigkeit geschieht.[972] Das Geheimnis muss dem Schweigepflichtigen „kraft seines Berufes" zur Kenntnis gelangt sein.[973]

---

[966] Mayerhofer StGB StrafR 1. Teil § 121 Rn. 6.
[967] Bertel/Schwaighofer/Venier, Strafrecht BT I § 121 Rn. 1.
[968] *Lewisch* in WK-StGB § 121 Rn. 6.
[969] *Thiele* in SbgK Bd. 4 § 121 Rn. 24.
[970] Mayerhofer StGB StrafR 1. Teil § 121 Rn. 5.
[971] *Thiele* in SbgK Bd. 4 § 121 Rn. 52.
[972] *Thiele* in SbgK Bd. 4 § 121 Rn. 53.
[973] *Thiele* in SbgK Bd. 4 § 121 Rn. 54.

bb) Täterkreis

Pönalisiert wird die Offenbarung durch Angehörige gesetzlich geregelter Gesundheitsberufe oder durch medizinisch-administrative Berufsgruppen, soweit diese im Rahmen ihrer Tätigkeit Kenntnis erlangt haben.[974] Es handelt sich bei Absatz 1 um ein Sonderdelikt,[975] das nur von den dort genannten Personen begangen werden kann. Täter sind somit z.B. Ärzte, Hebammen, Zahnärzte und Apotheker[976], die Kenntnis des Geheimnisses während ihrer beruflichen Tätigkeit erlangen. Neben den sogenannten Medizinalpersonen sind mit der zweiten Tätergruppe Personen gemeint, die mit Aufgaben der Verwaltung von Krankenanstalten und bestimmten Sparten des Versicherungswesens betraut sind.[977]

Nicht umfasst sind Tierärzte, da die Heilbehandlung nur die Beseitigung oder Linderung *menschlichen* Leidens zum Gegenstand hat.[978] Auf die Erlaubtheit des Praktizierens der ärztlichen Tätigkeit wird nicht abgestellt, wodurch auch ausländische Ärzte umfasst werden.[979]

Nach § 121 Abs. 4 öStGB sind den Tätern aus Absatz 1 deren Hilfskräfte und Auszubildende gleichgestellt.

Zu beachten ist aber, dass die in § 54 Abs. 1 AerzteG genannten „Hilfspersonen" nicht mit den „Hilfskräften" in § 121 öStGB identisch sind.[980] § 121 öStGB macht eine Einschränkung in der Hinsicht, dass Hilfskräfte „Gehilfen im engeren Sinn", also auch Personen mit untergeordneten Tätigkeiten, darstellen, solange diese eine typische Verbindung zu der Berufsausübung des Arztes haben.[981] Reinigungskräfte wären beispielsweise nach dieser Auslegung folglich nicht von dem Begriff der Hilfskräfte in § 121 öStGB umfasst. Diese Einschränkung lehnt *Wallner*[982] für § 54 AerzteG ab: Alle Personen, nicht nur jene mit Nähe zum Tätigkeitsfeld des Arztes, derer sich der Arzt zur

---

[974] *Lewisch* in WK-StGB § 121 Rn. 1; *Thiele* in SbgK Bd. 4 § 121 Rn. 31.
[975] *Lewisch* in WK-StGB § 121 Rn. 3.
[976] *Birklbauer* in Resch/Wallner Kap. X. Rn. 150.
[977] Bachner-Foregger § 121 S. 150.
[978] Mayerhofer StGB StrafR 1. Teil § 121 Rn. 1; *Lewisch* in WK-StGB § 121 Rn. 3; *Thiele* in SbgK Bd. 4 § 121 Rn. 34.
[979] *Lewisch* in WK-StGB § 121 Rn. 3.
[980] Aigner/Kierein/Kopetzki AerzteG § 54 Rn. 2; a.A. Riesz, Ärztliche Verschwiegenheitspflicht S. 53, der von einem „einheitlichen Begriffsbild" ausgeht.
[981] *Lewisch* in WK-StGB § 121 Rn. 15; Klaus, Diss. 1991 S. 38 ff.; Mayerhofer StGB StrafR 1. Teil § 121 Rn. 3.
[982] *Wallner* in Resch/Wallner Kap. XXI. Rn. 344.

Unterstützung bedient, müssten die Verschwiegenheitspflicht einhalten. So darf auch eine Reinigungskraft nicht über das sprechen, was Sie in Ausübung ihrer Tätigkeit über ein Geheimnis erfahren hat. Im Ergebnis ist es damit zwar allen an der Tätigkeit des Arztes beteiligten Personen untersagt, Geheimnisse zu offenbaren. Strafrechtliche Konsequenzen hat dies aber nur für diejenigen Hilfskräfte, die eine gewisse berufliche Nähe zu dem Arzt aufweisen.

cc) Tathandlung: Offenbaren oder Verwerten

Offenbaren meint das Mitteilen oder Zugänglichmachen des Geheimnisses mindestens einer anderen Person, die es noch nicht kennt.[983] Verwerten ist, sich die Kenntnis wirtschaftlich zu Nutze zu machen.[984] Bei dem Nutzen muss es sich nicht zwingend um einen wirtschaftlichen Nutzen handeln. Denkbar sind auch politische oder berufliche Vorteile.[985]

Strafbar ist auch die Offenbarung im Fall, dass die geheim zu haltende Tatsache dem Dritten nicht sicher bekannt war, also die Bestätigung eines Gerüchts.[986]

Ein Bruch der Verschwiegenheitspflicht kann nicht nur durch explizite Äußerungen des Arztes erfolgen, es obliegt dem Arzt ebenfalls, die fremden Geheimnisse vor dem Zugriff und der Kenntnisnahme anderer zu schützen.[987] Es muss also nicht immer ein aktives Tun des Arztes vorliegen. Vielmehr genügt auch das passive „Nichtstun", wenn es die Kenntnisnahme eines fremden Geheimnisses ermöglicht. Beispielsweise müssen die Wände und Türen der Behandlungszimmer schalldicht sein, sodass Außenstehende keine Kenntnis des vertraulichen Gesprächs erlangen können.[988] Auch ein Offenbaren durch Unterlassen ist möglich, wenn der Täter Garant gem. § 2 öStGB ist. Eine besondere Pflichtenstellung wird durch die in § 121 Abs. 1 und 3 öStGB genannten besonderen Tätereigenschaften begründet.[989] Tatbestandsmäßig ist eine Offenbarung allerdings nur dann, wenn die Offenbarung oder Verwertung geeignet ist, die berechtigten Interessen des Geheimnisträgers zu verletzen.[990] Diese Einschränkung findet sich in § 54 AerzteG nicht. Tatbestandlich ist außerdem

---

[983] Bertel/Schwaighofer/Venier, Strafrecht BT I § 121 Rn. 2.
[984] Fabrizy/Foregger StGB § 121 Rn. 1; *Lewisch* in WK-StGB § 121 Rn. 7.
[985] *Thiele* in SbgK Bd. 4 § 121 Rn. 65.
[986] *Lewisch* in WK-StGB § 121 Rn. 7.
[987] *Wallner* in Resch/Wallner Kap. XXI. Rn. 349.
[988] *Stolzlechner* RdM 2000, 67 (67).
[989] *Thiele* in SbgK Bd. 4 § 121 Rn. 118.
[990] *Schick* in FS-Kühne 2013, 459 (470); Fabrizy/Foregger StGB § 121 Rn. 2; *Birklbauer* in Resch/Wallner Kap. X. Rn. 152; *Lewisch* in WK-StGB § 121 Rn. 9; Bertel/Schwaighofer/Venier, Strafrecht BT I § 121 Rn. 2.

jede Äußerung, die einen Bezug zu der geschützten Person ermöglicht. Dies kann sich bereits aus den Umständen ergeben. Eine Nennung des Patienten ist nicht zwingend nötig.[991]

dd)  Weitere Voraussetzungen

Subjektiv wird Vorsatz verlangt, bedingter Vorsatz ist allerdings ausreichend.[992] Scheidet eine Strafbarkeit wegen Vorsatzmangels aus, bleibt der Täter straffrei. Eine fahrlässige Begehung ist nicht möglich.[993]
Die Einwilligung des Patienten schließt die Rechtswidrigkeit aus.[994] Ebenso scheidet die Rechtswidrigkeit in dem Fall von § 121 Abs. 5 öStGB aus, nämlich dann, wenn die Offenbarung durch ein berechtigtes öffentliches oder privates Interesse überlagert wird.[995] Absatz 5 begründet einen speziellen Rechtfertigungsgrund, der neben die allgemeinen Rechtfertigungsgründe tritt.[996] Als allgemeine Rechtfertigungsgründe kommen in Betracht: die sogenannte mutmaßliche Einwilligung und der rechtfertigende Notstand.[997] Notwehr dürfte in den seltensten Fällen einschlägig sein. Als Rechtfertigungsgrund könnte außerdem § 54 Abs. 4 und 5 AerzteG herangezogen werden. Hiernach hat der Arzt in den genannten Fällen den Sicherheitsbehörden unverzüglich Anzeige zu erstatten, welche zwingend die Offenbarung schweigepflichtrelevanter Daten beinhaltet.

Zwar ließe der Wortlaut durchaus auch die Vermutung zu, dass es sich bei den Absätzen 4 und 5 schon um Tatbestandsausschlüsse handelt, dennoch wird darin von der Mehrheit in der Literatur ein Rechtfertigungsgrund gesehen.[998] *Lewisch* grenzt die Rechtfertigungsmöglichkeiten allerdings noch mit Bezug auf einen Aufsatz von *Schmoller* dahingehend ein, dass eine Rechtfertigung in den Fällen der Absätze 4 bis 6 mangels Tatbestandsmäßigkeit häufig gar nicht

---

[991] *Lewisch* in WK-StGB § 121 Rn. 8.
[992] Mayerhofer StGB StrafR 1. Teil § 121 Rn. 9.
[993] *Lewisch* in WK-StGB § 121 Rn. 13.
[994] Mayerhofer StGB StrafR 1. Teil § 121 Rn. 10; a.A. *Lewisch* in WK-StGB § 121 Rn. 9, der bereits von einem tatbestandsausschließenden Einverständnis ausgeht.
[995] Mayerhofer StGB StrafR 1. Teil § 121 Rn. 10; Fabrizy/Foregger StGB § 121 Rn. 6.
[996] *Lewisch* in WK-StGB § 121 Rn. 22.
[997] *Thiele* in SbgK Bd. 4 § 121 Rn. 88 f.; wobei der rechtfertigende Notstand nur ein in der Praxis anerkanntes Konstrukt ist, welches nicht im Gesetz niedergeschrieben ist.
[998] *Birklbauer* in Resch/Wallner Kap. X. Rn. 152.; *Lewisch* in WK-StGB § 121 Rn. 22.

notwendig sei. Denn in den gesetzlich benannten Fällen liege durch die Offenbarung häufig gar kein verletztes berechtigtes Interesse des Geheimnisträgers vor, was eine Rechtfertigung überflüssig mache.[999]

Bezüglich der Schuld gibt es keine Besonderheiten. In Ausnahmefällen kann an einen entschuldigenden Notstand gem. § 10 Abs. 1 öStGB gedacht werden. Dazu muss die Geheimhaltung für den Täter derart psychologisch eindrücklich gewesen sein, dass die Offenbarung ausnahmsweise entschuldigt sein kann.[1000] Dies soll beispielsweise dann gelten, wenn jemand die Suchtabhängigkeit offenbart, um die Methadongabe zu erreichen.[1001]

§ 121 öStGB ist ein Antragsdelikt, sodass es nur zu einer Verfolgung kommt, wenn der Betroffene dies verlangt, vgl. § 121 Abs. 6 öStGB. Es handelt sich um ein Privatklagedelikt i.S.d. § 71 öStPO, sodass der Geschädigte ausschließlicher Träger des Verfolgungsrechts ist und das volle finanzielle Risiko trägt.[1002]

b) Der Vergleich zu § 203 Abs. 1 StGB

Im Folgenden wird § 121 öStGB mit der deutschen Regelung des § 203 StGB verglichen.

aa) Gemeinsamkeiten

Gemeinsam ist beiden, dass sie die Offenbarung (fremder) Geheimnisse sanktionieren. Das Geheimnis muss dem Arzt in Ausübung seines Berufes anvertraut oder sonst wie bekanntgeworden, bzw. zugänglich geworden sein. Beide Normen enthalten einen Qualifikationstatbestand, in Österreich ist dieser in Absatz 2 normiert. Deutschland hat die Qualifikation in Absatz 6 niedergeschrieben. In beiden geht es um die Absicht, einem anderen durch die Offenbarung einen Nachteil zuzufügen oder sich oder einem Dritten einen Vermögensvorteil zu verschaffen. Deutschland hat außerdem noch das Handeln gegen Entgelt aufgenommen, vgl. § 203 Abs. 6 StGB. Beide Normen haben in den Kreis der Täter Gehilfen und „Auszubildende" integriert. In Deutschland beschränkt sich der erweiterte Täterkreis allerdings auf berufsmäßige Gehilfen, Österreich nennt „Hilfskräfte, auch wenn sie nicht berufsmäßig tätig sind", vgl. § 121 Abs. 4 öStGB.

---

[999] *Lewisch* in WK-StGB § 121 Rn. 10 mit Verweis auf *Schmoller* RdM 1996, 131 (134).
[1000] *Thiele* in SbgK Bd. 4 § 121 Rn. 116.
[1001] *Thiele* in SbgK Bd. 4 § 121 Rn. 116.
[1002] *Birklbauer* in Resch/Wallner Kap. X. Rn. 153.

## bb) Unterschiede

Ein Unterschied liegt das geschützte Geheimnis betreffend vor: In Österreich muss das Geheimnis den Gesundheitszustand einer Person betreffen, in Deutschland sind unter dem Geheimnis alle Tatsachen zu verstehen, die nur einem Einzelnen oder einem beschränkten Kreis von Personen bekannt sind und an deren Geheimhaltung der Geheimnisgeschützte ein subjektives Interesse hat.[1003]

Ein weiterer deutlicher Unterschied liegt in dem Erfordernis, dass die Offenbarung oder Verwertung geeignet sein muss, ein berechtigtes Interesse der Person zu verletzen, die die Tätigkeit des Arztes in Anspruch genommen hat. Diese zusätzliche Voraussetzung fehlt der deutschen Regelung.
Auch das Strafmaß ist nicht identisch. Während in Österreich für die Verwirklichung des Grundtatbestandes eine Geldstrafe bis zu 360 Tagessätzen oder eine Freiheitsstrafe bis zu einem halben Jahr vorgesehen ist, ist die Strafandrohung in Deutschland Freiheitsstrafe bis zu einem Jahr oder Geldstrafe. Auch bezüglich des Qualifikationstatbestandes liegt die Strafandrohung in Deutschland höher: Nach § 203 Abs. 6 StGB sind bis zu zwei Jahre Freiheitsstrafe oder Geldstrafe möglich, in Österreich sind es nur maximal ein Jahr oder Geldstrafe.

Die Regelung in § 121 Abs. 1a öStGB findet sich so inhaltlich nicht in Deutschland. Es wird der Fall erfasst, in dem der Täter von einer Person die Offenbarung von Geheimnissen in der Absicht verlangt, den Erwerb oder das berufliche Fortkommen für den Fall der Weigerung zu schädigen oder zu gefährden.

Die Zusätze in Absatz 5 (Rechtfertigungsgrund) und Absatz 6 (Privatklagedelikt) der österreichischen Norm finden sich so nicht ausdrücklich in der deutschen Regel. Zwar beinhaltet die Neuregelung des § 203 Abs. 3 StGB nun auch einen Rechtfertigungsgrund, jedoch regelt dieser einen anderen Sachverhalt, nämlich die Weitergabe von Informationen an Gehilfen sowie sonstige mitwirkende Personen.
Die normierte österreichische Rechtfertigungsmöglichkeit beinhaltet inhaltlich einen Fall des rechtfertigenden Notstandes. Der rechtfertigende Notstand ist in der Praxis zwar anerkannt,[1004] das österreichische StGB kennt allerdings nur den entschuldigenden Notstand. Dies könnte ein Grund dafür sein, dass im

---

[1003] OLG Hamm Beschl. v. 22.02.2001 – 2 Ws 9/01 NJW 2001, 1957 (1957).
[1004] Vgl. statt vieler: *Thiele* in SbgK Bd. 4 § 121 Rn. 95 ff.

Falle der ärztlichen Schweigepflicht explizit noch einmal auf die Möglichkeit einer Interessenkollision hingewiesen wird. In Deutschland findet sich dieser Hinweis nur in § 9 Abs. 2 S. 1 MBO-Ä.

Auch der Zusatz, dass die Schweigepflichtverletzung im Grundtatbestand nur auf Verlangen des Verletzten verfolgt wird, fehlt in Deutschland in § 203 StGB. Allerdings findet sich ein entsprechender Hinweis in § 205 StGB.

Schließlich enthält die deutsche Regelung in § 203 Abs. 5 StGB auch noch eine Regelung für postmortalen Persönlichkeitsschutz, welche in Österreich fehlt.

### 4. Die Möglichkeiten der Offenbarung bei Kindesmisshandlungen

Das österreichische Recht sieht eine Vielzahl von Offenbarungsmöglichkeiten vor. Im Vorliegenden wird sich auf die Möglichkeiten beschränkt, welche einen Bezug zu der Thematik Kindesmisshandlung und Ärzteschaft haben. Es werden verschiedene Arten beschrieben, die eine Offenbarung ermöglichen. Diese lassen sich in unterschiedliche Kategorien einteilen.

*Wallner* empfiehlt bei der Möglichkeit einer Offenbarung immer zuerst die Prüfung, ob eine gesetzliche Anzeigepflicht vorliegt, da es sich bei diesen um lex specialis zu den berufsrechtlichen Verschwiegenheitsregeln handele.[1005] Dort geregelte Fälle seien von vorneherein nicht vom Berufsgeheimnis umfasst. Vor allem aber nehme die Anzeigepflicht dem Anzeigepflichtigen die Pflicht ab, eine Rechtsgüterabwägung durchzuführen, denn diese ist bereits im Vorhinein vom Gesetzgeber vorweggenommen worden.[1006] Im Anschluss soll dann das Vorliegen einer möglichen Schweigepflichtentbindung geprüft werden. An letzter Stelle steht die Prüfung einer Rechtfertigung durch höherwertige Interessen.[1007] Die hier dargestellten Offenbarungsmöglichkeiten schließen mit der Offenbarungsbefugnis nach § 121 Abs. 5 öStGB ab.

Im österreichischen Recht finden sich mehrere gesetzlich verankerte Anzeigepflichten, die den Bruch der Schweigepflicht rechtfertigen. Die für diese Arbeit relevantesten sind § 54 Abs. 5 und § 37 Abs. 1 i.V.m. Abs. 3 Nr. 3 Bundes-Kinder-und Jugendhilfegesetzes (B-KJHG). Eine weitere Offenbarungsmöglichkeit liefert § 121 Abs. 5 öStGB.

---

[1005] *Wallner* RdM 2013, 164 (166).
[1006] *Wallner* RdM 2013, 164 (167).
[1007] *Wallner* RdM 2013, 164 (166).

Im Unterschied zur deutschen Regelung des § 9 MBO-Ä, benennt § 54 AerzteG ausdrücklich mehrere konkrete Fälle, in denen der Bruch der Schweigepflicht legitim ist.
In § 9 Abs. 2 MBO-Ä finden sich lediglich Offenbarungsbefugnisse nach einer Interessenabwägung bei Überwiegen eines Rechtsgutes gegenüber dem Geheimhaltungsinteresse und die Möglichkeit der Schweigepflichtentbindung. Insofern ist die deutsche Norm diesbezüglich etwas allgemeiner gehalten.
Der § 54 Abs. 5 AerzteG und die erst 2013 in Kraft getretene Norm[1008] des § 37 B-KJHG erinnern inhaltlich an § 4 KKG, weshalb auch diese Normen in den Rechtsvergleich einbezogen werden.
So können am Ende ein umfassendes Bild und ein aussagekräftiges Fazit gewonnen werden.

a)  § 54 Abs. 4 und 5 AerzteG

aa) Überblick

Der größte Unterschied im Vorgehen bei Kindesmisshandlungen zur deutschen Regelung liegt in § 54 Abs. 4 und 5 AerzteG. Beide Abschnitte regeln die ausdrückliche Pflicht des Arztes, bei Verdacht einer strafbaren Handlung, die zu einer Körperverletzung oder dem Tod geführt hat, unverzüglich Anzeige bei den Sicherheitsbehörden zu erstatten. Gleiches gilt, wenn das Opfer volljährig und nicht selbst in der Lage ist, seine Interessen wahrzunehmen (Abs. 4), oder wenn es um die Misshandlung eines Minderjährigen geht (Abs. 5). Eng mit Absatz 5 verknüpft ist die Informationspflicht in Absatz 6. Unerheblich ist dabei, ob die betreffende Person von dem Arzt behandelt wurde, oder ob der Arzt anlässlich der Behandlung einer anderen Person von dem Verdacht Kenntnis erlangt hat.[1009] Auch, ob der Tod oder die Körperverletzung fahrlässig oder vorsätzlich herbeigeführt wurde, spielt keine Rolle. Es genügt ein plausibler Verdacht, Gewissheit ist nicht notwendig.[1010] Es genügt die Anzeige an irgendeine Sicherheitsbehörde, es muss sich nicht um die zuständige handeln. Sie hat „unverzüglich" zu erfolgen, in welcher Form sie vorgenommen wird, ist dem Arzt überlassen (z.B. Telefon, E-Mail).[1011]
Um für ein besseres Verständnis zu sorgen, muss zunächst auf der Opferseite unterschieden werden:

---

[1008] Vgl. öBGBl 69, ausgegeben am 17.04.2013, Teil I.
[1009] *Wallner* in Resch/Wallner Kap. XXI. Rn. 385.
[1010] Schoßleitner, Anzeigepflicht S. 14.
[1011] Krauskopf, Diss. 2011 S. 103; *Stolzlechner* RdM 2000, 67 (72).

Opfer können Volljährige, Volljährige, die ihre eigenen Interessen nicht wahrnehmen können, und Minderjährige sein. Bei Letzteren ist auch eine Anzeige zu erstatten, wenn der Verdacht besteht, die Person sei misshandelt, gequält, vernachlässigt oder sexuell missbraucht worden. Es besteht im Vergleich zu einem volljährigen Opfer ohne Betreuungsverhältnis eine „erweiterte Meldepflicht"[1012].

Bei einem volljährigen Opfer, das in der Lage ist, seine Interessen selbst wahrzunehmen, erfolgt eine Meldung nur, wenn der Verdacht einer schweren Körperverletzung oder des Todes besteht. Dem Arzt bleibt nach wie vor, allerdings nur bei Vorliegen der oben genannten Voraussetzungen, die Möglichkeit einer Offenbarung nach entsprechender Güterabwägung nach § 54 Abs. 2 Nr. 4 AerzteG offen. Zum Beispiel kann dies relevant sein, wenn der Arzt bei einem volljährigen Patienten den Verdacht hegt, es sei zu einer Vergewaltigung gekommen und es bestünde weiterhin eine konkrete Gefahr für diese Person.[1013]

Obwohl es sich um eine Anzeigepflicht handelt und damit dem Anzeigenden grundsätzlich erlassen wird, selbst eine Güterabwägung durchzuführen,[1014] gilt dies für § 54 Abs. 5 AerzteG nur eingeschränkt. Richtet sich der Verdacht gegen einen nahen Angehörigen i.S.d. § 166 Abs. 1 öStGB, muss der Arzt abschätzen, wie gefährdet das Kind in dem Fall ist, in dem er die Anzeige unterlässt. Das Kind könnte sich sonst bei einer übereilten Anzeige verantwortlich für das Auseinanderbrechen der Familie fühlen.[1015] Mit Angehörigen sind z.B. Verwandte in gerader Linie, Eltern, Geschwister und Personen, die mit dem Opfer in Hausgemeinschaft wohnen, gemeint. Allerdings werden insbesondere für die Frage der Hausgemeinschaft keine Nachforschungen von dem Arzt verlangt.[1016] Von der Anzeige darf nur abgesehen werden, wenn und solange es das Wohl des Kindes erfordert. Das ist dann der Fall, wenn eine Meldung die Situation des Kindes verschlimmern würde, z.B., weil ihm dadurch noch mehr Schmerz zugefügt und die Heilung dadurch erschwert wird.[1017] Bei der Beurteilung, ob das Wohl des Kindes durch das Unterlassen der Anzeige beeinträchtigt ist, muss die individuelle Situation berücksichtigt werden.[1018]

---

[1012] *Wallner* in Resch/Wallner Kap. XXI. Rn. 389.
[1013] So auch *Loimer* RdM 2002, 14 (15) mit Hinweis auf die Leitlinie der Österreichischen Gesellschaft für Gynäkologie und Geburtshilfe.
[1014] *Wallner* RdM 2013, 164 (167).
[1015] *Wehinger* in Deixler-Hübner/Fucik/Mayrhofer § 54 AerzteG Rn. 9.
[1016] *Kletecka-Pulker* RdM 2001, 175 (177).
[1017] Zenz, Diss. 2009 S. 130.
[1018] Riesz, Ärztliche Verschwiegenheitspflicht S. 181.

Ausgeschlossen ist das Aufschieben der Anzeige, wenn eine Wiederholungsgefahr droht.[1019]
Unterlassen werden kann die Anzeige z.B. in den Fällen, in denen das Kind eine gewisse Zeit stationär aufgenommen wird oder der Täter sich sofort einer Therapie unterzieht und eine weitere Gefährdung des Kindes dadurch nahezu ausgeschlossen ist.[1020] Kumulativ zum Wohl des Kindes kommt hinzu, dass in dem Fall des Unterlassens einer Anzeige allerdings zudem eine Zusammenarbeit mit dem Kinder- und Jugendhilfeträger und ggf. die Einbeziehung einer Kinderschutzgruppe an einem Krankenhaus erfolgen muss. Hier wird ein gewisser Spielraum gelassen, der es ermöglicht, eine allfällige Klärung der Situation anzustreben, ohne dass unbedingt jeder Verdacht den Sicherheitsbehörden angezeigt werden muss.[1021] In jedem Fall muss aber eine Meldung an die Jugendwohlfahrtsbehörde erstattet werden, diese Meldepflicht besteht „unbedingt und ausnahmslos"[1022]. In diesem Fall hat der Arzt keinerlei Handlungsspielraum.[1023] Hier wird also eine Ausnahme gemacht, um dem konkreten Einzelfall gerecht zu werden und mögliche Nachteile für das Kind so weit wie möglich auszuschließen.

Fraglich ist, ob den Arzt die Verpflichtung zur Anzeige auch bei jedem Verdacht einer schweren Körperverletzung, unabhängig von einer Meldung an die Sicherheitsbehörden, an die zuständige Jugendwohlfahrtsbehörde trifft.[1024] Orientiert man sich am Wortlaut des Absatzes 6, bestünde diese Pflicht nur in den Fällen des Absatzes 5, also wenn der Verdacht von Misshandlungen, Qualen oder Vernachlässigung vorliegt, nicht aber in Bezug auf die schwere Körperverletzung nach Absatz 4.[1025] Bei Beachtung des Hintergrundes der Meldung an den Jugendwohlfahrtsträger kann sich für Absatz 4 eigentlich nichts Anderes ergeben als für Absatz 5. Auch wenn eine minderjährige Person schwere Körperverletzungen aufweist, ist es notwendig und angezeigt, eine Meldung an den Jugendwohlfahrtsträger zu erstatten.[1026] *Zenz* leitet den

---

[1019] Riesz, Ärztliche Verschwiegenheitspflicht S. 181 f.
[1020] *Kletecka-Pulker* RdM 2001, 175 (177).
[1021] Zenz, Diss. 2009 S. 124.
[1022] *Schwarzenegger/Fuchs/Ege* Rechtliche Rahmenbedingungen in Siebtes Zürcher Präventionsforum S. 260.
[1023] Zenz, Diss. 2009 S. 132.
[1024] *Schwarzenegger/Fuchs/Ege* Rechtliche Rahmenbedingungen in Siebtes Zürcher Präventionsforum S. 261; Zenz, Diss. 2009 S. 136.
[1025] *Schwarzenegger/Fuchs/Ege* Rechtliche Rahmenbedingungen in Siebtes Zürcher Präventionsforum S. 261; Zenz, Diss. 2009 S. 136.
[1026] So auch Zenz, Diss. 2009 S. 136 f.

Willen des Gesetzgebers aus § 2 Abs. 4 Jugendwohlfahrtgesetz (JWG) ab und verweist darauf, dass erreicht werden sollte, dass alle Meldungen an den Jugendwohlfahrtsträger z.B. aufgrund berufsrechtlicher Pflichten wie § 54 Abs. 6 AerzteG personenbezogen erfasst und unverzüglich überprüft werden.[1027]

Kritisiert wird, dass bei der erweiterten Meldepflicht die leichte vorsätzlich begangene Körperverletzung nicht umfasst ist.[1028] Die Pflicht des Arztes, bei volljährigen Patienten zu intervenieren, wenn sich der Verdacht einer der in § 54 Abs. 4 AerzteG genannten Straftaten ergibt, ist in Deutschland so nicht vorgesehen. Hier würde das deutsche Recht wieder eine Lösung über § 34 StGB und den rechtfertigenden Notstand wählen. Ausdrücklich ist diese Pflicht zur Offenbarung allerdings nicht vorgesehen.

bb) Rechtsvergleich § 54 AerzteG und § 4 KKG

Der erste Unterschied zwischen der deutschen und der österreichischen Regelung besteht darin, dass diese Möglichkeit der Offenbarung überhaupt in der arztrechtlichen Norm des § 54 AerzteG enthalten ist. In Deutschland ist für diesen Fall § 4 KKG geschaffen worden, eine Einbeziehung in § 9 MBO-Ä erfolgte nicht. Weiterhin fällt auf, dass § 54 Abs. 5 AerzteG eine Pflicht zum Handeln beinhaltet. Hierauf wurde in der deutschen Regelung des § 4 KKG verzichtet.

Dem Fall der Misshandlung durch nahe Angehörige begegnet § 4 KKG, indem er das Gespräch mit dem Personensorgeberechtigten anordnet. Vor einer Meldung an das Jugendamt soll der Konflikt durch ein Gespräch gelöst werden. Vergleicht man die Vorgehensweisen, muss festgestellt werden, dass die österreichische Regelung deutlich mehr Strenge beinhaltet. Während in Deutschland ein zweistufiges Verfahren vorgesehen ist, besteht in Österreich zumindest für den Verdacht des Todes oder der schweren Körperverletzung die Pflicht, unverzüglich eine Meldung zu erstatten. Dass eine Pflicht schon bei einem Verdacht besteht, unterscheidet die österreichische von der deutschen Rechtslage.

Für den Fall des potenziell misshandelten Minderjährigen greift auch Österreich auf eine Zusammenarbeit mit dem Kinder- und Jugendhilfeträger zurück, soweit dies das Kindeswohl nicht gefährdet. Das erinnert an § 4 KKG, dessen erklärtes Ziel es ebenfalls ist, nicht direkt eine Anzeige zulasten z.B. der Eltern zu erstatten, sondern zunächst mit dem Arzt oder mit den Mitarbeitern des

---

[1027] Zenz, Diss. 2009 S. 136 f.
[1028] *Wallner* in Resch/Wallner Kap. XXI. Rn. 390, „völlig widersprüchlich".

Jugendamtes zu versuchen, den Konflikt zu lösen. Den Anspruch auf Hilfe bei der Beurteilung von Verdachtsmomenten, wie ihn § 4 Abs. 2 KKG vorsieht, kennt das österreichische Recht so nicht. Die Ärzte werden mit der Entscheidung, ob ihnen die Anhaltspunkte für eine Gefährdung ausreichen, allein gelassen. Dies mag in Frage gestellt werden, denn kommt der Arzt seiner Pflicht nicht nach und kommt es zu weiteren Misshandlungen, käme eine Strafbarkeit aus Unterlassen in Betracht. Die Pflicht zur Handlung könnte den Arzt zum Garanten für das Kind machen, anders als dies im deutschen Recht der Fall ist.[1029] Ob aber überhaupt Handlungsbedarf besteht, muss der Garant zunächst selbst entscheiden. Ob ein Verdacht vorliegt oder nicht, ist damit völlig ihm überlassen.

Beide Normen haben gemeinsam, dass das Wohl des Kindes im Vordergrund steht und dass von dem vorgesehenen Verfahren abgewichen werden darf, sobald das Kindeswohl gefährdet ist. Auch nach der österreichischen Regelung darf der Arzt trotz Verdachts gegen einen nahen Angehörigen vom Unterlassen einer Anzeigenerstattung absehen, wenn dies dem Kindeswohl abträglich wäre. Die Ausnahme, die zugunsten der Angehörigen gemacht wird, gilt allerdings nur für die in Absatz 5 aufgezählten Fälle. Ergibt sich der Verdacht einer Tötung oder schweren Körperverletzung, besteht die Anzeigepflicht uneingeschränkt.[1030] Wann eine schwere Körperverletzung vorliegt, ergibt sich aus § 84 öStGB: Eine schwere Körperverletzung liegt dann vor, wenn die Gesundheitsschädigung länger als 24 Tage andauert oder die Berufsunfähigkeit oder eine an sich schwere Verletzung oder Gesundheitsschädigung nach sich zieht.[1031] Zudem verdrängen die spezielleren Regelungen des § 54 Abs. 4 und 5 die eher allgemeiner gehaltene Offenbarungsbefugnis aus § 54 Abs. 2 Nr. 4 AerzteG. Hier verhält es sich ähnlich wie das Verhältnis von § 4 KKG zu § 34 StGB.

Auch wird in Österreich mehrheitlich davon ausgegangen, dass es sich bei der Offenbarungsbefugnis in den Absätzen 4 und 5 um einen Rechtfertigungsgrund handelt.[1032] Insofern besteht auch hier eine Gemeinsamkeit zur Regelung des ähnlichen § 4 KKG.

---

[1029] Vgl. Ausführungen dazu oben.
[1030] So *Wallner* in Resch/Wallner Kap. XXI. Rn. 394; aA: Aigner/Kierein/Kopetzki AerzteG § 54 Fn. 12.
[1031] Siehe § 84 Abs. 1 öStGB.
[1032] *Schick* in FS-Kühne 2013, 459 (471 f.); *Birklbauer* in Resch/Wallner Kap. X. Rn. 152; *Lewisch* in WK-StGB § 121 Rn. 22.

b)   § 37 B-KJHG

Noch eine recht neue, aber für diese Arbeit nicht minder relevante Norm, stellt § 37 B-KJHG dar. Sie steht eng im Zusammenhang mit § 54 Abs. 5 AerzteG. Um einen effektiven Kinderschutz zu erreichen, durchbricht § 37 B-KJHG die bestehenden Verschwiegenheitspflichten.[1033] Auch sie trägt Ärzten nach § 37 Abs. 1 i.V.m. Abs. 3 Nr. 3 B-KJHG die Pflicht auf, bei dem Verdacht auf Kindeswohlgefährdung unverzüglich Mitteilung an den örtlich zuständigen Kinder- und Jugendhilfeträger zu erstatten.

Wörtlich lautet § 37 BKJH-G:
*(1) Ergibt sich in Ausübung einer beruflichen Tätigkeit der begründete Verdacht, dass Kinder oder Jugendliche misshandelt, gequält, vernachlässigt oder sexuell missbraucht werden oder worden sind oder ihr Wohl in anderer Weise erheblich gefährdet ist, und kann diese konkrete erhebliche Gefährdung eines bestimmten Kindes oder Jugendlichen anders nicht verhindert werden, ist von folgenden Einrichtungen unverzüglich schriftlich Mitteilung an den örtlich zuständigen Kinder- und Jugendhilfeträger zu erstatten:*
  *1. Gerichten, Behörden und Organen der öffentlichen Aufsicht;*
  *2. Einrichtungen zur Betreuung oder zum Unterricht von Kindern und Jugendlichen;*
  *3. Einrichtungen zur psychosozialen Beratung;*
  *4. privaten Einrichtungen der Kinder- und Jugendhilfe;*
  *5. Kranken- und Kuranstalten;*
  *6. Einrichtungen der Hauskrankenpflege;*
*(2) Die Entscheidung über die Mitteilung ist erforderlichenfalls im Zusammenwirken von zumindest zwei Fachkräften zu treffen.*
*(3) Die Mitteilungspflicht gemäß Abs. 1 trifft auch:*
  *1. Personen, die freiberuflich die Betreuung oder den Unterricht von Kindern und Jugendlichen übernehmen;*
  *2. von der Kinder- und Jugendhilfe beauftragte freiberuflich tätige Personen;*
  *3. Angehörige gesetzlich geregelter Gesundheitsberufe, sofern sie ihre berufliche Tätigkeit nicht in einer im Abs. 1 genannten Einrichtung ausüben.*
*(4) Die schriftliche Mitteilung hat jedenfalls Angaben über alle relevanten Wahrnehmungen und daraus gezogenen Schlussfolgerungen sowie Namen und Adressen der betroffenen Kinder und Jugendlichen und der mitteilungspflichtigen Person zu enthalten.*

---

[1033] *Hubmer* in Loderbauer Recht für Sozialberufe S. 271.

*(5) Berufsrechtliche Vorschriften zur Verschwiegenheit stehen der Erfüllung der Mitteilungspflicht gemäß Abs. 1 und Abs. 3 nicht entgegen.*

aa) Überblick

Für die Mitarbeiter des Kinder- und Jugendhilfeträgers ist es unverzichtbar, Kenntnis von dem Verdacht auf Kindesmisshandlungen zu erhalten, um entsprechend im Sinne des Kindes agieren zu können.[1034] Die Mitteilungspflicht besteht, wenn sich in Ausübung einer beruflichen Tätigkeit der begründete Verdacht ergibt, dass Kinder oder Jugendliche misshandelt, gequält, vernachlässigt oder sexuell missbraucht werden oder worden sind oder ihr Wohl in anderer Weise erheblich gefährdet ist, und diese konkrete erhebliche Gefährdung eines bestimmten Kindes oder Jugendlichen anders nicht verhindert werden kann. Sie bezieht sich nur auf Wahrnehmungen im beruflichen Rahmen, nie auf private Entdeckungen.[1035]

Unter einem begründeten Verdacht versteht man über die bloße Vermutung hinausgehende konkrete Anhaltspunkte dafür, dass ein namentlich bekanntes Kind oder ein namentlich bekannter Jugendlicher gefährdet ist.[1036] Die Anhaltspunkte wiederum ergeben sich aus den Beobachtungen, die der Mitteilungspflichtige gemacht und welche Schlüsse er aufgrund seiner beruflichen Erfahrung daraus gezogen hat.[1037] Das können Ergebnisse medizinischer Untersuchungen oder Deutungen von Inhalten von Gesprächen mit dem Kind oder Beobachtungen seines Verhaltens sein.[1038]

Der Verdacht muss sich drauf beziehen, dass das Kind misshandelt, gequält, vernachlässigt oder (schwer) sexuell missbraucht worden ist. Strafrechtlich handelt es sich in solchen Fällen um die Verwirklichung der §§ 83 ff., 92, 206 und 207 öStGB. Abweichend hiervon ist eine Meldung auch bei erheblichen Gefährdungen in „anderer Weise" zu tätigen. Diese liegen z.B. bei

---

[1034] Staffe-Hanacek/Weitzenböck, Kinder- und Jugendhilferecht (2015) § 37 BKJH-G Anm. 1; *Fucik* in Deixler-Hübner/Fucik/Mayrhofer § 37 B-KJHG Rn. 2.
[1035] *Fucik* in Deixler-Hübner/Fucik/Mayrhofer § 37 B-KJHG Rn. 16.
[1036] Staffe-Hanacek/Weitzenböck, Kinder- und Jugendhilferecht § 37 BKJH-G Anm. 2; *Fucik* in Deixler-Hübner/Fucik/Mayrhofer § 37 B-KJHG Rn. 3.
[1037] Staffe-Hanacek/Weitzenböck, Kinder- und Jugendhilferecht § 37 BKJH-G Anm. 2.
[1038] Staffe-Hanacek/Weitzenböck, Kinder- und Jugendhilferecht § 37 BKJH-G Anm. 2.

suchtkranken Eltern oder beharrlichem Schulschwänzen vor.[1039] Für den Arzt von praktischer Bedeutung sind diese Fälle aber eher nicht. § 37 B-KJHG sieht in Absatz 1 eine Ausnahme von der Meldepflicht vor, nämlich wenn die Gefährdung anders verhindert werden kann. Die Meldung muss unverzüglich erstattet werden, also ohne schuldhaftes Zögern,[1040] wobei hier von den modernen Kommunikationsmitteln zum Zwecke der Zeitersparnis Gebrauch gemacht werden kann. Zu übermitteln ist die Meldung an den örtlich zuständigen Kinder- und Jugendhilfeträger. Die Zuständigkeit richtet sich nach dem Wohnsitz oder (gewöhnlichen) Aufenthaltsort des Kindes. Der Standort der meldenden Einrichtung spielt keine Rolle, was den positiven Effekt hat, dass sogenannter „Spitaltourismus" keine Relevanz hat.[1041] Explizit aufgeführt in Absatz 3 Nr. 3 sind „Angehörige gesetzlich geregelter Gesundheitsberufe, sofern sie ihre berufliche Tätigkeit nicht in einer im Absatz 1 genannten Einrichtung ausüben", worunter selbstverständlich auch Ärzte fallen. Zu den meldepflichtigen Anstalten in Absatz 1 Nr. 5 gehören außerdem Kranken- und Kuranstalten.[1042] Welche Einrichtungen hierzu zählen, regeln die §§ 1 und 42a KAKuG. Die Entscheidung über eine Mitteilung ist erforderlichenfalls von mindestens zwei Fachkräften zu treffen, um die Qualität der Meldung zu erhöhen.[1043] In Krankenanstalten soll regelmäßig die Kinderschutzgruppe i.S.d. § 8a KAKuG einbezogen werden.[1044] Intern wird festgelegt, wer letztlich die Meldung an den Kinder- und Jugendhilfeträger erstattet.[1045]

Absatz 4 bestimmt, was die schriftliche Mitteilung enthalten soll. Sie soll möglichst genau sein und Namen und Adresse des betroffenen Kindes oder Jugendlichen enthalten sowie Angaben zu den relevanten Beobachtungen und den daraus gezogenen Schlüssen. Dennoch ist diese Mitteilung kein Gutachten, auch wenn sie Ausführungen zu den gezogenen Schlüssen enthält.

---

[1039] Staffe-Hanacek/Weitzenböck, Kinder- und Jugendhilferecht § 37 BKJH-G Anm. 3; *Fucik* in Deixler-Hübner/Fucik/Mayrhofer § 37 B-KJHG Rn. 4.

[1040] Staffe-Hanacek/Weitzenböck, Kinder- und Jugendhilferecht § 37 BKJH-G Anm. 5, insofern kein Unterschied zur Definition im deutschen Recht.

[1041] Staffe-Hanacek/Weitzenböck, Kinder- und Jugendhilferecht § 37 BKJH-G Anm. 6.

[1042] Zu den Begrifflichkeiten vergleiche §§ 1 und 42a KAKuG.

[1043] Staffe-Hanacek/Weitzenböck, Kinder- und Jugendhilferecht § 37 BKJH-G Anm. 12.

[1044] Staffe-Hanacek/Weitzenböck, Kinder- und Jugendhilferecht § 37 BKJH-G Anm. 12.

[1045] *Fucik* in Deixler-Hübner/Fucik/Mayrhofer § 37 B-KJHG Rn. 6.

Absatz 5 enthält eine Bestimmung zur Verschwiegenheitspflicht. Sie besagt, dass berufsrechtliche Pflichten zur Verschwiegenheit der Erfüllung der Mitteilungspflicht nicht entgegenstehen. Allerdings sind Informationsersuche der mitteilungspflichtigen Einrichtungen oder Personen ausreichend konkret zu formulieren, um dem Verhältnismäßigkeitsgrundsatz des Datenschutzes Rechnung zu tragen.[1046] Einerseits sei der Austausch mit anderen das Kind betreuenden Personen unerlässlich, andererseits habe auch die Kinder- und Jugendhilfe ihre Schweigepflicht gem. § 6 B-KJHG einzuhalten und nur die notwendigen Informationen preiszugeben. Tatsachen des Privat- und Familienlebens dürfen, soweit dies nicht erforderlich ist, nicht weitergegeben werden.[1047]

bb)     Die Gegenüberstellung mit § 54 AerzteG

Der Unterschied zu § 54 Abs. 5 AerzteG liegt darin, dass die Meldung an verschiedene Adressaten zu richten ist. § 37 B-KJHG sieht eine Mitteilung an den örtlich zuständigen Kinder- und Jugendhilfeträger vor. § 54 Abs. 5 AerzteG hingegen beinhaltet eine Anzeigepflicht, die bei den Sicherheitsbehörden, also Polizei und Staatsanwaltschaft, erfolgen soll. Hier liegt auch der Unterschied in der Terminologie: Mitteilungspflichten sind im Kinderschutz an den Kinder- und Jugendhilfeträger zu richten. Anzeigepflichten hingegen sind die Pflichten, eine Meldung an die Strafverfolgungsbehörden zu übermitteln. Meldepflichten hingegen sind, genauso wie Mitteilungspflichten, nicht an die Sicherheitsbehörde, sondern an die jeweils zuständige Stelle zu machen. Eine Meldebefugnis liegt z.B. in § 54 Abs. 2 Nr. 1 AerzteG.

Da die Entscheidung, ob eine Meldung getätigt werden muss, oft schwer zu fällen ist, sieht das B-KJHG vor, dass die Entscheidung erforderlichenfalls von mindestens zwei Fachkräften getroffen werden soll.[1048] Bezüglich der Qualität der zu machenden Meldung sieht das Gesetz vor, dass Angaben über alle relevanten Wahrnehmungen und der daraus gezogenen Schlussfolgerungen, Namen und Adressen der betroffenen Kinder und Jugendlichen sowie die der mitteilungspflichtigen Personen gemacht werden sollen.[1049]

Hier wurde nicht berücksichtigt, dass in dem Fall des Zusammenwirkens mehrerer Fachkräfte, z.B. mehrerer Kinderärzte, die Schweigepflicht nicht nur

---

[1046] Staffe-Hanacek/Weitzenböck, Kinder- und Jugendhilferecht § 37 BKJH-G Anm. 17.
[1047] Staffe-Hanacek/Weitzenböck, Kinder- und Jugendhilferecht § 37 BKJH-G Anm. 17.
[1048] *Hubmer* in Loderbauer Recht für Sozialberufe S. 272.
[1049] *Hubmer* in Loderbauer Recht für Sozialberufe S. 272.

gegenüber dem Kinder- und Jugendhilfeträger, sondern auch im interkollegialen Bereich, nämlich zwischen den sich beratenden Ärzten, aufgehoben wurde.

§ 37 B-KJHG enthält im Gegensatz zu § 54 AerzteG noch eine Einschränkung: Die konkrete erhebliche Gefährdung für das Kind darf nicht anders abwendbar sein, als durch die Meldung an den Kinder- und Jugendhilfeträger. Diese „Ultima-Ratio"-Regel beinhaltet § 54 AerzteG nicht. Im Ergebnis macht dies allerdings keinen Unterschied, zumindest dann nicht, wenn der Verdacht sich gegen einen nahen Angehörigen richtet und der Arzt die Anzeige deshalb unterlässt. Denn in diesem Fall hat der Arzt ebenfalls den zuständigen Kinder- und Jugendhilfeträger mit einzubeziehen, ganz gleich, ob die Gefährdung anders abwendbar wäre. Hier besteht offensichtlich ein Widerspruch zwischen den beiden Regelungen. Es stellt sich die Frage, weshalb § 37 B-KJHG überhaupt geschaffen wurde, da er offensichtlich nicht viel Neues im Vergleich zum bestehenden § 54 Abs. 5 AerzteG enthält.

cc) Offenbarungsbefugnis durch Entbindungserklärung

Nach § 54 Abs. 2 Nr. 3 AerzteG ist es dem Arzt erlaubt, das Geheimnis zu offenbaren, nachdem der Patient ihn von der Schweigepflicht entbunden hat. Auch in Deutschland ist in § 9 Abs. 2 MBO-Ä die Möglichkeit der Entbindung von der Schweigepflicht aufgenommen worden. Die Entbindung kann nur von dem Geheimnisträger vorgenommen werden. Da das Recht auf Verschwiegenheit ein höchstpersönliches ist, muss auch das Entbindungsrecht als ein solch höchstpersönliches angesehen werden.[1050] Ob es sich hierbei um einen Rechtfertigungsgrund oder einen Tatbestandsausschluss handelt, kann dahinstehen. Festzuhalten bleibt, dass auch in dieser Hinsicht keine Unterschiede zur deutschen Regelung bestehen.

Rechtfertigung aufgrund höherwertiger Interessen § 54 Abs. 2 Nr. 4 AerzteG sieht von der Pflicht zur Geheimhaltung ab, wenn die Offenbarung des Geheimnisses nach Art und Inhalt zum Schutz höherwertiger Interessen der öffentlichen Gesundheits- oder Rechtspflege unbedingt erforderlich ist. Es wird also eine Interessenabwägung verlangt, ob in dem konkreten Fall die Geheimhaltung oder das Interesse der öffentlichen Gesundheitspflege oder der Rechtspflege als höherwertig anzusehen ist. Nach der Rechtsprechung des OGH[1051]

---

[1050] Vgl. OGH Urt. v. 23.05.1984 – 1 Ob 550/84 EvBl 1985/32.
[1051] OGH Urt. v. 12.12.2002 – 6 Ob 267/02m m. Anm. *Steiner* RdM 2003, 120 (124); Klaus, Diss. 1991 S. 141.

bedeutet die Nennung der öffentlichen Gesundheits- und Rechtspflege allerdings nicht, dass nicht auch andere höherwertige Interessen infrage kommen könnten. In jedem Fall müsse aber eine umfassende Interessenabwägung vorgenommen werden. Zu beachten ist dabei, dass das ärztliche Berufsgeheimnis, wie bereits dargestellt, dem Schutz von Leib und Leben des Patienten dient. Der Patient muss sich sicher sein, dass er sich bedingungslos seinem Arzt anvertrauen kann, um eine entsprechende Behandlung zu ermöglichen. Das höherwertige Interesse kann folglich niemals in dem Schutz materieller Güter liegen, sondern es liegt nur dann vor, wenn die Einhaltung der Verschwiegenheit ebenfalls Leib und Leben von Personen gefährdet.[1052] Zusätzlich muss diese Gefahr sehr konkret sein und die Durchbrechung der Schweigepflicht muss das einzige Mittel sein, die Gefahr abzuwenden.[1053] Bei der Beurteilung des Interesses des Patienten ist zu berücksichtigen, wie gravierend die Konsequenzen für den Patienten sind. Konsequenzen im privaten Bereich lassen beispielsweise meistens eher eine Durchbrechung der Schweigepflicht zu als Konsequenzen im beruflichen Bereich.[1054] Unstreitig handelt es sich bei der Durchbrechung zugunsten höherwertiger Interessen aber nicht um eine Pflicht zum Handeln, sondern lediglich um eine Befugnis.[1055]

Die Formulierung und das Konstrukt der Interessenabwägung erinnern an die Figur des rechtfertigenden Notstandes im deutschen Recht. Beide Interessen, das Interesse an der Geheimhaltung und das vermeintlich höherwertige Interesse müssen gegenübergestellt und alle den Einzelfall betreffenden Punkte in die Abwägung einbezogen werden. Im Prinzip verlangt das österreichische Recht hier genau das, was § 34 StGB von dem deutschen Rechtsanwender verlangt. Da es hier nach oben genannter Rechtsprechung auch nicht nur um die höherwertigen Interessen der Gesundheits- und Rechtspflege geht, lassen sich beide Normen, § 54 Abs. 2 Nr. 4 AerzteG und § 34 StGB, für den Fall der Rechtfertigung einer unbefugten Offenbarung kongruent „übereinanderlegen". Im Übrigen beinhaltet auch § 34 StGB keine Pflicht zum Handeln.

Vergleicht man den § 54 Abs. 2 AerzteG mit dem deutschen Recht, fällt auf, dass es inhaltlich so gut wie keine Unterschiede gibt. Alle in Absatz 2

---

[1052] *Wallner* in Resch/Wallner Kap. XXI. Rn. 362.
[1053] *Wallner* in Resch/Wallner Kap. XXI. Rn. 362.
[1054] *Wallner* in Resch/Wallner Kap. XXI. Rn. 363 mit Beispielen ab Rn. 364 f.
[1055] *Bernat/Salzer* RdM 2009, 154 (156); *Neudorfer/Wallner* ÖÄZ 1989, 46 (48); Krauskopf, Diss. 2011 S. 63.

genannten Befugnisse existieren in Deutschland auch. Insofern sind keine Ungleichheiten festzustellen.

c)     Offenbarungsbefugnis im Strafrecht, § 121 Abs. 5 öStGB

Auch die strafrechtliche Norm selbst enthält einen Rechtfertigungsgrund für die Offenbarung von Geheimnissen. Gerechtfertigt ist der Täter dann, wenn die Offenbarung oder Verwertung nach Inhalt und Form durch ein öffentliches oder privates Interesse gedeckt ist. Er ist dann nicht zu bestrafen. Hier fällt wieder die Parallele zu § 34 StGB sowie zu § 54 Abs. 2 Nr. 4 AerzteG auf. Es wird angenommen, dass mit Absatz 5 die Fälle abgedeckt werden sollen, in denen nicht schon nach allgemeinen Grundsätzen eine Rechtfertigung vorliegt. Das tatbildmäßige Verhalten sei von der Rechtsordnung erlaubt oder sogar geboten.[1056] Folglich sei kein besonders strenger Maßstab bei der Prüfung des öffentlichen oder berechtigten privaten Interesses anzulegen.[1057] Es handele sich um einen Rechtfertigungsgrund, der bloß ergänzende Funktion habe.[1058] Für ein öffentliches Interesse soll jedes Interesse zulässig sein,[1059] private Interessen dürfen nur Beachtung finden, wenn sie „berechtigt" sind. Das sei dann der Fall, wenn sie „auch für einen rechtverbundenen Menschen ein verständliches und anerkennenswertes Motiv zur Geheimnisoffenbarung darstellen"[1060]. *Thiele* nennt als Beispiel einen Arzt, der sich in einem gegen ihn anhängigen Strafverfahren ohne Offenbarung nicht sachgerecht verteidigen kann.[1061] Im Vergleich zum deutschen Recht ist somit ein Rechtfertigungsgrund bereits in der Strafnorm enthalten.

## IV.    Abschlussbetrachtung und Fazit

Die Untersuchung hat gezeigt, dass Österreich im Vergleich zu Deutschland wenige gesetzliche Abweichungen aufweist. Beide Länder leiten die Schweigepflicht aus der Verfassung bzw. der EMRK ab und sichern sie aufgrund ihrer hohen Bedeutung für den ärztlichen Beruf sowohl berufsrechtlich als auch strafrechtlich ab. Die Anzeigepflicht im österreichischen Recht schränkt die Verpflichtung zur Verschwiegenheit allerdings ein und greift in diesen geschützten und in Deutschland nicht antastbaren Bereich ein.

---

[1056] Fabrizy/Foregger StGB § 121 Rn. 6.
[1057] So Fabrizy/Foregger StGB § 121 Rn. 6.
[1058] *Thiele* in SbgK Bd. 4 § 121 Rn. 105.
[1059] Einschränkend: Klaus, Diss. 1991 S. 96.
[1060] *Lewisch* in WK-StGB § 121 Rn. 32.
[1061] *Thiele* in SbgK Bd. 4 § 121 Rn. 112.

Bei genauerer Betrachtung ist der Regelungsgegenstand der untersuchten Normen sehr ähnlich, auch wenn sich äußerlich erst einmal einige Unterschiede zeigen.
So ist es der österreichischen Regelung § 54 Abs. 5 AerzteG zugute zu halten, dass sie bereits im Ärztegesetz, in unmittelbarer Nähe zur Regelung über die Schweigepflicht die Offenbarungsmöglichkeit für den Fall der vermuteten Kindesmisshandlung aufgenommen hat. Anders als im deutschen § 4 KKG befindet sich die Offenbarungsmöglichkeit dort, wo sie thematisch Sinn ergibt und wo die Anwender sie auch finden können und vermuten dürfen. Unterschiedlich ist, dass neben der Meldung an den zuständigen Kinder- und Jugendhilfeträger auch die Pflicht einer Anzeige bei Staatsanwaltschaft und Polizei besteht. Im deutschen Recht ist weder eine Pflicht zur Handlung bei dem Verdacht auf Kindesmisshandlung noch eine Anzeige an die Sicherheitsbehörden ausdrücklich geregelt. Gerade eine Anzeige an die Sicherheitsbehörden sollte aber der letzte Weg sein, den ein Arzt bei dem Verdacht einer Kindeswohlgefährdung geht. In diesem Zusammenhang darf nicht vergessen werden, dass die Meldung an die Polizei oder Staatsanwaltschaft einen Anfangsverdacht i.S.d. § 152 StPO begründet, der die Behörde zum Handeln zwingt. Es dürfte eher abträglich für das Kindeswohl sein, wenn statt einer geschulten Kinderschutzfachkraft bei dem Verdacht einer Misshandlung unmittelbar die Polizei bei den Eltern klingelt, um zu ermitteln. Zumal Polizisten selten mit der fachlichen Kompetenz ausgestattet sind, potenziell misshandelte Kinder zu befragen, was dazu führen kann, dass sich ein möglicherweise traumatisiertes Kind völlig zurückzieht und überhaupt nicht mehr über das Erlebte sprechen möchte. Somit dürfte dies nicht zuletzt dem Kind mehr schaden, als ihm helfen.

Gleich ist beiden Regelungen, dass sie – in Deutschland uneingeschränkt und in Österreich für den Fall, dass der Verdacht sich gegen nahe Angehörige richtet – nicht direkt eine Anzeige vorsehen, sondern zunächst das Gespräch mit den Betroffenen und der Zuhilfenahme des Jugendhilfeträgers bzw. des Jugendamtes angedacht ist. Eine Anzeige als Ultima Ratio vorzusehen, erscheint in meinen Augen der richtige Weg, da gerade in diesen sehr sensiblen Fällen häufig bereits mit fachlich kompetenter Beratung und Gesprächen viel erreicht werden kann.

Überzeichnet ist der Umstand, dass für Ärzte in Österreich bei Verdacht einer Misshandlung eine Pflicht zur Anzeige besteht. Hier liegt ein zu großer Eingriff in die Berufsfreiheit des Arztes vor, denn seine Pflicht ist es primär, Krankheiten zu heilen, nicht Gehilfe der Sicherheitsbehörden zu sein. Es soll

die Möglichkeit offeriert werden, straflos eine Anzeige zu tätigen, um potenziell misshandelten Kindern zu helfen. Den Arzt aber zum Garanten und Anwalt der Kinder und misshandelten unmündigen Erwachsenen zu machen, schießt über das Ziel hinaus.
Eine Pflicht zum Gespräch mit den Angehörigen wiederum ist sinnvoll, da dieses verhindert, dass falsche Verdächtigungen unnötig an die Öffentlichkeit gelangen. Allerdings sollte ein Gespräch immer stattfinden, nicht nur, wenn sich der Verdacht gegen einen nahen Angehörigen richtet. Im weiteren Verlauf sollte mit den Eltern und ggf. den Behörden ein weiteres Verfahren besprochen und begleitend durchgeführt werden. Insofern bietet sich eine Kombination aus der österreichischen und der deutschen Regelung an. Die Stellung im Gesetz ist ein deutlicher Vorteil der österreichischen Regelung. Das stufenweise Vorgehen spricht für die deutsche Regelung. Insbesondere der Beratungsanspruch ist in Österreich nicht gesetzlich vorgesehen, obwohl den Arzt sogar die Pflicht trifft, bei Verdacht zu handeln. Hier wäre es empfehlenswert, dem Arzt eine gesetzlich zugesicherte Stütze an die Hand zu geben, ob es sich um Misshandlungen handeln könnte und wie er am besten weiter vorgehen sollte.

Ergänzt werden sollte noch, dass im Rahmen der 15. Ärztegesetz-Novelle 2011 von der Regierung eine Lockerung der ärztlichen Schweigepflicht gegenüber anderen Ärzten und Krankenanstalten zur besseren Vernetzung bei Missbrauchs- und Misshandlungsverdacht gegenüber Minderjährigen vorgeschlagen wurde.[1062] Allerdings wurde diese Novelle in der Nationalratssitzung vom 1. Dezember 2011 vertagt.[1063]

§ 121 öStGB zeigt einen weiteren Unterschied darin, dass bereits innerhalb dieser Norm eine Möglichkeit zur Rechtfertigung aufgenommen worden ist. In Deutschland wird bei einer Rechtfertigung aufgrund höherrangiger Interessen auf den allgemeinen Teil und den rechtfertigenden Notstand zurückgegriffen.
Im Ergebnis zeigt sich, dass sich die österreichische Rechtslage durchaus in einigen Punkten als Vorbild für eine neue oder ergänzende Regelung in Deutschland heranziehen lässt. Konkret wird hierauf im letzten Teil der Arbeit eingegangen.

---

[1062] Parlamentskorrespondenz Nr. 762/2011.
[1063] Parlamentskorrespondenz Nr. 762/2011.

## F. DIE RECHTSLAGE IN DER SCHWEIZ

## I. Einleitung

Auch in der Schweiz ist das Thema Kindesmisshandlung allgegenwärtig. Im Jahr 2004 erschien eine Studie[1064] der Universität Fribourg zum Bestrafungsverhalten von Erziehungsberechtigten in der Schweiz. Hierbei wurde die Entwicklung von 1990 bis 2004 untersucht. Bei der Erhebung wurde nicht nur körperliche Gewalt als Erziehungsmaßnahme genannt, sondern z.B. auch das Kind „Kummer spüren lassen". Ein solches Verhalten fällt unter die seelische Misshandlung, denn solche Bestrafungsweisen überfordern ein Kind und sorgen dafür, dass es sich wertlos und ungeliebt fühlt. Ebenso verhält es sich mit der Bestrafungsweise, das Kind „links liegen zu lassen". Gerade kleine Kinder verstehen auf diese Weise häufig nicht, was sie falsch gemacht haben. Stattdessen fühlen sie sich schlecht, ungeliebt und überfordert. Die Studie kommt zu dem Ergebnis, dass die jüngsten Kinder (unter 2,5 Jahren) immer noch in Besorgnis erregendem Zustand körperlich bestraft werden. Dabei werden 1 Prozent dieser Kinder sogar manchmal bis sehr häufig mit Gegenständen geschlagen[1065]. Die Zahl mag niedrig klingen, dennoch bedeutete sie zum Zeitpunkt der Studie, dass 1700 Kinder auf diese Weise misshandelt wurden.[1066] Auch wenn die körperlichen Züchtigungen etwas zurückgegangen sind, so haben doch die Neigungen zu Verboten und Liebesentzug zugenommen.[1067] Gerade letzteres führt aber gerade bei kleinen Kindern nicht zu der gewünschten Verhaltensänderung, sondern lediglich zu Missverständnissen, die sich bei Wiederholungen ganz massiv auf das Selbstwertgefühl des Kindes auswirken und die seelische Entwicklung beeinträchtigen können.[1068]

Wie im vorherigen Kapitel wird nun die schweizerische Rechtslage in Bezug auf Kindesmisshandlungen untersucht. Auch diese wird der deutschen gegenübergestellt und die Vor- und Nachteile werden herausgearbeitet.

---

[1064] Studie im Auftrag des Bundesamts für Sozialversicherung unter der Leitung von Meinrad Perrez, abzurufen unter: http://www.keine-gewalt-gegen-kinder.ch/images/document/1654309/Bestrafungsverhalten_StudiePerrez-Schoebi_2004.pdf?t=1499180312.3219 (zuletzt abgerufen am 05.08.2019).
[1065] Studie Bestrafungsverhalten von Erziehungsberechtigten 1990-2004, S. 41.
[1066] Studie Bestrafungsverhalten von Erziehungsberechtigten 1990-2004, S. 41.
[1067] Studie Bestrafungsverhalten von Erziehungsberechtigten 1990-2004, S. 40.
[1068] *Trechsel* in Trechsel/Pieth Art. 219 Rn. 3; ähnlich auch *Thyen* in Kindesmißhandlung und sexueller Mißbrauch S. 18.

## II. Die Kindesmisshandlung im schweizerischen Strafrecht

Im Folgenden werden die für die Kindesmisshandlung relevanten Normen vorgestellt.
Wenn Eltern die elementaren Bedürfnisse ihrer Kinder vernachlässigen, machen sie sich wegen Verletzung ihrer Fürsorge- oder Erziehungspflicht nach Art. 219 schweizerisches Strafgesetzbuch (chStGB) strafbar.

*Art. 219*
*[1] Wer seine Fürsorge- oder Erziehungspflicht gegenüber einer minderjährigen Person verletzt oder vernachlässigt und sie dadurch in ihrer körperlichen oder seelischen Entwicklung gefährdet, wird mit Freiheitsstrafe bis zu drei Jahren oder Geldstrafe bestraft.*
*[2] Handelt der Täter fahrlässig, so kann statt auf Freiheitsstrafe oder Geldstrafe auf Busse erkannt werden.*

Geschützt sind Minderjährige, die das 18. Lebensjahr noch nicht vollendet haben.[1069] Als Täter kommen nur Garanten infrage, die kraft Gesetzes, Vertrags oder tatsächlicher Umstände dazu verpflichtet sind, mindestens während einer gewissen Dauer in körperlicher, geistiger oder seelischer Hinsicht für die Erziehung des Kindes zu sorgen, wie beispielsweise Eltern oder Pflegeeltern, Lehrer, Tagesmütter oder Hort- und Heimleiter.[1070] Nicht erfasst sind Babysitter oder Musiklehrer.[1071] Als Tathandlung kommt ein aktives Tun (Verletzung) oder eine Vernachlässigung (Unterlassen) der Fürsorge- oder Erziehungspflicht in Betracht, wobei Fürsorge die Befriedigung materieller und immaterieller Bedürfnisse ist.[1072] Es handelt sich um ein konkretes Gefährdungsdelikt, sodass der Tatbestand erst erfüllt ist, wenn eine konkrete Gefahr für die körperliche oder seelische Entwicklung des Unmündigen eingetreten ist.[1073] Praktisch wird auch hier wieder eine gewisse Dauer des deliktischen Verhaltens erforderlich sein.[1074] Auch die fahrlässige Begehung steht unter Strafe, anders als es in der entsprechenden deutschen Regelung des § 171 StGB der Fall ist.

---

[1069] *Weder* in Donatsch StGB Art. 219 Rn. 2.
[1070] *Weder* in Donatsch StGB Art. 219 Rn. 3.
[1071] *Weder* in Donatsch StGB Art. 219 Rn. 3.
[1072] *Trechsel* in Trechsel/Pieth Art. 219 Rn. 3.
[1073] *Weder* in Donatsch StGB Art. 219 Rn. 5; *Trechsel* in Trechsel/Pieth Art. 219 Rn. 4.
[1074] *Weder* in Donatsch StGB Art. 219 Rn. 5.

Ein weiteres, kinderspezifisches Delikt ist Art. 136 chStGB. Dort wird die Verabreichung gesundheitsgefährdender Stoffe an Kinder unter Strafe gestellt:

*Art. 136*
*Wer einem Kind unter 16 Jahren alkoholische Getränke oder andere Stoffe in einer Menge, welche die Gesundheit gefährden kann, verabreicht oder zum Konsum zur Verfügung stellt, wird mit Freiheitsstrafe bis zu drei Jahren oder Geldstrafe bestraft.*

Die Vorschrift soll Kinder vor der Gefährdung durch übermäßigen Konsum gefährlicher Stoffe schützen, wie Alkohol, aber auch Tabakwaren, Medikamenten und Lösungsmitteln.[1075] Die Gefährdung kann schon erreicht sein, wenn sie eine bloß vorübergehende Schädigung im Ausmaß einer einfachen Körperverletzung gem. Art. 123 chStGB hervorruft.[1076] Das Merkmal „zum Konsum zur Verfügung stellen" ist ein Hinweis darauf, dass die Tat auch durch Unterlassen begangen werden kann. Eine Gefährdung reicht aus. Dass das Kind oder der Jugendliche den Stoff tatsächlich zu sich nimmt, ist nicht erforderlich.[1077] Einschlägig ist diese Vorschrift beispielsweise in den Fällen des achtlosen Herumliegenlassens von Zigaretten oder Medikamenten, aber auch, in den eingangs geschilderten Fällen des Münchhausen-by-proxy-syndrome,[1078] in dem Eltern ihren Kindern Medikamente oder andere gesundheitsgefährdende Stoffe verabreichen, um so behandlungsbedürftige Krankheitssymptome bei dem Kind hervorzurufen.

Als weitere Delikte kommen sodann die Art. 111 ff. chStGB (Tötungsdelikte), die Körperverletzungsdelikte nach Art. 122 chStGB (Schwere Körperverletzung), Art. 123 chStGB (Einfache Körperverletzung), Art. 125 chStGB (Fahrlässige Körperverletzung) sowie Art. 126 chStGB (Tätlichkeiten), Art. 127 chStGB (Aussetzung) und die Sexualdelikte nach Art. 180 ff. chStGB, Art. 187 f. chStGB (sexuelle Handlungen mit Kindern und Abhängigen) und Art. 213 chStGB (Inzest) in Betracht.

Hervorzuheben ist, dass Art. 126 chStGB sowie Art. 123 chStGB in Ziffer 2 beide ein Offizialdelikt („ex-officio-Schutz"[1079]) enthalten, *„wenn (der Täter) die Tat an einem Wehrlosen oder an einer Person begeht, die unter seiner Obhut steht oder für die er zu sorgen hat, namentlich an einem Kind".*

---

[1075] *Trechsel/Mona* in Trechsel/Pieth Art. 136 Rn. 1 f.
[1076] *Donatsch* in Donatsch StGB Art. 136 Rn. 1.
[1077] *Trechsel/Mona* in Trechsel/Pieth Art. 136 Rn. 4.
[1078] Siehe oben S. 10.
[1079] *Trechsel/Greth* in Trechsel/Pieth Art. 123 Rn. 10.

Die Misshandlung von Schutzbefohlenen ist hingegen im schweizerischen Strafrecht ausdrücklich nicht geregelt. Gegen die Nichtaufnahme eines gesetzlich verankerten Rechts auf gewaltfreie Erziehung haben sich bereits mehrfach Petitionen gewandt, zuletzt im Jahr 2018. Federführend ist hier der Verein „Gewaltfreie Erziehung".[1080] Bislang blieben diese Bemühungen allerdings ohne Erfolg.

Auch in der Schweiz gerät der Arzt bei dem Verdacht einer begangenen Kindesmisshandlung in Konflikt mit seiner ärztlichen Schweigepflicht. Wie schon vorab für die deutsche und österreichische Rechtslage, werden nun kurz die Grundzüge der ärztlichen Schweigepflicht in der Schweiz skizziert.

### III. Die ärztliche Schweigepflicht in der Schweiz

Auch in der Schweiz sind Ärzte an ihre Schweigepflicht gebunden. Sie verbietet es ihnen grundsätzlich, relevante Details zu offenbaren. Wo die ärztliche Schweigepflicht in der Schweiz rechtlich verankert ist, zeigt der folgende Abschnitt.

1. Hintergrund

Die Schweigepflicht stellt auch in der Schweiz einen zentralen Eckpfeiler des Gesundheitsrechts dar.[1081]
Vor Einführung des eidgenössischen Strafgesetzbuches vom 21.12.1937 war es den einzelnen Kantonen überlassen, eine strafrechtliche Regelung bezogen auf die ärztliche Schweigepflicht zu treffen.[1082] Teilweise haben die Kantone davon Gebrauch gemacht: Über eine entsprechende Regelung verfügten 1900 Wallis, Genf, Fribourg, Neuchâtel, Tessin, Luzern und Bern.[1083] Zunächst ging es hierbei um prozessuale Fragen, sodass die Regelungen häufig im Bereich der kantonalen Prozessordnungen zu finden waren.[1084]
Im Bereich des Medizinrechts wird die Schweigepflicht sowohl auf Bundesebene (im Medizinalberufegesetz), als auch auf kantonaler Ebene geregelt. Das Medizinalberufegesetz (MedBG) regelt die Voraussetzungen für die Ausübung des selbstständigen Arztberufes sowie die Berufspflichten und das

---

[1080] Weitere Informationen unter: http://www.keine-gewalt-gegen-kinder.ch/de (zuletzt abgerufen am 05.08.2019).
[1081] Kieser/Lendfers, Gesundheitsrecht S. 14.
[1082] Mausbach, Diss. 2010 S. 23.
[1083] Mausbach, Diss. 2010 S. 23.
[1084] Mausbach, Diss. 2010 S. 23 f.

Disziplinarrecht[1085]. Diese Bereiche betreffend entfällt die Kompetenz der Kantone weitestgehend.[1086]

## 2. Die Verankerung der ärztlichen Schweigepflicht im Gesetz

Die ärztliche Schweigepflicht ist auch in der Schweiz kein Konstrukt, das sich nur einem einzigen Rechtsbereich zuordnen lässt. Neben dem strafrechtlichen Schutz des Berufsgeheimnisses in Art. 321 chStGB strahlt der Schutz des Arztgeheimnisses auch ins Berufsrecht, ins Datenschutzrecht und ins Privatrecht aus. Im Privatrecht ist die Geheimhaltungspflicht eine sich aus der Treuepflicht ergebende Pflicht des Behandlungsvertrages.[1087] Im Folgenden wird auf die wichtigsten Vorschriften Bezug genommen und diese werden kurz erläutert. Die Grundlage für die ärztliche Schweigepflicht findet sich auch in der Schweiz in der Verfassung (Art. 13 Bundesverfassung[1088] (BV)) und in Art. 8 EMRK.[1089]

### a) Art. 40 lit. f. Medizinalberufegesetz

Mit Einführung des Medizinalberufegesetzes (MedBG) am 01.09.2007 kam es zu einer Vereinheitlichung der Ärztepflichten auf Bundesebene.[1090] Im Vordergrund stand die Qualitätssicherung des Gesundheitswesens.[1091] Das MedBG bezieht sich ausschließlich auf selbstständig erwerbstätige Medizinalpersonen, für die unselbstständig Erwerbstätigen bleibt weiterhin die Regelungskompetenz bei den Kantonen.[1092] Geregelt ist die Schweigepflicht in Art. 40 lit. f. MedBG als eine der Berufspflichten, die in Art. 40 MedBG abschließend aufgelistet sind.[1093] Demnach müssen Medizinalpersonen das Berufsgeheimnis nach Maßgabe der einschlägigen Normen wahren.

---

[1085] Gächter/Rütsche, Gesundheitsrecht S. 54 Rn. 215.
[1086] *Marti/Straub* in Kuhn/Poledna Arztrecht in der Praxis S. 236.
[1087] Gächter/Rütsche, Gesundheitsrecht S. 91 Rn. 369.
[1088] „¹Jede Person hat Anspruch auf Achtung ihres Privat- und Familienlebens, ihrer Wohnung sowie ihres Brief-, Post- und Fernmeldeverkehrs. ² Jede Person hat Anspruch auf Schutz vor Missbrauch ihrer persönlichen Daten."
[1089] *Oberholzer* in BK-StGB II Art. 321 Rn. 2.
[1090] *Marti/Straub* in Kuhn/Poledna Arztrecht in der Praxis S. 246; Etter, Handkommentar MedBG Art. 40 Rn. 1.
[1091] Aebi-Müller/Fellmann/Gächter/Rütsche/Tag, Arztrecht § 11 Rn. 41.
[1092] *Marti/Straub* in Kuhn/Poledna Arztrecht in der Praxis S. 246; Aebi-Müller/Fellmann/Gächter/Rütsche/Tag, Arztrecht § 11 Rn. 39.
[1093] Aebi-Müller/Fellmann/Gächter/Rütsche/Tag, Arztrecht § 11 Rn. 42, 48.

Wörtlich lautet Art. 40 MedBG:

*Art. 40 Berufspflichten*
*Personen, die einen universitären Medizinalberuf privatwirtschaftlich in eigener fachlicher Verantwortung ausüben, halten sich an folgende Berufspflichten:*
> *a. Sie üben ihren Beruf sorgfältig und gewissenhaft aus; sie halten sich an die Grenzen der Kompetenzen, die sie im Rahmen der Aus-, Weiter- und Fortbildung erworben haben.*
> *b. Sie vertiefen, erweitern und verbessern ihre beruflichen Kenntnisse, Fähigkeiten und Fertigkeiten im Interesse der Qualitätssicherung durch lebenslange Fortbildung.*
> *c. Sie wahren die Rechte der Patientinnen und Patienten.*
> *d. Sie machen nur Werbung, die objektiv ist, dem öffentlichen Bedürfnis entspricht und weder irreführend noch aufdringlich ist.*
> *e. Sie wahren bei der Zusammenarbeit mit Angehörigen anderer Gesundheitsberufe ausschliesslich die Interessen der Patientinnen und Patienten und handeln unabhängig von finanziellen Vorteilen.*
> *f. Sie wahren das Berufsgeheimnis nach Massgabe der einschlägigen Vorschriften.*
> *g. Sie leisten in dringenden Fällen Beistand und wirken nach Massgabe der kantonalen Vorschriften in Notfalldiensten mit.*
> *h. Sie schliessen eine Berufshaftpflichtversicherung nach Massgabe der Art und des Umfanges der Risiken ab, die mit ihrer Tätigkeit verbunden sind.*

Das Berufsgeheimnis in Art. 40 lit. f. MedBG ist deckungsgleich mit dem Berufsgeheimnis in Art. 321 chStGB.[1094] Die Verschwiegenheitspflicht umfasst in privatrechtlicher Sicht alle Informationen, welche dem Arzt vom Patienten, von seinen Angehörigen oder von Dritten zugetragen werden.[1095] Im Zusammenhang mit der Kindesmisshandlung also, wie auch in Deutschland und Österreich, Name, Adresse und Symptome des Kindes. Diese Pflicht gilt auch im Verhältnis zu anderen Ärzten, es sei denn, die Geheimnisoffenbarung ist Teil einer medizinischen Behandlung und vom medizinischen Standpunkt her geboten.[1096] Da sich kein exakter Verweis auf bestimmte Vorschriften findet, kann davon ausgegangen werden, dass von den „einschlägigen Normen" alle Vorschriften erfasst sind, die auf Medizinalpersonen anwendbar sind und Geheimnisse betreffen.[1097] Für eine Disziplinarmaßnahme ist es nach Art. 40

---

[1094] Etter, Handkommentar MedBG Art. 40 Rn. 36; *Marti/Straub* in Kuhn/Poledna Arztrecht in der Praxis S. 250.
[1095] Büchler/Michel, Medizinrecht S. 86.
[1096] *Marti/Straub* in Kuhn/Poledna Arztrecht in der Praxis S. 250.
[1097] Etter, Handkommentar MedBG Art. 40 Rn. 39.

lit. f. MedBG notwendig, dass der Arzt gegen grundlegende Verhaltenspflichten verstößt, das bedeutet, dass ein grobes Fehlverhalten vorliegen muss.[1098]

b) Art. 11 Standesordnung FMH

Die Foederatio Medicorum Helveticorum (FMH), die Verbindung der Schweizerischen Ärztinnen und Ärzte, erlässt als Berufsverband die Standesordnung. Diese regelt die Beziehungen des Arztes zu seinen Patienten, zu seinen Kollegen sowie das Verhalten in der Öffentlichkeit und gegenüber den Partnern im Gesundheitswesen.[1099] Die Standesordnung ist kein staatliches Recht,[1100] sondern vielmehr eine privatrechtliche Regelung, die zwischen der FMH und den ihr angehörigen Ärzten verbindlich ist.[1101] Das bedeutet, dass die Regeln der Standesordnung auch nur für diejenigen Ärzte verbindlich sind, die Mitglied der FMH sind.[1102] Die Schweigepflicht wird in Art. 11 der Standesordnung FMH geregelt.

*Art. 11 Schweigepflicht zum Schutze der Patienten und Patientinnen*
*Das Patientengeheimnis ist im Rahmen der gesetzlichen Bestimmungen zu wahren. Es verpflichtet zur Verschwiegenheit über alles, was dem Arzt und der Ärztin bei der Ausübung ihres Berufs anvertraut oder sonst bekannt wird. Arzt und Ärztin haben das Patientengeheimnis insbesondere auch gegenüber ihren Familienangehörigen und gegenüber den Angehörigen und den Arbeitgebern der Patienten und Patientinnen sowie den Versicherern zu beachten.*
*Arzt und Ärztin haben ihre Mitarbeiter und Mitarbeiterinnen und alle, die in ihre Praxis Einblick erhalten, über die Pflicht zur Verschwiegenheit zu informieren und sie nach Möglichkeit schriftlich auf deren Einhaltung zu verpflichten.*
*Das Patientengeheimnis gilt auch gegenüber Kollegen und Kolleginnen. Bei der Zusammenarbeit von mehreren Ärzten oder Ärztinnen (Konsilien, Überweisung, Einweisung etc.) darf das Einverständnis der Patienten und Patientinnen zur Weitergabe der medizinisch erheblichen Informationen in der Regel vorausgesetzt werden.*

c) § 15 Gesundheitsgesetz Zürich

Exemplarisch für eine kantonale Regelung wird das Gesundheitsgesetz (GesG ZH) aus dem Kanton Zürich herangezogen. Die kantonal erlassenen Regeln gelten nur gegenüber den Mitgliedern der kantonalen Ärztegemeinschaft und sind nur insofern verbindlich, als dass sie mit den staatlichen

---

[1098] *Fellmann* in Schaffhauser/Kieser/Poledna S. 113.
[1099] *Marti/Straub* in Kuhn/Poledna Arztrecht in der Praxis S. 236.
[1100] *Marti/Straub* in Kuhn/Poledna Arztrecht in der Praxis S. 236.
[1101] Eichenberger/Marti, Recht für Ärzte S. 115.
[1102] *Marti/Straub* in Kuhn/Poledna Arztrecht in der Praxis S. 237.

Regelungen in Einklang stehen.[1103] Geregelt ist die Schweigepflicht in § 15 GesG ZH, der wie folgt lautet:

*§ 15*
*[1] Personen, die einen Beruf des Gesundheitswesens ausüben, und ihre Hilfspersonen wahren Stillschweigen über Geheimnisse, die ihnen infolge ihres Berufes anvertraut worden sind oder die sie in dessen Ausübung wahrgenommen haben.*
*[2] Die Bewilligung der Direktion oder die Einwilligung der berechtigten Person befreit von der Schweigepflicht. Innerhalb von Praxisgemeinschaften wird die Einwilligung zur Weitergabe von Patientendaten vermutet.*
*[3] Ungeachtet der Schweigepflicht melden Personen gemäss Abs. 1 der Polizei unverzüglich:*
*a. aussergewöhnliche Todesfälle, insbesondere solche zufolge Unfall, Delikt oder Fehlbehandlung einschliesslich ihrer Spätfolgen sowie Selbsttötung,*
*b. Wahrnehmungen, die auf die vorsätzliche Verbreitung gefährlicher übertragbarer Krankheiten bei Mensch und Tier schliessen lassen.*
*[4] Sie sind ohne Bewilligung oder Einwilligung nach Abs. 2 berechtigt,*
*a. den zuständigen Behörden Wahrnehmungen zu melden, die auf ein Verbrechen oder Vergehen gegen Leib und Leben, die öffentliche Gesundheit oder die sexuelle Integrität schliessen lassen,*
*b. den Ermittlungsbehörden bei der Identifikation von Leichen behilflich zu sein.*

### d) Die ärztliche Schweigepflicht im Strafrecht

Seit dem 1. Januar 1942 ist das Berufsgeheimnis vor unbefugter, ärztlicher Offenbarung auch strafrechtlich geschützt.[1104] Die Vorschrift lautet:

*Art. 321*
*1. Geistliche, Rechtsanwälte, Verteidiger, Notare, Patentanwälte, nach Obligationenrecht zur Verschwiegenheit verpflichtete Revisoren, Ärzte, Zahnärzte, Chiropraktoren, Apotheker, Hebammen, Psychologen sowie ihre Hilfspersonen, die ein Geheimnis offenbaren, das ihnen infolge ihres Berufes anvertraut worden ist oder das sie in dessen Ausübung wahrgenommen haben, werden, auf Antrag, mit Freiheitsstrafe bis zu drei Jahren oder Geldstrafe bestraft. Ebenso werden Studierende bestraft, die ein Geheimnis offenbaren, das sie bei ihrem Studium wahrnehmen. Die Verletzung des Berufsgeheimnisses ist auch nach Beendigung der Berufsausübung oder der Studien strafbar.*

---

[1103] *Marti/Straub* in Kuhn/Poledna Arztrecht in der Praxis S. 237.
[1104] *Tag* ZStrR 2004, 1 (2).

*2. Der Täter ist nicht strafbar, wenn er das Geheimnis auf Grund einer Einwilligung des Berechtigten oder einer auf Gesuch des Täters erteilten schriftlichen Bewilligung der vorgesetzten Behörde oder Aufsichtsbehörde offenbart hat.
3. Vorbehalten bleiben die eidgenössischen und kantonalen Bestimmungen über die Melde- und Mitwirkungsrechte, über die Zeugnispflicht und über die Auskunftspflicht gegenüber einer Behörde.*

Die praktische Relevanz ist, ähnlich wie in Deutschland, gering. So sind im Zeitraum von 1960 bis 2010 87 Urteile ergangen.[1105] Art. 321 chStGB bildet einen wichtigen Ausdruck des Datenschutzes, denn gerade im Gesundheitswesen ist das Missbrauchspotential besonders hoch.[1106] Im Jahr 2012 titelte Spiegel ONLINE „Interne Novartis Dokumente zeigen, wie sich Pharmavertreter offenbar Zugang zu Ärzte Computern verschaffen"[1107] und auch der „Tages Anzeiger" schreibt zum vorliegenden Novartis-Fall „Krasse Verletzung des Arztgeheimnisses"[1108]. Dieselbe Zeitung schrieb in einem anderen Zusammenhang am 22.03.2016: „Jeder zehnte Arzt verletzt die Schweigepflicht"[1109]. Zwar geht es in den vorliegenden Fällen hauptsächlich um die Gefahr von digitalisierten Patientendaten und deren Missbrauch, und nicht um Schweigepflichtverletzungen im Zusammenhang mit Kindesmisshandlungen. Dennoch soll mit den Beispielen aufgezeigt werden, wie der missbräuchliche Umgang mit vertraulichen Daten in den Medien dargestellt wird. Denn kommt es zu einem Missbrauch der Daten, sind die Reaktionen oft heftig. Das zeigt, dass es den Menschen grundsätzlich nicht egal ist, was mit ihren Daten passiert und dass sie auf die Geheimhaltung vertrauen.

aa)  Das Schutzgut

Seine Existenzberechtigung findet Art. 321 chStGB in dem besonderen Vertrauensverhältnis, das Geheimnisträger und Arzt miteinander verbindet.[1110] Auch im schweizerischen Recht ist man sich uneinig, was als Schutzgut des Art. 321 chStGB angesehen wird.[1111]

---

[1105] *Oberholzer* in BK-StGB II Art. 321 vor Rn. 1 (mit Grafik).
[1106] Gächter/Rütsche, Gesundheitsrecht S. 42 Rn. 171.
[1107] http://www.spiegel.de/spiegel/vorab/a-823486.html (zuletzt abgerufen am 26.08.2019).
[1108] http://www.tagesanzeiger.ch/wirtschaft/unternehmen-und-konjunktur/Krasse-Verletzung-des-Arztgeheimnisses/story/24709683 (zuletzt abgerufen am 26.08.2019).
[1109] http://www.tagesanzeiger.ch/schweiz/standard/Jeder-zehnte-Arzt-verletzt-die-Schweigepflicht/story/29255421 (zuletzt abgerufen am 26.08.2019).
[1110] *Oberholzer* in BK-StGB II Art. 321 Rn. 2.
[1111] Ausführlich Mausbach, Diss. 2010 S. 43 ff.

Hier stehen sich die gleichen Ansichten gegenüber wie im deutschen Recht, weshalb hier nicht weiter auf den Streit eingegangen wird, sondern auf das entsprechende Kapitel oben verwiesen wird.[1112] Im Ergebnis handelt es sich bei dem strafbewehrten Berufsgeheimnisschutz um eine „gesetzliche Konkretisierung von Persönlichkeitsrechten und Allgemeininteresse"[1113]. Zusätzlich wird das Interesse des Arztes selbst an der Einhaltung des Berufsgeheimnisses als Überlegung zum Schutzgut angeführt.[1114]

bb) Die Voraussetzungen von Art. 321 Abs. 1 chStGB

(1) Das Geheimnis

Geschützt ist, wie in den entsprechenden deutschen und österreichischen Regelungen auch, das Geheimnis. Das schweizerische Bundesgericht definiert das Geheimnis folgendermaßen als „alles, was der Patient dem Arzt zwecks Ausführung des Auftrags anvertraut oder was der Arzt in Ausübung seines Berufes wahrnimmt".[1115] Als Geheimnis gilt nach einer anderen Definition jede Tatsache, die nur einem beschränkten Personenkreis bekannt ist und an deren Geheimhaltung für den Geheimnisherrn ein berechtigtes Interesse besteht, das er gewahrt wissen will.[1116] Wie auch im deutschen Recht gehören hierzu neben Patientendaten, Diagnosen und Informationen über die berufliche und finanzielle Situation des Patienten, Informationen über dessen familiäre und psychische Probleme[1117] sowie die Tatsache, dass er sich überhaupt in Behandlung befindet.[1118] Nicht ganz unumstritten ist die Frage, wie weit der Geheimnisbegriff gefasst werden soll. So ist z.B. fraglich, ob die Unwahrheit der mitgeteilten Tatsache ihr den Charakter als Geheimnis abspricht.[1119] Auch wird angezweifelt, ob Geheimnisse auf Tatsachen beschränkt sind, die in einer auf Vertrauen basierenden Beziehung in den Kenntnisbereich des Arztes

---

[1112] Vgl. Kapitel zur Rechtslage in Deutschland zum objektiven Tatbestand des § 203 StGB, S. 56; hierzu auch Aebi-Müller/Fellmann/Gächter/Rütsche/Tag, Arztrecht § 9 Rn. 71.

[1113] *Tag* ZstR 2004, 1 (20).

[1114] Mausbach, Diss. 2010 S. 46.

[1115] Bundesgericht Urt. v. 19.05.1949 BGE 75 IV 71.

[1116] *Oberholzer* in BK-StGB II Art. 321 Rn. 14.

[1117] Donatsch/Thommen/Wohlers, Strafrecht IV § 127 S. 591.

[1118] *Oberholzer* in BK-StGB II Art. 321 Rn. 14; Büchler/Michel, Medizinrecht S. 86.

[1119] Ausführlicher zum Streit und mit eigener Stellungnahme *Tag* ZstR 2004, 1 (8 f.).

gelangt sind.[1120] Dies wird zu Recht abgelehnt, denn hierfür fehlt es schlicht an einer gesetzlichen Grundlage. Art. 321 chStGB nennt neben dem Anvertrauen eben auch die Möglichkeit des reinen „Wahrnehmens", was dafür spricht, dass es auf eine Vertrauensbasis gar nicht ankommt.[1121]
Im Ergebnis fallen somit alle Umstände unter den Geheimnisschutz, die mit der ärztlichen Konsultation im inneren Zusammenhang stehen.[1122] Das bedeutet aber im Umkehrschluss auch, dass Tatsachen, die der Arzt als Privatperson erfährt, nicht erfasst sind. Umstände wiederum, die Begleitpersonen oder Begleitumstände betreffen, sind allerdings ebenso erfasst, wie Drittgeheimnisse, solange sie einen Bezug zu der ärztlichen Behandlung haben.[1123] Es wird somit ein Kausalzusammenhang zwischen Kenntniserlangung und ärztlicher Tätigkeit gefordert.[1124] Die Kenntniserlangung muss in Ausübung des ärztlichen Berufes erfolgen. Im Übrigen sind die Ausführungen zum Geheimnis, die bereits zum deutschen und österreichischen Recht gemacht wurden auch auf das schweizerische Recht übertragbar.

(2) Anvertraut oder wahrgenommen

Das Geheimnis muss dem Arzt infolge seines Berufes anvertraut worden sein oder er muss es in dessen Ausübung wahrgenommen haben.[1125] Nicht erforderlich ist, dass erst ein besonderes Vertrauensverhältnis zwischen Arzt und Patienten bestanden haben muss, das Vorliegen eines ärztlichen Behandlungsverhältnisses genügt, um die Pflicht zur Geheimhaltung zu begründen.[1126] Die erste Möglichkeit bezieht sich auf alle Informationen mit Geheimnischarakter, die der Arzt bei seiner beruflichen Tätigkeit über seinen Patienten erhalten hat.[1127] Wahrgenommen werden wiederum Informationen mit Geheimnischarakter, die aus anderen Quellen herrühren.[1128]

---

[1120] *Tag* ZstR 2004, 1 (9); Aebi-Müller/Fellmann/Gächter/Rütsche/Tag, Arztrecht § 9 Rn. 76 m.w.N.
[1121] So auch *Tag* ZstR 2004, 1 (9); ebenso *Oberholzer* in BK-StGB II Art. 321 Rn. 9.
[1122] *Tag* ZstR 2004, 1 (9).
[1123] *Tag* ZstR 2004, 1 (9).
[1124] *Oberholzer* in BK-StGB II Art. 321 Rn. 16.
[1125] Aebi-Müller/Fellmann/Gächter/Rütsche/Tag, Arztrecht § 9 Rn. 76.
[1126] *Oberholzer* in BK-StGB II Art. 321 Rn. 9.
[1127] *Trechsel/Vest* in Trechsel/Pieth Art. 321 Rn. 21.
[1128] *Trechsel/Vest* in Trechsel/Pieth Art. 321 Rn. 22; *Rehberg* in Honsell Handbuch des Arztrechts S. 344.

### (3) Täterkreis

Täter können nur die in Art. 321 Abs. 1 chStGB abschließend[1129] genannten Personen sein. Für diese Dissertation von Bedeutung sind nur die Ärzte und deren Hilfspersonen, die ausdrücklich genannt sind. Als Ärzte gelten Personen, die nach einem absolvierten Hochschulstudium der Medizin staatlich approbiert und therapeutisch oder diagnostisch an Menschen tätig sind.[1130] Hilfspersonen können Personen aus den unterschiedlichsten Bereichen sein: Wichtig ist, dass sie dem Geheimnisträger in irgendeiner Form bei der Erfüllung seiner Aufgaben assistieren und dabei Kenntnis von Geheimnissen der Patienten erhalten.[1131] Systematisch handelt es sich um ein echtes Sonderdelikt.[1132]

### (4) Offenbaren

Ebenso wie im deutschen Recht ist das Offenbaren Tathandlung. Die Definitionen sind deckungsgleich,[1133] sodass diesbezüglich keine Besonderheiten vorliegen. Offenbart ist ein Geheimnis, wenn der Berufsgeheimnisträger es einer Drittperson, auch dem Ehepartner des Patienten,[1134] die das Geheimnis nicht kennt, zur Kenntnis bringt oder ihr die Kenntnisnahme ermöglicht.[1135] Insbesondere ist auch die Offenbarung gegenüber Kollegen strafbar,[1136] sodass das nicht anonymisierte Austauschen von Krankengeschichten, z.B. um eine mögliche Misshandlung zu diskutieren, auch hierunter fällt.

### (5) Subjektiver Tatbestand

Auch im schweizerischen Recht wird Vorsatz, mindestens Eventualvorsatz,[1137] verlangt. Die Kenntnis von der Geheimhaltungspflicht kann

---

[1129] Bundesgericht Urt. v. 06.09.1597 BGE 83 IV 194; *Oberholzer* in BK-StGB II Art. 321 Rn. 11.

[1130] *Oberholzer* in BK-StGB II Art. 321 Rn. 9.

[1131] *Oberholzer* in BK-StGB II Art. 321 Rn. 10; Büchler/Michel, Medizinrecht S. 88.

[1132] *Oberholzer* in BK-StGB II Art. 321 Rn. 4.

[1133] Ausführlich *Trechsel/Vest* in Trechsel/Pieth Art. 321 Rn. 23 ff.

[1134] Donatsch/Thommen/Wohlers, Strafrecht IV § 127 S. 593.

[1135] *Oberholzer* in BK-StGB II Art. 321 Rn. 19; Gächter/Rütsche, Gesundheitsrecht S. 94 Rn. 382.

[1136] Bundesgericht Urt. v. 19.05.1949 BGE 75 IV 71; Gächter/Rütsche, Gesundheitsrecht S. 94 Rn. 382.

[1137] *Oberholzer* in BK-StGB II Art. 321 Rn. 21; *Rehberg* in Honsell Handbuch des Arztrechts S. 347; Aebi-Müller/Fellmann/Gächter/Rütsche/Tag, Arztrecht § 9 Rn. 67.

regelmäßig vermutet werden, da sie in der Ausbildung vermittelt wird.[1138] Gerade die Kenntnis von der Schweigepflicht ist es, die den Ärzten die Offenbarung vermuteter Misshandlungen schwer macht. Die Abwägung, die Schweigepflicht zu brechen oder nicht, ist zum Großteil von dem Wissen um die Schweigepflicht und die Achtung dieser geprägt. Am Vorsatz wird es in diesen speziellen Fällen somit nie fehlen.

cc) Sanktionen

Der vorsätzliche Bruch des ärztlichen Berufsgeheimnisses wird mit Freiheitsstrafe bis zu drei Jahren oder mit Geldstrafe geahndet. Fahrlässigkeit ist straflos,[1139] allerdings ist eine disziplinarrechtliche Ahndung möglich.[1140]

e) Art. 52 Schweizer Datenschutzgesetz

Auch Art. 52 Schweizer Datenschutzgesetz[1141] (chDSG) enthält Bestimmungen die Schweigepflicht betreffend. Nach Art. 3c Nr. 2 chDSG gelten Daten über die Gesundheit als besonders schützenswert. Zu den Gesundheitsdaten gehört alles, was begrifflich auch unter das Geheimnis fällt: medizinische Befunde, wie Symptombeschreibungen, Diagnosen, Laborresultate, Röntgenbilder oder Rechnungen für Medikamente. Art. 52 chDSG ergänzt die Regelung in Art. 321 chStGB.[1142] Vermeintlich „beachtliche(n) Lücken"[1143] des Täterkreises von Art. 321 wird durch Art. 52 chDSG begegnet. Hier ist Täter, *„wer vorsätzlich geheime Personendaten bekannt gibt, von denen er im Rahmen seiner beruflichen Tätigkeit, welche die Kenntnis solcher Daten erfordert, Kenntnis erlangt hat; (...)"*.

Die Tätergruppe ist somit nicht an eine bestimmte Berufszugehörigkeit gebunden und für die Tathandlung genügt kein Offenbaren eines Geheimnisses, sondern der Täter muss besondere schützenswerte Personendaten oder Persönlichkeitsprofile unbefugt bekanntgeben.[1144] Hierauf wird aber nicht weiter eingegangen, da Ärzte bereits von § 321 chStGB erfasst sind und somit keine Regelungslücke vorliegt.

---

[1138] *Trechsel/Vest* in Trechsel/Pieth Art. 321 Rn. 26.
[1139] Aebi-Müller/Fellmann/Gächter/Rütsche/Tag, Arztrecht § 9 Rn. 67.
[1140] *Tag* ZStR 2004, 1 (9) Fn. 35.
[1141] Vormals Art. 35 chDSG.
[1142] *Isenring* in Donatsch StGB Art. 321 Rn. 2.
[1143] *Trechsel/Vest* in Trechsel/Pieth Art. 321 Rn. 15.
[1144] *Oberholzer* in BK-StGB II Art. 321 Rn. 13.

## 3. Zusammenfassung und Rechtsvergleich

Bei einer vergleichenden Betrachtung zeigt sich, dass auch im schweizerischen Recht eine Vielfalt an Normen existiert, die das Thema Schweigepflicht beinhalten. Ähnlich wie auch im deutschen Recht, tangiert hier die Schweigepflicht das Datenschutzrecht, das (kantonale) Medizinrecht und natürlich auch das Strafrecht.

Art. 321 chStGB unterscheidet sich kaum von der deutschen Norm § 203 StGB. Beide Normen stellen das (unbefugte) Offenbaren eines Geheimnisses unter Strafe, das dem Berufsgeheimnisträger anvertraut oder anderweitig bekannt geworden ist. Ein Unterschied findet sich noch für die Fälle, in denen die Offenbarung nicht vorliegen soll. In Deutschland ist dies in § 203 Abs. 3 StGB für die Weitergabe von Informationen an Gehilfen und sonstige mitwirkende Personen geregelt, in der Schweiz in Art. 321 Abs. 2 chStGB für den Fall der Einwilligung oder der Bewilligung durch die Behörde. In der Gesamtschau sind schweizerisches und deutsches Recht aber größtenteils inhaltlich übereinstimmend.

Im nächsten Teil wird nun auf die verschiedenen Offenbarungsmöglichkeiten im Zusammenhang mit Kindesmisshandlung eingegangen und diese abschließend mit dem deutschen Recht verglichen.

### IV. Die Offenbarungsmöglichkeiten im Hinblick auf Kindesmisshandlungen

Das Kindeswohl gilt als oberste Maxime des Kindesrechts.[1145] Auch in der Verfassung ist das Recht von Minderjährigen auf Unversehrtheit und Förderung der Entwicklung verankert, vgl. Art. 11 Ziff. 1 BV.

Die Fachgruppe Kinderschutz der schweizerischen Kinderkliniken erhebt jährlich entsprechende Daten zur Kindesmisshandlung. So wurden im Jahr

---

[1145] Bundesgericht Urt. v. 20.12.2005 BGE 132 III 359; Urt. v. 19.12.2002 BGE129 III 250.

2015 1388 Fälle gemeldet,[1146] im Jahr 2013 waren es 1292.[1147] Die Täter stammen zu 77 Prozent aus der Familie und sind zu 46 Prozent männlich.[1148] Jede Kindesmisshandlung kann verheerende Folgen für die Psyche und Physis eines Kindes haben.[1149] Eine Offenbarung entdeckter Hinweise ist ein guter Weg zur Aufklärung dieser Taten. Ärzte spielen hier, wie bereits vorab festgestellt, eine tragende Rolle. Um Offenbarungsmöglichkeiten des schweizerischen Rechts soll es im Folgenden gehen.

Grundsätzlich ist jede Schweigepflichtverletzung eine Persönlichkeitsrechtsverletzung. Zentrale Norm für den Schutz der Persönlichkeit stellt Art. 28 Zivilgesetzbuch (ZGB) dar, der den folgenden Wortlaut hat:

*¹ Wer in seiner Persönlichkeit widerrechtlich verletzt wird, kann zu seinem Schutz gegen jeden, der an der Verletzung mitwirkt, das Gericht anrufen.*
*² Eine Verletzung ist widerrechtlich, wenn sie nicht durch Einwilligung des Verletzten, durch ein überwiegendes privates oder öffentliches Interesse oder durch Gesetz gerechtfertigt ist.*

In Nummer 2 werden ausdrücklich die Fälle genannt, in denen eine Persönlichkeitsrechtsverletzung nicht widerrechtlich ist, nämlich durch Einwilligung des Verletzten, durch ein höherrangiges Interesse oder wenn ein gesetzlicher Rechtfertigungsgrund eingreift.

Im Folgenden wird auf die für die Kindesmisshandlung relevanten Rechtfertigungsmöglichkeiten eingegangen.

Das Gesetz nennt vier Einschränkungen der Schweigepflicht: Die Einwilligung der betroffenen Person, die Bewilligung der vorgesetzten Behörde, die Auskunftspflicht gegenüber einer Behörde sowie die Zeugnispflicht. Die Auskunftspflicht gegenüber einer Behörde sowie die Zeugnispflicht spielen für

---

[1146] Schweizerische Gesellschaft für Pädiatrie, Fachgruppe Kinderschutz Bericht vom 25.05.2016 abrufbar unter http://www.swiss-paediatrics.org/sites/default/files/nationale_kinderschutzstatistik_2015_d_neu.pdf; eine gute Übersicht zu den Meldezahlen von Kindesmisshandlungen am Kinderspital Zürich findet sich auch bei *Staubli* Kinderschutz in der medizinischen Praxis in Achtes Zürcher Präventionsforum S. 71.
[1147] Schweizerische Gesellschaft für Pädiatrie, Fachgruppe Kinderschutz Bericht vom 03.06.2014 abrufbar unter http://www.swiss-paediatrics.org/sites/default/files/nationale_kinderschutzstatistik_2013.pdf.
[1148] *Wopmann* Kindesmisshandlung in Siebtes Zürcher Präventionsforum S. 232 f.
[1149] Botschaft des Bundesrates zur Änderung des Schweizerischen Zivilgesetzbuches (Kindesschutz) vom 15.04.2015 S. 3443.

den Fall der Kindesmisshandlung eine nachrangige bis gar keine Rolle und werden daher nicht weiter vertieft. Zunächst wird auf das Strafrecht und die dort geregelten Offenbarungsmöglichkeiten Bezug genommen. Es folgen Offenbarungsbefugnisse aus dem Zivilrecht und dem Gesundheitsrecht.

1. Art. 321 Abs. 2 chStGB

Art. 321 Abs. 2 chStGB enthält zwei Fälle in denen die Offenbarung des Berufsgeheimnisses straflos ist: Den Fall, dass der Betroffene in die Offenbarung eingewilligt hat oder aber, dass auf Gesuch des Täters eine schriftliche Bewilligung ergangen ist.

a) Die Einwilligung durch den Betroffenen

Erster Fall ist der klassische Fall der Schweigepflichtentbindung, wie es ihn auch in Deutschland und in Österreich gibt. Da es um das Persönlichkeitsrecht des Patienten geht, steht es ihm auch frei, in eine Offenbarung von Fakten, die seinen persönlichen Bereich betreffen, einzuwilligen. Liegt keine Einwilligung vor, ist die Verletzung widerrechtlich, vgl. Art. 28 Ziff. 2 ZGB. Bei der Behandlung urteilsunfähiger Minderjähriger sind die Eltern Geheimnisherren[1150] und damit befugt, der Offenbarung zuzustimmen oder nicht. Gerade Vorschulkinder sowie Säuglinge und Kleinkinder sind besonders gefährdet, Opfer von Kindesmisshandlungen zu werden,[1151] und damit noch nicht in der Lage, selbst die Schweigepflichtentbindung zu erklären. Allerdings werden auch die Eltern keine Einwilligung abgeben, da sie dabei aktiv bei der Aufklärung der (häufig) von ihnen verübten Straftaten helfen würden.[1152]

b) Die Bewilligung durch die vorgesetzte Behörde

Diese Fallgruppe hat im Kontext mit potenziellen Kindesmisshandlungen und den damit einhergehenden Kollisionen von Geheimhaltungsinteressen und Kinderschutz eine erhöhte Relevanz. Für den Fall, dass der Arzt sich nicht sicher ist, ob er die Schweigepflicht verletzen darf oder sogar muss, offeriert ihm Art. 321 Abs. 2 chStGB die Möglichkeit, sich an die ihm vorgesetzte Behörde oder Aufsichtsbehörde zu wenden.[1153] Erteilt die Behörde dem Arzt die schriftliche Bewilligung, scheidet eine Strafbarkeit wegen Verletzung eines

---

[1150] Büchler/Michel, Medizinrecht S. 89.
[1151] *Beutler* Pädiatrie 2012, 49 (49); Kaiser, Kriminologie³ § 48 Rn. 5.
[1152] So auch *Schwarzenegger/Fuchs/Ege* Rechtliche Rahmenbedingungen in Siebtes Zürcher Präventionsforum S. 253.
[1153] *Tag* ZstR 2004, 1 (11); *Oberholzer* in BK-StGB II Art. 321 Rn. 23; Aebi-Müller/Fellmann/Gächter/Rütsche/Tag, Arztrecht § 9 Rn. 88.

Berufsgeheimnisses aus.[1154] Dabei stellt die Bewilligung keinen Rechtfertigungsgrund dar,[1155] sondern lässt bereits den Tatbestand entfallen, sogar dann, wenn sie unrechtmäßig erteilt worden ist.[1156]
Der Regelung über die behördliche Bewilligung haften allerdings erhebliche Auslegungsprobleme an, denn das Gesetz schweigt dazu, nach welchen Kriterien der Entscheid zu treffen ist.[1157] Grundsätzlich steht es im freien Ermessen der Behörde, unter welchen Voraussetzungen die Bewilligung zu erteilen ist.[1158] Damit es aber nicht zu einer Aushöhlung des Arztgeheimnisses kommt, ist es der Behörde nicht etwa freigestellt, die Bewilligung nach eigenem Gutdünken zu erteilen, sondern es kommt vielmehr darauf an, dass eine sorgfältige Abwägung der widerstreitenden Interessen vorgenommen wird.[1159] Im Ergebnis kann nur ein schutzwürdiges Interesse, welches das Interesse der Geheimhaltung überwiegt, maßgebend sein.[1160] Aber auch in Fällen, in denen dem Arzt von Gesetzes wegen die Offenbarung nach Abwägung der Interessen ohne Einholung der Bewilligung gestattet ist, darf er sich an die Behörde wenden.[1161] Das Bewilligungsgesuch ist nur von dem Schweigepflichtigen zu stellen.[1162] Es steht ihm in diesem Fall frei zu wählen, ob er die Last der richtigen Gewichtung selbst trägt, oder ob er sich diese Bürde abnehmen lässt. Damit soll dem Umstand Rechnung getragen werden, dass die Abwägung, wie bereits bei § 34 StGB erläutert wurde, oftmals Schwierigkeiten bereitet. Dem Arzt wird hier eine Möglichkeit geboten, die Entscheidung, die häufig rasch getroffen werden muss, an die vorgesetzte Behörde abzugeben.[1163]
Für den konkreten Fall der (potenziell) entdeckten Kindesmisshandlung bedeutet dies, dass sich der Arzt, obwohl er bereits gesetzlich zur Offenbarung

---

[1154] Aebi-Müller/Fellmann/Gächter/Rütsche/Tag, Arztrecht § 9 Rn. 88.
[1155] AA Aebi-Müller/Fellmann/Gächter/Rütsche/Tag, Arztrecht § 9 Rn. 88.
[1156] Stratenwerth/Wohlers StGB Vorb. zu Art. 14 ff Rn. 7.
[1157] *Tag* ZStrR 2004, 1 (11); Aebi-Müller/Fellmann/Gächter/Rütsche/Tag, Arztrecht § 9 Rn. 89.
[1158] *Isenring* in Donatsch StGB Art. 321 Rn. 19.
[1159] Ausführlicher zur Auslegung und zum Willen des Gesetzgebers *Tag* ZstR 2004, 1 (11 f.).
[1160] Bundesgericht Urt. 05.05.1976 BGE 102 Ia 520; RS 1984 Nr. 724.
[1161] *Tag* ZstR 2004, 1 (12).
[1162] Bundesgericht Urt. v. 19.02.1997 BGE 123 IV 75; *Isenring* in Donatsch StGB Art. 321 Rn. 17; Eine tabellarische Übersicht der zuständigen Behörden zur Erteilung der Bewilligung nach Art. 321 Ziffer 2 chStGB nach Kantonen sortiert findet sich bei Mausbach, Diss. 2010 S. 314 f.; *Rehberg* in Honsell Handbuch des Arztrechts S. 352.
[1163] *Tag* ZstR 2004, 1 (12) m.w.N.

befugt wäre, trotzdem die Bewilligung der Behörde einholen könnte, um „ganz sicher zu gehen", dass er sich nicht strafbar macht. Dies mag vielleicht etwas übervorsichtig wirken, führt aber andererseits dazu, dass Ärzte sich nicht unnötig mit dem Gedanken aufhalten müssen, ob eine Offenbarung nun zulässig ist oder nicht. Klar gegen die Bewilligung durch die Behörde spricht, dass es im Falle vermuteter Kindesmisshandlung häufig auf ein schnelles Handeln ankommt. Das Bewilligungsverfahren braucht Zeit.[1164] Zeit, die manchmal nicht da ist und die dem Kindeswohl eher abträglich wäre.

Festzuhalten bleibt allerdings, dass die Bewilligung erst dann beantragt werden darf, wenn der Arzt ausreichende Anhaltspunkte hat, die einen Bruch der Schweigepflicht rechtfertigen würden, und er diese durch eine juristisch kompetente Stelle überprüfen lassen möchte.[1165] Dem Gesuch muss eine Darlegung der tatsächlichen Verhältnisse beigefügt sein, damit die Behörde eine Grundlage für ihre Entscheidung hat.[1166] Der Entscheid der vorgesetzten Behörde setzt allerdings nicht die allgemeinen Rechtfertigungsgründe außer Kraft.[1167]

## 2. Rechtfertigender Notstand Art. 17 chStGB

Art. 17 chStGB lautet:

*Wer eine mit Strafe bedrohte Tat begeht, um ein eigenes oder das Rechtsgut einer anderen Person aus einer unmittelbaren, nicht anders abwendbaren Gefahr zu retten, handelt rechtmässig, wenn er dadurch höherwertige Interessen wahrt.*

Ein höherwertiges Interesse, wie es der rechtfertigende Notstand verlangt, rechtfertigt ebenfalls die Offenbarung eines Geheimnisses. Wie im deutschen und im österreichischen Recht stehen sich hier Rechtsgüter gegenüber, sodass es einer Interessenabwägung bedarf.[1168] Dies wird üblicherweise als Güterkollision bezeichnet.[1169] Auch im schweizerischen Strafrecht kann das Notstandsrecht zugunsten eines eigenen oder eines fremden Interesses ausgeübt werden.

---

[1164] Auch die Botschaft des Bundesrates zur Änderung des Schweizerischen Zivilgesetzbuches (Kindesschutz) vom 15.04.2015 S. 3449 spricht von einer „administrativen Hürde".

[1165] *Tag* ZstR 2004, 1 (13).

[1166] Bundesgericht Urt. v. 19.02.1997 BGE 123 IV 75; *Trechsel/Vest* in Trechsel/Pieth Art. 321 Rn. 31; *Rehberg* in Honsell Handbuch des Arztrechts S. 352.

[1167] *Tag* ZstR 2004, 1 (13).

[1168] *Seelmann* in BK-StGB I Art. 17 Rn. 1.

[1169] Stratenwerth/Wohlers StGB Art. 17 Rn. 2.

Gerechtfertigt ist die Handlung aber nur dann, wenn sie zum Schutz höherer Interessen vorgenommen wird.[1170] Im Fall der vermuteten Kindesmisshandlung ginge es um eine sogenannte Notstandshilfe,[1171] da es um ein fremdes Rechtsgut, die Gesundheit des Kindes, und nicht um die Interessen des Arztes geht.

Die Voraussetzungen ähneln denen im deutschen Recht: Es bedarf einer Notstandslage, die sich in der unmittelbaren und damit konkreten[1172] Gefahr für ein Rechtsgut zeigt, und einer Notstandshandlung, welche im Rahmen der Interessenabwägung verhältnismäßig sein muss.[1173] Hier treten keinerlei Besonderheiten zum deutschen Recht auf, sodass hier auf die bereits gemachten Ausführungen zum rechtfertigenden Notstand verwiesen werden kann.

Nahe dem rechtfertigenden Notstand steht der ungeschriebene Rechtfertigungsgrund der Wahrnehmung berechtigter Interessen.[1174]

### 3. Art. 301 chStPO

Art. 301 chStPO beinhaltet ein allgemeines Anzeigerecht für Straftaten.

*Art. 301*
*¹ Jede Person ist berechtigt, Straftaten bei einer Strafverfolgungsbehörde schriftlich oder mündlich anzuzeigen.*
*² Die Strafverfolgungsbehörde teilt der anzeigenden Person auf deren Anfrage mit, ob ein Strafverfahren eingeleitet und wie es erledigt wird.*
*³ Der anzeigenden Person, die weder geschädigt noch Privatklägerin oder Privatkläger ist, stehen keine weitergehenden Verfahrensrechte zu.*

Hiernach ist jedermann berechtigt, Straftaten bei einer Strafverfolgungsbehörde anzuzeigen. Möglich sind auch Anzeigen von Minderjährigen und Urteilsunfähigen sowie anonyme Anzeigen und Anzeigen von nicht Geschädigten.[1175] Ärzten steht dieses Recht allerdings nur zu, wenn ein Rechtfertigungsgrund für die Verletzung des Berufsgeheimnisses gem. Art. 321 chStGB vorliegt.[1176] Dies kann z.B. durch die Bewilligung der vorgesetzten Behörde

---

[1170] Stratenwerth/Wohlers StGB Art. 17 Rn. 3; Bundesgericht Urt. v. 25.09.2002 BGE 129 IV 6.
[1171] *Seelmann* in BK-StGB I Art. 17 Rn. 1.
[1172] *Donatsch* in Donatsch StGB Art. 17 Rn. 4.
[1173] Ausführlich dazu *Seelmann* in BK-StGB I Art. 17 Rn. 3 ff.; Stratenwerth/Wohlers StGB Art. 17 Rn. 2 ff.
[1174] Stratenwerth/Wohlers StGB Vorb. zu Art. 14 ff. Rn. 5.
[1175] Schmid/Jositsch Art. 301 Rn. 1.
[1176] *Riedo/Boner* in BK-StPO Art. 301 Rn. 9.

geschehen.[1177] Bei der Notwendigkeit sofortigen Einschreitens kommen allerdings auch allgemeine, geschriebene und übergesetzliche Rechtfertigungsgründe, wie Art. 17 chStGB oder Pflichtenkollision in Betracht.[1178] Der Anzeigende hat nach Absatz 2 einen Anspruch darauf, auf seine Anfrage hin über den Ausgang des Verfahrens informiert zu werden. Weitere Informationen, wie Informationen über den Verfahrensgang, die Begründung des Erledigungsentscheids usw. stehen dem Anzeigenden nicht zu.[1179] Sofern also eine Straftat bereits begangen worden ist, darf der Arzt eine Anzeige bei den Strafverfolgungsbehörden erstatten. Ein reiner Verdacht reicht allerdings nicht aus. Die Strafanzeige ist eine Wissenserklärung,[1180] setzt also einen gewissen Grad an Wissen voraus.

4. Die Reform des ZGB

a) Art. 314c – 314e ZGB

In der Schweiz hat es Anfang 2019 eine größere Reform zur Verstärkung des Kinderschutzes gegeben.[1181] Seit dem 1.1.2019 gelten neue Regeln für Gefährdungsmeldungen an die Kinderschutzbehörden. So soll der Schutz von Kleinkindern vor Missbrauch und Misshandlungen verbessert werden.[1182] In diesem Zusammenhang wurde auch die frühere Meldebefugnis aus Art. 364 chStGB aufgehoben. Sie gestattete es Berufsgeheimnisträgern, eine Mitteilung an die Kinderschutzbehörde zu erstatten, wenn an einem Minderjährigen eine Straftat begangen worden ist.

Im Rahmen der Reform wurden unter anderem Normen im ZGB geändert. Insbesondere die Situation für Berufsgeheimnisträger, wie die Ärzte, hat sich dadurch zum Positiven verändert.
Vor dem 1.1.2019 war Art. 443 ZGB die zentrale Norm für Meldungen im Rahmen des Kinderschutzes. Obwohl sie namentlich nur auf den

---

[1177] Siehe oben S. 218.
[1178] *Oberholzer* in BK-StGB Art. 321 Rn. 33.
[1179] Schmid/Jositsch Art. 301 Rn. 3.
[1180] Schmid, Handbuch § 77 Rn. 1209.
[1181] Vgl. Botschaft zu einer Änderung des ZGB (15.04.2015), BBl. 2015 S. 3431 ff. Geschäftsnummer 15.033; Änderungen erlassen durch Bundesratsbeschluss vom 27.06.2018.
[1182] Medienmitteilung des Eidgenössischen Justiz- und Polizeidepartments EJPD, https://www.ejpd.admin.ch/ejpd/de/home/aktuell/news/2018/2018-06-271.html (zuletzt abgerufen am 06.08.2019); *Breitschmid* in BK-ZGB I Art. 314c – 314e Rn. 1.

Erwachsenenschutz abzielt, war sie sinngemäß auch auf den Kinderschutz anwendbar, sofern keine Spezialnormen galten.[1183] Seit dem 1.1.2019 gilt auch eine neue Fassung des Art. 443 ZGB:

*Art. 443*
*[1] Jede Person kann der Erwachsenenschutzbehörde Meldung erstatten, wenn eine Person hilfsbedürftig erscheint. Vorbehalten bleiben die Bestimmungen über das Berufsgeheimnis.*
*[2] Wer in amtlicher Tätigkeit von einer solchen Person erfährt und der Hilfsbedürftigkeit im Rahmen seiner Tätigkeit nicht Abhilfe schaffen kann, ist meldepflichtig. Vorbehalten bleiben die Bestimmungen über das Berufsgeheimnis.*
*[3] Die Kantone können weitere Meldepflichten vorsehen.*

Seit dem 1.1.2019 sind allerdings solche Spezialregeln, die Art. 443 ZGB verdrängen, in Art. 314c – 314e ZGB verankert worden. Art. 443 ZGB rückt damit etwas in den Hintergrund.

Art. 314c ZGB enthält eine Meldeberechtigung, Art. 314d ZGB eine Meldepflicht.

*Art. 314c*
*[1] Jede Person kann der Kindesschutzbehörde Meldung erstatten, wenn die körperliche, psychische oder sexuelle Integrität eines Kindes gefährdet erscheint.*
*[2] Liegt eine Meldung im Interesse des Kindes, so sind auch Personen meldeberechtigt, die dem Berufsgeheimnis nach dem Strafgesetzbuch unterstehen. Diese Bestimmung gilt nicht für die nach dem Strafgesetzbuch an das Berufsgeheimnis gebundenen Hilfspersonen.*

Art. 314c ZGB ermöglicht es nun in Absatz 2, Berufsgeheimnisträgern, die keine Hilfspersonen sind, schon bei einer vermuteten Gefährdung der Kinderschutzbehörde, auch ohne sich von der Schweigepflicht entbinden zu lassen, Meldung zu erstatten. Bisher durften sie nur Meldung erstatten, wenn eine strafbare Handlung vorlag.[1184] Dass eine Meldeberechtigung und keine Meldepflicht erlassen wurde, begrüßen sowohl die Kantone als auch die Parteien

---

[1183] *Maranta* in BK-ZGB I Vor Art. 443-450g Rn. 4.
[1184] Art. 364 chStGB, der aber im Rahmen der Reform aufgehoben wurde, lautete:
Ist an einem Minderjährigen eine strafbare Handlung begangen worden, so sind die an das Amts- oder das Berufsgeheimnis (Art. 320 und 321) gebundenen Personen berechtigt, dies in seinem Interesse der Kindesschutzbehörde zu melden.

in ihren Stellungnahmen.[1185] Es besteht Einigkeit darüber, dass eine Meldepflicht für das Vertrauensverhältnis zwischen Berufsgeheimnisträger und Patient bzw. Klient kontraproduktiv wäre.

Art. 314d ZGB enthält hingegen eine Meldepflicht für Personen, die nicht dem Berufsgeheimnis unterstehen. Diese haben bei konkreten Hinweisen auf Missbrauch oder Misshandlungen eine Meldung zu erstatten.

*Art. 314d*
*[1] Folgende Personen, soweit sie nicht dem Berufsgeheimnis nach dem Strafgesetzbuch unterstehen, sind zur Meldung verpflichtet, wenn konkrete Hinweise dafür bestehen, dass die körperliche, psychische oder sexuelle Integrität eines Kindes gefährdet ist und sie der Gefährdung nicht im Rahmen ihrer Tätigkeit Abhilfe schaffen können:*
*Fachpersonen aus den Bereichen Medizin, Psychologie, Pflege, Betreuung, Erziehung, Bildung, Sozialberatung, Religion und Sport, die beruflich regelmässig Kontakt zu Kindern haben;*
*wer in amtlicher Tätigkeit von einem solchen Fall erfährt.*
*[2] Die Meldepflicht erfüllt auch, wer die Meldung an die vorgesetzte Person richtet.*
*[3] Die Kantone können weitere Meldepflichten vorsehen.*

Diese Meldepflicht hat bereits im Voraus für Kritik gesorgt.[1186] Auch der Kreis der Fachpersonen erntet Kritik: Es handle sich hier um einen weiten Kreis von Personen, die, je nach Tätigkeitsfeld unterschiedlich qualifiziert sind und in unterschiedlicher Intensität mit Kindern betraut sind.[1187] Genannt wird der Unterschied zwischen Trainern von Jugendsport oder Lehrkräften im kulturellen Bereich, die eine gewisse Sensibilisierung hätten, und 16- bis 18-jährige Gruppenleiter von Pfadfindern, auf die das nicht zuträfe.[1188] Auch ist nicht

---

[1185] Stellungnahmen der Parteien zum Gesetzesvorschlag, abzurufen unter https://www.bj.admin.ch/dam/data/bj/gesellschaft/gesetzgebung/archiv/meldepflicht/stgn-parteien.pdf (zuletzt abgerufen am 06.08.2019) und Stellungnahmen der Kantone, abzurufen über https://www.bj.admin.ch/dam/data/bj/gesellschaft/gesetzgebung/archiv/meldepflicht/stgn-kantone.pdf (zuletzt abgerufen am 06.08.2019.

[1186] So die Sozialdemokratische Partei in ihrer Stellungnahme zum Gesetzesentwurf S. 2, abzurufen über https://www.bj.admin.ch/dam/data/bj/gesellschaft/gesetzgebung/archiv/meldepflicht/stgn-parteien.pdf (zuletzt abgerufen am 06.08.2019), hingegen die Christdemokratische Volkspartei begrüßt die Einführung einer Meldepflicht, vgl. Stellungnahme S. 1.

[1187] *Breitschmid* in BK-ZGB I Art. 314c – 314e Rn. 2.

[1188] *Breitschmid* in BK-ZGB I Art. 314c – 314e Rn. 2.

geklärt, wann von einem regelmäßigen Kontakt zu Kindern auszugehen ist. Zwar handelt es sich bei einer wöchentlichen Nachhilfestunde um einen regelmäßigen Kontakt, allerdings dürfte fraglich sein, ob ein Nachhilfelehrer in der kurzen Zeit einer Unterrichtsstunde etwas über eine mögliche Misshandlung erfahren kann. Hier hängt ein solches Erkennen können ganz maßgeblich von der persönlichen Beziehung zwischen Schüler und Lehrer ab. Aber auch bei einem nicht regelmäßigen Kontakt können sich konkrete Hinweise für eine Misshandlung ergeben, z.B. bei einem Trainingswochenende[1189] oder einem einwöchigen Zeltlager. Die Formulierung „konkrete Hinweise" stellt den Anwender, ähnlich wie in der deutschen Fassung des § 4 KKG, vor Probleme. Reicht schon ein Bauchgefühl aus? Auch hier ergibt sich die Schwierigkeit, dass auch eine im Ergebnis negative Meldung doch Spuren bei den Betroffenen hinterlässt.[1190] Nicht zuletzt bedarf es bei dieser Einschätzung auch eines gewissen Gespürs und einer entsprechenden Ausbildung.

Art. 314e ZGB stellt eine Konkretisierung des bestehenden Zusammenarbeitsgebots aus Art. 317 ZGB dar und erweitert dieses auf nicht-amtsgebundene weitere Beteiligte[1191].

*Art. 314e*
*[1] Die am Verfahren beteiligten Personen und Dritte sind zur Mitwirkung bei der Abklärung des Sachverhalts verpflichtet. Die Kindesschutzbehörde trifft die zur Wahrung schutzwürdiger Interessen erforderlichen Anordnungen. Nötigenfalls ordnet sie die zwangsweise Durchsetzung der Mitwirkungspflicht an.*
*[2] Personen, die dem Berufsgeheimnis nach dem Strafgesetzbuch unterstehen, sind zur Mitwirkung berechtigt, ohne sich vorgängig vom Berufsgeheimnis entbinden zu lassen. Diese Bestimmung gilt nicht für die nach dem Strafgesetzbuch an das Berufsgeheimnis gebundenen Hilfspersonen.*
*[3] Personen, die dem Berufsgeheimnis nach dem Strafgesetzbuch unterstehen, sind zur Mitwirkung verpflichtet, wenn die geheimnisberechtigte Person sie dazu ermächtigt hat oder die vorgesetzte Behörde oder die Aufsichtsbehörde sie auf Gesuch der Kindesschutzbehörde vom Berufsgeheimnis entbunden hat. Artikel 13 des Anwaltsgesetzes vom 23. Juni 2000 bleibt vorbehalten.*
*[4] Verwaltungsbehörden und Gerichte geben die notwendigen Akten heraus, erstatten Bericht und erteilen Auskünfte, soweit nicht schutzwürdige Interessen entgegenstehen.*

---

[1189] *Breitschmid* in BK-ZGB I Art. 314c – 314e Rn. 2.
[1190] *Breitschmid* in BK-ZGB I Art. 314c – 314e Rn. 3.
[1191] *Breitschmid* in BK-ZGB I Art. 314c – 314e Rn. 5.

Es stellt sich allerdings die Frage, wie die Kinder- und Erwachsenenschutzbehörde (KESB) die zwangsweise Durchsetzung der Mitwirkungspflicht vollstrecken soll.[1192]

Insgesamt wird die Neuerung noch mit Skepsis gesehen. Die Revision sei ein „gutgemeinter, aber wohl hilfloser Versuch, mit Gesetzesartikeln eine Lösung für Probleme schaffen zu wollen, die sich kaum mit Gesetzesartikeln lösen lassen".[1193] Die Angst vor haftungsmäßigen Sanktionen darf die Entscheidung, ob eine Meldung unternommen wird, nicht beeinflussen: Wer zweifelt und nicht gemeldet hat, sei nicht automatisch ein Kindeswohlgefährder und jemand, der gemeldet hat, obwohl es keinen Grund gab, sei kein „übellauniger Petzer"[1194].

b) Art. 448 ZGB

Auch Art. 448 ZGB hat einige Änderungen erfahren. So heißt es

*¹ Die am Verfahren beteiligten Personen und Dritte sind zur Mitwirkung bei der Abklärung des Sachverhalts verpflichtet. Die Erwachsenenschutzbehörde trifft die zur Wahrung schutzwürdiger Interessen erforderlichen Anordnungen. Nötigenfalls ordnet sie die zwangsweise Durchsetzung der Mitwirkungspflicht an.*
*² Ärztinnen und Ärzte, Zahnärztinnen und Zahnärzte, Apothekerinnen und Apotheker, Hebammen und Entbindungspfleger, Chiropraktoren, Psychologen sowie ihre Hilfspersonen sind nur dann zur Mitwirkung verpflichtet, wenn die geheimnisberechtigte Person sie dazu ermächtigt*
*hat oder die vorgesetzte Behörde oder die Aufsichtsbehörde sie auf eigenes Gesuch oder auf Gesuch der Erwachsenenschutzbehörde vom Berufsgeheimnis entbunden hat.*
*³ Nicht zur Mitwirkung verpflichtet sind Geistliche, Rechtsanwältinnen und Rechtsanwälte, Verteidigerinnen und Verteidiger, Mediatorinnen und Mediatoren sowie ehemalige Beiständinnen und Beistände, die für das Verfahren ernannt wurden.*
*⁴ Verwaltungsbehörden und Gerichte geben die notwendigen Akten heraus, erstatten Bericht und erteilen Auskünfte, soweit nicht schutzwürdige Interessen entgegenstehen.*

---

[1192] *Breitschmid* in BK-ZGB I Art. 314c – 314e Rn. 5 setzt auf Motivation statt auf Zwang.
[1193] *Breitschmid* in BK-ZGB I Art. 314c – 314e Rn. 3.
[1194] *Breitschmid* in BK-ZGB I Art. 314c – 314e Rn. 4.

Art. 448 ZGB ist fast wortgleich mit Art. 314e ZGB, mit dem einzigen Unterschied, dass in Art. 448 ZGB die Erwachsenenschutzbehörde die Anordnungen trifft und in Art 314e ZGB die Kindesschutzbehörde.
Für die genannten Personen besteht sowohl in Art. 448 ZGB als auch in Art. 314e ZGB eine Pflicht zur Mitwirkung bei der Sachverhaltsaufklärung. Neu hinzugekommen ist Absatz 2, der die Mitwirkungspflicht für Medizinalpersonen und ihre Hilfspersonen relativiert,[1195] da die Mitwirkung von einer Entbindung von der Schweigepflicht abhängig gemacht wird. Die Entbindung kann von der geheimnisberechtigten Person oder aber auf Gesuch der KESB hin durch die der Medizinalperson vorgesetzten Stelle erfolgen. Das heißt im Umkehrschluss, dass eine Entbindung von der Schweigepflicht auch gegen den Willen des Arztes möglich ist.[1196] Das steht allerdings im Widerspruch zu Art. 321 Abs. 2 chStGB, wonach die Bewilligung zur Offenbarung nur „auf Gesuch des Täters", also des Arztes, erfolgen darf. Aus Gründen des Kinder- und Erwachsenenschutzes wird hiervon durch Art. 448 Abs. 2 ZGB allerdings eine Ausnahme gemacht. Ob dies ein wünschenswertes Vorgehen ist, mag bezweifelt werden. Behält der Arzt Details bei der Sachverhaltsaufklärung für sich, kann das gute Gründe haben. Durch dieses Vorgehen wird massiv in die eigene Entscheidungskompetenz des Arztes eingegriffen. Immerhin hat die Behörde bei Stellung des Gesuchs abzuwägen, ob das öffentliche Interesse an der Feststellung des Sachverhalts die privaten Interessen an der Geheimhaltung überwiegt.[1197]

5. Gesundheitsgesetz Zürich

§ 15 GesG ZH enthält ebenfalls Offenbarungsmöglichkeiten bzw. -pflichten.
§ 15 Abs. 3 GesG ZH sieht Fälle vor, in denen der Arzt ungeachtet der Schweigepflicht unverzüglich Meldung zu erstatten hat. Dies ist der Fall bei außergewöhnlichen Todesfällen (Absatz 3a) oder Wahrnehmungen, die auf die vorsätzliche Verbreitung gefährlicher übertragbarer Krankheiten bei Mensch und Tier schließen lassen, vgl. Absatz 3b.
Einer solchen Pflicht muss der Arzt nachkommen. Tut er dies nicht, kann er sich selbst wegen Begünstigung gem. Art. 305 chStGB strafbar machen.[1198]

Eine Befugnis und keine Pflicht wie in Absatz 3 beinhaltet der Absatz 4. Nach § 15 Abs. 4a GesG ZH ist der Arzt berechtigt, ohne Bewilligung oder

---

[1195] *Maranta/Auer/Marti* in BK-ZGB I Art. 448 Rn. 11.
[1196] *Maranta/Auer/Marti* in BK-ZGB I Art. 448 Rn. 13.
[1197] *Maranta/Auer/Marti* in BK-ZGB I Art. 448 Rn. 13.
[1198] *Oberholzer* in BK-StGB II Art. 321 Rn. 32.

Einwilligung den zuständigen Behörden Wahrnehmungen zu melden, die auf ein Verbrechen oder Vergehen gegen Leib und Leben, die öffentliche Gesundheit oder die sexuelle Integrität schließen lassen. Kindesmisshandlung und Kindesmissbrauch können unter die Verbrechen und Vergehen gegen Leib und Leben oder die sexuelle Integrität fallen. Somit stünde dem Arzt (zumindest im Kanton Zürich) bei Wahrnehmungen, die auf eine Kindesmisshandlung hindeuten, eine Offenbarungsbefugnis gegenüber den zuständigen Behörden zu.

Die praktische Relevanz dieser Norm ist allerdings nur noch gering, denn seit dem 1.1.2019 wird diese von den neuen bundeseinheitlichen Regelungen des § 314c ff. ZGB verdrängt, vgl. Art. 49 BV.

## V. Rechtsvergleich und abschließende Betrachtung

Zusammenfassend lässt sich also sagen: Bundesweit gibt es für Ärzte mehrere Melderechte, jedoch keine Verpflichtung, eine Anzeige bei vermuteter Kindesmisshandlung zu tätigen. Daran haben auch die Neuerungen des ZGB nichts geändert. Berufsgeheimnisträger haben Meldebefugnisse, aber keine Meldepflichten erhalten. Lediglich in dem Fall, in dem die Kinderschutzbehörde anstelle des Arztes die Entbindung von der Schweigepflicht bei der vorgesetzten Behörde beantragt, entsteht für den Arzt eine Mitwirkungspflicht, Art. 314d Abs. 3 ZGB.
Eine bundeseinheitliche Verpflichtung zur Strafanzeige ist für Schweizer Ärzte nicht vorgesehen. Diese besteht uneinheitlich teilweise in den Kantonen, allerdings verlieren diese mit Blick auf die Änderungen des Zivilgesetzbuches an Bedeutung. Es gibt diverse Möglichkeiten für eine Rechtfertigung, allen voran die Entbindung von der Geheimhaltungspflicht durch die vorgesetzte Behörde sowie die Notstandshilfe nach Art. 17 chStGB. Bei dringendem Einschreiten ist der Arzt zu einer Meldung befugt, ohne sich vorher entbinden zu lassen.

In Deutschland ist mit dem SGB VIII das Kinder- und Jugendhilferecht gesetzlich verankert, das Kinderschutzkooperationsgesetz ist als Anhang in dieses mit aufgenommen, die Regelungen in der Schweiz befinden sich größtenteils im Zivilrecht und dort im Abschnitt zum Erwachsenenschutzrecht.
Das kantonale Gesundheitsgesetz kann mit den jeweiligen Landesfassungen der Ärztekammern verglichen werden und stellt insofern keine Besonderheit dar. Ein bundeseinheitliches Medizinergesetz, wie es das Medizinalberufegesetz der Schweiz ist, gibt es in Deutschland nicht. Die beiden strafrechtlichen Normen Art. 321 chStGB und § 203 StGB wurden bereits oben verglichen.
Der größte Unterschied zur deutschen Rechtslage liegt darin, dass die Schweiz dem Arzt die Möglichkeit gibt, die Verantwortung im Zuge der Entbindung von der Schweigepflicht abzugeben. Eine unabhängige Stelle prüft, ob der Verdacht begründet ist, oder nicht und ob der Arzt seine Schweigepflicht verletzen darf. Nach Meldung an die KESB ist der Arzt von der Verantwortung befreit und muss sich auch um strafrechtliche Konsequenzen wegen Verletzung seiner Schweigepflicht keine Gedanken machen. Dies ist eine effiziente Art der Hilfe bei Kindeswohlgefährdung und zugleich erleichtert sie den Ärzten die Entscheidung, ob sie aktiv werden wollen. Dadurch, dass der Arzt danach auch nicht mehr ins Gespräch kommt, sind die Hemmnisse, die einer

Meldung sonst im Wege stehen, nicht mehr so groß. Es kommt zu einer „Entlastung für die Ärzteschaft"[1199], die grundsätzlich zu begrüßen ist.

Diese Option haben deutsche Ärzte nicht und sie ist dem deutschen Recht auch fremd. Noch einschneidender ist die Situation, in der die vorgesetzte Behörde auf Gesuch der Kinderschutzbehörde den Arzt von seiner Schweigepflicht entbindet und diesen daraufhin zur Mitwirkung an der Sachverhaltsaufklärung zwingt, vgl. Art. 314d Abs. 3 ZGB.
In beiden Fällen disponiert eine weitere dritte Person über das Persönlichkeitsrecht eines Patienten. Hier entscheidet eine externe Stelle, ob der Arzt die Schweigepflicht zugunsten dieser Person brechen darf. Nicht vergessen werden sollte dabei, dass auch schon die Übermittlung des Falles im Zusammenhang mit dem Entbindungsgesuch zwangsläufig Daten enthält, die der ärztlichen Schweigepflicht unterliegen. Wie bereits mehrfach erwähnt, findet die Schweigepflicht auch zwischen den Ärzten selbst Anwendung. Dieses Konstrukt der Schweigepflichtentbindung durch einen anderen kann also nur funktionieren, wenn die Grenzen des Berufsgeheimnisses bereits vorher für den interkollegialen Austausch, nämlich gegenüber dem zuständigen Kantonsarzt, der für die Entbindung zuständig ist, aufgeweicht werden. Im Grunde hat die Schweiz hiermit einen Zustand geschaffen, der für das deutsche Recht wünschenswert wäre: nämlich die Straffreiheit des interkollegialen Austauschs. In Deutschland ist dieser Möglichkeit bisher viel zu wenig Aufmerksamkeit geschenkt worden und stattdessen sind die Melderechte in Richtung des Jugendamtes ausgeweitet worden. Die Option, zunächst einen Kollegen - eine Beschränkung auf spezielle fachkundige Kollegen wäre dabei förderlich - zu Rate zu ziehen, ist bisher unbedacht geblieben. Möglich, dass die Ursache darin liegt, dass es in der Praxis vermutlich üblich ist, sich über das Verbot des interkollegialen Austauschs hinwegzusetzen. Denn diese Verstöße kann kaum jemand nachweisen und kommt dieser Verstoß auch noch einem Kind zugute, wird niemand das Verhalten des Arztes beanstanden. Dennoch bleibt bezüglich des interkollegialen Austauschs eine Grauzone, die durch eine einheitliche Regelung beseitigt werden könnte.

Positiv zu bewerten ist, dass sich auch in der Schweiz die meisten Stimmen gegen eine Pflicht zur Meldung aussprechen, welche auch keinen Mehrwert bringt. Der entstehende Gewissenskonflikt für betroffene Ärzte würde zu groß

---

[1199] Die ärztliche Schweigepflicht hat Grenzen Medical Tribune online http://www.medical-tribune.ch/home/news/artikeldetail/die-aerztliche-schweigepflicht-hat-grenzen.html (zuletzt abgerufen am 26.08.2019).

werden und im Zweifel Eltern davon abhalten, mit ihren Kindern überhaupt zum Arzt zu gehen. Gegen eine Meldepflicht sprach sich u.a. auch *Häfeli*[1200] vor der Änderung des ZGB aus. Er hält eine Meldepflicht aus fachlicher Sicht für wenig tauglich, da sie die Meldebereitschaft kaum erhöhen würde. Auch deshalb, weil es kaum Möglichkeiten einer Sanktionierung bei Verstößen gegen die Meldepflicht gäbe. Befürworten würde er hingegen, die Meldepflichten restriktiv zu regeln, aber das Melderecht auszudehnen und die Hürden, wie die zwingende Entbindung von der Schweigepflicht, abzubauen. Die Entbindung von der Schweigepflicht ist eine Besonderheit des schweizerischen Rechts, die sich im deutschen Recht so nicht findet. Die Reformwünsche, die sich dahingehend äußerten, diesen Zwischenschritt abzuschaffen, sind nachvollziehbar. Gegen eine Abschaffung ließe sich allerdings einbringen, dass damit die Verantwortung wieder vollständig bei dem Arzt läge. Durch die Entbindung entledigt sich der Arzt seiner Verantwortung, da durch die Bewilligung die Strafbarkeit wegen Verletzung des Berufsgeheimnisses ausgeschlossen ist. Als Kompromisslösung sollte es, statt einer zwingenden Entbindung von der Schweigepflicht durch die vorgesetzte Behörde, weiterhin die Möglichkeit der Bewilligung geben, diese sollte aber nicht als Pflicht ausgestaltet sein. Vor dem Hintergrund des Arztberufes als freiem Beruf ist sicherlich auch die Entbindung der Schweigepflicht auf Gesuch der Kinderschutzbehörde kritisch zu betrachten. Wie bereits ausgeführt, kann der Arzt gute Gründe haben, an der Sachverhaltsaufklärung nur bedingt mitzuwirken. Ihn zu verpflichten, unter Befreiung von der ärztlichen Schweigepflicht vollumfänglich Auskunft zu geben, ist in meinen Augen ein zu großer Eingriff in die Berufsfreiheit des Arztes.

Kritisiert wurde vor der Reform die uneinheitliche Situation in den Kantonen.[1201] Insbesondere bezüglich der Ärzte bestand Uneinigkeit. In einigen Kantonen bestehen Meldepflichten, in anderen nicht. Aus Gründen der Rechtssicherheit und angesichts der Bedeutung von Melderechten und Meldepflichten für die Umsetzung des Bundesrechts wurden diese nun einheitlich im ZGB geregelt. Hier ist die Rechtssituation vergleichbar mit der Rechtszersplitterung im deutschen Raum, wie sie vor Einführung des § 4 KKG war.[1202] In Deutschland wurde auf die Rechtszersplitterung und die mangelnde Praktikabilität hingewiesen. Im Kinderschutz müssten die Regeln über die Grenzen

---

[1200] Häfeli, Erwachsenenschutzrecht § 33 Rn. 33.05.
[1201] Häfeli, Erwachsenenschutzrecht § 33 Rn. 33.06.
[1202] Vgl. S. 108 f.

der Bundesländer hinaus einheitlich geregelt sein. Von einem ähnlichen Gedanken war die Diskussion in der Schweiz vor der Reform getragen.
Ein Einschreiten zum Wohl des Kindes ist nach wie vor auch im Rahmen des rechtfertigenden Notstandes denkbar. Allerdings ist dies nur bei einer Gefahr möglich und nicht schon bei dem bloßen Verdacht.

Im Ergebnis finden sich somit einige Unterschiede, aber auch viele Gemeinsamkeiten bezüglich der Offenbarungsmöglichkeiten. Den größten Unterschied liefert die Möglichkeit der Schweigepflichtentbindung durch die vorgesetzte Behörde, die ein Vorbild für das deutsche Recht darstellen könnte. Auch wenn dieses Konzept nicht uneingeschränkt übernommen werden soll, spricht zumindest vieles dafür, den interkollegialen Austausch zu stärken. Ob es sich dabei im Ergebnis um eine Entbindung der Schweigepflicht durch einen Kollegen oder um den reinen Austausch zur Abklärung eines beginnenden Verdachts handelt, wird im Anschluss noch diskutiert werden.

Erneut zeigt sich, dass Gesetze allein nicht ausreichenden Kinderschutz leisten können. Ganz maßgeblich kommt es hier auch auf den Einzelnen und eine funktionierende Kooperation zwischen den verschiedenen Akteuren an.

# G. Fazit und Verbesserungsvorschläge

## I. Fazit

Die rechtsvergleichende Analyse hat gezeigt, dass es in allen drei Ländern ausreichend Normen zu Offenbarungsmöglichkeiten im Kinderschutz gibt. Ärzte sind in allen drei Ländern gesetzlich berechtigt oder sogar verpflichtet, ihre Schweigepflicht zugunsten von potenziell misshandelten Kindern zu brechen. Es wird deutlich, dass eine interdisziplinäre Kooperation der verschiedenen Akteure im Kinderschutz dabei unverzichtbar ist.

Die Tatsache, dass es in allen drei Ländern Gesetzesänderungen gab bzw. geben wird, zeigt, dass das Thema Kindesmisshandlung und Schweigepflicht nichts an Aktualität verloren hat. Wie aufgezeigt, hat jede der Regelungen Stärken und Schwächen. Und es darf nicht vernachlässigt werden, dass die Entscheidung für oder gegen eine Meldung eine große Verantwortung für den Arzt mit sich bringt. Im Folgenden sollen Lösungsansätze für einen verbesserten Kinderschutz und für eine eindeutigere Rechtslage für Ärzte vorgestellt werden, die insbesondere die Schweigepflicht des Arztes tangieren. Als Vorbilder sollen die vorgestellten ausländischen Normen dienen.

Zwar mag die praktische Notwendigkeit einer neuen Norm in Deutschland nicht besonders hoch sein, da bisher kein Arzt ernsthafte Schwierigkeiten bekommen hat, wenn er seinen Verdacht geäußert und dadurch seine Schweigepflicht verletzt hat. Allerdings könnte die Schaffung einer ausdrücklichen Befugnis dahingehend wichtig sein, als dass sie ein Bewusstsein für dieses wichtige Thema schafft und die Ärzte erreicht, die sich bisher keine Gedanken gemacht haben oder aber aufgrund ihrer Schweigepflicht bisher nichts gesagt haben, weil sie sich über ihre Befugnisse nicht im Klaren waren. Zudem begünstigt eine ausdrückliche Befugnis die Ärzte, die motiviert und engagiert gegen Kindesmisshandlung vorgehen und sich zur jetzigen Rechtslage zumindest im Bereich des interkollegialen Austauschs in einer Grauzone der Strafbarkeit befinden. Gerade diesen wichtigen Akteuren im Kampf gegen Kindesmisshandlung soll dadurch das Risiko und die Angst vor Strafbarkeit genommen werden.

Die Evaluation[1203] zeigt, dass zwar die Kooperationsbeziehungen zwischen Kinder- und Jugendhilfe ausgebaut worden sind, jedoch weitere Stärkung

---

[1203] BT-Drs. 18/7100.

angestrebt werden sollte.[1204] Ferner ist die Befugnis zur Weitergabe von Daten gem. § 4 Abs. 3 KKG für die Ärzteschaft häufig schwer verständlich, sodass der Wunsch nach einer klarer formulierten und verständlicheren Regelung geäußert wurde.[1205] Ein weiteres Anliegen der Ärzte war außerdem, dass sie in den Prozess der Gefährdungseinschätzung einbezogen werden und vor allem auch ein „Feedback" erhalten möchten.[1206] Dieser Wunsch ist nachvollziehbar, denn es ist für die engagierten Akteure wichtig zu wissen, ob und inwiefern sie mit ihrem Verdacht richtig lagen, um in Zukunft noch gezielter handeln zu können.

## II. Änderungsvorschläge

Im Folgenden werden Änderungsvorschläge für die deutsche Rechtslage gemacht. Dabei stellen sich verschiedene Fragen der Ausgestaltung einer Änderung, die im Folgenden behandelt werden. Am Ende stehen konkrete Vorschläge, die sich auch an den vorgestellten Normen aus Österreich und der Schweiz orientieren.

### 1. Bundesrecht oder Landesrecht

Zur Frage, ob es zur Verbesserung des Kinderschutzes einer Regelung auf Bundesebene bedarf oder doch lieber jedes Bundesland eine eigene Regel erlassen sollte, ist Folgendes auszuführen:

Der Rechtsvergleich zwischen Deutschland, Österreich und der Schweiz hat gezeigt, dass eine bundeseinheitliche Regelung für einen effektiven Kinderschutz die beste Lösung darstellt. Sowohl Österreich (mit § 37 B-KJHG) als auch die Schweiz (mit Art. 314c – 314e ZGB) haben den Kinderschutz auf bundesrechtlicher Ebene gelöst. Auch in Deutschland ist mit § 4 KKG eine bundeseinheitliche Norm geschaffen worden, um die Unklarheiten einer uneinheitlichen Rechtslage zu beseitigen.

Diesen Punkt betreffend kann festgehalten werden, dass hier keinerlei Änderungsbedarf vorliegt. Eine Änderung im Gesetz sollte nur auf Bundesrechtsebene erfolgen, uneinheitlichen Regelungen auf Länderebene ist aus gutem Grund erfolgreich entgegengewirkt worden.

---

[1204] BT-Drs. 18/7100 S. 4.
[1205] BT-Drs. 18/7100 S. 4.
[1206] BT-Drs. 18/7100 S. 4.

## 2. Pflicht oder Recht

Es wird sich ausdrücklich dagegen ausgesprochen, in irgendeiner Weise eine Pflicht für Ärzte zu schaffen, so wie es die österreichische Rechtslage vorsieht. Es ist offensichtlich für das Vertrauensverhältnis abträglich, wenn der Staat Ärzte dazu verpflichtet, auffällige Befunde zu melden. Dies führt höchstens zu einer Verunsicherung in der Patienten- bzw. Elternschaft, die sich dazu genötigt fühlen könnte, auch banale Verletzungen der Kinder, die beim Spielen oder Raufen entstanden sind, zu rechtfertigen. Im schlimmsten Fall erwähnen sie Verletzungen gar nicht erst aus Angst, in falschen Verdacht zu geraten. Dass dies besonders für kleine Kinder eine gewisse Gefahr birgt, ist offensichtlich. Noch gravierender stellt sich die Situation dar, wenn Eltern aufgrund mangelnden Vertrauens mit ihren Kindern gar nicht mehr zum Arzt gingen. Auch im Hinblick auf misshandelnde Eltern ist eine Anzeigepflicht ohne Vorteil. Anstatt ihre Kinder zum Arzt zu bringen, behielten sie ihre verletzten Kinder zu Hause und geschlagene und vernachlässigte Kinder bekämen gar keine medizinische Hilfe. Steht es dem Arzt frei, wie er mit einem Verdacht umgeht, und zieht er es vor, zunächst mit den Eltern die Situation zu erörtern und dann das Jugendamt zu informieren, das der Familie geschultes Personal zur Unterstützung zur Seite stellt, ist für alle Beteiligten eine bessere Ausgangslage geschaffen.

Und auch für den Arzt schafft dieser Handlungsspielraum eine gewisse Sicherheit. Ihn träfen keine Konsequenzen bei der Nichtmeldung eines Falles, bei dem er sich nicht sicher ist. Lediglich für den Fall, in dem für den Arzt offensichtlich ist, dass es zu (mehrfachen) Misshandlungen gekommen ist und es mit großer Wahrscheinlichkeit wieder zu Misshandlungen kommt, entsteht für den Arzt eine Quasi-Pflicht. Denn auch, wenn lediglich eine Befugnisnorm für Ärzte bei dem Verdacht auf Kindesmisshandlungen existiert, steht bei Nichthandeln und Geschehenlassen weiterer Misshandlungen die Strafbarkeit aus § 323c Abs. 1 StGB im Raum.[1207] Um also nicht in diesen Strafbarkeitsrahmen zu fallen, muss er in diesem Fall im Rahmen der Befugnisnorm handeln. Das erscheint in diesen seltenen Fällen aber durchaus gerechtfertigt, um einen effektiven Kinderschutz, gerade für die Kleinsten, zu gewährleisten.

Auch mit Blick auf das Strafrecht ist eine Befugnis, im Gegensatz zu einer Pflicht, von Vorteil für den Arzt. Eine Pflicht zum Handeln würde den Arzt zum Garanten für das misshandelte Kind und ihn somit für jede weitere Misshandlung verantwortlich machen, die durch sein Nichteingreifen herbeigeführt

---

[1207] Siehe hierzu S. 35.

wird (z.B., weil durch die Nichtmeldung das Jugendamt nicht eingegriffen und das Kind vor weiteren Misshandlungen bewahrt hat). Wie aber bereits dargestellt, geht diese Garantenpflicht zu weit. Der Arzt kann höchstens Helfer im Kampf gegen Kindesmisshandlung sein, aber man darf es ihm nicht zur Hauptaufgabe machen, Verdachtsfälle zu melden. Schon gar nicht, wenn dies zur strafrechtlichen Verantwortlichkeit führen kann.

## 3. Interkollegialer Austausch

Um diesen Unsicherheiten aber entgegenzuwirken, wird ein interkollegialer Austausch zwischen Medizinern befürwortet und eine Aufhebung der Schweigepflicht von Ärzten untereinander empfohlen. Allein der Anruf bei einer anderen Kinderarztpraxis und die Nachfrage, ob das vorstellig gewordene Kind dort ggf. auch mit ähnlichen Symptomen auffällig gewesen ist, können einen Verdacht erhärten oder aber auch entkräften. Auch kann bei dieser Gelegenheit erfragt werden, wie sich z.B. die Eltern in der Sprechstunde verhalten haben, ob das Kind in irgendeiner Weise auffällig gewesen ist oder ganz allgemein, wie die Situation damals eingeschätzt wurde.

Wichtig ist, dass in irgendeiner Form die Zusammenarbeit zwischen den einzelnen Institutionen und auch der Ärzte untereinander gestärkt wird. Es ist unverzichtbar, dass eine enge Kooperation zwischen den Akteuren, die mit dem Schutz von Kindern (wenn auch nur mittelbar) betraut sind, stattfindet[1208]. Darüber hinaus ist es wichtig, dass neben einer präzisen Dokumentation nie allein gehandelt wird[1209]. Absicherung ist wichtig, um dem Vorwurf vorzubeugen, man hätte vorschnell und allein gehandelt.

In diesem Zusammenhang ist auch zu diskutieren, wie dem Wunsch der Ärzteschaft nach Rückmeldung[1210] ihrer erfolgten Meldung entsprochen werden kann. Die Rückmeldung war bereits Teil eines Gesetzesentwurfs,[1211] der allerdings nicht verabschiedet wurde. Sie ist für einen effektiven Kinderschutz und die Qualität der erfolgten Meldungen essenziell. Art. 301 Abs. 2 chStPO beinhaltet einen solchen Anspruch, der hier als Vorbild dient. Da der Anspruch

---

[1208] So auch BMWFJ Leitfaden Gewalt gegen Kinder und Jugendliche S. 50.

[1209] *Staubli* Kinderschutz in der medizinischen Praxis in Achtes Zürcher Präventionsforum S. 81; Lips, Leitfaden S. 27 f., 30. mit Hinweis darauf, dass der Arzt erfahrene Fachpersonen kontaktieren sollte.

[1210] So als zentrales Anliegen der Ärzteschaft benannt in BT-Drs. 18/7100 S. 4 und 57; auch in Stellungnahme der BÄK zum Regierungsentwurf vom 15.05.2017 (BT-Drs. 18/12330) S. 2.

[1211] BT-Drs. 18/12330 S. 4.

erst nach Anfrage bestehen soll, bliebe es jedem Arzt selbst überlassen, ob er hiervon Gebrauch macht oder nicht. Und auf der anderen Seite ist auch der bürokratische Aufwand auf Seiten der Behörden überschaubar, wenn die Rückmeldung nur an interessierte Personen und nicht in jedem Fall ergehen muss.

Mit gutem Beispiel für eine interdisziplinäre Zusammenarbeit geht ebenfalls die Schweiz voran. Hier gibt es flächendeckend Kinderschutzgruppen, die an den Krankenhäusern angesiedelt sind. Der Arzt wird hierdurch enorm entlastet, da das weitere Vorgehen nicht nur von ihm, sondern in Zusammenarbeit mit kompetenten Kinderschützern durchgeführt wird.[1212] Auch in Österreich sind seit 2004 Kinderschutzgruppen an Kinderkliniken und Kinderkrankenhäusern gem. § 8e Abs. 1 KAKuG verpflichtend. Im Jahr 2005 bestanden bereits in 68 Prozent aller Kinderspitäler und an 100 Prozent der Kinderchirurgien solche Kinderschutzgruppen.[1213] Diese Zahlen entsprechen der Dichte in den USA oder der Schweiz, sind aber für Europa sonst einzigartig.[1214]
Aufgabe der Kinderschutzgruppen in Österreich ist gem. § 8e Abs. 2 KAKuG die Früherkennung von Gewalt an oder Vernachlässigung von Kindern, und die Sensibilisierung der in Betracht kommenden Berufsgruppen für Gewalt an Kindern sowie die Früherkennung von häuslicher Gewalt an Opfern, die das 18. Lebensjahr noch nicht vollendet haben. Ist es nicht möglich, einen Verdacht nach Abklärung auszuschließen, wird dem Jugendwohlfahrtsträger Meldung erstattet und entschieden, ob eine Anzeige eingereicht oder aufgeschoben wird.[1215] Dieses Vorgehen hilft, Fehler zu vermeiden und Überforderungen in einer derart komplexen und emotional belastenden Situation vorzubeugen.[1216]

In Österreich wird außerdem u.a. von österreichischen Unfallchirurgen ein zentrales Kinderschutzregister gefordert, welches insbesondere bei der Diskrepanz zwischen dem beschriebenen Unfallhergang und dem festgestellten

---

[1212] Lips, Leitfaden S. 29.
[1213] *Thun-Hohenstein* Wien. Med. Wochenschrift 2005, 365 (367).
[1214] *Thun-Hohenstein* Wien. Med. Wochenschrift 2005, 365 (368).
[1215] BMWFJ Leitfaden Gewalt gegen Kinder und Jugendliche S. 34. f.
[1216] Herrmann/Dettmeyer/Banaschak/Thyen, Kindesmisshandlungen S. 301; *Thun-Hohenstein* Wien Med. Wochenschrift 2005, 365 (366).

Verletzungsmuster zu Rate gezogen werden kann.[1217] Der Hintergedanke ist, auch auf diesem Weg das sogenannte Ärzte-Hopping oder Spitals-Hopping zu verhindern.[1218] Damit eine solche Datenbank gesammelter Misshandlungsfälle funktioniert, müssten Ärzte aber auch entsprechend eingebunden werden.[1219] Ein Vorschlag wäre, neben der unbedingten Meldepflicht in § 54 Abs. 6 AerzteG eine Mitteilungspflicht an die Kinderschutzdatenbank zu erlassen, sodass es zu einer lückenlosen Erfassung der Verdachtsfälle kommt.[1220] Kinderschutzgruppen gibt es vereinzelt, allerdings sind die Einrichtungen solcher nicht verpflichtend[1221].

Eine solche Datenbank existiert in Deutschland auch unter dem Namen „RISKID"[1222]. Verbindlich sind in Deutschland allerdings bislang nur die Früherkennungsuntersuchungen, die sogenannten „U-Untersuchungen". Eltern werden von der zuständigen Stelle (je nach Bundesland dem Gesundheitsamt, Jugendamt o.ä.) zu diesen Untersuchungen eingeladen. Haben sie diese mit ihrem Kind wahrgenommen, meldet der Arzt dies der zuständigen Stelle. Nehmen sie diese Verpflichtung nicht wahr, können sie mit Sanktionen belegt werden.[1223]

---

[1217] Pressemitteilung v. 05.11.2011 ÖGU „Qualitätssicherung", abrufbar unter: http://www.unfallchirurgen.at/qualitaetssicherung-in-der-unfallchirurgie-ist-die-politik-saeumig/ (zuletzt abgerufen am 26.08.2019).

[1218] Pressemitteilung ÖGU „Kinderschutz", abrufbar unter http://www.unfallchirurgen.at/geht-datenschutz-vor-kinderschutz/ (zuletzt abgerufen am 26.08.2019).

[1219] Däppen-Müller, Diss. 1998 S. 218.

[1220] *Schwarzenegger/Fuchs/Ege* Rechtliche Rahmenbedingungen in Siebtes Zürcher Präventionsforum S. 285.

[1221] Ausführlich zu Kinderschutzgruppen: Leitfaden der Deutsche Akademie für Kinder- und Jugendmedizin e.V. (DAKJ) und Arbeitsgemeinschaft Kinderschutz in der Medizin (AG KiM) „Vorgehen bei Kindesmisshandlung und –vernachlässigung Empfehlungen für Kinderschutz an Kliniken", abrufbar unter: https://www.dgkim.de und https://www.dakj.de (zuletzt abgerufen am 26.08.2019); Kinderschutzgruppen gibt es z.B. in Bonn (Informationen unter www.Kinderschutzgruppe.de), oder in Kassel an der Klinik für Kinder- und Jugendmedizin.

[1222] Näheres unter https://www.riskid.de (zuletzt abgerufen am 26.08.2019).

[1223] Herrmann/Dettmeyer/Banaschak/Thyen, Kindesmisshandlungen S. 304 ff.

## III. Ansatz für eine neue Norm – Konkrete Vorschläge

Im folgenden Teil finden sich einige konkrete Ansätze, wie sich die Rechtslage in Deutschland für Ärzte noch verbessern ließe.

### 1. Ergänzung des § 203 StGB

Zu überlegen wäre eine Änderung des Strafgesetzbuches in Anlehnung an die Rechtsnorm § 121 Abs. 5 öStGB, die eine Ausnahme von der Strafbarkeit vorsieht, wenn höherrangige Interessen durch die Offenbarung geschützt werden. Da dieser Fall in Deutschland schon von § 34 StGB gedeckt ist, wird hier ausdrücklich der Fall der vermuteten Kindesmisshandlung als Spezialfall genannt. Grundsätzlich hat das Strafrecht die Aufgabe, begangene Straftaten zu ahnden, wenn schon etwas passiert ist, also repressiv vorzugehen. Präventive Maßnahmen sind ihm fremd.

In Hinblick auf die Schweigepflicht könnte aber mittelbar etwas für den präventiven Kinderschutz getan werden: Fügt man dem § 203 StGB einen weiteren Absatz hinzu, der die Offenbarung fremder Geheimnisse bei dem Verdacht auf Kindesmisshandlung rechtfertigt, könnte dies dazu beitragen, dass die Schweigepflicht häufiger zugunsten der Kinder gebrochen würde, da eine Offenbarung nun ausdrücklich erlaubt wäre. Die Offenbarung fremder Geheimnisse mit dem Ziel, eine mögliche begangene Misshandlung aufzudecken, aber eben auch, zukünftige Misshandlungen zu verhüten, würde somit sowohl einen präventiven als auch einen repressiven Zweck erfüllen. Damit der Absatz klar als Rechtfertigungsgrund erkennbar ist, soll er die Formulierung „handelt nicht rechtswidrig" enthalten.

Ein Vorteil läge darin, dass diese Änderung im Bundesrecht verankert wäre. Sie befindet sich thematisch dort, wo die Verletzung der Schweigepflicht mit Strafe bedroht ist. Der Nachteil ist allerdings, dass eine reine Privilegierung der Ärzte zu einem Ungleichgewicht führen würde. Nur Ärzten einen Rechtfertigungsgrund zuzusprechen, entspricht nicht der Systematik der Norm. Somit müsste ein Rechtfertigungsgrund für den gesamten Täterkreis aus § 203 StGB bestehen. Dass dem Strafrecht solche Privilegierungen nicht fremd sind, zeigen folgende Normen: § 257 Abs. 3 S. 1 StGB oder § 258 Abs. 5 StGB. Hier regelt das Gesetz ausdrücklich Fälle, in denen der Täter nicht strafbar ist. Ein solch zusätzlicher Absatz wäre auch für § 203 StGB denkbar. Damit es nicht zu wahllosen Offenbarungen kommt, soll die Straflosigkeit nur eintreten, wenn der Schweigepflichtige den Verdacht ausreichend dokumentiert hat. Zur

Dokumentationsmöglichkeit sind ausreichende Anleitungen vorhanden,[1224] sodass dies keine Probleme darstellen sollte. Mindestens sind ein Gedächtnisprotokoll der Situation und Fotos, falls es sichtbare Merkmale gibt, der Dokumentation beizufügen. Die Meldung muss schlüssig sein, aber es sollten auch nicht zu hohe Anforderungen an die jeweilige Person gestellt werden. Zusätzlich soll die Offenbarung nicht nur gegenüber dem Jugendamt, sondern insbesondere auch gegenüber anderen Berufsgeheimnisträgern zulässig sein.

Ein möglicher neuer § 203 Absatz 7 StGB könnte entsprechend folgendermaßen formuliert werden:

**§ 203 Abs. 7 E-StGB**
*(7) Wer den Verstoß nach den Absätzen 1, 2 und 4 aufgrund des Verdachts einer Kindesmisshandlung gegenüber dem Jugendamt oder einem anderen Berufsgeheimnisträger begeht, handelt nicht rechtswidrig. Die rechtfertigende Wirkung tritt nur ein, wenn der Verdacht ausreichend dokumentiert ist.*

2. Änderung des § 4 KKG

Auch das Vorgehen in § 4 KKG ist in den Ansätzen grundsätzlich gut gelungen. Positiv ist das abgestufte Vorgehen, was den Arzt zunächst dazu anhält, das Gespräch mit den Betroffenen zu suchen. Allerdings wäre es auch schon sinnvoll, vor diesem Gespräch einen Kollegen konsultieren zu können, um abzuklären, ob ein Gespräch mit z.B. den Eltern wirklich notwendig ist, oder aber, einen solchen Kollegen in das Gespräch mit einzubeziehen. Dieses Vorgehen ähnelt der Konsultation des Kantonsarztes zur Entbindung von der Schweigepflicht in der Schweiz. Auch § 37 Abs. 2 B-KJHG in Österreich sieht vor, dass erforderlichenfalls die Entscheidung über die Mitteilung an den Kinder- und Jugendhilfeträger von zwei Fachkräften, z.B. zwei Ärzten, zu treffen ist. Es sollte nicht vergessen werden, dass auch ein Gespräch mit den Betroffenen, egal wie sensibel es geführt wird, eine Belastung für das Verhältnis

---

[1224] Für Ärzte bietet sich beispielsweise der Leitfaden der Deutsche Akademie für Kinder- und Jugendmedizin e.V. (DAKJ) und Arbeitsgemeinschaft Kinderschutz in der Medizin (AG KiM)
„Vorgehen bei Kindesmisshandlung und –vernachlässigung Empfehlungen für Kinderschutz an Kliniken" an; Maßnahmen zur Beweissicherung auch bei *Oehmichen/Meißner* Monatsschr. Kinderheilkunde 1999, 363 (365).

zwischen Arzt und Eltern darstellt.[1225] Auch wenn sich herausstellt, dass es keinen Grund zur Sorge gibt, könnten sich doch einige Eltern allein durch die Tatsache, dass der Arzt ihnen Misshandlungen zutraut, verunsichert und vorverurteilt fühlen. Insofern sollte die freiwillige Option eröffnet werden, sich auch schon vor dem Gespräch mit den Eltern straffrei mit einem Kollegen, ganz gleich ob in derselben Praxis, demselben Krankenhaus oder aus einer externen Einrichtung (je nach Vernetzung), ggf. unter Nennung des Namens des Kindes und unter Zuhilfenahme der Krankenakte, zu beraten. Insbesondere in dem Fall, in dem der Kollege die Familie/das Kind selbst kennt, z.B. weil er selbst behandelnder Arzt ist, kann seine Einschätzung und Bewertung hilfreicher sein, als eine telefonische Einschätzung einer insoweit erfahrenen Fachkraft.
Somit sollte der § 4 KKG in diesem Fall eine Ergänzung um einen weiteren Schritt erhalten.

In Anlehnung an die Kritik zum KKG[1226] sollte auch der Adressatenkreis geändert werden. Die Zahnärzte als für die Entdeckung von Kindesmisshandlung nicht minder wichtige Berufsgruppe sollten in Absatz 1 ergänzt werden. Zur Klarstellung empfiehlt sich ferner die eindeutige Formulierung, dass im Falle eines interkollegialen Austauschs bzw. bei einer Meldung an das Jugendamt, der Berufsgeheimnisträger kein Delikt nach § 203 StGB begeht bzw. eine Meldung gerechtfertigt ist. § 4 KKG würde damit einen besonderen Rechtfertigungsgrund darstellen. Als Adressaten könnte man zudem neben dem Jugendamt auch noch eine Meldung an die Sicherheitsbehörden für zulässig erklären, so wie es § 54 Abs. 4 und 5 AerzteG in Österreich vorsieht. Der Anspruch auf Beratung durch eine insoweit erfahrene Fachkraft sollte bestehen bleiben. Allerdings sollte man dem Arzt ermöglichen, diese Beratung auch anderweitig einzufordern, beispielsweise bei Kinderschutzgruppen oder einer rechtsmedizinischen Einrichtung. Außerdem sollte § 4 KKG eine Pflicht zur Dokumentation hinzugefügt werden. Zur eigenen Absicherung sollte der Arzt aufschreiben, was er gesehen und erfahren hat, im Idealfall untermauert er

---

[1225] In Fokusgruppendiskussionen äußerten Ärzte die Befürchtung, dass beim Ansprechen der Vermutung einer Kindeswohlgefährdung gegenüber den Eltern die Vertrauensbeziehung gefährdet werden könnte. Auch verbinden einige Akteure im Gesundheitswesen mit der Einbeziehung des Jugendamtes einer Gefahr für das Zusammenbleiben der Familie, was ihnen die Entscheidung zusätzlich schwer macht, BT- Drs. 18/7100 S. 56.
[1226] Siehe S. 134.

seinen Verdacht noch durch Bilder oder Befunde. Zudem sollen die Erziehungsberechtigten zusätzlich zu den Personensorgeberechtigten aufgeführt werden.

In Absatz 2 soll die Pseudonymisierung durch die Anonymisierung ersetzt werden. Da der Anspruch auf Beratung durch eine insoweit erfahrene Fachkraft zur Einschätzung einer Kindeswohlgefährdung bereits in § 8b SGB VIII existiert, wird lediglich auf diesen verwiesen. In Anlehnung an die Kritik zu § 4 KKG sollte außerdem das Redaktionsversehen in Absatz 3 (Satz 1 statt Absatz 1) geändert werden, wenn Satz 1 und Satz 2 bestehen bleiben. Alternativ könnte Absatz 3 S. 2 in Satz 1 integriert werden. Zur besseren Lesbarkeit sollte dieser neue Satz 1 in zwei Sätze aufgeteilt werden.

Neu wird ein Absatz 4 eingefügt, welcher lediglich klarstellende Wirkung hat und für mehr Rechtssicherheit sorgen soll, indem ausdrücklich die Strafbarkeit nach § 203 StGB bei einem Vorgehen nach § 4 KKG ausgenommen wird. Die Dokumentationspflicht wird in einem neuen Absatz 5 geregelt. Weiterhin soll ein Anspruch auf eine Rückmeldung des Jugendamtes an den meldenden Arzt aufgenommen werden, um die Qualität der zukünftigen Meldungen zu verbessern. Dies war zentrales Anliegen der Ärzteschaft[1227]. Ein solcher Anspruch existiert im schweizerischen Recht beispielsweise im Fall der Strafanzeige nach Art. 301 Abs. 2 chStPO. Um ein laufendes Verfahren aber nicht zu gefährden, soll dieser Anspruch erst nach Abschluss des Verfahrens bestehen. Ein solcher soll als Absatz 6 in die Norm eingefügt werden. Angelehnt an Art. 301 chStPO und aus Rücksicht auf den damit verbundenen Aufwand, soll die Rückmeldung nur auf Anfrage erfolgen.

---

[1227] BT-Drs. 18/7100 S. 4.

Es ergeben sich somit folgende Änderungen[1228] für § 4 KKG:

*§ 4 Beratung und Übermittlung von Informationen durch Geheimnisträger bei Kindeswohlgefährdung*
*(1) Werden*
  *1. Ärztinnen oder Ärzten,* **Zahnärztinnen oder Zahnärzten,** *Hebammen oder Entbindungspflegern oder Angehörigen eines anderen Heilberufes, der für die Berufsausübung oder die Führung der Berufsbezeichnung eine staatlich geregelte Ausbildung erfordert,*
  *2. Berufspsychologinnen oder -psychologen mit staatlich anerkannter wissenschaftlicher Abschlussprüfung,*
  *3. Ehe-, Familien-, Erziehungs- oder Jugendberaterinnen oder -beratern sowie*
  *4. Beraterinnen oder Beratern für Suchtfragen in einer Beratungsstelle, die von einer Behörde oder Körperschaft, Anstalt oder Stiftung des öffentlichen Rechts anerkannt ist,*
  *5. Mitgliedern oder Beauftragten einer anerkannten Beratungsstelle nach den §§ 3 und 8 des Schwangerschaftskonfliktgesetzes,*
  *6. staatlich anerkannten Sozialarbeiterinnen oder -arbeitern oder staatlich anerkannten Sozialpädagoginnen oder -pädagogen oder*
  *7. Lehrerinnen oder Lehrern an öffentlichen und an staatlich anerkannten privaten Schulen*
*in Ausübung ihrer beruflichen Tätigkeit gewichtige Anhaltspunkte für die Gefährdung des Wohls eines Kindes oder eines Jugendlichen bekannt, so sollen sie mit dem Kind oder Jugendlichen und den Personensorgeberechtigten* **oder den Erziehungsberechtigten** *die Situation erörtern und, soweit erforderlich, bei den Personensorgeberechtigten* **oder den Erziehungsberechtigten** *auf die Inanspruchnahme von Hilfen hinwirken, soweit hierdurch der wirksame Schutz des Kindes oder des Jugendlichen nicht in Frage gestellt wird.*
**(1a) ¹Die Berufsgeheimnisträgerinnen und Berufsgeheimnisträger dürften sich im Rahmen einer kollegialen Fallberatung vor dem Gespräch mit den Personensorgeberechtigten oder Erziehungsberechtigten über das betroffene Kind austauschen, ohne dass sie dabei die Schweigepflicht verletzen. ²Der Austausch von Berufsgeheimnisträgerinnen und Berufsgeheimnisträgern nach Absatz 1 untereinander ist in dem gesamten Verfahren zulässig, soweit es dem Interesse des Kindes oder des Jugendlichen entspricht.**

---

[1228] Zur Verdeutlichung: Neuerungen sind *fett und kursiv* gedruckt, Formulierungen aus dem Ursprungstext, auf die künftig verzichtet werden soll, wurden durchgestrichen, der Teil des Ursprungstextes, der bestehen bleiben soll, ist *kursiv* gedruckt.

*(2)* ~~Die Personen nach Absatz 1 haben zur Einschätzung der Kindeswohlgefährdung gegenüber dem Träger der öffentlichen Jugendhilfe Anspruch auf Beratung durch eine insoweit erfahrene Fachkraft.~~ **Den Personen nach Absatz 1 steht der Beratungsanspruch nach § 8b SGB VIII zu.** *Sie sind zu diesem Zweck befugt,* ~~dieser Person~~ *der insofern erfahrenen* **Fachkraft** *die dafür erforderlichen Daten zu übermitteln; vor einer Übermittlung der Daten sind diese zu* ~~pseudonymisieren~~ ***anonymisieren.***

*(3) Scheidet eine Abwendung der Gefährdung nach Absatz 1 aus oder ist ein Vorgehen nach Absatz 1 erfolglos und halten die in Absatz 1 genannten Personen ein Tätigwerden des Jugendamtes für erforderlich, um eine Gefährdung des Wohls eines Kindes oder eines Jugendlichen abzuwenden, so sind sie befugt,* **unter Hinzuziehen der erforderlichen Daten** *das Jugendamt zu informieren. Hierauf sind die Betroffenen vorab hinzuweisen, es sei denn, dass damit der wirksame Schutz des Kindes oder des Jugendlichen in Frage gestellt wird.* ~~Zu diesem Zweck sind die Personen nach Satz 1~~ **Absatz 1** ~~befugt, dem Jugendamt die erforderlichen Daten mitzuteilen.~~

*(4) Wird eine Meldung zum Schutz des Kindes oder des Jugendlichen an das Jugendamt getätigt, ist die meldende Person nicht nach § 203 StGB zu bestrafen.*

*(5) Die Umstände, die den Verdacht der Kindeswohlgefährdung begründen, sind dokumentarisch in ausreichender Form festzuhalten.*

*(6) Nach Abschluss des Verfahrens steht den Personen aus Absatz 1 nach Anfrage ein Anspruch auf Information zum Ausgang des Verfahrens zu.*

### 3. Änderung der MBO-Ä

Eine weitere Möglichkeit wäre die Änderung der Berufsordnungen der Ärzte, allen vorweg die Musterberufsordnung (MBO-Ä). § 9 MBO-Ä regelt die ärztliche Schweigepflicht. Orientiert an dem Modell in Österreich, in dem im (Bundes)Berufsrecht ausdrücklich eine Meldepflicht für Ärzte bei dem Verdacht auf Kindeswohlgefährdung vorgesehen ist, könnte man eine solche Ergänzung auch in Deutschland vornehmen. Auch *Mörsberger* und *Wapler* sehen den Grund für die Unklarheiten nicht im Strafrecht, sondern in der unklaren Gestaltung des ärztlichen Berufsrechts, da dies keinerlei Ausnahmetatbestände für die Schweigepflicht formuliert.[1229] Der Vorteil läge darin, dass sich die Offenbarungsbefugnis thematisch genau dort befindet, wo ein Arzt sie auch vermuten darf. Eine Ausnahme dieser Schweigepflicht wäre also nirgendwo passender als dort, wo die Schweigepflicht für Ärzte originär geregelt ist. Zusätzlich sollte auch hier eine Aufnahme des Austauschs der Ärzte

---

[1229] *Mörsberger/Wapler* FPR 2012, 437 (438).

untereinander zum Zwecke des Schutzes von Kindern legitimiert werden. Wie bereits festgestellt, ist dies besonders notwendig, um Verdachtsmomente sofort zu zerstreuen oder bei Erhärtung dieser sofort zu handeln.

Ein neu gefasster § 9 MBO-Ä könnte somit folgendermaßen formuliert sein:

*§ 9 Schweigepflicht*
*(1) Ärztinnen und Ärzte haben über das, was ihnen in ihrer Eigenschaft als Ärztin oder Arzt anvertraut oder bekannt geworden ist – auch über den Tod der Patientin oder des Patienten hinaus – zu schweigen. Dazu gehören auch schriftliche Mitteilungen der Patientin oder des Patienten, Aufzeichnungen über Patientinnen und Patienten, Röntgenaufnahmen und sonstige Untersuchungsbefunde.*
*(2) Ärztinnen und Ärzte sind zur Offenbarung befugt, soweit sie von der Schweigepflicht entbunden worden sind oder soweit die Offenbarung zum Schutze eines höherwertigen Rechtsgutes erforderlich ist. Gesetzliche Aussage- und Anzeigepflichten bleiben unberührt. Soweit gesetzliche Vorschriften die Schweigepflicht der Ärztin oder des Arztes einschränken, soll die Ärztin oder der Arzt die Patientin oder den Patienten darüber unterrichten.*
*(3) Ärztinnen und Ärzte haben ihre Mitarbeiterinnen und Mitarbeiter und die Personen, die zur Vorbereitung auf den Beruf an der ärztlichen Tätigkeit teilnehmen, über die gesetzliche Pflicht zur Verschwiegenheit zu belehren und dies schriftlich festzuhalten.*
*(4) Wenn mehrere Ärztinnen und Ärzte gleichzeitig oder nacheinander dieselbe Patientin oder denselben Patienten untersuchen oder behandeln, so sind sie untereinander von der Schweigepflicht insoweit befreit, als das Einverständnis der Patientin oder des Patienten vorliegt oder anzunehmen ist.*
***(5) Ergibt sich für den Arzt oder die Ärztin in Ausübung des Berufs der konkrete Verdacht, dass eine minderjährige Person misshandelt oder sexuell missbraucht worden ist, so ist er oder sie befugt, das Jugendamt oder eine Kinderschutzgruppe zu informieren. Er oder sie ist zudem befugt, einen fachkundigen Kollegen oder eine Kollegin zum Zwecke des Austauschs über die Verdachtsmomente hinzuziehen. Die den Verdacht begründenden Umstände sind zu dokumentieren.***

4.   Fazit

Grundsätzlich wird an die Idee des § 4 KKG angeknüpft und ein abgestuftes Verfahren befürwortet. Allerdings wird es für sinnvoll und notwendig erachtet, dass der interkollegiale Austausch gestärkt und Rechtssicherheit geschaffen wird.

§ 4 KKG und § 203 StGB können nach wie vor nebeneinander existieren, weshalb sowohl eine Änderung des § 4 KKG als auch ein Zusatz in

§ 203 StGB für sinnvoll erachtet wird. Ein Zusatz in der MBO-Ä und damit mittelbar in den Landesberufsordnungen ist nur dann zielführend, wenn er einheitlich umgesetzt und vor allem kommuniziert wird. Da es kein Bundesrecht für Ärzte gibt, in dem eine einheitliche Ergänzung zu den Regeln über die Schweigepflicht getroffen werden kann, bleibt bei dieser Lösung die Gefahr, dass es hier wieder zu uneinheitlichen Ergebnissen kommt oder die Änderungen teilweise gar nicht aufgenommen werden.

Nachteil der MBO-Ä-Regelung ist, dass es sich lediglich um eine Musterberufsordnung handelt, die erst von den Landesärztekammern in die jeweiligen Berufsordnungen der Länder eingefügt werden muss. Die Regeln der Berufsausübung sind dem Landesrecht vorbehalten.[1230] Hierbei sind die Länder grundsätzlich frei, sodass es wieder zu uneinheitlichen Ergebnissen käme. Dem könnte man nur begegnen, wenn man den Landesärztekammern vorschriebe, die Norm wortwörtlich so ihren Berufsordnungen beizufügen. Dies würde aber wieder zu sehr in die Kompetenzen der Landesärztekammern eingreifen.

Wie bereits im ersten Teil dieser Arbeit dargestellt, unterscheiden sich diese Regeln zur ärztlichen Schweigepflicht nur geringfügig voneinander. Es ist also nicht unwahrscheinlich, dass sich auch bei einem zusätzlichen Absatz ein Konsens finden ließe, der einheitlich in die Berufsordnungen der Länder eingefügt werden kann. Dies bleibt aber reine Spekulation.

Auch wenn § 4 KKG gerade für Ärzte schlecht verortet ist, scheint eine Reformierung dieses Paragrafen doch die richtige Lösung zu sein. Immer häufiger wird diese Norm auf Kongressen und Fortbildungen vorgestellt und so ins Bewusstsein der Ärzte gerufen. Grundsätzlich ist das abgestufte Vorgehen hilfreich und im Interesse des Kindes. Die zuvor kritisierte Güterabwägung ist zwar nicht der beste Weg, anders lässt sich einer solch komplexen Situation allerdings nicht gerecht werden. Aus diesem Grunde werden hier keine Änderungen diesbezüglich vorgeschlagen.

Mit den hier hinzugefügten Änderungen wird diese Norm sowohl den Berufsgeheimnisträgern als auch den Kindern und Jugendlichen gerecht. Durch den Zusatz der Straflosigkeit wird ausdrückliche Rechtsklarheit geschaffen, sodass sich auch die unsicheren Ärzte nun aufgefordert sehen sollen, genauer hinzuschauen und nicht aus falscher Vorsicht Anzeichen für eine Misshandlung für sich zu behalten.

---

[1230] *Kern/Rehborn* in Laufs/Kern/Rehborn Handbuch § 14 Rn. 11.

Im Ergebnis wird somit eine Reformierung des § 4 KKG sowie eine Ergänzung des § 203 StGB als die sinnvollste Lösung angesehen.

## H.   ABSCHLUSSBETRACHTUNG

Das Ergebnis zeigt, dass es die ideale Lösung für den Konflikt zwischen ärztlicher Schweigepflicht und dem Verdacht auf Kindesmisshandlung nicht gibt. Es gehört weit mehr dazu, Kinder zu schützen und Ärzte für dieses Thema zu sensibilisieren, als eine Änderung im Gesetz.
Diese Arbeit kann lediglich versuchen, auf rechtlicher Ebene für Ärzte die Offenbarung des Berufsgeheimnisses zugunsten von gefährdeten Kindern zu erleichtern und rechtssicherer zu gestalten. Die Umsetzung in der Praxis und vor allem die Prävention und Sensibilisierung der Ärzteschaft für dieses Thema kann diese Arbeit nur begrenzt leisten. Es bleibt somit weiterhin wichtig, insbesondere Kinderärzten, aber vor allem auch schon Medizinstudenten das Thema „Kindesmisshandlungen" ins Bewusstsein zu rufen und zu hoffen, dass in Zukunft viele aufmerksame Pädiater bei der Aufklärung von Straftaten an Kindern helfen. Die vielen Unternehmungen in Deutschland, aber auch in Österreich und der Schweiz, und die vielen engagierten Kinderschützer aus den unterschiedlichsten Berufsbereichen zeigen, dass die eingeschlagene Richtung weiter verfolgt werden sollte.

Vielleicht liefert diese Arbeit einen Anreiz für weitere Verbesserungen und geht einen kleinen Schritt auf dem Weg hin zu mehr Rechtssicherheit für Berufsgeheimnisträger beim Verdacht auf eine Kindesmisshandlung.

# I. LITERATURVERZEICHNIS

**Aebi-Müller, Regina/Fellmann, Walter/Gächter, Thomas Rütsche, Bernhard/Tag, Brigitte:** Arztrecht, 2016, Stämpfli Verlag AG Bern (zit.: Aebi-Müller/Fellmann/Gächter/Rütsche/Tag, Arztrecht §… Rn. …)

**Aigner, Gerhard/Kierein, Michael/Kopetzki, Christian:** Ärztegesetz 1998 samt erläuternden Anmerkungen, 3. Auflage 2014, MANZ Wien (zit.: Aigner/Gerhard/Kopetzki AerzteG § ... Rn. ...)

**Amelung, Knut/ Eymann, Frieder:** Die Einwilligung des Verletzten im Strafrecht, JuS 2001 (zit.: *Amelung/Eymann* JuS 2001, 937 (...))

**Arloth, Frank:** Arztgeheimnis und Auskunftspflicht bei AIDS im Strafvollzug, MedR 1986 (zit.: *Arloth* MedR 1986 295 (...))

**Arnold, Jörg/Burkhard, Björn/Gropp, Walter/Heine, Günter/u.a. (Hrsg.):** Menschengerechtes Strafrecht, Festschrift für Albin Eser zum 70. Geburtstag, 2005, C.H.BECK München (zit.: Bearbeiter in FS-Eser 2005, ... (...))

**Arzt, Gunther/Weber, Ulrich/Heinrich, Bernd/Hilgendorf, Eric:** Strafrecht Besonderer Teil, 3. Auflage 2015, Gieseking Bielefeld (zit.: *Bearbeiter* in Arzt/Weber/Heinrich/Hilgendorf BT § ... Rn. ...)

**Bachner-Foregger, Helene (Hrsg.):** Strafgesetzbuch, 27. Auflage 2016, MANZ Wien (zit.: Bachner-Foregger § ... Rn. ...)

**Barz, Jürgen:** Kindesmisshandlungen – Ethische und arztrechtliche Probleme, Notfall und Rettungsmedizin 1998 (zit.: *Barz* Notfall & Rettungsmedizin 1998, 13 (...))

**Baumann, Jürgen/Weber, Ulrich/Mitsch, Wolfgang/Eisele, Jörg:** Strafrecht Allgemeiner Teil, 12. Auflage 2016, Gieseking Bielefeld (zit.: *Bearbeiter* in Baumann/Weber/Mitsch/Eisele Strafrecht AT § ... Rn. ...)

**Baumbach, Adolf (Begr.)/Hueck, Alfred:** GmbHG Kommentar, 21. Auflage 2017, C.H.BECK München (zit.: *Bearbeiter* in Baumbach/Hueck GmbHG § ... Rn. ...)

**Bender, Denise:** Grenzen der Schweigepflicht des Arztes bei Kenntnis von Misshandlungen oder entwürdigenden Behandlungen durch Eltern, MedR 2002 (zit.: *Bender* MedR 2002, 626 (...))

**Bergmann, Karl-Otto:** Urteilsanmerkung zu OLG München vom 04.02.2010, MedR 2010 (zit.: OLG München Urt. v. 04.02.2010 – 1 U 4650/08 Kr. *Bergmann* MedR 2010, 645 (…))

**Bergmann, Karl-Otto/Pauge, Burkhard/Steinmeyer, Heinz-Dietrich (Hrsg.):** Gesamtes Medizinrecht, 3. Auflage 2018, Nomos Baden-Baden (zit.: *Bearbeiter* in NK-MedR § ... Rn. ...)

**Bernat, Erwin/Salzer, Hans:** Das 15-jährige Mädchen, die „Pille danach" und der Schutz des ärztlichen Berufsgeheimnisses, Sachverhalt und medizinische Stellungnahme, RdM 2009 (zit.: *Bernat/Salzer* RdM 2009, 154 (...))

**Bertel, Christian/Schwaighofer, Klaus/Venier, Andreas:** Österreichisches Strafrecht Besonderer Teil I §§ 75 – 168b StGB, 14. Auflage 2018 Verlag Österreich (zit.: Bertel/Schwaighofer/Venier, Strafrecht BT I § ... Rn. ...)

**Beutler, Daniel:** Verdacht auf Kindesmisshandlung! Was tun?, Pädiatrie 2013 (zit.: *Beutler* Pädiatrie 2012, 49 (...))

**Birkmeyer, Karl/v. Calker, Fritz/Frank, Reinhard/v. Hippel, Robert/Kahl, Wilhelm/v. Lilienthal, Karl/v. Liszt, Franz/Wach, Adolf (Hrsg.):** Verletzung der Geheimsphäre, VDB Besonderer Teil Band 8, 1906 Verlag von Otto Liebmann (zit.: *Bearbeiter* VDB 1906 Bd. 8, 293 (...))

**Bock, Dennis/Wilms, Stephan:** Die Verletzung von Privatgeheimnissen (§ 203 StGB), JuS 2011 (zit.: *Bock/Wilms* JuS 2011, 24 (...))

**Bockelmann, Paul:** Strafrecht des Arztes, 1968, Georg Thieme Verlag Stuttgart (zit.: Bockelmann, Strafrecht des Arztes S. ...)

**Broglie, Maximilian (Hrsg.):** Die ärztliche Schweigepflicht, Beiträge aus DER ARZT UND SEIN RECHT, Zeitschrift für Arzt-, Kassenarzt- und Arzneimittelrecht 1993
(zit.: *Broglie/Wartensleben* Der Arzt und sein Recht 1993, 5 (...))

**Büchler, Andrea/Michel, Margot (Hrsg.):** Medizin – Mensch – Recht Eine Einführung in das Medizinrecht in der Schweiz, 2014, Schulthess Zürich
(zit.: Büchler/Michel, Medizinrecht S. ...)

**Bühring, Petra:** Nicht ganz ausgereift, DÄB 2010 (zit.: *Bühring* DÄB 2010, 2531 (...))

**Bundesärztekammer (Hrsg.):** Zum Problem der Mißhandlung Minderjähriger aus ärztlicher Sicht (Diagnostik und Interventionsmöglichkeiten) Konzept der Bundesärztekammer 1998 (zit.: Bundesärztekammer Konzept Kindesmisshandlung 1998 S. ...)

**Bundesärztekammer:** Stellungnahme der Bundesärztekammer zum Regierungsentwurf eines Gesetzes zur Stärkung von Kindern und Jugendlichen vom 15.05.2017 (BT-Drs. 18/12330) (zit.: Stellungnahme der BÄK zum Regierungsentwurf vom 15.05.2017 (BT-Drs. 18/12330) S. ...)

**Bundesministerium für Wirtschaft, Familie und Jugend (Österreich) – Abteilung Jugendwohlfahrt und Kinderrechte (Hrsg.):** Gewalt gegen Kinder und Jugendliche, Leitfaden für die Kinderschutzarbeit in Gesundheitsberufen, Wien 2011 (zit.: BMWFJ Leitfaden Gewalt gegen Kinder und Jugendliche S. ...)

**Cirener, Gabriele/Radtke, Henning/Rissing-van Saan, Ruth/Rönnau, Thomas/Schluckebier, Wilhelm (Hrsg.):** Strafgesetzbuch Leipziger Kommentar Großkommentar Band 1 §§ 1 - 18, 13. Auflage 2020, De Gruyter Berlin (zit.: *Bearbeiter* in LK-StGB § ... Rn. ...)

**Cirener, Gabriele/Radtke, Henning/Rissing-van Saan, Ruth/Rönnau, Thomas/Schluckebier Wilhelm (Hrsg.):** Strafgesetzbuch Leipziger Kommentar Großkommentar Band 3 §§ 32 – 37, 13. Auflage 2019, De Gruyter Berlin (zit.: *Bearbeiter* in LK-StGB § ... Rn. ...)

**Clausen, Tilmann/Schroeder-Printzen, Jörn (Hrsg.):** Münchener Anwalts Handbuch Medizinrecht, 3. Auflage 2020, C.H.BECK München (zit.: *Bearbeiter* in MAH MedR § ... Rn. ...)

**Dahm, Franz-Josef/Katzenmeier, Christian/Stellpflug, Martin H./Ziegler, Ole (Hrsg.):** Heidelberger Kommentar Arztrecht, Krankenhausrecht, Medizinrecht Band 3, 2008, C.F. Müller Heidelberg (zit.: *Bearbeiter* in HK-AKM „*Stichwort*" Nr. ... Rn. ...)

**Dallinger, Wilhelm:** Aus der Rechtsprechung des Bundesgerichtshofs in Strafsachen, MDR 1968 (zit.: *Dallinger* MDR 1968, 550 (...))

**Däppen-Müller, Silvia:** Kindesmisshandlung und –vernachlässigung aus straf- und zivilrechtlicher Sicht, Diss. 1998, Zürich (zit.: Däppen-Müller, Diss. 1998 S. ...)

**Deixler-Hübner, Astrid/Fucik, Robert/Mayrhofer, Mariella (Hrsg.):** Gewaltschutz und familiäre Krisen, 2018, Verlag Österreich Wien (zit.: *Bearbeiter* in Deixler-Hübner/Fucik/Mayrhofer § ... Rn. ...)

**Deutsch, Erwin:** Schweigepflicht und Infektiosität, VersR 2001 (zit.: *Deutsch* VersR 2001, 1471 (...))
**Deutsch, Erwin/Spickhoff, Andreas** : Medizinrecht, 7. Auflage 2014, Springer Heidelberg (zit.: Deutsch/Spickhoff, Medizinrecht Rn. ...)

**Deutsches Institut für Jugendhilfe und Familienrecht e.V.:** Hinweise zum Gesetzesentwurf der Bundesregierung, Entwurf eines Gesetzes zur Stärkung von Kindern und Jugendlichen (Kinder-und Jugendstärkungsgesetz – KJSG), 29.05.2017 (zit.: DIJuF Hinweise 2017 S. ...)

**Dieckhöfer, K./Riemer, M.:** Schweigepflichtsverletzung durch Weitergabe psychiatrischer Atteste, VersMed 2011 (zit.: *Dieckhöfer/Riemer* VersMed 2011, S. 97)

**Dölling, Dieter/Duttge, Gunnar/König, Stefan/Rössner, Dieter (Hrsg.):** Gesamtes Strafrecht Handkommentar, 4. Auflage 2017, Nomos Baden-Baden
(zit.: *Bearbeiter* in HK-GS § ... Rn. ...)

**Donatsch, Andreas (Hrsg.)/Heimgartner, Stefan/Isenring, Bernhard/Weder, Ulrich:** StGB Kommentar - Schweizerisches Strafgesetzbuch und weitere einschlägige Erlasse mit Kommentar zu StGB, JStG, den Strafbestimmungen des SVG, BetmG und AuG, 20. Auflage 2018, orell füssli Verlag Zürich (zit.: *Bearbeiter* in Donatsch StGB Art. ... Rn ...)

**Duttge, Gunnar:** Befreiung von der Schweigepflicht zu Gunsten des Kinderschutzes?, ZRP 2009 (zit.: *Duttge* ZRP 2009, 159 (...))

**Edelstein, Ludwig:** Der hippokratische Eid, 1969, Artemis Zürich (zit.: Edelstein, Der hippokratische Eid S. ...)

**Ehrmann, Georg/Breitfeld, Franziska** : Besserer Kinderschutz nach Inkrafttreten des Bundeskinderschutzgesetzes?, FPR 2012 (zit.: *Ehrmann/Breitfeld* FPR 2012, 418 (...))

**Eichelbrönner, Nicolas:** Die Grenzen der ärztlichen Schweigepflicht des Arztes und seiner berufsmäßig tätigen Gehilfen nach § 203 StGB im Hinblick auf Verhütung und Aufklärung von Straftaten – Anzeigepflichten, Auskunftspflichten und Offenbarungsbefugnisse gegenüber den Strafverfolgungsbehörden, Diss. 2001, Peter Lang Frankfurt a.M. (zit.: Eichelbrönner, Diss. 2001 S. ...)

**Eichenberger, Thomas/Marti, Mario** : Recht für Ärzte, Einführung in die Grundlagen: Gesundheitsrecht für Ärzte und Juristen, 2004, P. Haupt Bern (zit.: Eichenberger/Marti, Recht für Ärzte S. ...)

**Eisele, Jörg:** Die Strafbarkeit nach § 203 StGB bei Mitwirkung Dritter an der Berufsausübung schweigepflichtiger Personen, JR 2018 (zit.: *Eisele* JR 2018, 79 (...))

**Eisenberg, Ulrich:** Kriminologie, 5. Auflage 2000, C.H.BECK München (zit.: Eisenberg, Kriminologie[5] § ... Rn. ...)

**Eisenberg, Ulrich/Kölbel/Ralf:** Kriminologie, 7. Auflage 2017, Mohr Siebeck Tübingen (zit.: Eisenberg/Kölbel, Kriminologie § ... Rn. ...)

**Engländer, Armin:** Schweigepflicht bei HIV-Infektion, Urteilsanmerkung zu OLG Frankfurt a.M. Urt. v. 05.10.1999, MedR 2001 (*zit.:* OLG Frankfurt Urt. v. 05.10.1999 – 8 U 67/99 m. Anm. *Engländer* MedR 2001, 143 (...))

**Epping, Volker/Hillgruber, Christian:** Beck'scher online Kommentar Grundgesetz, 42. Edition, Stand 01.12.2019, C.H.BECK München (zit.: *Bearbeiter* in BeckOK-GG Art. ... Rn. ...)

**Erbs, Georg/Kohlhaas, Max (Begr.):** Strafrechtliche Nebengesetze, 228. EL Januar 2020, C.H.BECK München (zit.: *Bearbeiter* in Erbs/Kohlhaas § ... Gesetz Rn. ...)

**Eser, Albin (Hrsg.):** Recht und Medizin, 1990, Wissenschaftliche Buchgesellschaft Darmstadt (zit.: *Bearbeiter* in Eser Recht und Medizin S. ...)

**Esser, Robert/Günther, Hans-Ludwig/Jäger, Christian/u.a. (Hrsg.):** Festschrift für Hans-Heiner Kühne zum 70. Geburtstag, 2013, C.F. Müller Heidelberg (zit.: *Bearbeiter* in FS-Kühne 2013, ... (...))

**Etter, Boris:** Stämpflis Handkommentar SHK Medizinalberufegesetz Bundesgesetz vom 23. Juni 2006 über die universitären Medizinalberufe (MedBG), 2006 Stämpfli Verlag AG Bern (zit.: Etter, Handkommentar MedBG Art. ... Rn. ...)

**Everts, Arne:** Sicherung anwaltlicher Honorarforderungen durch Arrest?, NJW 2002 (zit.: *Everts* NJW 2002, 3136 (...))

**Fabrizy, Eugen/Foregger, Egmont:** Strafgesetzbuch und ausgewählte Nebengesetze Kurzkommentar, 13. Auflage 2018, MANZ Wien (zit.: Fabrizy/Foregger § ... Rn. ...)

**Feuerich, Wilhelm E. (Begr.):** Bundesrechtsanwaltsordnung: BRAO Kommentar, 9. Auflage 2016, Verlag Franz Vahlen München (zit.: *Bearbeiter* in Feuerich/Weyland § ... Rn. ...)

**Fischer, Thomas:** Strafgesetzbuch mit Nebengesetzen, 67. Auflage 2020, C.H.BECK München (zit.: Fischer § ... Rn. ...)

**Fleischer, Holger/Goette, Wulf (Hrsg.):** Münchener Kommentar zum GmbHG, Band 3 §§ 53 – 88, 3. Auflage 2018, C.H.BECK München (zit.: *Bearbeiter* in MüKo-GmbHG § ... Rn. ...)

**Forster, Balduin (Hrsg.):** Praxis der Rechtsmedizin für Mediziner und Juristen, 1986, Georg Thieme Verlag Stuttgart (zit.: *Bearbeiter* in Forster Rechtsmedizin S. ...)

**Frister, Helmut/Lindemann, Michael/Peters, Alexander Th.:** Arztstrafrecht, 2011, C.H.BECK München (zit.: Frister/Lindemann/Peters, Arztstrafrecht Kap. ... Rn. ...)

**Gächter, Thomas/Rütsche, Bernhard (Hrsg.):** Gesundheitsrecht - Ein Grundriss für Studium und Praxis, 4. Auflage 2018, Helbig Lichternhahn Verlag Basel (zit.: Gächter/Rütsche, Gesundheitsrecht S. ... Rn. ...)

**Gallas, Wilhelm:** Niederschriften über die Sitzungen der Großen Strafrechtskommission, 12. Band, Zweite Lesung des Entwurfs, Protokoll der 119. Sitzung v. 13.03.1959 (zit.: *Gallas* Niederschriften 119. Sitzung Gr. Strafrechtskommission v. 13.03.1959, 171 (...))

**Gallas, Wilhelm:** Der dogmatische Teil des Alternativ-Entwurfs, ZStW 1968
(zit.: *Gallas* ZStW 1968, 1 (...))

**Geiser, Thomas/Fountoulakis, Christiana (Hrsg.):** Basler Kommentar Zivilgesetzbuch I Art. 1 – 456 ZGB, 6. Auflage 2018, Helbing Lichtenhahn Verlag Basel (zit.: *Bearbeiter* in BK-ZGB I Art. ... Rn. ...)

**Gerst, Thomas/Hibbeler, Birgit:** Wenn Ärzte ihre Pflicht verletzen, DÄB 2011 (zit.: *Gerst/Hibbeler* DÄB 2011, 499 (...))

**Göppinger, Hans:** Urteilsanmerkung zu LSG Bremen Beschl. v. 02.05.1957 – BReg. 4/57, NJW 1958 (zit.: LSG Bremen Beschl. v. 02.05.1957 – BReg. 4/57 m. Anm. *Göppinger* NJW 1958, 278 (...))

**Graf, Jürgen Peter (Hrsg.):** Beck'scher Onlinekommentar OWiG, Edition 23 Stand: 15.06.2019, C.H.BECK München (zit.: *Bearbeiter* in BeckOK-OWiG § ... Rn. ...)

**Graf, Jürgen Peter/Jäger, Markus/Wittig, Petra (Hrsg.):** Wirtschafts- und Steuerstrafrecht, 2. Auflage 2017, C.H.BECK München (zit.: *Bearbeiter* in Graf/Jäger/Wittig § ... Rn ...)

**Grömig, Ursula:** Schweigepflicht der Ärzte untereinander, NJW 1970 (zit.: *Grömig* NJW 1970, 1209 (...))

**Gropp, Walter:** Anmerkung zu BayObLG Beschl. v. 08.11.1994, JR 1996 (zit.: BayObLG Beschl. v. 08.11.1994 – 2 St RR 157/94 m. Anm. *Gropp* JR 1996, 476 (...))

**Grützner, Thomas/Jakob, Alexander (Hrsg.):** Compliance von A-Z, 2. Auflage 2015, C.H.BECK München (zit.: Grützner/Jakob, Compliance von A-Z, *Stichwort*)

**Haage, Heinz:** Bundesärzteordnung, 2. Online-Auflage 2016, Nomos Baden-Baden (zit.: *Bearbeiter* in Haage BÄO § ... Rn. ...)

**Haft, Fritjof:** Strafrecht Allgemeiner Teil, 9. Auflage 2004, C.H.BECK München (zit.: Haft, Strafrecht AT S. ...)

**Haus, Klaus-Ludwig/Krumm, Carsten/Quarch, Matthias (Hrsg.):** Gesamtes Verkehrsrecht, 2. Auflage 2017, Nomos Baden-Baden (zit.: *Bearbeiter* in Haus/Krumm/Quarch Gesamtes Verkehrsrecht § ... Rn. ...)

**Häfeli, Christoph:** Grundriss zum Erwachsenenschutzrecht mit einem Exkurs zum Kinderschutz, 2. Auflage 2016, Stämpfli Verlag AG Bern (zit.: Häfeli, Erwachsenenschutzrecht § ... Rn. ...)

**Härting, Niko:** Anonymität und Pseudonymität im Datenschutzrecht, NJW 2013 (zit.: *Härting* NJW 2013, 2065 (....))

**Heberer, Jörg:** Arzt und Recht, 2012, Medizinisch Wissenschaftliche Verlagsgesellschaft Berlin (zit.: *Bearbeiter* in Heberer Arzt und Recht S. ...)

**Heghmanns, Michael:** Zur strafrechtlichen Verantwortung im Kinderschutz, JAmt Heft 6/2018 (zit.: *Heghmanns* JAmt 6/2018, 230 (...))

**Helmchen, Hanfried:** Zwischen Individualisierung und Standardisierung, DÄB online, 1. April 2005 (zit.: *Helmchen* DÄB online 2005, S. ...)

**Hennrichs, Joachim/Kleindiek, Detlef/Watrin, Chirstoph:** Münchener Kommentar zum Bilanzrecht, 2013, C.H.BECK München (zit.: *Bearbeiter* in MüKo-BilanzR §. ... Rn. ...)

**Herrmann, Bernd/Dettmeyer,Reinhard/Banaschak, Sibylle/Thyen, Ute:** Kindesmisshandlung - Medizinische Diagnostik, Intervention und rechtliche Grundlagen, 2. Auflage 2010, Springer Heidelberg (zit.: Herrmann/Dettmeyer/Banaschak/Thyen, Kindesmisshandlungen S. ...)

**Herzog, Horst:** Die rechtliche Problematik von AIDS in der Praxis des niedergelassenen Arztes, MedR 1988 (zit.: *Herzog* MedR 1988, 289 (…))

**Hilgendorf, Eric:** Forum: Zwischen Humanexperiment und Rettung ungeborenen Lebens – der Erlanger Schwangerschaftsfall, JuS 1993 (zit.: *Hilgendorf* JuS 1993, 97 (...))

**Honsell, Heinrich:** Handbuch des Arztrechts, 1994, Schulthess Zürich (zit.: *Bearbeiter* in Honsell Handbuch des Arztrechts S. ...)

**Höpfel, Frank/Ratz, Eckart:** Wiener Kommentar zum Strafgesetzbuch, 2. Auflage Stand 17.10.2017, MANZ Wien (zit.: *Bearbeiter* in WK-StGB § ... Rn. ...)

**Horn, Norbert (Hrsg.):** Heymann-Handelsgesetzbuch (ohne Seerecht) Band 3, 2. Auflage 1999, De Gruyter Berlin (zit.: *Bearbeiter* in Heymann HGB § ... Rn. ...)

**Horstkotte, Hermann:** Protokoll der 90. Sitzung des Sonderausschusses für die Strafrechtsreform v. 13.12.1967, 5. Wahlperiode, Drucksache V/32 (zit.: *Horstkotte* Protkoll BT-Drs. V/32, 1792 (…))

**Jäger, Christian:** Anmerkung zu BGH Urt. v. 20.10.2011, JA 2012 (zit.: BGH Urt. v. 20.10.2011 – 4 StR 71/11 m. Anm. *Jäger* JA 2012, 392 (...))

**Jahn, Matthias:** Anmerkung zu BGH Beschl. v. 22.12.2010, JuS 2011 (zit.: BGH Beschl. v. 22.12.2010 – 3 StR 239/10 m. Anm. *Jahn* JuS 2011, 468 (…))

**Jakobs, Günther:** Strafrecht Allgemeiner Teil, 2. Auflage 1991, De Gruyter Berlin (zit.: Jakobs Strafrecht AT ... Abschn. Rn. ...)

**Jandt, Silke/Roßnagel Alexander/Wilke, Daniel:** Outsourcing der Verarbeitung von Patientendaten Fragen des Daten- und Geheimnisschutzes, NZS 2011 (zit.: *Jandt/Roßnagel/Wilke* NZS 2011, 641 (...))

**Jescheck, Hans-Heinrich/Ruß, Wolfgang/Willms, Günther:** Strafgesetzbuch Leipziger Kommentar Großkommentar Erster Band Einleitung, §§ 1 – 31, 10. Auflage 1985, De Gruyter Berlin (zit.: *Bearbeiter* in LK-StGB[10] §... Rn. ...)

**Jescheck, Hans-Heinrich/Ruß, Wolfgang/Willms, Günther:** Strafgesetzbuch Leipziger Kommentar Großkommentar Fünfter Band §§ 185 – 262, 10. Auflage 1989, De Gruyter Berlin (zit.: *Bearbeiter* in LK-StGB[10] §... Rn. ...)

**Jescheck, Hans-Heinrich/Weigend, Thomas:** Lehrbuch des Strafrechts Allgemeiner Teil, 5. Auflage 1996, Duncker & Humblot Berlin (zit.: Jescheck/Weigend Strafrecht AT S. ...)

**Joecks, Wolfgang/Miebach, Klaus (Hrsg.):** Münchener Kommentar zum Strafgesetzbuch, Band 1 §§ 1 – 37 StGB, 3. Auflage 2017, C.H.BECK München (zit.: *Bearbeiter* in MüKo-StGB § ... Rn. ...)

**Joecks, Wolfgang/Miebach, Klaus (Hrsg.):** Münchener Kommentar zum Strafgesetzbuch, Band 4 §§ 185 – 262 StGB, 3. Auflage 2017, C.H.BECK München (zit.: *Bearbeiter* in MüKo-StGB § ... Rn. ...)

**Joecks, Wolfgang/Miebach, Klaus (Hrsg.):** Münchener Kommentar zum Strafgesetzbuch, Band 5 §§ 263 – 358 StGB, 3. Auflage 2019, C.H.BECK München (zit.: *Bearbeiter* in MüKo-StGB § ... Rn. ...)

**Jositsch, Daniel (Hrsg.)/Donatsch, Andreas/Thommen, Marc/Wohlers, Wolfgang:** Strafrecht IV Delikte gegen die Allgemeinheit, 5. Auflage 2017, Schulthess Zürich (zit.: Donatsch/Thommen/Wohlers, Strafrecht IV § … S. ….)

**Jox, Rolf/Wellenhofer, Marina (Hrsg.):**
beck-online.GROSSKOMMENTAR KKG, Stand 01.01.2020, C.H.BECK München (zit.: *Bearbeiter* in BeckOGK-KKG § … Rn. …)

**Kaiser, Günther:** Kriminologie, 3. Auflage 1996, C.F. Müller Heidelberg (zit: Kaiser, Kriminologie[3] § ... Rn. ...)

**Kargl, Walter:** Friedenssicherung durch Strafrecht – Teleologische Strafrechtfertigung am Beispiel der Tötungsdelikte, ARSP 1996 (zit.: *Kargl* ARSP 1996, 485 (...))

**Katzenmeier, Christian:** Arzthaftung, Habil. 2002 Mohr Siebeck Tübingen (zit.: Katzenmeier, Arzthaftung S. ...)

**Katzenmeier, Christian:** Der Behandlungsvertrag – Neuer Vertragstypus im BGB, NJW 2013 (zit.: *Katzenmeier* NJW 2013, 817 (...))

**Kemper, Andrea/Kölch, Michael/Fangerau, Heiner/Fegert, Jörg:** Ärztliche Schweigepflicht bei Kindeswohlgefährdung Mehr Handlungssicherheit durch die neuen Kinderschutzgesetze?, Ethik in der Medizin 2010 (zit.: *Kemper/Kölch/Fangerau/Fegert* Ethik in der Medizin 2010, 33)

**Kern, Bernd-Rüdiger:** Urteilsanmerkung zu BGH Urt. v. 08.02.2000, MedR 2001 (zit.: BGH Urt. v. 08.02.2000 – VI ZR 325/98 m. Anm. *Kern* MedR 2001, 310 (…))

**Kern, Bernd-Rüdiger/Rehborn, Martin (Hrsg.):** Handbuch des Arztrechts, 5. Auflage 2019, C.H.Beck, München (zit.: *Bearbeiter* in Laufs/Kern/Rehborn Handbuch § ... Rn. ...)

**Kienapfel, Diethelm:** Anmerkung zu BGH Urt. v. 27.01.1976, JR 1977 (zit.: BGH Urt. v. 27.01.1976 – 1 StR 739/75 m. Anm. *Kienapfel* JR 1977 26 (...))

**Kienapfel, Diethelm:** Anmerkung zu BGH Urt. v. 27.01.1976, JR 1977 (zit.: BGH Urt. v. 27.01.1976 – 1 StR 739/75 m. Anm. *Kienapfel* JR 1977 26 (...))

**Kienböck, Viktor:** Das Berufsgeheimnis der Ärzte und Sanitätspersonen, 1920, MANZ Wien (zit.: Kienböck Berufsgeheimnis S. …)

**Kieser, Ueli/Lendfers, Miriam:** Gesundheitsrecht in a nutshell, 2013, DIKE Verlag Zürich (zit.: Kieser/Lendfers, Gesundheitsrecht S. ...)

**Kinderschutzleitlinienbüro der Universitätskinderklinik Bonn (Hrsg.):** Kinderschutzleitlinie – Kindesmisshandlung, -missbrauch, -vernachlässigung unter Einbindung der Jugendhilfe und Pädagogik, Stand 07.02.2019, publiziert bei AWMF online (zit.: AWMF Leitlinie Kinderschutz 2019 S. …)

**Kindhäuser, Urs:** Strafrecht Allgemeiner Teil, 8. Auflage 2017, Nomos Baden-Baden (zit.: Kindhäuser, Strafrecht AT § ... Rn. ...)

**Kindhäuser, Urs/Neumann, Ulfrid/Paeffgen, Hans-Ullrich (Hrsg.):** Nomos Kommentar Strafgesetzbuch, Band 1 §§ 1 – 79b StGB, 5. Auflage 2017, Nomos Baden-Baden (zit.: *Bearbeiter* in NK-StGB § ... Rn. ...)

**Kindhäuser, Urs/Neumann, Ulfrid/Paeffgen, Hans-Ullrich (Hrsg.):** Nomos Kommentar Strafgesetzbuch, Band 2 §§ 80 – 231 StGB, 5. Auflage 2017, Nomos Baden-Baden (zit.: *Bearbeiter* in NK-StGB § ... Rn. ...)

**Kindhäuser, Urs/Neumann, Ulfrid/Paeffgen, Hans-Ullrich (Hrsg.):** Nomos Kommentar Strafgesetzbuch, Band 3 §§ 232 – 358 StGB, 5. Auflage 2017, Nomos Baden-Baden (zit.: *Bearbeiter* in NK-StGB § ... Rn. ...)

**Klaus, Alexander:** Ärztliche Schweigepflicht: ihr Inhalt und ihre Grenzen, Diss. 1991, Verlag Österreich Wien (zit.: Klaus, Diss. 1991 S. ...)

**Klein, Hubert:** Schweigepflicht versus Offenbarungspflicht, RDG 2010 (zit.: *Klein* RDG 2010, 172 (...))

**Kletecka-Pulker, Maria:** Die neue Regelung der ärztlichen Anzeigepflicht, RdM 2001 (zit.: *Kletecka-Pulker* RdM 2001, 175 (...))

**Kliemann, Andrea/Fegert, Jörg:** Informationsweitergabe im Kinderschutz Endlich eine klare Mitteilungsbefugnis durch das neue Bundeskinderschutzgesetz?, ZRP 2011 (zit.: *Kliemann/Fegert* ZRP 2011, 110 (...))

**Kohlhaas, Max:** Strafrechtliche Schweigepflicht und prozessuales Schweigerecht, Goltdammers Archiv für Strafrecht 1958 (zit.: *Kohlhaas* GA 1958, 65 (...))

Körner, Anne/Leitherer Stephan (Hrsg.): Kasseler Kommentar Sozialversicherungsrecht, Band 1, 107. EL Dezember 2019, C.H.BECK München (zit.: *Bearbeiter* in Kass. Kommentar SGB V § ... Rn...)

**Kraatz, Erik:** Arztstrafrecht, 2. Auflage 2018, Kohlhammer Berlin (zit.: Kraatz, Arztstrafrecht § ... Rn. ...)

**Krauskopf, Beatrix:** Die ärztliche Anzeige- und Meldepflicht, Diss. 2011, Jan Sramek Verlag Wien (zit.: Krauskopf, Diss. 2011 S. ...)

**Kremer, Christoph:** Schweigepflicht bei HIV-Infektion Urteilsanmerkung zu OLG Frankfurt a.M., Urt. v. 05.10.1999, MedR 2000 (zit.: OLG Frankfurt Urt. v. 05.10.1999 – 8 U 67/99 m. Anm. *Kremer* MedR 2000, 196 (...))

**Kreße, Bernhard/ Rabe, Vera:** Gefahr für die anwaltliche Schweigepflicht: Das geplante Bundeskinderschutzgesetz, NJW 2009 (zit.: *Kreße/Rabe* NJW 2009, 1789 (...))

**Kruse, Klaus/Oehmichen, Manfred (Hrsg.):** Kindesmißhandlung und sexueller Mißbrauch in Rechtsmedizinische Forschungsergebnisse, Band 5, 1993, Schmidt-Römhild Lübeck (zit.: *Bearbeiter* in Kindesmißhandlung und sexueller Mißbrauch S. ...)

**Kühl, Kristian/Heger, Martin:** Strafgesetzbuch Kommentar, 29. Auflage 2018, C.H.BECK München (zit.: *Bearbeiter* in Lackner/Kühl § ... Rn. ...)

**Kühne, Hans-Heiner:** Innerbehördliche Schweigepflicht von Psychologen, NJW 1977 (zit.: *Kühne* NJW 1977, 1478 (...))

**Kuhn, Moritz W./Poledna, Tomas (Hrsg.):** Arztrecht in der Praxis, 2. Auflage 2007, Schulthess Zürich (zit.: *Bearbeiter* in Kuhn/Poledna Arztrecht in der Praxis S. ....)

**Kunkel, Peter-Christian:** Sozialgesetzbuch VIII, 5. Auflage 2014, Nomos Baden-Baden (zit.: *Bearbeiter* in Kunkel SGB VIII[5] § ... Rn. ...)

**Kunkel, Peter-Christian/Kepert, Jan/Pattar, Andreas Kurt (Hrsg.):** Sozialgesetzbuch VIII Kinder- und Jugendhilfe, Lehr- und Praxiskommentar, 7. Auflage 2018, Nomos Baden-Baden (zit.: *Bearbeiter* in LPK-SGB VIII § ... Rn. ...)

**Küper, Wilfried:** Zum rechtfertigenden Notstand bei Kollision von Vermögenswerten, JZ 1976 (zit.: *Küper* JZ 1976, 515 (...))

**Küper, Wilfried:** Grund- und Grenzfragen zur rechtfertigenden Pflichtenkollision im Strafrecht, 1979, Duncker & Humblot Berlin (zit.: Küper, Pflichtenkollision S. ...)

**Kupferschmid, Christoph:** Pflichtuntersuchung oder Frühwarnsystem, Kinder- und Jugendarzt 2006 (zit.: *Kupferschmid* Kinder- und Jugendarzt 2006, 777 (...))

**Landesärztekammer Baden-Württemberg:** Leitfaden für Ärztinnen und Ärzte „Gewalt gegen Kinder" 2013 (zit.: LÄK BW „Gewalt gegen Kinder" S. ...)

**Landgraf, Mirjam/Zahner, Lena u.a.:** Kindesmisshandlung Soziodemografie, Ausmaß und medizinische Versorgung – Retrospektive Analyse von 59 Patienten/-innen, Monatsschrift Kinderheilkunde 2010 (zit.: *Landgraf/Zahner u.a.* Monatsschr. Kinderheilkunde 2010, 149 (...))

**Langkeit, Jochen:** Umfang und Grenzen der ärztlichen Schweigepflicht gemäß § 203 I Nr. 1 StGB, NStZ 1994 (zit.: *Langkeit* NStZ 1994, 6 (...))

**Laube:** Urteilsanmerkung zu OLG Hamm Urt. v. 24.11.1960, VRS 1961 (zit.: OLG Hamm Urt. v. 24.11.1960 – 2 Ss 1194/60 m. Anm. *Laube* VRS 1961, 232 (...))

**Laufhütte, Heinrich Wilhelm/Rissing-van Saan, Ruth/Tiedemann, Klaus (Hrsg.):** Strafgesetzbuch Leipziger Kommentar Großkommentar Band 2 §§ 32 – 55, 12. Auflage 2006, De Gruyter Berlin (zit.: *Bearbeiter* in LK-StGB[12] § ... Rn. ...)

**Laufhütte, Heinrich Wilhelm/Rissing-van Saan, Ruth/Tiedemann, Klaus (Hrsg.):** Strafgesetzbuch Leipziger Kommentar Großkommentar Band 6 §§ 146 – 210, 12. Auflage 2009, De Gruyter Berlin (zit.: *Bearbeiter* in LK-StGB § ... Rn. ...)

**Laufs, Adolf:** Die Entwicklung des Arztrechts 1979/80, NJW 1980, 1315 (zit.: *Laufs* NJW 1980, 1315 (...))

**Laufs, Adolfs (Begr.)/Katzenmeier, Christian/Lipp, Volker:** Arztrecht, 7. Auflage 2015, C.H.BECK München (zit.: *Bearbeiter* in Laufs/Katzenmeier/Lipp Arztrecht Kap. ... Rn. ...)

**Laufs, Adolf/Kern, Bernd-Rüdiger (Hrsg.):** Handbuch des Arztrechts, 4. Auflage 2010, C.H.BECK München (zit.: Bearbeiter in Laufs/Kern Handbuch[4] § ... Rn. ...)

**Leipold, Klaus/Tsambikakis, Michael/Zöller, Mark (Hrsg.):** AnwaltKommentar StGB, 3. Auflage 2020, C.F. Müller Heidelberg (zit.: *Bearbeiter* in AK-StGB § ... Rn. ...)

**Lips, Ulrich:** Kindsmisshandlung – Kindsschutz, Ein Leitfaden zu Früherfassung und Vorgehen in der ärztlichen Praxis, 2011 Bern (zit.: Lips, Leitfaden S. ...)

**Loderbauer, Brigitte:** Recht für Sozialberufe, 5. Auflage 2016, Lexis Nexis Wien (zit.: *Bearbeiter* in Loderbauer Recht für Sozialberufe S. ...)

**Loimer, Leonhard:** Verdacht auf Vorliegen von Sexualdelikten, RDM 2002 (zit.: *Loimer* RDM 2002, 14 (...))

**Luthe, Ernst-Wilhelm/Nellissen, Gabriele (Hrsg.):** Juris Praxiskommentar SGB VIII, 2. Auflage 2018, Juris Saarbrücken (zit.: *Bearbeiter* in jurisPK-SGB VIII § ... Rn. ...)

**Madea, Burkhard:** Praxis Rechtsmedizin – Befunderhebung, Rekonstruktion, Begutachtung, 2. Auflage 2003, Springer Heidelberg (zit.: *Bearbeiter* in Madea Praxis Rechtsmedizin S. ...)

**Maunz, Theodor/Dürig, Günther (Begr.):** Grundgesetz Kommentar 89. Ergänzungslieferung Oktober 2019, C.H.BECK München (zit.: *Bearbeiter* in Maunz/Dürig Art. ... Rn. ...)

**Maurach, Reinhard (Begr.)/Zipf, Heinz:** Strafrecht Allgemeiner Teil, Teilband 1, 8. Auflage 1992, C.F. Müller Heidelberg (zit.: Maurach/Zipf, AT § ... Rn. ...)

**Mausbach, Julian:** Die ärztliche Schweigepflicht des Vollzugsmediziners im schweizerischen Strafvollzug aus strafrechtlicher Sicht, Diss. 2010, Schulthess Zürich (zit.: Mausbach, Diss. 2010 S. ...)

**Mayer, Heinz/Kucsko-Stadlmayer/Stöger, Karl:** Grundriss des österreichischen Bundesverfassungsrechts, 11. Auflage 2015, MANZ Wien (zit.: Mayer/Kucsko-Stadlmayer/Stöger, Bundesverfassungsrecht Rn. ...)

**Mayerhofer, Christoph:** StGB – Strafgesetzbuch, Das österreichische Strafrecht, Erster Teil, 2009, Verlag Österreich Wien (zit.: Mayerhofer StGB StrafR 1. Teil § ... Rn. ...)

**Maywald, Jörg:** Das neue Kinderschutzgesetz – was bringt es für die Kinder?, FPR 2012 (zit.: *Maywald* FPR 2012, 199 (...))

**Meysen, Thomas/Eschelbach, Diana** : Das neue Bundeskinderschutzgesetz, 2012, Nomos Baden-Baden (zit.: Meysen/Eschelbach, Bundeskinderschutzgesetz Kap. ... Rn. ...)

**Michalowski, Sabine:** Schutz der Vertraulichkeit strafrechtlich relevanter Patienteninformationen, ZStW 1997 (zit.: *Michalowski* ZStW, 1997 519 (...))

**Michalski, Lutz/Heidinger, Andreas/Leible, Stefan/Schmidt, Jessica (Hrsg.):** Kommentar zum Gesetz betreffend die Gesellschaften mit beschränkter Haftung Band II, 3. Auflage 2017, C.H.BECK München (zit.: *Bearbeiter* in Michalski GmbHG § ... Rn. ...)

**Mörsberger, Thomas/Wapler, Friederike:** Das Bundeskinderschutzgesetz und der Datenschutz, FPR 2012 (zit.: *Mörsberger/Wapler* FPR 2012, 437 (...))

**Müller, Bettina:** Schweigepflicht, Offenbarungsbefugnisse und –pflichten des Arztes insbesondere gegenüber der gesetzlichen Krankenversicherung, Masterthesis 2010, Dresden International University (zit.: Müller, Schweigepflicht Krankenversicherung S. ...)

**Müller, Katja:** Aufgaben der Polizei bei Vernachlässigung, Misshandlung oder sexuellem Missbrauch von Kindern und Jugendlichen, FPR 2009 (zit.: *Müller* FPR 2009, 561 (...))

**Münder, Johannes/Meysen, Thomas/Trenczek, Thomas (Hrsg.):** Frankfurter Kommentar SGB VIII Kinder- und Jugendhilfe, 8. Auflage 2019, Nomos Baden-Baden (zit.: *Bearbeiter* in Münder/Meysen/Trenczek § ... Rn. ...)

**Neudorfer, Erich/Wallner, Felix:** Die Durchbrechung des ärztlichen Berufsgeheimnisses zum Schutz höherwertiger Interessen, ÖAZ 1989 (zit.: *Neudorfer/Wallner* ÖAZ 1989, 46 (...))

**Niggli, Marcel Alexander/Wiprächtiger, Hans (Hrsg.):** Basler Kommentar Strafgesetzbuch I, Art. 1 – 110 StGB Jugendstrafgesetz, 3. Auflage 2013, Helbing Lichtenhahn Verlag Basel (zit.: *Bearbeiter* in BK-StGB I Art. ... Rn. ...)

**Niggli, Marcel Alexander/Wiprächtiger, Hans (Hrsg.):** Basler Kommentar Strafrecht II, Art. 137 – 392 StGB Jugendstrafgesetz, 4. Auflage 2019, Helbing Lichtenhahn Verlag Basel (zit.: *Bearbeiter* in BK-StGB II Art. ... Rn. ...)

**Niggli, Marcel Alexander/Heer, Marianne/Wiprächtiger, Hans (Hrsg.):** Basler Kommentar Schweizerische Strafprozessordnung Jugendstrafprozessordnung, Art. 196 – 457 StPO, Art. 1 – 54 JStPO, 2. Auflage 2014, Helbing Lichtenhahn Verlag Basel (zit.: *Bearbeiter* in BK-StPO Art. ... Rn. ...)

**Odenwald, Steffen:** Die Einwilligungsfähigkeit im Strafrecht unter besonderer Hervorhebung ärztlichen Handelns, Diss. 2004, Heidelberg, Peter Lang Frankfurt a.M. (zit.: Odenwald, Diss. 2004 S. ...)

**Oehmichen, Manfred/Meißner, C.:** Kindesmißhandlung - Diagnostische Aspekte und rechtliche Hintergründe, Monatsschrift Kinderheilkunde 1999 (zit.: *Oehmichen/Meißner* Monatsschr. Kinderheilkunde 1999, 363 (...))

**Ohler, Dietrich (Hrsg.):** Der strafrechtliche Schutz des Geschäfts- und Betriebsgeheimnisses in den Ländern der Europäischen Gemeinschaft sowie in Österreich und der Schweiz I, 1978, Carl Heymanns Verlag KG Köln (zit.: *Bearbeiter* in Oehler S. ...)

**Ostendorf, Heribert:** Der strafrechtliche Schutz von Drittgeheimnissen, JR 1981 (zit.: *Ostendorf* JR 1981, 444 (...))

**Otto, Harro:** Verrat von Betriebs- und Geschäftsgeheimnissen, § 17 UWG, wistra 1988 (zit.: *Otto* wistra 1988, 125 (...))

**Parzeller, Markus/Bratzke, Hansjürgen:** Grenzen der ärztlichen Schweigepflicht, DÄB 2000, S. 2364 – 2371 (zit.: *Parzeller/Bratzke* DÄB 2000, 2364 (...))

**Parzeller, Markus/Wenk, Maren/Rothschild, Markus A.:** Die ärztliche Schweigepflicht, DÄB 2005 (zit.: *Parzeller/Wenk/Rothschild* DÄB 2005, 289 (...))

**Ponsold, Albert (Hrsg.):** Lehrbuch der Gerichtlichen Medizin für Mediziner und Juristen, 3. Auflage 1967, Georg Thieme Verlag Stuttgart (zit.: *Bearbeiter* in Ponsold Lehrbuch der Gerichtlichen Medizin S. ...)

**Prietl, Karin:** Die ärztliche Schweigepflicht nach dem Tod des Patienten, RdM 1995 (zit.: *Prietl* RdM1995, 6 (...))

**Puppe, Ingeborg:** Strafrecht Allgemeiner Teil im Spiegel der Rechtsprechung, Band 1 Die Lehre vom Tatbestand, Rechtswidrigkeit und Schuld, 1. Auflage 2002, Nomos Baden-Baden (zit.: Puppe, Strafrecht AT[1] Bd. 1 § ... Rn. ...)

**Püschel, Klaus/Kröger, Arne/Schröder, Carolin:** Wie können wir Kinder besser schützen? (zit.: *Püschel/Kröger/Schröder* Hamburger Ärzteblatt 2014, 14 (...))

**Quaas, Michael/Zuck, Rüdiger/ Clemens, Thomas/Gokel, Julia Maria:** Medizinrecht, 4. Auflage 2018, C.H.BECK München (zit.: *Bearbeiter* in Quaas/Zuck/Clemens Medizinrecht § ... Rn. ...)

**Ratzel, Rudolf/Lippert, Hans-Dieter:** Kommentar zur Musterberufsordnung der deutschen Ärzte (MBO), 6. Auflage 2015, Springer Heidelberg (zit.: *Bearbeiter* in Ratzel/Lippert § ... Rn. ...)

**Ratzel, Rudolf/Luxenburger, Bernd (Hrsg.)** : Handbuch Medizinrecht, 3. Auflage 2015, C.F. Müller Heidelberg (zit.: *Bearbeiter* in Ratzel/Luxenburger Kap. ... Rn. ...)

**Renz, Stefan:** Bei unmittelbarer Gefahr handeln, Hamburger Ärzteblatt 2014 (zit.: *Renz* Hamburger Ärzteblatt 2014, 17 (...))

**Resch, Reinhard/Wallner, Felix:** Handbuch Medizinrecht, 2. Auflage 2015, Lexis Nexis Wien (zit.: *Bearbeiter* in Resch/Wallner Kap. ... Rn. ...)

**Ries, Hans Peter/Schnieder Karl-Heinz/Papendorf, Björn/Großbölting, Ralf/Berg, Sebastian:** Arztrecht Praxishandbuch für Mediziner, 4. Auflage 2017, Spinger Heidelberg (zit.: Ries u.a. Arztrecht Praxishandbuch S. ...)

**Riesz, Thomas:** Ärztliche Verschwiegenheitspflicht unter besonderer Berücksichtigung des Krankenanstalten- und Datenschutzrechts, 2013, MANZ Wien (zit.: Riesz, Ärztliche Verschwiegenheitspflicht S. ...)

**Rixen, Stephan:** Zwischen den Stühlen: Die Inpflichtnahme von „Berufsgeheimnisträgern" durch das Bundeskinderschutzgesetz (BKiSchG), SRa 2012 (zit.: *Rixen* SRa 2012, 221 (...))

**Roebel, Andreas/Wenk, Maren/Parzeller, Markus:** Postmortale ärztliche Schweigepflicht, Rechtsmedizin 2009 (zit.: *Roebel/Wenk/Parzeller* Rechtsmedizin 01/2009, 37 (...))

**Rogall, Klaus:** Die Verletzung von Privatgeheimnissen, NStZ 1983 (zit.: *Rogall* NStZ 1983, 1 (...))

**Rogall, Klaus:** Anmerkung zu OLG Köln, Beschl. v. 30.11.1982, NStZ 1983 (zit.: OLG Köln, Beschl. v. 30.11.1982 – 3 Zs 126/82 m. Anm. *Rogall* NStZ 1983, 412 (...))

**Rolfs, Christian/Giesen, Richard/Kreikebohm, Ralf/Udsching, Peter (Hrsg.):** Beck'scher Onlinekommentar SGB I, 55. Edition Stand: 01.12.2019, C.H.BECK München (zit.: *Bearbeiter* in BeckOK-SGB I § ... Rn. ...)

**Roxin, Claus:** Strafrecht Allgemeiner Teil Band I, 4. Auflage 2006, C.H.Beck München (zit.: Roxin, Strafrecht AT I § ... Rn. ...)

**Roxin, Claus:** Strafrecht Allgemeiner Teil Band II, 2003, C.H.BECK München (zit.: Roxin, Strafrecht AT II § ... Rn. ...)

**Roxin, Claus/Schroth, Ulrich (Hrsg.):** Medizinstrafrecht, 4. Auflage 2010, Boorberg Stuttgart (zit.: *Bearbeiter* in Roxin/Schroth Medizinstrafrecht S. ...)

**Rudolphi, Hans-Joachim/Horn, Eckhard (Begr.)/Wolter, Jürgen (Hrsg.):** Systematischer Kommentar zum Strafgesetzbuch Band I §§ 1 – 37, 9. Auflage 2017, Carl Heymanns Verlag Köln (zit.: *Bearbeiter* in SK-StGB I § ... Rn. ...)

**Rudolphi, Hans-Joachim/Horn, Eckhard (Begr.)/Wolter, Jürgen (Hrsg.):** Systematischer Kommentar zum Strafgesetzbuch Band IV §§ 174 – 241a, 9. Auflage 2017, Carl Heymanns Verlag Köln (zit.: *Bearbeiter* in SK-StGB IV § ... Rn. ...)

**Säcker, Franz Jürgen/Rixecker, Roland/Oetker, Hartmut/Limperg, Bettina (Hrsg.):** Münchener Kommentar zum Bürgerlichen Gesetzbuch, Band 6 §§ 705 - 853 BGB, Schuldrecht Besonderer Teil VI, 7. Auflage 2017, C.H.BECK München (zit.: *Bearbeiter* in MüKo-BGB VI § ... Rn. ...)

**Säcker, Franz Jürgen/Rixecker, Roland/Oetker, Hartmut/Limperg, Bettina (Hrsg.):** Münchener Kommentar zum Bürgerlichen Gesetzbuch, Band 10 Familienrecht II §§ 1589 – 1921 und SGB VIII, 8. Auflage 2020, C.H.BECK München (zit.:*Bearbeiter* in MüKo-BGB X § ... Rn. ...)

**Schaffhauser, René/Kieser, Ueli/Poledna, Tomas (Hrsg.):** Das neue Medizinalberufegesetz (MedBG) Referate der Tagung am 23. August 2007, 2008, St. Gallen (zit.: *Bearbeiter* in Schaffhauser/Kieser/Poledna S. ...)

**Scheer, Peter J.:** Kinderschutz in Kinder- und Jugendkliniken, psychopraxis. neuropraxis, Online publiziert am 13. August 2018 (zit.: *Scheer* psychopraxis. neuropraxis 2018, 96 (…))

**Schiefer, Jennifer:** Grenzen der ärztlichen Schweigepflicht bei Kindesmisshandlungen, FuR 2018 (zit.: *Schiefer* FuR 2018, 514 (…))

**Schlund, Gerhard H.:** Zu Fragen der ärztlichen Schweigepflicht, JR 1977 (zit.: *Schlund* JR 1977, 265 (...))

**Schlund, Gerhard H.:** Anmerkung zu OLG Frankfurt Urt. v. 05.10.1999, JR 2000 (zit.: OLG Frankfurt Urt. v. 05.10.1999 – 8 U 67/99-59 m. Anm. *Schlund* JR 2000, 375 (...))

**Schmid, Niklaus:** Handbuch des schweizerischen Strafpozessrechts, 2. Auflage 2013, DIKE Verlag Zürich (zit.: Schmid, Handbuch § ... Rn. ...)

**Schmid, Niklaus/Jositsch, Daniel:** Schweizerische Strafprozessordnung (StPO) Praxiskommentar, 3. Auflage DIKE Verlag Zürich (zit.: Schmid/Jositsch Art. ... Rn. ...)

**Schmidt, Eberhard:** Brennende Fragen des ärztlichen Berufsgeheimnisses, 1951, Isar-Verlag München (zit.: Schmidt, Ärztliches Berufsgeheimnis S. ...)

**Schmidt, Eberhard:** Der Arzt im Strafrecht, 1939, Verlag von Theodor Weicher, Leipzig (zit.: Eb. Schmidt, Der Arzt im Strafrecht S. ...)

**Schmitz, Roland:** Verletzung von (Privat)geheimnissen – Der Tatbestand des § 203 StGB, JA 1996 (zit.: *Schmitz* JA 1996, 772 (...))

**Schmoller, Kurt:** Zur Reichweite der Verschwiegenheitspflicht von Ärzten, Psychologen und Psychotherapeuten, RdM 1996 (zit.: *Schmoller* RdM 1996, 131 (...))

**Scholz, Franz (Hrsg.):** Kommentar zum GmbHG Band III §§ 53 – 85 GmbhG, 11. Auflage 2015, Verlag Dr. Otto Schmidt Köln (zit.: *Bearbeiter* in Scholz GmbHG § ... Rn. ...)

**Schoßleitner, Claudia:** Rechtliche Probleme der Anzeigepflicht des Arztes im Interventionssystem gegen häusliche Gewalt, Masterthesis 2010 (zit.: Schoßleitner, Anzeigepflicht S. ...)

**Schöbi, Dominik/Perrez, Meinrad:** Bestrafungsverhalten von Erziehungsberechtigten in der Schweiz – eine vergleichende Analyse des Bestrafungsverhaltens von Erziehungsberechtigten in 1990 und 2004, Universität Fribourg 2004 (zit.: Studie Bestrafungsverhalten von Erziehungsberechtigten 1990-2004, S. ...)

**Schönke, Adolf/Schröder, Horst (Begr.):** Strafgesetzbuch Kommentar, 30. Auflage 2019, C.H.BECK München (zit.: *Bearbeiter* in Schönke/Schröder § ... Rn. ...)

**Schulz, Joachim/Vormbaum, Thomas (Hrsg.):** Festschrift für Günter Bemmann zum 70. Geburtstag, 1997, Nomos Baden-Baden (zit.: *Bearbeiter* in FS-Bemmann 1997, ... (...))

**Schünemann, Bernd:** Der strafrechtliche Schutz von Privatgeheimnissen, ZStW 1987 (zit.: *Schünemann* ZStW 1978, 11 (...))

**Schwarzenegger, Christian/Fuchs, Manuela/Ege, Gian:** Best Practices bei der Erkennung und Bekämpfung von Kindesmisshandlung und –vernachlässigung Rechtliche Rahmenbedingungen im internationalen Vergleich, Siebtes Zürcher Präventionsforum – Häusliche Gewalt, 2015, Schulthess Zürich (zit.: *Schwarzenegger/Fuchs/Ege* Rechtliche Rahmenbedingungen in Siebtes Zürcher Präventionsforum S. ...)

**Seher, Gerhard:** Grundfälle zur Beihilfe, JuS 09/2009 (zit.: *Seher* JuS 2009, 793 (...))

**Spendel, Günter:** Schillers „Wilhelm Tell" und das Recht, SchwZStr 1990 (zit.: *Spendel* SchwZStr 1990, 154 (...))

**Spickhoff, Andreas:** Erfolgszurechnung und „Pflicht zum Bruch der Schweigepflicht", NJW 2000 (zit.: *Spickhoff* NJW 2000, 848 (...))

**Spickhoff, Andreas (Hrsg.):** Medizinrecht, 2. Auflage 2014, C.H.Beck München (zit.: *Bearbeiter* in Spickhoff Medizinecht[2] § ... Rn. ...)

**Spickhoff, Andreas (Hrsg.):** Medizinrecht, 3. Auflage 2018, C.H.Beck München (zit.: *Bearbeiter* in Spickhoff Medizinecht § ... Rn. ...)

**Staffe-Hanacek, Martina/Weitzenböck, Johann (Hrsg.):** Kinder- und Jugendhilferecht B-KJHG, ABGB, AußStrG und Ausführungsgesetze der Länder mit erläuternden Anmerkungen, 2015 MANZ Wien (zit.: Staffe-Hanacek/Weitzenböck, Kinder- und Jugendhilferecht § ... Anm. ...)

**Staubli, Georg:** Kinderschutz in der medizinischen Praxis, Achtes Zürcher Präventionsforum – Kinder als Opfer von Kriminalität – Aktuelle kriminalpräventive Ansätze, 2015, Schulthess Zürich (zit.: *Staubli* Kinderschutz in der medizinischen Praxis in Achtes Zürcher Präventionsforum S. ...)

**Steiner, Johannes W.:** Ärztliche Schweigepflicht Urteilsanmerkung zu OGH Urt. v. 12.12.2002, RdM 2003 (zit.: OGH v. 12.12.2002 – 6 Ob 267/02m m. Anm. *Steiner* RdM 2003, 120 (...))

**Steiner, Johannes W.:** Die ärztliche Schweigepflicht in Ärztekammer für Wien Mitteilungen 1980 Band 6 (zit: *Steiner* Mitteilungen der ÄKfWien 1980/6, 34 (...))

**Stellamor, Kurt/Steiner, Wolfgang:** Handbuch des österreichischen Arztrechts Band I: Arzt und Recht, 1999 MANZ Wien (zit.: Stellamor/Steiner, Handbuch Arztrecht I S. ...)

**Stolzlechner, Harald:** Überlegungen zur ärztlichen Verschwiegenheits-, Anzeige- und Meldepflicht, RdM 2000 (zit.: *Stolzlechner* RdM 2000, 67 (...))

**Stratenwerth, Günter/Wohlers, Wolfgang:** Schweizerisches Strafgesetzbuch Handkommentar, 3. Auflage 2013, Stämpfli Verlag AG Bern (zit.: Stratenwerth/Wohlers StGB Art. ... Rn. ...)

**Stürner, Rolf (Hrsg.)/Jauernig, Othmar.:** Bürgerliches Gesetzbuch Kommentar, 17. Auflage 2018, C.H.BECK München (zit.: *Bearbeiter* in Jauernig-BGB § ... Rn. ...)

**Tag, Brigitte:** Die Verschwiegenheit des Arztes im Spiegel des Strafgesetzbuches und der Strafprozessordnung des Kantons Zürich, ZStrR 2004 (zit.: *Tag* ZstR 2004, 1 (...))

**Thun-Hohenstein, Leonhard:** Kinderschutzgruppenarbeit in Österreich, Wiener Medizinische Wochenschrift 2005 (zit.: *Thun-Hohenstein* Wien. Med. Wochenschrift 2005, 365 (...))

**Trechsel, Stefan/Pieth, Mark (Hrsg.):** Schweizerisches Strafgesetzbuch Praxiskommentar, 3. Auflage 2017, Dike Verlag Zürich (zit.: *Bearbeiter* in Trechsel/Pieth Art. ... Rn. ...)

**Triffterer, Otto/Rosbaud, Christian/Hinterhofer, Hubert (Hrsg.):** Salzburger Kommentar zum Strafgesetzbuch, Band 3 §§ 75 – 107a StGB, 7. Lieferung 2002, Lexis Nexis (zit.: *Bearbeiter* in SbgK Bd. 3 § ... Rn. ...)

**Triffterer, Otto/Rosbaud, Christian/Hinterhofer, Hubert (Hrsg.):** Salzburger Kommentar zum Strafgesetzbuch, Band 4 §§ 107b – 141 StGB, 15. Lieferung 2007, Lexis Nexis (zit.: *Bearbeiter* in SbgK Bd. 4 § ... Rn. ...)

**Triffterer, Otto/Rosbaud, Christian/Hinterhofer, Hubert (Hrsg.):** Salzburger Kommentar zum Strafgesetzbuch, Band 6 §§ 177b – 225 StGB, 31. Lieferung 2014, Lexis Nexis (zit.: *Bearbeiter* in SbgK Bd. 6 § ... Rn. ...)

**Trube-Becker, Elisabeth:** Gewalt gegen das Kind Vernachlässigung, Mißhandlung, sexueller Mißbrauch und Tötung von Kindern, 1982, Kriminalistik Verlag Heidelberg (zit.: Trube-Becker, Gewalt gegen das Kind S. ...)

**Ulsenheimer, Klaus:** Arztstrafrecht in der Praxis, 5. Auflage 2015, C.F. Müller Heidelberg, München, Landsberg u.a. (zit.: Ulsenheimer, Arztstrafrecht in der Praxis Rn. ...)

**Ulsenheimer, Klaus:** Arztstrafrecht in der Praxis, 4. Auflage 2008, C.F. Müller Heidelberg, München, Landsberg u.a. (zit.: Ulsenheimer, Arztstrafrecht in der Praxis[4] Rn. ...)

**Ulsenheimer, Klaus:** Strafbarkeit des Garanten bei Nichtvornahme der einzig möglichen, aber riskanten Rettungshandlung – Anmerkung zu Dallinger MDR 1971, 361(zit.: *Ulsenheimer* JuS 1972, 252 (...))

**v. Heintschel-Heinegg, Bernd (Hrsg.)** : Beck'scher Onlinekommentar StGB, 45. Edition Stand: 01.02.2020, C.H.BECK München (zit.: *Bearbeiter* in BeckOK-StGB § ... Rn. ...)

**Vitkas, Konstantinos:** Grenzen der ärztlichen Schweigepflicht am Beispiel von Kindesmisshandlungen - Zugleich ein Beitrag zu § 4 Abs. 3 Kinderschutz-Kooperationsgesetz, Diss. 2014, Peter Lang Frankfurt a.M. (zit.: Vitkas, Diss. 2014 S. ...)

**Wabnitz, Reinhard Joachim:** Das Berliner Kinderschutzgesetz im Kontext zum Bundeskinderschutzgesetz, FPR 2011 (zit.: *Wabnitz* FPR 2011, 192 (...))

**Wahl, Stefanie:** Phänomenologische, kriminologische und epidemiologische Aspekte der Kindesmisshandlung im Großraum Hamburg Eine retrospektive Analyse der klinischrechtsmedizinischen Untersuchungen 1988 bis 2004, Diss. 2011, Hamburg (zit.: Wahl, Diss. 2011 S. ...)

**Wallner, Felix:** Grenzen der Verschwiegenheitspflicht der Gesundheitsberufe, RdM 2013 (zit.: *Wallner* RdM 2013,164 (...))

**Wapler, Friederike:** Das Bundeskinderschutzgesetz: ärztliche Befugnisse und Pflichten bei Anhaltspunkten für eine Kindeswohlgefährdung, Der Gynäkologe 2012 (zit.: *Wapler* Gynäkologe 2012, 888 (...))

**Weber, Alexandra K./Duttge, Gunnar/Höger, Christoph:** Das Selbstbestimmungsrecht einwilligungsfähiger Minderjähriger als Grenze der ärztlichen Offenbarungsbefugnis nach § 4 KKG, MedR 2014 (zit.: *Weber/Duttge/Höger* MedR 2014, 777 (...))

**Weigend, Thomas:** Über die Begründung der Straflosigkeit bei Einwilligung des Betroffenen, ZStW 1986 (zit.: Weigend ZStW 1986, 44 (...))

**Wenzel, Frank (Hrsg.):** Handbuch des Fachanwalts Medizinrecht, 3. Auflage 2013, Luchterhand Köln (zit.: *Bearbeiter* in Wenzel Handbuch S. ... Rn. ...)

**Wessels, Johannes (Begr.)/Beulke, Werner/Satzger, Helmut:** Strafrecht Allgemeiner Teil, 48. Auflage 2018, C.F. Müller Heidelberg (zit.: Wessels/Beulke/Satzger AT § ... Rn. ...)

**Wiebel, Bernhard:** Das Berufsgeheimnis in den freien Berufen Untersuchungen zur Soziologie und Geschichte der Berufe des Arztes, Rechtsanwalts und Strafverteidiger, Diss. 1970, Westdeutscher Verlag Köln und Opladen (zit.: Wiebel, Das Berufsgeheimnis in den freien Berufen S. ...)

**Wiesner, Reinhard (Hrsg.):** SGB VIII Kinder- und Jugendhilfe Kommentar, 5. Auflage 2015, C.H.BECK München (zit.: *Bearbeiter* in Wiesner SGB VIII § ... Rn. ...)

**Wolflast, Gabriele:** Aufklärung über AIDS Erkrankung, Urteilsanmerkung zu OLG Frankfurt a.M. Beschl. v. 08.07.1999, NStZ 2001 (zit.: OLG Frankfurt a.M. Beschl. v. 8.07.1999 - 8 U 67/99 m. Anm. *Wolflast* NStZ 2001, 150 (...))

**Wopmann, Markus:** Kindesmisshandlung – Zahlen schweizweit Melderecht- oder Meldepflicht für Ärzte, Siebtes Zürcher Präventionsforum – Häusliche Gewalt, 2015, Schulthess Zürich (zit.: *Wopmann* Kindesmisshandlung in Siebtes Zürcher Präventionsforum S. ...)

**Zenz, Monika:** Die Anzeigepflicht von Ärzten, Jugendwohlfahrtseinrichtungen und Schulpädagogen bei Verdacht auf Kindesmisshandlung, Diss. Graz 2009 (zit.: Zenz, Diss. 2009 S. ...)

# J. Anhang

## I. Österreich

### Strafrecht (StGB)

*§ 2. (Begehung durch Unterlassung)*
*Bedroht das Gesetz die Herbeiführung eines Erfolges mit Strafe, so ist auch strafbar, wer es unterläßt, ihn abzuwenden, obwohl er zufolge einer ihn im besonderen treffenden Verpflichtung durch die Rechtsordnung dazu verhalten ist und die Unterlassung der Erfolgsabwendung einer Verwirklichung des gesetzlichen Tatbildes durch ein Tun gleichzuhalten ist.*

*§ 10. (Entschuldigender Notstand)*
*(1) Wer eine mit Strafe bedrohte Tat begeht, um einen unmittelbar drohenden bedeutenden Nachteil von sich oder einem anderen abzuwenden, ist entschuldigt, wenn der aus der Tat drohende Schaden nicht unverhältnismäßig schwerer wiegt als der Nachteil, den sie abwenden soll, und in der Lage des Täters von einem mit den rechtlich geschützten Werten verbundenen Menschen kein anderes Verhalten zu erwarten war.*
*(2) Der Täter ist nicht entschuldigt, wenn er sich der Gefahr ohne einen von der Rechtsordnung anerkannten Grund bewußt ausgesetzt hat. Der Täter ist wegen fahrlässiger Begehung zu bestrafen, wenn er die Voraussetzungen, unter denen seine Handlung entschuldigt wäre, in einem Irrtum angenommen hat, der auf Fahrlässigkeit beruhte, und die fahrlässige Begehung mit Strafe bedroht ist.*

*§ 80. (Fahrlässige Tötung)*
*(1) Wer fahrlässig den Tod eines anderen herbeiführt, ist mit Freiheitsstrafe bis zu einem Jahr oder mit Geldstrafe bis zu 720 Tagessätzen zu bestrafen.*
*(2) Hat die Tat den Tod mehrerer Menschen zur Folge, so ist der Täter mit Freiheitsstrafe bis zu zwei Jahren zu bestrafen.*

§ 81. *(Grob fahrlässige Tötung)*
   *(1) Wer grob fahrlässig (§ 6 Abs. 3) den Tod eines anderen herbeiführt, ist mit Freiheitsstrafe bis zu drei Jahren zu bestrafen.*
   *(2) Ebenso ist zu bestrafen, wer den Tod eines Menschen fahrlässig herbeiführt, nachdem er sich vor der Tat, wenn auch nur fahrlässig, durch Genuss von Alkohol oder den Gebrauch eines anderen berauschenden Mittels in einen die Zurechnungsfähigkeit nicht ausschließenden Rauschzustand versetzt hat, obwohl er vorhergesehen hat oder hätte vorhersehen können, dass ihm eine Tätigkeit bevorstehe, deren Vornahme in diesem Zustand eine Gefahr für das Leben, die Gesundheit oder die körperliche Sicherheit eines anderen herbeizuführen oder zu vergrößern geeignet sei.*
   *(3) Mit Freiheitsstrafe von sechs Monaten bis zu fünf Jahren ist zu bestrafen, wer grob fahrlässig (§ 6 Abs. 3) oder in dem in Abs. 2 bezeichneten Fall den Tod einer größeren Zahl von Menschen herbeiführt.*

§ 82. *(Aussetzung)*
   *(1) Wer das Leben eines anderen dadurch gefährdet, daß er ihn in eine hilflose Lage bringt und in dieser Lage im Stich läßt, ist mit Freiheitsstrafe von sechs Monaten bis zu fünf Jahren zu bestrafen.*
   *(2) Ebenso ist zu bestrafen, wer das Leben eines anderen, der unter seiner Obhut steht oder dem er sonst beizustehen verpflichtet ist (§ 2), dadurch gefährdet, daß er ihn in einer hilflosen Lage im Stich läßt.*
   *(3) Hat die Tat den Tod des Gefährdeten zur Folge, so ist der Täter mit Freiheitsstrafe von einem bis zu zehn Jahren zu bestrafen.*

§ 83. *(Körperverletzung)*
   *(1) Wer einen anderen am Körper verletzt oder an der Gesundheit schädigt, ist mit Freiheitsstrafe bis zu einem Jahr oder mit Geldstrafe bis zu 720 Tagessätzen zu bestrafen.*
   *(2) Ebenso ist zu bestrafen, wer einen anderen am Körper mißhandelt und dadurch fahrlässig verletzt oder an der Gesundheit schädigt.*
   *(3) Wer eine Körperverletzung nach Abs. 1 oder 2 an einer Person, die mit der Kontrolle der Einhaltung der Beförderungsbedingungen oder der Lenkung eines Beförderungsmittels einer dem öffentlichen Verkehr dienenden Anstalt betraut ist, während oder wegen der Ausübung ihrer Tätigkeit begeht, ist mit Freiheitsstrafe bis zu zwei Jahren zu bestrafen.*

§ 84. *(Schwere Körperverletzung)*
> *(1) Wer einen anderen am Körper misshandelt und dadurch fahrlässig eine länger als vierundzwanzig Tage dauernde Gesundheitsschädigung oder Berufsunfähigkeit oder eine an sich schwere Verletzung oder Gesundheitsschädigung zufügt, ist mit Freiheitsstrafe bis zu drei Jahren zu bestrafen.*
> *(2) Ebenso ist zu bestrafen, wer eine Körperverletzung (§ 83 Abs. 1 oder Abs. 2) an einem Beamten, Zeugen oder Sachverständigen während oder wegen der Vollziehung seiner Aufgaben oder der Erfüllung seiner Pflichten begeht.*
> *(3) Ebenso ist der Täter zu bestrafen, wenn er mindestens drei selbstständige Taten (§ 83 Abs. 1 oder Abs. 2) ohne begreiflichen Anlass und unter Anwendung erheblicher Gewalt begangen hat.*
> *(4) Mit Freiheitsstrafe von sechs Monaten bis zu fünf Jahren ist zu bestrafen, wer einen anderen am Körper verletzt oder an der Gesundheit schädigt und dadurch, wenn auch nur fahrlässig, eine schwere Körperverletzung oder Gesundheitsschädigung (Abs. 1) des anderen herbeiführt.*
> *(5) Ebenso ist zu bestrafen, wer eine Körperverletzung (§ 83 Abs. 1 oder Abs. 2) begeht*
>> *1. auf eine Weise, mit der Lebensgefahr verbunden ist,*
>> *2. mit mindestens zwei Personen in verabredeter Verbindung oder*
>> *3. unter Zufügung besonderer Qualen*

§ 85. *(Körperverletzung mit schweren Dauerfolgen)*
> *(1) Wer einen anderen am Körper misshandelt und dadurch fahrlässig für immer oder für lange Zeit*
>> *1. den Verlust oder eine schwere Schädigung der Sprache, des Sehvermögens, des Gehörs oder der Fortpflanzungsfähigkeit*
>> *2. eine erhebliche Verstümmelung oder eine auffallende Verunstaltung*
>> *3. ein schweres Leiden, Siechtum oder Berufsunfähigkeit des Geschädigten,*

herbeiführt, ist mit Freiheitsstrafe von sechs Monaten bis zu fünf Jahren zu bestrafen.

*(2) Mit Freiheitsstrafe von einem bis zu zehn Jahren ist zu bestrafen, wer einen anderen am Körper verletzt oder an der Gesundheit schädigt und dadurch, wenn auch nur fahrlässig, eine schwere Dauerfolge (Abs. 1) beim Verletzten herbeiführt.*

§ 86. *(Körperverletzung mit tödlichem Ausgang)*
*(1) Wer einen anderen am Körper misshandelt und dadurch fahrlässig dessen Tod herbeiführt, ist mit Freiheitsstrafe von einem bis zu zehn Jahren zu bestrafen.*
*(2) Wer einen anderen am Körper verletzt oder an der Gesundheit schädigt und dadurch fahrlässig dessen Tod herbeiführt, ist mit Freiheitsstrafe von einem bis zu fünfzehn Jahren zu bestrafen.*

§ 87. *(Absichtliche schwere Körperverletzung)*
*(1) Wer einem anderen eine schwere Körperverletzung (§ 84 Abs. 1) absichtlich zufügt, ist mit Freiheitsstrafe von einem bis zu zehn Jahren zu bestrafen.*
*(2) Zieht die Tat eine schwere Dauerfolge (§ 85) nach sich, so ist der Täter mit Freiheitsstrafe von einem bis zu fünfzehn Jahren, hat die Tat den Tod des Geschädigten zur Folge, mit Freiheitsstrafe von fünf bis zu fünfzehn Jahren zu bestrafen.*

§ 88. *(Fahrlässige Körperverletzung)*
*(1) Wer fahrlässig einen anderen am Körper verletzt oder an der Gesundheit schädigt, ist mit Freiheitsstrafe bis zu drei Monaten oder mit Geldstrafe bis zu 180 Tagessätzen zu bestrafen.*
*(2) Handelt der Täter nicht grob fahrlässig (§ 6 Abs. 3) und ist*
  *1. die verletzte Person mit dem Täter in auf- oder absteigender Linie verwandt oder verschwägert oder sein Ehegatte, sein eingetragener Partner, sein Bruder oder seine Schwester oder nach § 72 Abs. 2 wie ein Angehöriger des Täters zu behandeln,*
  *2. aus der Tat keine Gesundheitsschädigung oder Berufsunfähigkeit einer anderen Person von mehr als vierzehntägiger Dauer erfolgt oder*
  *3. der Täter ein Angehöriger eines gesetzlich geregelten Gesundheitsberufes und die Körperverletzung in Ausübung seines Berufes zugefügt worden,*

so ist der Täter nach Abs. 1 nicht zu bestrafen.
(3) Wer grob fahrlässig (§ 6 Abs. 3) oder in dem in § 81 Abs. 2 bezeichneten Fall einen anderen am Körper verletzt oder an der Gesundheit schädigt, ist mit Freiheitsstrafe bis zu sechs Monaten oder mit Geldstrafe bis zu 360 Tagessätzen zu bestrafen.
(4) Hat die Tat nach Abs. 1 eine schwere Körperverletzung (§ 84 Abs. 1) zur Folge, so ist der Täter mit Freiheitsstrafe bis zu sechs Monaten oder mit Geldstrafe bis zu 360 Tagessätzen zu bestrafen. Hat die Tat nach Abs. 3 eine schwere Körperverletzung (§ 84 Abs. 1) zur Folge, ist der Täter mit Freiheitsstrafe bis zu zwei Jahren, hat sie jedoch eine schwere Körperverletzung (§ 84 Abs. 1) einer größeren Zahl von Menschen zur Folge, mit Freiheitsstrafe bis zu drei Jahren zu bestrafen.

§ 89. (Gefährdung der körperlichen Sicherheit)
Wer vorsätzlich, grob fahrlässig (§ 6 Abs. 3) oder fahrlässig unter den in § 81 Abs. 2 umschriebenen Umständen, eine Gefahr für das Leben, die Gesundheit oder die körperliche Sicherheit eines anderen herbeiführt, ist mit Freiheitsstrafe bis zu drei Monaten oder mit Geldstrafe bis zu 180 Tagessätzen zu bestrafen.

§ 92. (Quälen oder Vernachlässigen unmündiger, jüngerer oder wehrloser Personen)
(1) Wer einem anderen, der seiner Fürsorge oder Obhut untersteht und der das achtzehnte Lebensjahr noch nicht vollendet hat oder wegen Gebrechlichkeit, Krankheit oder einer geistigen Behinderung wehrlos ist, körperliche oder seelische Qualen zufügt, ist mit Freiheitsstrafe bis zu drei Jahren zu bestrafen.
(2) Ebenso ist zu bestrafen, wer seine Verpflichtung zur Fürsorge oder Obhut einem solchen Menschen gegenüber gröblich vernachlässigt und dadurch, wenn auch nur fahrlässig, dessen Gesundheit oder dessen körperliche oder geistige Entwicklung beträchtlich schädigt.
(3) Hat die Tat eine Körperverletzung mit schweren Dauerfolgen (§ 85) zur Folge, so ist der Täter mit Freiheitsstrafe von sechs Monaten bis zu fünf Jahren, hat sie den Tod des Geschädigten zur Folge, mit Freiheitsstrafe von einem bis zu zehn Jahren zu bestrafen.

§ 93. *(Überanstrengung unmündiger, jüngerer oder schonungsbedürftiger Personen)*
*(1) Wer einen anderen, der von ihm abhängig ist oder seiner Fürsorge oder Obhut untersteht und der das achtzehnte Lebensjahr noch nicht vollendet hat oder wegen seines Gesundheitszustandes offensichtlich schonungsbedürftig ist, aus Bosheit oder rücksichtslos überanstrengt und dadurch, wenn auch nur fahrlässig, die Gefahr des Todes oder einer beträchtlichen Körperverletzung oder Gesundheitsschädigung des Überanstrengten herbeiführt, ist mit Freiheitsstrafe bis zu zwei Jahren zu bestrafen.*
*(2) Hat die Tat eine der im § 92 Abs. 3 genannten Folgen, so sind die dort angedrohten Strafen zu verhängen.*

§ 166. *(Begehung im Familienkreis)*
*(1) Wer eine Sachbeschädigung, eine Datenbeschädigung, eine Störung der Funktionsfähigkeit eines Computersystems, einen Diebstahl mit Ausnahme der in den §§ 129 Abs. 2 Z 2, 131 genannten Fälle, eine Entziehung von Energie, eine Veruntreuung, eine Unterschlagung, eine dauernde Sachentziehung, einen Eingriff in fremdes Jagd- oder Fischereirecht mit Ausnahme der in den §§ 138 Z 2 und 3, 140 genannten Fälle, einen Betrug, einen betrügerischen Datenverarbeitungsmißbrauch, eine Untreue, eine Geschenkannahme durch Machthaber, eine Hehlerei nach § 164 Abs. 1 bis 4, eine Fälschung unbarer Zahlungsmittel, eine Annahme, eine Weitergabe oder einen Besitz falscher oder verfälschter unbarer Zahlungsmittel, eine Vorbereitung der Fälschung unbarer Zahlungsmittel, eine Entfremdung unbarer Zahlungsmittel, eine Annahme, eine Weitergabe oder einen Besitz entfremdeter unbarer Zahlungsmittel oder ein Ausspähen von Daten eines unbaren Zahlungsmittels zum Nachteil seines Ehegatten, seines eingetragenen Partners, eines Verwandten in gerader Linie, seines Bruders oder seiner Schwester oder zum Nachteil eines anderen Angehörigen begeht, sofern er mit diesem in Hausgemeinschaft lebt, ist mit Freiheitsstrafe bis zu drei Monaten oder mit Geldstrafe bis zu 180 Tagessätzen, wenn die Tat jedoch sonst mit einer Freiheitsstrafe bedroht wäre, die drei Jahre erreicht oder übersteigt, mit Freiheitsstrafe bis zu sechs Monaten oder mit Geldstrafe bis zu 360 Tagessätzen zu bestrafen. Ein Vormund, Kurator oder Sachwalter, der zum*

*Nachteil desjenigen handelt, für den er bestellt worden ist, wird jedoch nicht begünstigt.*
*(2) Ebenso ist zu bestrafen, wer sich an der Tat bloß zum Vorteil eines anderen beteiligt (§ 12), der zum Verletzten in einer der genannten Beziehungen steht.*
*(3) Der Täter ist nur auf Verlangen des Verletzten zu verfolgen.*

*§ 199. (Vernachlässigung der Pflege, Erziehung oder Beaufsichtigung)*
*Wer die ihm auf Grund eines Gesetzes obliegende Pflege, Erziehung oder Beaufsichtigung einer minderjährigen Person gröblich vernachlässigt und dadurch, wenn auch nur fahrlässig, deren Verwahrlosung bewirkt, ist mit Freiheitsstrafe bis zu sechs Monaten oder mit Geldstrafe bis zu 360 Tagessätzen zu bestrafen.*

*§ 121 (Verletzung von Berufsgeheimnissen)*
*(1) Wer ein Geheimnis offenbart oder verwertet, das den Gesundheitszustand einer Person betrifft und das ihm bei berufsmäßiger Ausübung eines gesetzlich geregelten Gesundheitsberufes oder bei berufsmäßiger Beschäftigung mit Aufgaben der Verwaltung einer Krankenanstalt oder eines anderen Gesundheitsdiensteanbieters (§ 2 Z 2 des Gesundheitstelematikgesetzes 2012, BGBl. I Nr. 111/2012) oder mit Aufgaben der Kranken-, der Unfall-, der Lebens- oder der Sozialversicherung ausschließlich kraft seines Berufes anvertraut worden oder zugänglich geworden ist und dessen Offenbarung oder Verwertung geeignet ist, ein berechtigtes Interesse der Person zu verletzen, die seine Tätigkeit in Anspruch genommen hat oder für die sie in Anspruch genommen worden ist, ist mit Freiheitsstrafe bis zu sechs Monaten oder mit Geldstrafe bis zu 360 Tagessätzen zu bestrafen.*
*(1a) Ebenso ist zu bestrafen, wer widerrechtlich von einer Person die Offenbarung (Einsichtnahme oder Verwertung) von Geheimnissen ihres Gesundheitszustandes in der Absicht verlangt, den Erwerb oder das berufliche Fortkommen dieser oder einer anderen Person für den Fall der Weigerung zu schädigen oder zu gefährden.*
*(2) Wer die Tat begeht, um sich oder einem anderen einen Vermögensvorteil zuzuwenden oder einem anderen einen Nachteil zuzufügen, ist mit Freiheitsstrafe bis zu einem Jahr oder mit Geldstrafe bis zu 360 Tagessätzen zu bestrafen.*

*(3) Ebenso ist ein von einem Gericht oder einer anderen Behörde für ein bestimmtes Verfahren bestellter Sachverständiger zu bestrafen, der ein Geheimnis offenbart oder verwertet, das ihm ausschließlich kraft seiner Sachverständigentätigkeit anvertraut worden oder zugänglich geworden ist und dessen Offenbarung oder Verwertung geeignet ist, ein berechtigtes Interesse der Person zu verletzen, die seine Tätigkeit in Anspruch genommen hat oder für die sie in Anspruch genommen worden ist.*
*(4) Den Personen, die eine der in den Abs. 1 und 3 bezeichneten Tätigkeiten ausüben, stehen ihre Hilfskräfte, auch wenn sie nicht berufsmäßig tätig sind, sowie die Personen gleich, die an der Tätigkeit zu Ausbildungszwecken teilnehmen.*
*(5) Der Täter ist nicht zu bestrafen, wenn die Offenbarung oder Verwertung nach Inhalt und Form durch ein öffentliches oder ein berechtigtes privates Interesse gerechtfertigt ist.*
*(6) Der Täter ist nur auf Verlangen des in seinem Interesse an der Geheimhaltung Verletzten (Abs. 1 und 3) zu verfolgen.*

§ 206. *(Schwerer sexueller Mißbrauch von Unmündigen)*
*(1) Wer mit einer unmündigen Person den Beischlaf oder eine dem Beischlaf gleichzusetzende geschlechtliche Handlung unternimmt, ist mit Freiheitsstrafe von einem bis zu zehn Jahren zu bestrafen.*
*(2) Ebenso ist zu bestrafen, wer eine unmündige Person zur Vornahme oder Duldung des Beischlafes oder einer dem Beischlaf gleichzusetzenden geschlechtlichen Handlung mit einer anderen Person oder, um sich oder einen Dritten geschlechtlich zu erregen oder zu befriedigen, dazu verleitet, eine dem Beischlaf gleichzusetzende geschlechtliche Handlung an sich selbst vorzunehmen.*
*(3) Hat die Tat eine schwere Körperverletzung (§ 84 Abs. 1) oder eine Schwangerschaft der unmündigen Person zur Folge oder wird die unmündige Person durch die Tat längere Zeit hindurch in einen qualvollen Zustand versetzt oder in besonderer Weise erniedrigt, so ist der Täter mit Freiheitsstrafe von fünf bis zu fünfzehn Jahren, hat sie aber den Tod der unmündigen Person zur Folge, mit Freiheitsstrafe von zehn bis zu zwanzig Jahren oder mit lebenslanger Freiheitsstrafe zu bestrafen.*
*(4) Übersteigt das Alter des Täters das Alter der unmündigen Person nicht um mehr als drei Jahre, wird die unmündige Person durch die Tat weder längere Zeit hindurch in einen qualvollen Zustand versetzt noch in*

*besonderer Weise erniedrigt und hat die Tat weder eine schwere Körperverletzung (§ 84 Abs. 1) noch den Tod der unmündigen Person zur Folge, so ist der Täter nach Abs. 1 und 2 nicht zu bestrafen, es sei denn, die unmündige Person hätte das 13. Lebensjahr noch nicht vollendet.*

*§ 207. (Sexueller Mißbrauch von Unmündigen)*
*(1) Wer außer dem Fall des § 206 eine geschlechtliche Handlung an einer unmündigen Person vornimmt oder von einer unmündigen Person an sich vornehmen läßt, ist mit Freiheitsstrafe von sechs Monaten bis zu fünf Jahren zu bestrafen.*
*(2) Ebenso ist zu bestrafen, wer eine unmündige Person zu einer geschlechtlichen Handlung (Abs. 1) mit einer anderen Person oder, um sich oder einen Dritten geschlechtlich zu erregen oder zu befriedigen, dazu verleitet, eine geschlechtliche Handlung an sich selbst vorzunehmen.*
*(3) Hat die Tat eine schwere Körperverletzung (§ 84 Abs. 1) zur Folge oder wird die unmündige Person durch die Tat längere Zeit hindurch in einen qualvollen Zustand versetzt oder in besonderer Weise erniedrigt, so ist der Täter mit Freiheitsstrafe von fünf bis zu fünfzehn Jahren, hat sie aber den Tod der unmündigen Person zur Folge, mit Freiheitsstrafe von zehn bis zu zwanzig Jahren oder mit lebenslanger Freiheitsstrafe zu bestrafen.*
*(4) Übersteigt das Alter des Täters das Alter der unmündigen Person nicht um mehr als vier Jahre, wird die unmündige Person durch die Tat weder längere Zeit hindurch in einen qualvollen Zustand versetzt noch in besonderer Weise erniedrigt und ist keine der Folgen des Abs. 3 eingetreten, so ist der Täter nach Abs. 1 und 2 nicht zu bestrafen, es sei denn, die unmündige Person hätte das zwölfte Lebensjahr noch nicht vollendet.*

*§ 207a. Pornographische Darstellungen Minderjähriger*
*(1) Wer eine pornographische Darstellung einer minderjährigen Person (Abs. 4)*
    *1. herstellt oder*
    *2. einem anderen anbietet, verschafft, überlässt, vorführt oder sonst zugänglich macht,*
*ist mit Freiheitsstrafe bis zu drei Jahren zu bestrafen.*
*(2) Mit Freiheitsstrafe von sechs Monaten bis zu fünf Jahren ist zu bestrafen, wer eine pornographische Darstellung einer minderjährigen*

*Person (Abs. 4) zum Zweck der Verbreitung herstellt, einführt, befördert oder ausführt oder eine Tat nach Abs. 1 gewerbsmäßig begeht. Mit Freiheitsstrafe von einem bis zu zehn Jahren ist zu bestrafen, wer die Tat als Mitglied einer kriminellen Vereinigung oder so begeht, dass sie einen besonders schweren Nachteil der minderjährigen Person zur Folge hat; ebenso ist zu bestrafen, wer eine pornographische Darstellung einer minderjährigen Person (Abs. 4) unter Anwendung schwerer Gewalt herstellt oder bei der Herstellung das Leben der dargestellten minderjährigen Person vorsätzlich oder grob fahrlässig (§ 6 Abs. 3) gefährdet.*

*(3) Wer sich eine pornographische Darstellung einer mündigen minderjährigen Person (Abs. 4 Z 3 und 4) verschafft oder eine solche besitzt, ist mit Freiheitsstrafe bis zu einem Jahr oder mit Geldstrafe bis zu 720 Tagessätzen zu bestrafen. Mit Freiheitsstrafe bis zu zwei Jahren ist zu bestrafen, wer sich eine pornographische Darstellung einer unmündigen Person (Abs. 4) verschafft oder eine solche besitzt.*

*(3a) Nach Abs. 3 wird auch bestraft, wer im Internet wissentlich auf eine pornographische Darstellung Minderjähriger zugreift.*

*(4) Pornographische Darstellungen Minderjähriger sind*

    *1. wirklichkeitsnahe Abbildungen einer geschlechtlichen Handlung an einer unmündigen Person oder einer unmündigen Person an sich selbst, an einer anderen Person oder mit einem Tier,*

    *2. wirklichkeitsnahe Abbildungen eines Geschehens mit einer unmündigen Person, dessen Betrachtung nach den Umständen den Eindruck vermittelt, dass es sich dabei um eine geschlechtliche Handlung an der unmündigen Person oder der unmündigen Person an sich selbst, an einer anderen Person oder mit einem Tier handelt,*

    *3. wirklichkeitsnahe Abbildungen*

        *a) einer geschlechtlichen Handlung im Sinne der Z 1 oder eines Geschehens im Sinne der Z 2, jedoch mit mündigen Minderjährigen, oder*

        *b) der Genitalien oder der Schamgegend Minderjähriger, soweit es sich um reißerisch verzerrte, auf sich selbst reduzierte und von anderen Lebensäußerungen losgelöste Abbildungen handelt, die der sexuellen Erregung des Betrachters dienen;*

*4.bildliche Darstellungen, deren Betrachtung - zufolge Veränderung einer Abbildung oder ohne Verwendung einer solchen - nach den Umständen den Eindruck vermittelt, es handle sich um eine Abbildung nach den Z 1 bis 3.*

*(5) Nach Abs. 1 und Abs. 3 ist nicht zu bestrafen, wer*

*1.eine pornographische Darstellung einer mündigen minderjährigen Person mit deren Einwilligung und zu deren oder seinem eigenen Gebrauch herstellt oder besitzt oder*

*2.eine pornographische Darstellung einer mündigen minderjährigen Person nach Abs. 4 Z 4 zu seinem eigenen Gebrauch herstellt oder besitzt, sofern mit der Tat keine Gefahr der Verbreitung der Darstellung verbunden ist.*

*(6) Nicht zu bestrafen ist ferner, wer*

*1.in den Fällen des Abs. 1, Abs. 2 erster Fall und Abs. 3 eine pornographische Darstellung einer mündigen minderjährigen Person von sich selbst herstellt, besitzt, oder anderen zu deren eigenem Gebrauch anbietet, verschafft, überlässt, vorführt oder sonst zugänglich macht oder*

*2.eine pornographische Darstellung einer unmündigen minderjährigen Person von sich selbst besitzt.*

Medizinrecht

# AerzteG

*§ 54 Verschwiegenheits-, Anzeige- und Meldepflicht* **(in der Fassung bis 30.10.2019)**
*(1) Der Arzt und seine Hilfspersonen sind zur Verschwiegenheit über alle ihnen in Ausübung ihres Berufes anvertrauten oder bekannt gewordenen Geheimnisse verpflichtet.*
*(2) Die Verschwiegenheitspflicht besteht nicht, wenn*
1. *nach gesetzlichen Vorschriften eine Meldung des Arztes über den Gesundheitszustand bestimmter Personen vorgeschrieben ist,*
2. *Mitteilungen oder Befunde des Arztes an die Sozialversicherungsträger und Krankenfürsorgeanstalten oder sonstigen Kostenträger in dem Umfang, als er für den Empfänger zur Wahrnehmung der ihm übertragenen Aufgaben eine wesentliche Voraussetzung bildet, erforderlich sind,*
3. *die durch die Offenbarung des Geheimnisses bedrohte Person den Arzt von der Geheimhaltung entbunden hat,*
4. *die Offenbarung des Geheimnisses nach Art und Inhalt zum Schutz höherwertiger Interessen*
    a. *der öffentlichen Gesundheitspflege,*
    b. *der Rechtspflege oder*
    c. *von einwilligungsunfähigen Patientinnen/Patienten im Zusammenhang mit der Bereitstellung der für die Behandlungskontinuität unerlässlichen Eckdaten gegenüber den mit der Pflege betrauten Personen*

*unbedingt erforderlich ist*
*(3) Die Verschwiegenheitspflicht besteht auch insoweit nicht, als die für die Honorar- oder Medikamentenabrechnung gegenüber den Krankenversicherungsträgern, Krankenanstalten, sonstigen Kostenträgern oder Patienten erforderlichen Unterlagen zum Zweck der Abrechnung, auch im automationsunterstützten Verfahren, Auftragsverarbeitern gemäß Art. 4 Z 8 Datenschutz-Grundverordnung überlassen werden. Eine allfällige Speicherung darf nur so erfolgen, daß Betroffene weder bestimmt werden können noch mit hoher Wahrscheinlichkeit bestimmbar sind.*

*Diese Daten sind ausschließlich mit Zustimmung des Verantwortlichen gemäß Art. 4 Z 7 Datenschutz-Grundverordnung an die zuständige Ärztekammer über deren Verlangen weiterzugeben.*

*(4) Ergibt sich für den Arzt in Ausübung seines Berufes der Verdacht, dass durch eine gerichtlich strafbare Handlung der Tod oder eine schwere Körperverletzung herbeigeführt wurde, so hat der Arzt, sofern Abs. 5 nicht anderes bestimmt, der Sicherheitsbehörde unverzüglich Anzeige zu erstatten. Gleiches gilt im Fall des Verdachts, dass eine volljährige Person, die ihre Interessen nicht selbst wahrzunehmen vermag, misshandelt, gequält, vernachlässigt oder sexuell missbraucht worden ist.*

*(5) Ergibt sich für den Arzt in Ausübung seines Berufes der Verdacht, dass ein Minderjähriger misshandelt, gequält, vernachlässigt oder sexuell missbraucht worden ist, so hat der Arzt Anzeige an die Sicherheitsbehörde zu erstatten. Richtet sich der Verdacht gegen einen nahen Angehörigen (§ 166 StGB), so kann die Anzeige so lange unterbleiben, als dies das Wohl des Minderjährigen erfordert und eine Zusammenarbeit mit dem Kinder- und Jugendhilfeträger und gegebenenfalls eine Einbeziehung einer Kinderschutzeinrichtung an einer Krankenanstalt erfolgt.*

*(6) In den Fällen einer vorsätzlich begangenen schweren Körperverletzung hat der Arzt auf bestehende Opferschutzeinrichtungen hinzuweisen. In den Fällen des Abs. 5 hat er überdies unverzüglich und nachweislich Meldung an den zuständigen Kinder- und Jugendhilfeträger zu erstatten.*

*§ 54. Verschwiegenheits-, Anzeige- und Meldepflicht* **(in der Fassung seit dem 30.10.2019)**

*(1) Die Ärztin/der Arzt und ihre/seine Hilfspersonen sind zur Verschwiegenheit über alle ihnen in Ausübung ihres Berufes anvertrauten oder bekannt gewordenen Geheimnisse verpflichtet.*

*(2) Die Verschwiegenheitspflicht besteht nicht, wenn*

*1. nach gesetzlichen Vorschriften eine Meldung der Ärztin/des Arztes über den Gesundheitszustand bestimmter Personen vorgeschrieben ist,*

*2. Mitteilungen oder Befunde der Ärztin/des Arztes an die Sozialversicherungsträger und Krankenfürsorgeanstalten oder sonstigen Kostenträger in dem Umfang, als dies für die Empfängerin/den Empfänger zur Wahrnehmung der ihr/ihm*

*übertragenen Aufgaben eine wesentliche Voraussetzung bildet, erforderlich sind,*
*3. die durch die Offenbarung des Geheimnisses bedrohte Person die Ärztin/den Arzt von der Geheimhaltung entbunden hat,*
*4. die Offenbarung des Geheimnisses nach Art und Inhalt zum Schutz höherwertiger Interessen*
    *a) der öffentlichen Gesundheitspflege,*
    *b) der Rechtspflege oder*
    *c) von einwilligungsunfähigen Patientinnen/Patienten im Zusammenhang mit der Bereitstellung der für die Behandlungskontinuität unerlässlichen Eckdaten gegenüber den mit der Pflege betrauten Personen unbedingt erforderlich ist,*
*5. die Offenbarung des Geheimnisses gegenüber anderen Ärztinnen/Ärzten und Krankenanstalten zur Aufklärung eines Verdachts einer gerichtlich strafbaren Handlung gemäß Abs. 4 Z 2 und zum Wohl der Kinder oder Jugendlichen erforderlich ist,*
*6. die Ärztin/der Arzt der Anzeigepflicht gemäß Abs. 4 oder der Mitteilungspflicht gemäß § 37 Bundes-Kinder- und Jugendhilfegesetz 2013 (B-KJHG 2013), BGBl. I Nr. 69/2013, nachkommt.*
*(3) Die Verschwiegenheitspflicht besteht auch insoweit nicht, als die für die Honorar- oder Medikamentenabrechnung gegenüber den Krankenversicherungsträgern, Krankenanstalten, sonstigen Kostenträgern oder Patienten erforderlichen Unterlagen zum Zweck der Abrechnung, auch im automationsunterstützten Verfahren, Auftragsverarbeitern gemäß Art. 4 Z 8 Datenschutz-Grundverordnung überlassen werden. Eine allfällige Speicherung darf nur so erfolgen, dass Betroffene weder bestimmt werden können noch mit hoher Wahrscheinlichkeit bestimmbar sind. Diese Daten sind ausschließlich mit Zustimmung des Verantwortlichen gemäß Art. 4 Z 7 Datenschutz-Grundverordnung an die zuständige Ärztekammer über deren Verlangen weiterzugeben.*
*(4) Die Ärztin/der Arzt ist zur Anzeige an die Kriminalpolizei oder die Staatsanwaltschaft verpflichtet, wenn sich in Ausübung der beruflichen Tätigkeit der begründete Verdacht ergibt, dass durch eine gerichtlich strafbare Handlung*
    *1. der Tod, eine schwere Körperverletzung oder eine Vergewaltigung herbeigeführt wurde oder*

2. Kinder oder Jugendliche misshandelt, gequält, vernachlässigt oder sexuell missbraucht werden oder worden sind oder

3. nicht handlungs- oder entscheidungsfähige oder wegen Gebrechlichkeit, Krankheit oder einer geistigen Behinderung wehrlose Volljährige misshandelt, gequält, vernachlässigt oder sexuell missbraucht werden oder worden sind.

(5) Eine Pflicht zur Anzeige nach Abs. 4 besteht nicht, wenn

1. die Anzeige dem ausdrücklichen Willen der volljährigen handlungs- oder entscheidungsfähigen Patientin/des volljährigen handlungs- oder entscheidungsfähigen Patienten widersprechen würde, sofern keine unmittelbare Gefahr für diese/diesen oder eine andere Person besteht und die klinisch-forensischen Spuren ärztlich gesichert sind, oder

2. die Anzeige im konkreten Fall die berufliche Tätigkeit beeinträchtigen würde, deren Wirksamkeit eines persönlichen Vertrauensverhältnisses bedarf, sofern nicht eine unmittelbare Gefahr für diese oder eine andere Person besteht, oder

3. die Ärztin/der Arzt, die ihre/der seine berufliche Tätigkeit im Dienstverhältnis ausübt, eine entsprechende Meldung an den Dienstgeber erstattet hat und durch diesen eine Anzeige an die Kriminalpolizei oder die Staatsanwaltschaft erfolgt ist.

(6) Weiters kann in Fällen des Abs. 4 Z 2 die Anzeige unterbleiben, wenn sich der Verdacht gegen einen Angehörigen (§ 72 StGB) richtet, sofern dies das Wohl des Kindes oder Jugendlichen erfordert und eine Mitteilung an die Kinder- und Jugendhilfeträger und gegebenenfalls eine Einbeziehung einer Kinderschutzeinrichtung an einer Krankenanstalt erfolgt. In den Fällen einer vorsätzlich begangenen schweren Körperverletzung hat die Ärztin/der Arzt auf bestehende Opferschutzeinrichtungen hinzuweisen.

§ 136. Disziplinarvergehen

(1) Ärzte machen sich eines Disziplinarvergehens schuldig, wenn sie im Inland oder im Ausland

1. das Ansehen der in Österreich tätigen Ärzteschaft durch ihr Verhalten der Gemeinschaft, den Patienten oder den Kollegen gegenüber beeinträchtigen oder

*2. die Berufspflichten verletzen, zu deren Einhaltung sie sich anläßlich der Promotion zum Doctor medicinae universae verpflichtet haben oder zu deren Einhaltung sie nach diesem Bundesgesetz oder nach anderen Vorschriften verpflichtet sind.*
*(2) Ärzte machen sich jedenfalls eines Disziplinarvergehens nach Abs. 1 Z 1 oder Z 2 schuldig, wenn sie*
*1. den ärztlichen Beruf ausüben, obwohl über sie rechtskräftig die Disziplinarstrafe der befristeten Untersagung der Berufsausübung (§ 139 Abs. 1 Z 3) verhängt worden ist oder*
*2. eine oder mehrere strafbare Handlungen vorsätzlich begangen haben und deswegen von einem in- oder ausländischen Gericht zu einer Freiheitsstrafe von mehr als sechs Monaten oder zu einer Geldstrafe von zumindest 360 Tagessätzen oder zu einer Geldstrafe von mehr als 36 340 Euro verurteilt worden sind.*
*Werden in einem oder mehreren Urteilen Freiheitsstrafen und Geldstrafen (nebeneinander) verhängt, ist die Summe der Freiheitsstrafen und der für den Fall der Uneinbringlichkeit der Geldstrafen verhängten Freiheitsstrafen maßgeblich. Wird in einem oder mehreren Urteilen ausschließlich auf Geldstrafen erkannt, sind diese zusammen zu zählen.*
*(3) Ärzte, die Staatsangehörige eines Mitgliedstaates der EU oder einer sonstigen Vertragspartei des EWR-Abkommens oder der Schweizerischen Eidgenossenschaft sind und im Inland vorübergehend ärztliche Dienstleistungen erbringen (§ 37) sowie Ärzte, die den ärztlichen Beruf im Inland gemäß § 36 ausüben, unterliegen jedoch nur hinsichtlich der im Inland begangenen Disziplinarvergehen den disziplinarrechtlichen Vorschriften.*
*(4) Auf Ärzte, die ihren Beruf im Rahmen eines Dienstverhältnisses bei einer Gebietskörperschaft oder einer anderen Körperschaft öffentlichen Rechts mit eigenem Disziplinarrecht ausüben, sind die disziplinarrechtlichen Vorschriften dieses Bundesgesetzes hinsichtlich ihrer dienstlichen Tätigkeit und der damit verbundenen Berufspflichten nicht anzuwenden. Wird das Dienstverhältnis zur Körperschaft öffentlichen Rechts allerdings vor rechtskräftigem Abschluß eines dort anhängigen Disziplinarverfahrens beendet, so finden auf Disziplinarvergehen nach diesem Bundesgesetz die disziplinarrechtlichen Vorschriften dieses Bundesgesetzes Anwendung. Die Beendigung des Disziplinarverfahrens wegen Ausscheidens des Arztes aus dem Dienstverhältnis ist von der Körperschaft*

*öffentlichen Rechts der Österreichischen Ärztekammer unverzüglich bekanntzugeben.*

*(5) Die disziplinäre Verfolgung wird nicht dadurch ausgeschlossen, daß der dem angelasteten Disziplinarvergehen zugrunde liegende Sachverhalt einen gerichtlichen Straftatbestand oder einen Verwaltungsstraftatbestand bildet.*

*(6) Die disziplinäre Verfolgung ist jedoch ausgeschlossen, soweit der Arzt oder außerordentliche Kammerangehörige bereits von einem anderen für ihn zuständigen Träger der Disziplinargewalt hinsichtlich derselben Tat disziplinär bestraft worden ist. Bis zur Erledigung eines vor diesem anhängig gemachten Verfahrens ist das Verfahren vor dem Disziplinarrat zu unterbrechen.*

*(7) Soweit in diesem Bundesgesetz nicht anderes bestimmt ist, genügt für die Strafbarkeit fahrlässiges Verhalten (§ 6 StGB).*

*(8) Ein Disziplinarvergehen ist vom Disziplinarrat nicht zu verfolgen, wenn die Schuld des Arztes gering ist und sein Verhalten keine oder nur unbedeutende Folgen nach sich gezogen hat.*

*§ 138. Einstweilige Maßnahme*

*(1) Der Disziplinarrat kann dem Disziplinarbeschuldigten die Ausübung des ärztlichen Berufes bis zum rechtskräftigen Abschluß des Disziplinarverfahrens untersagen, wenn dies mit Rücksicht auf die Art und das Gewicht des ihm zur Last gelegten Disziplinarvergehens wegen zu besorgender schwerer Nachteile, insbesondere für die Patienten oder das Ansehen des Ärztestandes, erforderlich ist und ihm nicht bereits gemäß § 62 die Ausübung des ärztlichen Berufes vorläufig untersagt worden ist.*

*(2) Vor der Beschlußfassung über eine einstweilige Maßnahme muß der Disziplinarbeschuldigte Gelegenheit zur Stellungnahme zu den gegen ihn erhobenen Anschuldigungen sowie zu den Voraussetzungen für die Anordnung einer einstweiligen Maßnahme gehabt haben. Hievon kann bei Gefahr im Verzug abgesehen werden, doch ist in diesem Fall dem Disziplinarbeschuldigten nach der Beschlußfassung unverzüglich Gelegenheit zur Stellungnahme zu geben.*

*(3) Die einstweilige Maßnahme ist aufzuheben, wenn sich ergibt, daß die Voraussetzungen für die Anordnung nicht oder nicht mehr vorliegen oder sich die Umstände wesentlich geändert haben. Mit der rechtskräftigen*

*Beendigung des Disziplinarverfahrens tritt die einstweilige Maßnahme unbeschadet des Abs. 7 außer Kraft.*

*(4) Der Beschluß über die einstweilige Maßnahme ist dem Disziplinarbeschuldigten, dem Disziplinaranwalt, der für den Disziplinarbeschuldigten zuständigen Ärztekammer sowie der Österreichischen Ärztekammer zuzustellen.*

*(5) Die einstweilige Maßnahme ist bei der Verhängung von Disziplinarstrafen angemessen zu berücksichtigen. Die Zeit, während der die Ausübung des ärztlichen Berufes vorläufig untersagt war, ist auf die Disziplinarstrafe der Untersagung der Berufsausübung anzurechnen.*

*(6) Beschwerden gegen einstweilige Maßnahmen haben keine aufschiebende Wirkung.*

*(7) Eine über den Disziplinarbeschuldigten verhängte einstweilige Maßnahme bleibt im Fall des § 188 auch über die rechtskräftige Beendigung des Disziplinarverfahrens hinaus so lange wirksam, bis das Disziplinarerkenntnis vollzogen werden darf. Abs. 3 erster Satz ist jedoch anzuwenden.*

§ 139. Disziplinarstrafen

*(1) Disziplinarstrafen sind*
    *1. der schriftliche Verweis,*
    *2. die Geldstrafe bis zum Betrag von 36 340 Euro,*
    *3. die befristete Untersagung der Berufsausübung,*
    *4. die Streichung aus der Ärzteliste.*

*(2) Die Strafe gemäß Abs. 1 Z 3 darf im Falle eines Disziplinarvergehens gemäß § 136 Abs. 2 höchstens auf die Zeit von drei Jahren verhängt werden. In den übrigen Fällen darf die Strafe gemäß Abs. 1 Z 3 höchstens für die Dauer eines Jahres, das erste Mal höchstens für die Dauer von drei Monaten verhängt werden. Die Untersagung der Berufsausübung gemäß Abs. 1 Z 3 bezieht sich auf die Ausübung des ärztlichen Berufes im Inland mit Ausnahme der ärztlichen Berufsausübung im Zusammenhang mit den Dienstpflichten von Ärzten, die ihren Beruf im Rahmen eines Dienstverhältnisses bei einer Gebietskörperschaft oder einer anderen Körperschaft öffentlichen Rechts mit eigenem Disziplinarrecht ausüben.*

*(3) Die Disziplinarstrafen gemäß Abs. 1 Z 2 bis 4 können bedingt unter Festsetzung einer Bewährungsfrist von einem Jahr bis zu drei Jahren*

*verhängt werden, wenn anzunehmen ist, daß ihre Androhung genügen werde, um den Beschuldigten von weiteren Disziplinarvergehen abzuhalten und es nicht der Vollstreckung der Strafe bedarf, um der Begehung von Disziplinarvergehen durch andere Ärzte entgegenzuwirken.*

*(4) Die Disziplinarstrafe gemäß Abs. 1 Z 4 ist insbesondere zu verhängen, wenn der Beschuldigte den ärztlichen Beruf ausübt, obwohl über ihn die Disziplinarstrafe gemäß Abs. 1 Z 3 verhängt worden ist, sofern nicht nach den besonderen Umständen des Falles mit einer geringeren Strafe das Auslangen gefunden werden kann.*

*(5) Nach Verhängung der Disziplinarstrafe gemäß Abs. 1 Z 4 kann eine erneute Eintragung in die Ärzteliste erst erfolgen, wenn der ärztliche Beruf insgesamt drei Jahre nicht ausgeübt worden ist. Wegen mangelnder Vertrauenswürdigkeit kann die erneute Eintragung auch nach Ablauf dieses Zeitraumes von der Österreichischen Ärztekammer verweigert werden (§ 27 Abs. 8).*

*(6) Liegen einem Beschuldigten mehrere Disziplinarvergehen zur Last, so ist, außer im Falle des Abs. 10, nur eine Disziplinarstrafe zu verhängen. Die §§ 31 und 40 StGB gelten sinngemäß.*

*(7) Bei Bemessung der Strafe ist insbesondere auf die Größe des Verschuldens und der daraus entstandenen Nachteile, vor allem für die Patientenschaft, bei Bemessung der Geldstrafe auch auf die Einkommens- und Vermögensverhältnisse des Beschuldigten, Bedacht zu nehmen. Die §§ 32 bis 34 StGB sind sinngemäß anzuwenden.*

*(8) Wird ein Arzt nach Gewährung einer bedingten Strafnachsicht (Abs. 3) wegen eines neuerlichen, innerhalb der Probezeit begangenen Disziplinarvergehens schuldig erkannt, so ist entweder die bedingte Strafnachsicht zu widerrufen oder, wenn dies ausreichend erscheint, den Beschuldigten von weiteren Disziplinarvergehen abzuhalten, die Probezeit bis auf höchstens fünf Jahre zu verlängern. Die Entscheidung darüber kann nach Anhörung des Beschuldigten entweder im Erkenntnis wegen des neuen Disziplinarvergehens oder in einem gesonderten Beschluß erfolgen.*

*(9) Wird eine bedingte Strafnachsicht nicht widerrufen, so gilt die Strafe mit Ablauf der Probezeit als endgültig nachgesehen. Die §§ 49, 55 und 56 StGB gelten sinngemäß. Zeiten, in denen der ärztliche Beruf nicht ausgeübt worden ist, werden in die Probezeit nicht eingerechnet.*

*(10) Sofern es im Interesse der Wahrung des Ansehens der österreichischen Ärzteschaft und der Einhaltung der Berufspflichten gelegen ist, kann im Disziplinarerkenntnis auf Veröffentlichung des gesamten Disziplinarerkenntnisses in den Mitteilungen der zuständigen Ärztekammer oder allenfalls zusätzlich auch in der Österreichischen Ärztezeitung erkannt werden.*

§ 199. *Strafbestimmungen*

*(1) Wer eine in den §§ 2 Abs. 2 und 3 umschriebene Tätigkeit ausübt, ohne hiezu nach diesem Bundesgesetz oder nach anderen gesetzlichen Vorschriften berechtigt zu sein, begeht, sofern die Tat nicht den Tatbestand einer in die Zuständigkeit der Gerichte fallenden strafbaren Handlung bildet, eine Verwaltungsübertretung und ist mit Geldstrafe bis zu 3 630 Euro zu bestrafen. Der Versuch ist strafbar.*

*(2) Sofern aus der Tat (Abs. 1) eine schwerwiegende Gefahr für Leib, Leben oder Gesundheit einer Person entstanden ist oder der Täter bereits zweimal wegen unbefugter ärztlicher Tätigkeit bestraft worden ist, ist der Täter mit Geldstrafe bis zu 21 800 Euro zu bestrafen.*

*(3) Werden im § 7 Abs. 3, § 8 Abs. 2, § 12 Abs. 3, § 12a Abs. 4, § 15 Abs. 1 zweiter Satz, § 15 Abs. 5, § 27 Abs. 2, § 29 Abs. 1, § 31 Abs. 3, § 32 Abs. 3, § 35 Abs. 7, § 36, § 37 Abs. 1 oder 8, § 43 Abs. 2, 3, 4 oder 6, § 45 Abs. 3 oder 4, § 46, § 47 Abs. 1, § 48, § 49, § 49a Abs. 1, § 50 Abs. 1 oder 3, § 50a, § 50b, § 51, § 52 Abs. 2, § 53 Abs. 1 bis 3, § 54 Abs. 1, § 55, § 56 Abs. 1, § 57 Abs. 1, § 63, § 89 oder § 194 erster Satz enthaltenen Anordnungen oder Verboten zuwiderhandelt, begeht, sofern die Tat nicht den Tatbestand einer in die Zuständigkeit der Gerichte fallenden strafbaren Handlung bildet, eine Verwaltungsübertretung und ist mit Geldstrafe bis zu 2 180 Euro zu bestrafen. Der Versuch ist strafbar.*

*(4) Wer den Anordnungen zuwiderhandelt, die in den auf Grund dieses Bundesgesetzes erlassenen Verordnungen enthalten sind, begeht, sofern die Tat nicht den Tatbestand einer in die Zuständigkeit der Gerichte fallenden strafbaren Handlung bildet, eine Verwaltungsübertretung und ist mit Geldstrafe bis zu 2 180 Euro zu bestrafen. Der Versuch ist strafbar.*

# KAKuG

§ 1.

*(1) Unter Krankenanstalten (Heil- und Pflegeanstalten) sind Einrichtungen zu verstehen, die*

*1. zur Feststellung und Überwachung des Gesundheitszustands durch Untersuchung,*

*2. zur Vornahme operativer Eingriffe,*

*3. zur Vorbeugung, Besserung und Heilung von Krankheiten durch Behandlung,*

*4. zur Entbindung,*

*5. für Maßnahmen medizinischer Fortpflanzungshilfe oder*

*6. zur Bereitstellung von Organen zum Zweck der Transplantation*

*bestimmt sind.*

*(2) Ferner sind als Krankenanstalten auch Einrichtungen anzusehen, die zur ärztlichen Betreuung und besonderen Pflege von chronisch Kranken bestimmt sind.*

§ 8e. *Kinder- und Opferschutzgruppen*

*(1) Durch die Landesgesetzgebung sind die Träger der nach ihrem Anstaltszweck und Leistungsangebot in Betracht kommenden Krankenanstalten zu verpflichten, Kinderschutzgruppen einzurichten. Für Krankenanstalten, deren Größe keine eigene Kinderschutzgruppe erfordert, können Kinderschutzgruppen auch gemeinsam mit anderen Krankenanstalten eingerichtet werden.*

*(2) Der Kinderschutzgruppe obliegen insbesondere die Früherkennung von Gewalt an oder Vernachlässigung von Kindern und die Sensibilisierung der in Betracht kommenden Berufsgruppen für Gewalt an Kindern sowie die Früherkennung von häuslicher Gewalt an Opfern, die das 18. Lebensjahr noch nicht vollendet haben.*

*(3) Der Kinderschutzgruppe haben jedenfalls als Vertreter des ärztlichen Dienstes ein Facharzt für Kinder- und Jugendheilkunde oder ein Facharzt für Kinderchirurgie, Vertreter des Pflegedienstes und Personen, die zur psychologischen Betreuung oder psychotherapeutischen Versorgung in der Krankenanstalt tätig sind, anzugehören. Die Kinderschutzgruppe*

*kann, gegebenenfalls auch im Einzelfall, beschließen, einen Vertreter des zuständigen Jugendwohlfahrtsträgers beizuziehen.*

*(4) Durch die Landesgesetzgebung sind die Träger der nach ihrem Anstaltszweck und Leistungsangebot in Betracht kommenden Krankenanstalten zu verpflichten, Opferschutzgruppen für volljährige Betroffene häuslicher Gewalt einzurichten. Für Krankenanstalten, deren Größe keine eigene Opferschutzgruppe erfordert, können Opferschutzgruppen auch gemeinsam mit anderen Krankenanstalten eingerichtet werden.*

*(5) Den Opferschutzgruppen obliegen insbesondere die Früherkennung von häuslicher Gewalt und die Sensibilisierung der in Betracht kommenden Berufsgruppen für häusliche Gewalt.*

*(6) Der Opferschutzgruppe haben jedenfalls zwei Vertreter des ärztlichen Dienstes, die bei einem entsprechenden Leistungsangebot Vertreter der Sonderfächer Unfallchirurgie sowie Frauenheilkunde und Geburtshilfe zu sein haben, anzugehören. Im Übrigen haben der Opferschutzgruppe Angehörige des Pflegedienstes und Personen, die zur psychologischen Betreuung oder psychotherapeutischen Versorgung in der Krankenanstalt tätig sind, anzugehören.*

*(7) Von der Einrichtung einer Opferschutzgruppe kann abgesehen werden, wenn die Kinderschutzgruppe unter Beachtung der personellen Vorgaben des Abs. 6 auch die Aufgaben der Opferschutzgruppe nach Abs. 5 erfüllen kann. Anstelle einer Opferschutzgruppe und einer Kinderschutzgruppe kann auch eine Gewaltschutzgruppe eingerichtet werden, die unter Beachtung der personellen Vorgaben der Abs. 3 und 6 sowohl die Aufgaben nach Abs. 2 als auch nach Abs. 5 wahrnimmt.*

*(8) Wird ein Vorwurf erhoben oder besteht ein Verdacht, dass es zu sexuellen Übergriffen oder körperlichen Misshandlungen oder zur Zufügung seelischer Qualen eines Pfleglings durch Anstaltspersonal gekommen sei, so hat die Opferschutzgruppe eine unabhängige externe Person, etwa aus dem Bereich der Patientenanwaltschaften (§ 11e), beizuziehen.*

*§ 9. Verschwiegenheitspflicht*

*(1) Für die bei Trägern von Krankenanstalten und in Krankenanstalten beschäftigten Personen sowie für die Mitglieder von Ausbildungskommissionen (§ 8 Abs. 4) und für die Mitglieder von Kommissionen gemäß § 8c besteht Verschwiegenheitspflicht, sofern ihnen nicht schon nach anderen gesetzlichen oder dienstrechtlichen Vorschriften eine solche*

*Verschwiegenheitspflicht auferlegt ist. Die Verpflichtung zur Verschwiegenheit erstreckt sich auf alle den Gesundheitszustand betreffenden Umstände sowie auf die persönlichen, wirtschaftlichen und sonstigen Verhältnisse der Pfleglinge, die ihnen in Ausübung ihres Berufes bekannt geworden sind, bei Eingriffen gemäß § 5 des Organtransplantationsgesetzes, BGBl. I Nr. 108/2012 auch auf die Person des Spenders und des Empfängers.*

*(2) Durchbrechungen der Verschwiegenheitspflicht bestimmen sich nach den dienst- oder berufsrechtlichen Vorschriften. Im Übrigen besteht die Verschwiegenheitspflicht nicht, wenn die Offenbarung des Geheimnisses nach Art und Inhalt durch ein öffentliches Interesse, insbesondere durch Interessen der öffentlichen Gesundheitspflege oder der Rechtspflege gerechtfertigt ist.*

*(3) Durch die Landesgesetzgebung sind Vorschriften über die Ahndung von Zuwiderhandlungen gegen die Verschwiegenheitspflicht zu erlassen.*

## Kinderschutzrecht

*§ 6 B-KJHG*

*(1) Die Mitarbeiter und Mitarbeiterinnen der Kinder- und Jugendhilfeträger die und der beauftragten privaten Kinder- und Jugendhilfeeinrichtungen sind zur Verschwiegenheit über Tatsachen des Privat- und Familienlebens, die werdende Eltern, Eltern oder sonst mit Pflege und Erziehung betraute Personen, Familien, Kinder, Jugendliche und junge Erwachsene mittelbar oder unmittelbar betreffen und ausschließlich aus dieser Tätigkeit bekannt geworden sind, verpflichtet, sofern die Offenlegung nicht im überwiegenden berechtigten Interesse der betroffenen Kinder, Jugendlichen und jungen Erwachsenen liegt.*

*(2) Die Verpflichtung zur Verschwiegenheit besteht auch nach Beendigung der Tätigkeit für den Kinder- und Jugendhilfeträger oder für die beauftragte private Kinder- und Jugendhilfeeinrichtung weiter.*

*(3) Die Verschwiegenheitspflicht besteht nicht gegenüber dem Kinder- und Jugendhilfeträger.*

*(4) Die Verschwiegenheitspflicht besteht im Strafverfahren nicht gegenüber Auskunftsersuchen der Staatsanwaltschaften und Gerichte, die sich auf den konkreten Verdacht beziehen, dass Kinder und Jugendliche*

*misshandelt, gequält, vernachlässigt oder sexuell missbraucht worden sind. Die Bestimmungen der §§ 51 Abs. 2, erster Satz, und 112 StPO sind sinngemäß anzuwenden.*

§ 37 BKJH-G

*(1) Ergibt sich in Ausübung einer beruflichen Tätigkeit der begründete Verdacht, dass Kinder oder Jugendliche misshandelt, gequält, vernachlässigt oder sexuell missbraucht werden oder worden sind oder ihr Wohl in anderer Weise erheblich gefährdet ist, und kann diese konkrete erhebliche Gefährdung eines bestimmten Kindes oder Jugendlichen anders nicht verhindert werden, ist von folgenden Einrichtungen unverzüglich schriftlich Mitteilung an den örtlich zuständigen Kinder- und Jugendhilfeträger zu erstatten:*

*1. Gerichten, Behörden und Organen der öffentlichen Aufsicht;*

*2. Einrichtungen zur Betreuung oder zum Unterricht von Kindern und Jugendlichen;*

*3. Einrichtungen zur psychosozialen Beratung;*

*4. privaten Einrichtungen der Kinder- und Jugendhilfe;*

*5. Kranken- und Kuranstalten;*

*6. Einrichtungen der Hauskrankenpflege;*

*(2) Die Entscheidung über die Mitteilung ist erforderlichenfalls im Zusammenwirken von zumindest zwei Fachkräften zu treffen.*

*(3) Die Mitteilungspflicht gemäß Abs. 1 trifft auch:*

*1. Personen, die freiberuflich die Betreuung oder den Unterricht von Kindern und Jugendlichen übernehmen;*

*2. von der Kinder- und Jugendhilfe beauftragte freiberuflich tätige Personen;*

*3. Angehörige gesetzlich geregelter Gesundheitsberufe, sofern sie ihre berufliche Tätigkeit nicht in einer im Abs. 1 genannten Einrichtung ausüben.*

*(4) Die schriftliche Mitteilung hat jedenfalls Angaben über alle relevanten Wahrnehmungen und daraus gezogenen Schlussfolgerungen sowie Namen und Adressen der betroffenen Kinder und Jugendlichen und der mitteilungspflichtigen Person zu enthalten.*

*(5) Berufsrechtliche Vorschriften zur Verschwiegenheit stehen der Erfüllung der Mitteilungspflicht gemäß Abs. 1 und Abs. 3 nicht entgegen.*

## II. Schweiz

### StGB
Strafrecht und Strafprozessrecht

*Art. 17 (Rechtfertigender Notstand)*
*Wer eine mit Strafe bedrohte Tat begeht, um ein eigenes oder das Rechtsgut einer anderen Person aus einer unmittelbaren, nicht anders abwendbaren Gefahr zu retten, handelt rechtmässig, wenn er dadurch höherwertige Interessen wahrt.*

*Art. 111 (Vorsätzliche Tötung)*
*Wer vorsätzlich einen Menschen tötet, ohne dass eine der besondern Voraussetzungen der nachfolgenden Artikel zutrifft, wird mit Freiheitsstrafe nicht unter fünf Jahren bestraft.*

*Art. 112 (Mord)*
*Handelt der Täter besonders skrupellos, sind namentlich sein Beweggrund, der Zweck der Tat oder die Art der Ausführung besonders verwerflich, so ist die Strafe lebenslängliche Freiheitsstrafe oder Freiheitsstrafe nicht unter zehn Jahren.*

*Art. 113 (Totschlag)*
*Handelt der Täter in einer nach den Umständen entschuldbaren heftigen Gemütsbewegung oder unter grosser seelischer Belastung, so ist die Strafe Freiheitsstrafe von einem Jahr bis zu zehn Jahren.1*

*Art. 117 (Fahrlässige Tötung)*
*Wer fahrlässig den Tod eines Menschen verursacht, wird mit Freiheitsstrafe bis zu drei Jahren oder Geldstrafe bestraft.*

*Art. 122 (Schwere Körperverletzung)*
*Wer vorsätzlich einen Menschen lebensgefährlich verletzt,*
*wer vorsätzlich den Körper, ein wichtiges Organ oder Glied eines Menschen verstümmelt oder ein wichtiges Organ oder Glied unbrauchbar macht, einen Menschen bleibend arbeitsunfähig, gebrechlich oder geisteskrank macht, das Gesicht eines Menschen arg und bleibend entstellt, wer vorsätzlich eine andere schwere*

*Schädigung des Körpers oder der körperlichen oder geistigen Gesundheit eines Menschen verursacht,*
*wird mit Freiheitsstrafe von sechs Monaten bis zu zehn Jahren bestraft.*

*Art. 123 (Einfache Körperverletzung)*
  *1. Wer vorsätzlich einen Menschen in anderer Weise an Körper oder Gesundheit schädigt, wird, auf Antrag, mit Freiheitsstrafe bis zu drei Jahren oder Geldstrafe bestraft. In leichten Fällen kann der Richter die Strafe mildern (Art. 48a).*
  *2. Die Strafe ist Freiheitsstrafe bis zu drei Jahren oder Geldstrafe, und der Täter wird von Amtes wegen verfolgt,*
    *wenn er Gift, eine Waffe oder einen gefährlichen Gegenstand gebraucht,*
    *wenn er die Tat an einem Wehrlosen oder an einer Person begeht, die unter seiner Obhut steht oder für die er zu sorgen hat, namentlich an einem Kind,*
    *wenn er der Ehegatte des Opfers ist und die Tat während der Ehe oder bis zu einem Jahr nach der Scheidung begangen wurde,*
    *wenn er die eingetragene Partnerin oder der eingetragene Partner des Opfers ist und die Tat während der Dauer der eingetragenen Partnerschaft oder bis zu einem Jahr nach deren Auflösung begangen wurde,*
    *wenn er der hetero- oder homosexuelle Lebenspartner des Opfers ist, sofern sie auf unbestimmte Zeit einen gemeinsamen Haushalt führen und die Tat während dieser Zeit oder bis zu einem Jahr nach der Trennung begangen wurde.*

*Art. 125*
  *1 Wer fahrlässig einen Menschen am Körper oder an der Gesundheit schädigt, wird, auf Antrag, mit Freiheitsstrafe bis zu drei Jahren oder Geldstrafe bestraft.*
  *2 Ist die Schädigung schwer, so wird der Täter von Amtes wegen verfolgt.*

*Art. 126*

*1 Wer gegen jemanden Tätlichkeiten verübt, die keine Schädigung des Körpers oder der Gesundheit zur Folge haben, wird, auf Antrag, mit Busse bestraft.*

*2 Der Täter wird von Amtes wegen verfolgt, wenn er die Tat wiederholt begeht: a. an einer Person, die unter seiner Obhut steht oder für die er zu sorgen hat, namentlich an einem Kind;*

    *b. an seinem Ehegatten während der Ehe oder bis zu einem Jahr nach der Scheidung; oder*

    *b$^{bis}$ seiner eingetragenen Partnerin oder seinem eingetragenen Partner während der Dauer der eingetragenen Partnerschaft oder bis zu einem Jahr nach deren Auflösung; oder*

    *c. an seinem hetero- oder homosexuellen Lebenspartner, sofern sie auf unbestimmte Zeit einen gemeinsamen Haushalt führen und die Tat während dieser Zeit oder bis zu einem Jahr nach der Trennung begangen wurde.*

*Art. 127 (Aussetzung)*

*Wer einen Hilflosen, der unter seiner Obhut steht oder für den er zu sorgen hat, einer Gefahr für das Leben oder einer schweren unmittelbaren Gefahr für die Gesundheit aussetzt oder in einer solchen Gefahr im Stiche lässt, wird mit Freiheitsstrafe bis zu fünf Jahren oder Geldstrafe bestraft.*

*Art. 136*

*Wer einem Kind unter 16 Jahren alkoholische Getränke oder andere Stoffe in einer Menge, welche die Gesundheit gefährden kann, verabreicht oder zum Konsum zur Verfügung stellt, wird mit Freiheitsstrafe bis zu drei Jahren oder Geldstrafe bestraft.*

*Art. 180 (Drohung)*

*$^1$ Wer jemanden durch schwere Drohung in Schrecken oder Angst versetzt, wird, auf Antrag, mit Freiheitsstrafe bis zu drei Jahren oder Geldstrafe bestraft.*

*$^2$ Der Täter wird von Amtes wegen verfolgt, wenn er:*

    *a. der Ehegatte des Opfers ist und die Drohung während der Ehe oder bis zu einem Jahr nach der Scheidung begangen wurde; oder* a $^{bis1}$. die eingetragene Partnerin oder der eingetragene Partner des Opfers ist und die Drohung während der eingetragenen Partnerschaft oder bis zu einem Jahr nach deren Auflösung begangen wurde; oder

b. der hetero- oder homosexuelle Lebenspartner des Opfers ist, sofern sie auf unbestimmte Zeit einen gemeinsamen Haushalt führen und die Drohung während dieser Zeit oder bis zu einem Jahr nach der Trennung begangen wurde.207

*Art. 187 (Sexuelle Handlungen mit Kindern)*
1. Wer mit einem Kind unter 16 Jahren eine sexuelle Handlung vornimmt, es zu einer solchen Handlung verleitet oder es in eine sexuelle Handlung einbezieht, wird mit Freiheitsstrafe bis zu fünf Jahren oder Geldstrafe bestraft.
2. Die Handlung ist nicht strafbar, wenn der Altersunterschied zwischen den Beteiligten nicht mehr als drei Jahre beträgt.
3. Hat der Täter zur Zeit der Tat oder der ersten Tathandlung das 20. Altersjahr noch nicht zurückgelegt und liegen besondere Umstände vor oder ist die verletzte Person mit ihm die Ehe oder eine eingetragene Partnerschaft eingegangen, so kann die zuständige Behörde von der Strafverfolgung, der Überweisung an das Gericht oder der Bestrafung absehen.
4. Handelte der Täter in der irrigen Vorstellung, das Kind sei mindestens 16 Jahre alt, hätte er jedoch bei pflichtgemässer Vorsicht den Irrtum vermeiden können, so ist die Strafe Freiheitsstrafe bis zu drei Jahren oder Geldstrafe.

*Art. 213 (Inzest)*
1. Wer mit einem Blutsverwandten in gerader Linie oder einem voll- oder halbbürtigen Geschwister den Beischlaf vollzieht, wird mit Freiheitsstrafe bis zu drei Jahren oder Geldstrafe bestraft.
2. Minderjährige bleiben straflos, wenn sie verführt worden sind.

*Art. 219 (Verletzung der Fürsorge- und Erziehungspflicht)*
[1] Wer seine Fürsorge- oder Erziehungspflicht gegenüber einer minderjährigen Person verletzt oder vernachlässigt und sie dadurch in ihrer körperlichen oder seelischen Entwicklung gefährdet, wird mit Freiheitsstrafe bis zu drei Jahren oder Geldstrafe bestraft.

² *Handelt der Täter fahrlässig, so kann statt auf Freiheitsstrafe oder Geldstrafe auf Busse erkannt werden.*

Art. 321 *(Verletzung des Berufgeheimnisses)*
   1. *Geistliche, Rechtsanwälte, Verteidiger, Notare, Patentanwälte, nach Obligationenrecht zur Verschwiegenheit verpflichtete Revisoren, Ärzte, Zahnärzte, Chiropraktoren, Apotheker, Hebammen, Psychologen sowie ihre Hilfspersonen, die ein Geheimnis offenbaren, das ihnen infolge ihres Berufes anvertraut worden ist oder das sie in dessen Ausübung wahrgenommen haben, werden, auf Antrag, mit Freiheits- strafe bis zu drei Jahren oder Geldstrafe bestraft. Ebenso werden Studierende bestraft, die ein Geheimnis offenbaren, das sie bei ihrem Studium wahrnehmen. Die Verletzung des Berufsgeheimnisses ist auch nach Beendigung der Berufsausübung oder der Studien strafbar.*
   2. *Der Täter ist nicht strafbar, wenn er das Geheimnis auf Grund einer Einwilligung des Berechtigten oder einer auf Gesuch des Täters erteilten schriftlichen Bewilligung der vorgesetzten Behörde oder Aufsichtsbehörde offenbart hat.*
   3. *Vorbehalten bleiben die eidgenössischen und kantonalen Bestimmungen über die Melde- und Mitwirkungsrechte, über die Zeugnispflicht und über die Auskunftspflicht gegenüber einer Behörde.*

## StPO

*Art. 301 StPO*
*¹ Jede Person ist berechtigt, Straftaten bei einer Strafverfolgungsbehörde schriftlich oder mündlich anzuzeigen.*
*² Die Strafverfolgungsbehörde teilt der anzeigenden Person auf deren Anfrage mit, ob ein Strafverfahren eingeleitet und wie es erledigt wird.*
*³ Der anzeigenden Person, die weder geschädigt noch Privatklägerin oder Privatkläger ist, stehen keine weitergehenden Verfahrensrechte zu.*

## Medizinrecht

## MedBG

*Art. 40 Berufspflichten*
*Personen, die einen universitären Medizinalberuf privatwirtschaftlich in eigener fachlicher Verantwortung ausüben, halten sich an folgende Berufspflichten:*

*a. Sie üben ihren Beruf sorgfältig und gewissenhaft aus; sie halten sich an die Grenzen der Kompetenzen, die sie im Rahmen der Aus-, Weiter- und Fortbildung erworben haben.*

*b. Sie vertiefen, erweitern und verbessern ihre beruflichen Kenntnisse, Fähigkeiten und Fertigkeiten im Interesse der Qualitätssicherung durch lebenslange Fortbildung.*

*c. Sie wahren die Rechte der Patientinnen und Patienten.*

*d. Sie machen nur Werbung, die objektiv ist, dem öffentlichen Bedürfnis entspricht und weder irreführend noch aufdringlich ist.*

*e. Sie wahren bei der Zusammenarbeit mit Angehörigen anderer Gesundheitsberufe ausschliesslich die Interessen der Patientinnen und Patienten und handeln unabhängig von finanziellen Vorteilen.*

*f. Sie wahren das Berufsgeheimnis nach Massgabe der einschlägigen Vorschriften.*

*g. Sie leisten in dringenden Fällen Beistand und wirken nach Massgabe der kantonalen Vorschriften in Notfalldiensten mit.*

*h. Sie schliessen eine Berufshaftpflichtversicherung nach Massgabe der Art und des Umfanges der Risiken ab, die mit ihrer Tätigkeit verbunden sind.*

## Standesordnung

*Art. 11 FMH Schweigepflicht zum Schutze der Patienten und Patientinnen*
*Das Patientengeheimnis ist im Rahmen der gesetzlichen Bestimmungen zu wahren. Es verpflichtet zur Verschwiegenheit über alles, was dem Arzt und der Ärztin bei der Ausübung ihres Berufs anvertraut oder sonst bekannt wird. Arzt und Ärztin haben das Patientengeheimnis insbesondere auch gegenüber ihren Familienangehörigen und gegenüber den Angehörigen und den Arbeitgebern der Patienten und Patientinnen sowie den Versicherern zu beachten.*
*Arzt und Ärztin haben ihre Mitarbeiter und Mitarbeiterinnen und alle, die in ihre Praxis Einblick erhalten, über die Pflicht zur Verschwiegenheit zu informieren und sie nach Möglichkeit schriftlich auf deren Einhaltung zu verpflichten.*
*Das Patientengeheimnis gilt auch gegenüber Kollegen und Kolleginnen. Bei der Zusammenarbeit von mehreren Ärzten oder Ärztinnen (Konsilien, Überweisung, Einweisung etc.) darf das Einverständnis der Patienten und Patientinnen zur Weitergabe der medizinisch erheblichen Informationen in der Regel vorausgesetzt werden.*

## GesundheitsG Zürich

*§ 15*

*[1] Personen, die einen Beruf des Gesundheitswesens ausüben, und ihre Hilfspersonen wahren Stillschweigen über Geheim- nisse, die ihnen infolge ihres Berufes anvertraut worden sind oder die sie in dessen Ausübung wahrgenommen haben.*
*[2] Die Bewilligung der Direktion oder die Einwilligung der berech- tigten Person befreit von der Schweigepflicht. Innerhalb von Praxisgemeinschaften wird die Einwilligung zur Weitergabe von Patienten- daten vermutet.*
*[3] Ungeachtet der Schweigepflicht melden Personen gemäss Abs. 1 der Polizei unverzüglich:*

*a. aussergewöhnliche Todesfälle, insbesondere solche zufolge Unfall, Delikt oder Fehlbehandlung einschliesslich ihrer Spätfolgen sowie Selbsttötung,*
*b. Wahrnehmungen, die auf die vorsätzliche Verbreitung gefährlicher übertragbarer Krankheiten bei Mensch und Tier schliessen lassen.*
*⁴ Sie sind ohne Bewilligung oder Einwilligung nach Abs. 2 berechtigt,*
*a. den zuständigen Behörden Wahrnehmungen zu melden, die auf ein Verbrechen oder Vergehen gegen Leib und Leben, die öffentliche Gesundheit oder die sexuelle Integrität schliessen lassen,*
*b. den Ermittlungsbehörden bei der Identifikation von Leichen behilflich zu sein.*

## Zivilrecht

**ZGB**

*Art. 28*

*¹ Wer in seiner Persönlichkeit widerrechtlich verletzt wird, kann zu seinem Schutz gegen jeden, der an der Verletzung mitwirkt, das Gericht anrufen.*
*² Eine Verletzung ist widerrechtlich, wenn sie nicht durch Einwilligung des Verletzten, durch ein überwiegendes privates oder öffentliches Interesse oder durch Gesetz gerechtfertigt ist.*

*Art. 314c*

*¹ Jede Person kann der Kindesschutzbehörde Meldung erstatten, wenn die körperliche, psychische oder sexuelle Integrität eines Kindes gefährdet erscheint.*
*² Liegt eine Meldung im Interesse des Kindes, so sind auch Personen meldeberechtigt, die dem Berufsgeheimnis nach dem Strafgesetz- buch unterstehen. Diese Bestimmung gilt nicht für die nach dem Strafgesetzbuch an das Berufsgeheimnis gebundenen Hilfspersonen.*

*Art. 314d*

¹*Folgende Personen, soweit sie nicht dem Berufsgeheimnis nach dem Strafgesetzbuch unterstehen, sind zur Meldung verpflichtet, wenn konkrete Hinweise dafür bestehen, dass die körperliche, psychische oder sexuelle Integrität eines Kindes gefährdet ist und sie der Gefährdung nicht im Rahmen ihrer Tätigkeit Abhilfe schaffen können:*
*Fachpersonen aus den Bereichen Medizin, Psychologie, Pflege, Betreuung, Erziehung, Bildung, Sozialberatung, Religion und Sport, die beruflich regelmässig Kontakt zu Kindern haben;*
*wer in amtlicher Tätigkeit von einem solchen Fall erfährt.*
² *Die Meldepflicht erfüllt auch, wer die Meldung an die vorgesetzte Person richtet.*
³ *Die Kantone können weitere Meldepflichten vorsehen.*

Art. 314e
¹ *Die am Verfahren beteiligten Personen und Dritte sind zur Mitwirkung bei der Abklärung des Sachverhalts verpflichtet. Die Kindes- schutzbehörde trifft die zur Wahrung schutzwürdiger Interessen erforderlichen Anordnungen. Nötigenfalls ordnet sie die zwangsweise Durchsetzung der Mitwirkungspflicht an.*
² *Personen, die dem Berufsgeheimnis nach dem Strafgesetzbuch unterstehen, sind zur Mitwirkung berechtigt, ohne sich vorgängig vom Berufsgeheimnis entbinden zu lassen. Diese Bestimmung gilt nicht für die nach dem Strafgesetzbuch an das Berufsgeheimnis gebundenen Hilfspersonen.*
³ *Personen, die dem Berufsgeheimnis nach dem Strafgesetzbuch unterstehen, sind zur Mitwirkung verpflichtet, wenn die geheimnisberechtigte Person sie dazu ermächtigt hat oder die vorgesetzte Behörde oder die Aufsichtsbehörde sie auf Gesuch der Kindesschutzbehörde vom Berufsgeheimnis entbunden hat. Artikel 13 des Anwaltsgesetzes vom 23. Juni 2000 bleibt vorbehalten.*
⁴ *Verwaltungsbehörden und Gerichte geben die notwendigen Akten heraus, erstatten Bericht und erteilen Auskünfte, soweit nicht schutzwürdige Interessen entgegenstehen.*

Art. 443

*¹ Jede Person kann der Erwachsenenschutzbehörde Meldung erstatten, wenn eine Person hilfsbedürftig erscheint. Vorbehalten bleiben die Bestimmungen über das Berufsgeheimnis.*
*² Wer in amtlicher Tätigkeit von einer solchen Person erfährt und der Hilfsbedürftigkeit im Rahmen seiner Tätigkeit nicht Abhilfe schaffen kann, ist meldepflichtig. Vorbehalten bleiben die Bestimmungen über das Berufsgeheimnis.*
*³ Die Kantone können weitere Meldepflichten vorsehen.*

Art. 448

*1 Die am Verfahren beteiligten Personen und Dritte sind zur Mitwirkung bei der Abklärung des Sachverhalts verpflichtet. Die Erwachsenenschutzbehörde trifft die zur Wahrung schutzwürdiger Interessen erforderlichen Anordnungen. Nötigenfalls ordnet sie die zwangsweise Durchsetzung der Mitwirkungspflicht an.*
*2 Ärztinnen und Ärzte, Zahnärztinnen und Zahnärzte, Apothekerinnen und Apotheker, Hebammen und Entbindungspfleger, Chiropraktoren, Psychologen sowie ihre Hilfspersonen sind nur dann zur Mitwirkung verpflichtet, wenn die geheimnisberechtigte Person sie dazu ermächtigt hat oder die vorgesetzte Behörde oder die Aufsichtsbehörde sie auf eigenes Gesuch oder auf Gesuch der Erwachsenenschutzbehörde vom Berufsgeheimnis entbunden hat.*
*3 Nicht zur Mitwirkung verpflichtet sind Geistliche, Rechtsanwältinnen und Rechtsanwälte, Verteidigerinnen und Verteidiger, Mediatorinnen und Mediatoren sowie ehemalige Beiständinnen und Beistände, die für das Verfahren ernannt wurden.*
*4 Verwaltungsbehörden und Gerichte geben die notwendigen Akten heraus, erstatten Bericht und erteilen Auskünfte, soweit nicht schutzwürdige Interessen entgegenstehen.*

Verfassungsrecht
## Bundesverfassung

Art. 11 Schutz der Kinder und Jugendlichen
*1 Kinder und Jugendliche haben Anspruch auf besonderen Schutz ihrer Unversehrtheit und auf Förderung ihrer Entwicklung.*

*2 Sie üben ihre Rechte im Rahmen ihrer Urteilsfähigkeit aus.*

Art. 49 Vorrang und Einhaltung des Bundesrechts
*1 Bundesrecht geht entgegenstehendem kantonalem Recht vor.
2 Der Bund wacht über die Einhaltung des Bundesrechts durch die Kantone.*

Datenschutzrecht
**Datenschutzgesetz**

Art. 3 (Begriffe)
*Die folgenden Ausdrücke bedeuten:
a. Personendaten: alle Angaben, die sich auf eine bestimmte oder bestimmbare Person beziehen;
b. betroffene Person: natürliche Person, über die Daten bearbeitet werden;
c. besonders schützenswerte Personendaten:*
    *1. Daten über religiöse, weltanschauliche, politische oder gewerkschaftliche Ansichten oder Tätigkeiten,*
    *2. Daten über die Gesundheit, die Intimsphäre oder die Zugehörigkeit zu einer Rasse oder Ethnie,*
    *3. genetische Daten,*
    *4. biometrische Daten, die eine natürliche Person eindeutig identifizieren,*
    *5. Daten über verwaltungs- oder strafrechtliche Verfolgungen und Sanktionen,*
    *6. Daten über Massnahmen der sozialen Hilfe;*
*d. Bearbeiten: jeder Umgang mit Personendaten, unabhängig von den angewandten Mitteln und Verfahren, insbesondere das Beschaffen, Speichern, Aufbewahren, Verwenden, Umarbeiten, Bekanntgeben, Archivieren, Löschen oder Vernichten von Daten;
e. Bekanntgeben: das Übermitteln oder Zugänglichmachen von Personendaten;
f. Profiling: jede Auswertung von Daten oder Personendaten, um wesentliche persönliche Merkmale zu analysieren oder Entwicklungen*

*vorherzusagen, insbesondere bezüglich Arbeitsleistung, wirtschaftlicher Lage, Gesundheit, Intimsphäre oder Mobilität;*

*g. Bundesorgan: Behörde und Dienststelle des Bundes oder Person, die mit öffentlichen Aufgaben des Bundes betraut ist;*

*h. Verantwortlicher: Bundesorgan oder private Person, das oder die – alleine oder zusammen mit anderen – über den Zweck, die Mittel und den Umfang der Bearbeitung entscheidet;*

*i. Auftragsbearbeiter: Bundesorgan oder private Person, das oder die im Auftrag des Verantwortlichen Personendaten bearbeitet.*

*Art. 52 (Verletzung der beruflichen Schweigepflicht)*

*1 Mit Freiheitsstrafe bis zu drei Jahren oder Geldstrafe wird auf Antrag bestraft, wer vorsätzlich geheime Personendaten bekannt gibt:*

> *a. von denen er im Rahmen seiner beruflichen Tätigkeit, welche die Kenntnis solcher Daten erfordert, Kenntnis erlangt hat;*
> *b. welche er selbst zu kommerziellen Zwecken bearbeitet hat.*

*2 Gleich wird bestraft, wer vorsätzlich geheime Personendaten bekannt gibt, von denen er bei der Tätigkeit für einen Geheimhaltungspflichtigen oder während der Ausbildung bei diesem erfahren hat.*

*3 Das Bekanntgeben geheimer Personendaten ist auch nach Beendigung der Berufsausübung oder der Ausbildung strafbar.*